KB145101

금융 파이썬 쿡북

금융 데이터 처리와
기술 분석부터 딥러닝 적용까지

금융 파이썬 쿡북

에릭 르윈슨 지음 · ㈜크라스랩 옮김

i!i
에이콘

에이콘출판의 기틀을 마련하신 故 정완재 선생님 (1935-2004)

아버지께
책에 대한 당신의 사랑은 정말로 고무적이었습니다.
당신은 항상 우리의 마음에 남아 있을 것입니다.

지은이 소개

에릭 르윈슨 Eryk Lewinson

로테르담 에라스무스 대학교EUR, Erasmus University Rotterdam에서 정량 금융 석사 학위를 받았다. 2개의 'Big 4' 회사와 더치 핀테크Dutch FinTech의 확장을 위해 일하면서 데이터 과학 기법의 실제 적용에 대한 경험을 얻었다. 머신러닝을 사용해 회사의 비즈니스 가치를 제고하는 데 중점을 뒀다. 여가 시간에는 데이터 과학, 비디오 게임, 여자 친구와의 여행 관련 주제로 글쓰는 것을 좋아한다.

이 책을 쓰는 것은 나에게는 여정이었다. 나는 지식과 나 자신 모두에 대해 많은 것을 배웠다. 그러나 인생에는 많은 장애물이 있어서 쉽지 않았다. 고맙게도 가장 가까운 사람들의 도움으로 그것을 극복할 수 있었다. 가족이 항상 나를 위해 있어 줘서 감사 드린다. 형제들은 낮과 밤 언제든 인내와 건설적인 피드백을 보내 줬고, 여자친구는 나 자신을 믿을 수 있게끔 지원해 줬다. 또한 친구와 동료들의 격려와 친절한 말에 진심으로 감사한다. 모두가 없었다면 이 책은 완성할 수 없었을 것이다. 감사한다.

| 기술 감수자 소개 |

라탄랄 마한타^{Ratanlal Mahanta}

현재 투자자를 위한 수량 모델을 제공하는 세계적인 정량 연구 회사인 bittQsrv에서 관리 파트너로 일하고 있다. 수량 거래 모델링과 시뮬레이션 분야에서 수년간 일한 경험이 있다. 계산 금융에서 석사 학위를 취득했으며, 연구 분야로는 퀀트 거래, 최적 실행, 고빈도 거래가 있다. 금융 업계에서 9년 이상의 경력을 쌓았으며, 시장, 기술, 연구, 디자인이 교차하는 지점에 있는 어려운 문제를 해결하는 데 뛰어나다.

지리 픽^{Jiri Pik}

인공지능 설계자이자 전략가로서 주요 투자 은행, 헤지 펀드, 기타 플레이어와 협력한다. 수많은 산업 분야에서 혁신적인 거래, 포트폴리오, 위험 관리 시스템, 의사 결정 지원 시스템을 설계하고 제공했다. 컨설팅 회사인 지리 픽—로켓에지^{Jiri Pik - RocketEdge}는 고객에게 인증된 전문 지식, 판단, 실행을 즉각적으로 제공한다.

| 옮긴이 소개 |

㈜크라스랩(common@craslab.co.kr)

머신러닝을 기반으로 다양한 연구를 수행하고 있으며, 특히 머신러닝 기반의 금융 분석
과 핀테크에 중점을 두고 있다. KAIST 전산학과 계산이론 연구실 출신의 이병욱 대표가
이끌고 있으며, 그의 저서 『블록체인 해설서』(에이콘 2019)는 대한민국학술원이 선정한 교
육부 우수학술도서이기도 하다.

| 옮긴이의 말 |

금융에 특화된 파이썬^{Python} 책은 흔치 않다. 그런 관점에서 이 책은 금융에 관련된 다양한 파이썬 라이브러리는 물론 최근의 딥러닝 기법까지 같이 소개하고 있다. 이 책 한 권이면 금융 데이터의 처리와 기술분석부터 시작해 시계열을 모델링하는 방법을 배울 수 있다. 이와 함께 다팩터 모델은 물론 변동성을 모델링하는 GARCH와 자산을 배분하는 방법도 파이썬을 통해 실습해 볼 수 있다.

각 장별로 코드를 따라하다 보면 금융과 관련된 다양한 지식을 파이썬과 동시에 습득할 수 있게 되는 것은 물론 머신러닝 기법을 사용해 신용불량 예측을 수행해 보는 실습을 할 수 있다.

이 책의 후반부에는 금융에 사용되는 다양한 딥러닝 기법도 소개하고 있다. 금융과 직접 연계된 실습을 따라해 볼 수 있는 흔치 않은 기회가 될 것이다.

| 차례 |

2장　파이썬에서의 기술적 분석　　　　　　　　　　　　　　　　73

| 들어가며 |

재무 데이터를 다운로드하고 모델링을 준비하는 다양한 방법을 탐색하는 것으로 시작한다. 자산 가격과 수익의 기본 통계 속성을 확인하고, 이른바 **정형화된 사실**의 존재를 조사한다. 그런 다음 기술 분석에 사용되는 인기 지표(예: 볼린저 밴드, 이동 평균 수렴 발산^{MACD,} $^{Moving\ Average\ Convergence\ Divergence}$, 상대 강도 지수$^{RSI,\ Relative\ Strength\ Index}$)를 계산하고, 이를 바탕으로 구축된 자동 거래 전략을 백테스트한다.

다음 절에서는 시계열 분석을 소개하고 지수 평활화, ARIMA$^{AutoRegressive\ Integrated\ Moving}$ ^{Average}, GARCH$^{Generalized\ Autoregressive\ Conditional\ Heteroskedasticity}$(다변량 사양 포함)와 같은 인기 모델을 탐색한다. 또한 유명한 자본 자산 가격 책정 모델$^{CAPM,\ Capital\ Asset\ Pricing\ Model}$, 파마-프렌치$^{Fama-French}$ 3단계 모델을 포함한 요인 모델을 소개한다. 그리고 자산 배분을 최적화하는 다양한 방법을 보여 줌으로써 '들어가며'를 끝내고, 미국 옵션 가격 계산 또는 VaR$^{Value\ at\ Risk}$ 추정과 같은 작업에 몬테카를로$^{Monte\ Carlo}$ 시뮬레이션을 사용한다.

이 책의 마지막 부분에서는 금융 영역에서 전체 데이터 과학 프로젝트를 수행한다. 랜덤 포레스트, XG부스트^{XGBoost}, LightGBM, 스택 모델 등과 같은 고급 분류기를 사용해 신용 카드 사기/디폴트 문제에 접근한다. 또한 모델의 초매개 변수(베이즈 최적화 포함)를 조정하고 부류 불균형을 처리한다. 딥러닝(파이토치^{PyTorch} 사용)이 수많은 재정 문제를 해결할 수 있는 방법을 시연하며 이 책을 마무리한다.

▌ 이 책의 대상 독자

금융에서 광범위한 작업을 구현하는 방법을 배우려는 재무 분석가, 데이터 분석가/과학자, 파이썬^{Python} 개발자를 대상으로 한다. 효율적인 재무 분석을 수행하고자 지능형 금융 전략을 고안하려는 데이터 과학자에게도 도움이 된다. 이 책을 읽으려면 파이썬 프로그래밍 언어의 실무 지식은 필수다.

▌ 이 책의 구성

1장, '금융 데이터와 전처리' 머신러닝 작업에 일반적으로 사용되는 여러 유형의 데이터와 금융 데이터가 어떻게 다른지 살펴본다. 제공된 함수를 사용해 여러 소스(예: Yahoo Finance 및 Quandl)에서 재무 데이터를 다운로드하고 추가 분석을 위해 전처리할 수 있다. 마지막으로 데이터가 자산의 정형화 사실을 따르는지 조사하는 방법을 학습한다.

2장, '파이썬에서의 기술적 분석' 기본적인 기술 분석의 기초와 파이썬에서 근사한 대시보드를 빠르게 만드는 방법을 보여 준다. 가장 일반적으로 사용되는 척도(예: MACD 및 RSI)에서 나오는 패턴에 대한 통찰력을 얻을 수 있다.

3장, '시계열 모델링' 시계열 모델링의 기본 사항(시계열 분해와 통계적 정상성 포함)을 소개한다. 그런 다음 가장 널리 사용되는 두 가지 시계열 모델링 접근법인 지수 평활법과 ARIMA 클래스 모델을 살펴본다. 마지막으로 페이스북의 Prophet 라이브러리의 가법 모델을 사용해 시계열을 모델링하는 새로운 방법을 제시한다.

4장, '다팩터 모델링' 다양한 팩터 모델을 추정하는 방법을 보여 준다. 가장 간단한 단일 요소 모델부터 시작해 고급 3-팩터, 4-팩터, 5-팩터 모델을 추정하는 방법을 설명한다.

5장, 'GARCH 클래스 모델을 사용한 변동성 모델링' (G)ARCH 클래스 모델을 사용한 변동성 예측 개념, 가장 적합한 모델을 선택하는 방법 및 결과 해석 방법을 소개한다.

6장, '**금융에서의 몬테카를로 시뮬레이션**' 몬테카를로 시뮬레이션의 개념과 주가 시뮬레이션, 유럽/미국 옵션 평가 및 VaR 계산에 사용하는 방법을 소개한다.

7장, '**파이썬으로 자산 배분**' 현대 포트폴리오 이론의 개념을 소개하고 파이썬에서 효율적 경계선을 얻는 방법을 보여 준다. 그런 다음 최소 분산 또는 최대 샤프 비율과 같은 특정 포트폴리오를 식별하는 방법을 살펴본다. 또한 이러한 포트폴리오의 성능을 평가하는 방법도 보여 준다.

8장, '**머신러닝으로 디폴트 찾기**' 디폴트 예측을 위해 머신러닝을 사용하는 경우를 설명한다. 최신 분류 알고리즘을 배우고 모델의 초매개 변수를 조정하는 방법을 배우고, 불균형 데이터의 문제를 처리할 수 있게 된다.

9장, '**금융에서의 고급 머신러닝 모델**' 다양한 고급 분류기(여러 모델 스태킹 포함)를 소개한다. 또한 부류 불균형을 처리하고 초매개 변수 튜닝에 베이즈 최적화를 사용하고, 모델에서 특징의 중요도를 검색하는 방법을 살펴본다.

10장, '**금융에서의 딥러닝**' 데이터 작업에 딥러닝 기술을 사용하는 방법을 보여 준다. 네트워크는 파이토치를 사용해 훈련된다(GPU 가속 가능).

▌ 이 책의 활용 방법

이 책을 읽으려면 다음과 같은 지식이 필요하다.

- 파이썬과 머신러닝/딥러닝에 대한 구체적인 지식
- 넘파이^{NumPy}, 판다스^{pandas}, matplotlib 등 유명 라이브러리에 대한 지식
- 기본적 통계와 정령 금융에 대한 지식

이 책에서는 다양한 기술의 개괄적인 개요를 제공한다. 그러나 이러한 방법의 실제 적용에 중점을 둘 것이다. 이론적 기초를 자세히 알아보고자 추가 자료를 제공한다.

뭔가를 배우는 가장 좋은 방법은 해보는 것이다. 그렇기 때문에 제공된 코드 샘플(코드는 함께 제공되는 깃허브^{GitHub} 저장소^{repository}에서 찾을 수 있음)을 실험하고 기술을 다른 데이터셋에 적용하고 가능한 확장을 탐색하는 것이 좋다.

이 책의 코드는 맥북^{MacBook}에서 성공적으로 실행됐다. 그러나 모든 운영 체제에서 작동한다. 또한 구글 코랩$^{Google Colab}$과 같은 온라인 서비스를 항상 사용할 수 있다.

각 노트북의 시작 부분(책의 깃허브 저장소에서 사용 가능)에서 matplotlib로 그래프를 그리고 설정하는 몇 개의 셀^{cell}을 실행한다. 반복하기 때문에 나중에 별도로 언급하지 않으므로 언제든지 matplotlib를 가져왔다고 가정하자.

첫 번째 셀에서는 먼저 matplotlib을 inline으로 설정한다.

```
%matplotlib inline
%config InlineBackend.figure_format = 'retina'
```

이렇게 하면 도면은 이를 생성한 셀 바로 아래 나타나고 노트북에 나타나야 하며 다른 형식으로 내보낼 수 있다(PDF 등). 두 번째 줄은 맥북에 사용되며 레티나^{Retina} 디스플레이의 플롯^{plot}을 더 높은 해상도로 표시한다.

두 번째 셀은 다음과 같이 나타난다.

```
import matplotlib.pyplot as plt
import warnings

plt.style.use('seaborn')
plt.rcParams['figure.figsize'] = [16, 9]
plt.rcParams['figure.dpi'] = 300
warnings.simplefilter(action='ignore', category=FutureWarning)
```

이 셀에서 matplotlib과 warnings를 가져와서 도면 스타일을 'seaborn'(개인 선호)으로 설정하고, 그림 크기, 해상도 같은 기본 도면 설정을 설정한다. 또한 일부 경고를 비활성화(무시)한다. 일부 장에서는 그림의 가독성을 높이고자 (특히 흑백) 이러한 설정을 수정할 수 있다.

예제 코드 다운로드

예제 코드는 에이콘출판사의 도서정보 페이지인 http://www.acornpub.co.kr/book/python-financc에서 다운로드할 수 있다.

또한 http://www.packtpub.com/support를 방문해 이메일을 등록하면 파일을 직접 받을 수 있으며, 링크를 통해 원서의 Errata도 확인할 수 있다. https://github.com/PacktPublishing/Python-for-Finance-Cookbook에서도 동일한 파일을 다운로드할 수 있다.

컬러 이미지 다운로드

이 책에서 사용된 스크린샷/다이어그램의 컬러 이미지가 포함된 PDF 파일은 에이콘출판사의 도서정보 페이지인 http://www.acornpub.co.kr/book/python-finance에서 다운로드할 수 있다.

사용된 규칙

이 책에서는 서로 다른 정보를 구분하고자 몇 가지 문자 서식을 사용했다.

CodeInText: 이 폰트는 텍스트 코드, 데이터베이스 테이블 이름, 폴더 이름, 파일 이름, 파일 확장자, 경로 이름, 더미 URL, 사용자 입력, 트위터 핸들을 나타낸다. 예는 다음과 같다. "끝으로 np.log를 사용해 자연 로그를 취한다."

코드 블록은 다음처럼 나타낸다.

```
df_yahoo = yf.download('AAPL',
                       start='2000-01-01',
                       end='2010-12-31',
                       progress=False)
```

고딕체: 이 글씨체는 새로운 용어, 주요 단어, 스크린상의 단어로서 메뉴나 대화 상자에서도 동일하게 나타난다. 예는 다음과 같다. "단일 캔들스틱은 **시가, 고가, 종가**OHLC를 병합한다."

 경고나 중요한 내용은 이와 같이 표시한다.

 팁이나 요령은 이와 같이 표시한다.

절

이 책에는 다음과 같은 머리말이 등장한다. 각 머리말의 의미는 다음과 같다.

준비하기

이 절은 레시피에서 무엇을 기대하는지 설명하며, 레시피를 위한 소프트웨어 등의 사전 설정을 설명한다.

작동 방법

이 절은 레시피에서 따라야 할 각 단계를 설명한다.

작동 원리

이 절은 대개 이전 절에서 있었던 부분의 상세 설명을 담고 있다.

추가 사항

이 절은 레시피에 대해 독자들의 심도 있는 지식을 위해 추가적인 정보를 제공한다.

▌ 연락하기

독자들의 의견은 언제나 환영이다.

일반적인 의견: 책 내용에 의문이 있다면 간단히 customercare@packtpub.com로 제목에 책이름을 쓰고, 본문에는 관련 내용을 적어 보내면 된다.

오탈자: 정확한 내용을 전달하고자 모든 노력을 기울였지만 실수가 있을 수 있다. 책에서 발견한 오류를 알려 준다면 감사하겠다 www.packtpub.com/support/errata에 방문해서 이 책을 선택한 후 Errata Submission Form 링크를 클릭하고 자세한 내용을 넣어 주길 바란다. 한국어판은 에이콘출판사의 도서정보 페이지 http://www.acornpub.co.kr/book/python-finance에서 찾아볼 수 있다.

저작권: 인터넷에서 어떤 형태로든 팩트 책의 불법 복제본을 발견한다면 주소나 웹사이트 이름을 알려 주면 감사하겠다. 불법 복제본의 링크를 copyright@packtpub.com으로 보내 주길 바란다.

## 01

금융 데이터와 전처리

1장은 모든 데이터 과학과 정량 금융 프로젝트에서 매우 중요한 부분인 데이터의 수집과 작업을 다루고 있다. '쓰레기 입력에는 쓰레기 출력만 나온다'는 일반론을 따라 가능한 최고 품질의 데이터를 확보하고, 그 후에 통계와 머신러닝 알고리즘을 함께 적용할 수 있도록 적절히 전처리^{preprocess}해야 한다. 그 이유는 간단한데 분석 결과는 입력 데이터에 크게 종속되므로 아무리 정교한 모델을 구축한다 하더라도 좋은 데이터를 능가할 수는 없기 때문이다.

1장에서는 재무 데이터를 수집하고 이를 실생활 프로젝트에서 가장 일반적으로 사용되는 형태로 전처리하는 전체 프로세스를 다룬다. 먼저 고품질 데이터를 얻을 수 있는 몇 가지 출처를 소개하고, 가격을 수익률(수익률은 통계적 알고리즘에서 사용하기 편리한 속성을 가짐)로 변환하는 방법을 보여 주고 자산 수익률을 재조정하는 방법(예: 일별에서 월별 또는 연

단위)을 살펴본다. 마지막으로 데이터가 금융 자산에서 일반적으로 관찰되는 특정 패턴(정형화된 사실stylized fact)을 따르는지 조사하는 방법을 배운다.

1장을 읽는 동안 명심해야 할 한 가지는 데이터마다 출처가 다르기 때문에 가격이 다를 수 있다는 점인데 예컨대 야후 파이낸스Yahoo Finance와 퀀들Quandl에서 가져온 주가는 해당 사이트 역시 각기 다른 소스에서 데이터를 가져와서 사용하기 때문에 기업 활동을 반영해 조정된 주가를 사용할 경우 서로 가격이 다를 수 있다. 최적의 방법은 가장 신뢰할 수 있는 특정 유형의 데이터를 찾은 다음(예: 인터넷 검색 등으로) 데이터를 다운로드하는 것이다.

1장에서는 다음 레시피를 다룬다.

- 야후 파이낸스에서 데이터 가져오기
- 퀀들에서 데이터 가져오기
- 인트리니오Intrinio에서 데이터 가져오기
- 주가를 수익률로 변환하기
- 주기 변기
- 시계열 데이터 시각화
- 이상치 찾아내기
- 자산 수익률의 정형화된 사실 조사

> ⓘ 이 책에 제시된 내용은 교육 목적으로만 유효하다. 여기서는 주가 예측과 자산 할당과 같은 금융 영역의 문제에 통계와 데이터 과학 기술을 적용하는 방법을 보여 준다. 이 책의 정보를 투자에 대한 조언으로 간주해서는 안 된다. 금융 시장은 변동성이 매우 높기 때문에 투자 위험은 스스로 책임을 져야 한다.

▍ 야후 파이낸스에서 데이터 가져오기

가장 인기 있는 무료 금융 데이터 제공자 중 하나는 야후 파이낸스다. 야후 파이낸스에는 다양한 주기별(일별, 주별, 월별) 과거와 현재 주가와 함께 베타(전체 시장의 변동성과 비교한 개별 자산의 변동성 척도) 그리고 그 외 많은 데이터가 있다. 이 레시피에서는 과거 주가 검색에 중점을 둔다.

오랫동안 야후 파이낸스에서 데이터를 다운로드하기 위한 도구로 pandas-datareader 라이브러리를 사용해 왔다. 이 라이브러리의 목표는 다양한 소스에서 데이터를 추출하고 pandas DataFrame 형식으로 저장하는 것이었다. 그러나 야후 파이낸스 API가 일부 변경된 후에는 더 이상 이 기능이 사용되지 않는다. 그러나 여전히 연방준비제도 경제 데이터FRED, Federal Reserve Economic Data, 파마/프렌치 데이터 라이브러리Fama/French Data Library, 세계은행World Bank과 같은 소스에서는 데이터를 쉽게 다운로드할 수 있으므로 pandas-datareader 라이브러리에 익숙한 두는 것이 좋다(이 중 일부는 2장에서 설명한다).

현재로서는 과거 주가를 다운로드하는 가장 쉽고 빠른 방법은 yfinance 라이브러리(이전의 fix_yahoo_finance)를 사용하는 것이다. 이 라이브러리는 pandas-datareader의 상위 라이브러리로서 또는 독립 라이브러리로서 야후 파이낸스에서 주가를 다운로드하고자 사용할 수 있다. 여기서는 후자의 사용례에 중점을 둔다.

이 예제를 위해 2000~2010년까지의 애플 주가를 살펴본다.

작동 방법

다음 단계를 실행해 야후 파이낸스에서 데이터를 다운로드한다.

1. 라이브러리를 임포트한다.

```
import pandas as pd
import yfinance as yf
```

2. 데이터를 다운로드한다.

```
df_yahoo = yf.download('AAPL',
                       start='2000-01-01',
                       end='2010-12-31',
                       progress=False)
```

다운로드된 데이터를 살펴보자.

	Open ⇕	High ⇕	Low ⇕	Close ⇕	Adj Close ⇕	Volume ⇕
Date ⇕	⇕	⇕	⇕	⇕	⇕	⇕
1999-12-31	3.604911	3.674107	3.553571	3.671875	3.194901	40952800
2000-01-03	3.745536	4.017857	3.631696	3.997768	3.478462	133949200
2000-01-04	3.866071	3.950893	3.613839	3.660714	3.185191	128094400
2000-01-05	3.705357	3.948661	3.678571	3.714286	3.231803	194580400
2000-01-06	3.790179	3.821429	3.392857	3.392857	2.952128	191993200

결과는 OHLC, 즉 일별 시가^{Open}, 고가^{High}, 저가^{Low}, 종가^{Close}와 조정 종가^{adjusted} ^{close}, 거래량^{volume}도 갖고 있는 DataFrame이다(2,767개 행).

작동 원리

download 함수는 아주 직관적이다. 가장 기본적인 경우는 티커^{ticker}(종목 기호)만 있으면 1950년 이후의 모든 데이터를 다운로드할 수 있다.

앞의 예에서는 특정 범위(2000~2010)의 데이터를 다운로드했다.

추가 사항

download 함수의 부가적인 특징은 다음과 같다.

- 복수개의 티커를 전달할 수 있다. 예컨대 ['AAPL', 'MSFT'] 식으로 전달하면 된다.
- auto_adjust=True로 설정해 오직 조정된 가격만 다운로드할 수도 있다.
- actions='inline'으로 설정하면 추가적으로 배당dividend이나 액면 분할stock split 정보를 다운로드할 수 있다.
- progress=False로 설정하면 진행 막대를 표시하지 않는다.

야후 파이낸스에서 데이터를 다운로드할 수 있는 또 다른 유명한 라이브러리는 yahoo financials다.

퀀들로 데이터 받기

퀀들은 투자 전문가들에게 데이터를 제공해 주는 또 다른 방법으로서 역시 파이썬Python 라이브러리를 통해 손쉽게 데이터를 다운로드할 수 있게 해준다.

재무 데이터를 얻을 수 있는 좋은 출발점은 위키WIKI 주가 데이터베이스다. 거기에는 3,000개의 미국 상장 기업에 대한 주식 가격, 배당, 액면 분할 내용이 들어 있다. 이 데이터베이스의 단점은 2018년 4월 시점부터는 더 이상 지원되지 않는 것이다(즉 최근 데이터가 없다). 그러나 과거 데이터를 얻거나 데이터베이스에 액세스하는 방법을 배우는 용도로는 충분하다.

여기서는 이전 레시피에서 사용한 것과 동일한 예를 사용한다. 즉 2000~2010년 동안의 애플Apple사의 주가를 다운로드한다.

준비하기

데이터를 다운로드하기 전에 퀀들에서 계정을 만들어야 한다(https://www.quandl.com). 그다음 프로필((https://www.quandl.com/account/profile)에서 개인 API 키를 얻을 수

있다. 검색 기능(https://www.quandl.com/search)을 사용하면 관심 있는 데이터를 검색할
수 있다.

작동 방법

퀀들에서 데이터를 다운로드하려면 다음 단계를 따라 한다.

1. 라이브러리를 임포트한다.

```
import pandas as pd
import quandl
```

2. 개인 API 키를 사용해 인증 절차를 수행한다.

```
QUANDL_KEY = '{key}'
quandl.ApiConfig.api_key = QUANDL_KEY
```

3. 데이터를 다운로드한다.

```
df_quandl = quandl.get(dataset='WIKI/AAPL',
                       start_date='2000-01-01',
                       end_date='2010-12-31')
```

다운로드한 데이터를 살펴보자.

Open ⇕	High ⇕	Low ⇕	Close ⇕	Volume ⇕	Ex-Dividend ⇕	Split Ratio ⇕	Adj. Open ⇕	Adj. High ⇕	Adj. Low ⇕	Adj. Close ⇕	Adj. Volume ⇕
Date ⇕	⇕	⇕	⇕	⇕	⇕	⇕	⇕	⇕	⇕	⇕	⇕
2000-01-03	104.87	112.50	101.69	111.94	4783900.0	0.0	1.0	3.369314	3.614454	3.267146	3.596463	133949200.0
2000-01-04	108.25	110.62	101.19	102.50	4574800.0	0.0	1.0	3.477908	3.554053	3.251081	3.293170	128094400.0
2000-01-05	103.75	110.56	103.00	104.00	6949300.0	0.0	1.0	3.333330	3.552125	3.309234	3.341362	194580400.0
2000-01-06	106.12	107.00	95.00	95.00	6856900.0	0.0	1.0	3.409475	3.437748	3.052206	3.052206	191993200.0
2000-01-07	96.50	101.00	95.50	99.50	4113700.0	0.0	1.0	3.100399	3.244977	3.068270	3.196784	115183600.0

요청 결과는 일별 OHLC 가격, 조정가, 배당, 잠재적 주식 분할이 포함된 Data Frame(2,767행)이다.

작동 원리

필수 라이브러리를 임포트한 다음의 첫 단계는 API 키를 사용한 인증({key} 부분에 붙여 넣기)이다. dataset 인수^{argument}로는 DATASET/TICKER 구조를 사용했다.

추가 사항

get 함수의 또 다른 특징 몇 가지는 다음과 같다.

- 리스트를 사용하면 복수개의 데이터셋을 지정할 수 있다. 즉 ['WIKI/AAPL', 'WIKI/MSFT'] 식으로 사용할 수 있다.
- collapse 매개 변수를 사용하면 빈도를 정의할 수 있다(가능한 옵션으로는 daily, weekly, monthly, quarterly, annually가 있다.).

참고 문서

또 다른 자료는 다음과 같다.

- https://github.com/quandl/quandl-python/blob/master/FOR_DEVELOPERS.md — 세부 메서드 가이드^{Detailed Method Guide}를 읽어 보면 데이터베이스 목록 검색과 파이썬에서의 해당 내용 등 더 많은 기능을 볼 수 있다.

▌Intrinio에서 데이터 구하기

또 다른 재무 데이터를 얻을 수 있는 곳은 Intrinio인데 (제한된) 무료 데이터 베이스를 제공한다. 추가적인 특징은 **이동 평균 수렴 발산**^{MACD, Moving Average Convergence Divergence}과 같이 미리 계산된 기술 지표를 많이 구할 수 있다는 것이다.

 다운로드할 수 있는 지표의 전체 목록은 https://github.com/intrinio/python-sdk를 참고하라.

데이터 베이스에는 주가만 있는 것이 아니지만, 예제에서는 앞서처럼 2000~2010년 사이 애플의 주가를 다운로드해 본다.

준비하기

데이터를 다운로드하기 전에 https://intrinio.com에 등록해 API 키를 얻어야 한다.

작동 방법

Intrinio에서 데이터를 다운로드하려면 다음 단계를 따라 한다.

1. 라이브러리를 임포트한다.

```
import intrinio_sdk
import pandas as pd
```

2. 개인 API 키로 인증 절차를 수행하고 API를 선택한다.

```
intrinio_sdk.ApiClient().configuration.api_key['api_key'] = '{key}'
security_api = intrinio_sdk.SecurityApi()
```

{Key} 부분은 자신의 API 키로 대체해야 한다.

3. 데이터를 요청한다.

```
r = security_api.get_security_stock_prices(identifier='AAPL',
                                           start_date='2000-01-01',
                                           end_date='2010-12-31',
                                           frequency='daily',
                                           page_size=10000)
```

4. 결과를 DataFrame으로 변환한다.

```
response_list = [x.to_dict() for x in r.stock_prices]
df_intrinio = pd.DataFrame(response_list).sort_values('date')
df_intrinio.set_index('date', inplace=True)
```

출력 결과는 다음과 같다.

	intraperiod ⬍	frequency ⬍	open ⬍	high ⬍	low ⬍	close ⬍	volume ⬍	adj_open ⬍	adj_high ⬍	adj_low ⬍	adj_close ⬍	adj_volume ⬍
date ⬍	⬍	⬍	⬍	⬍	⬍	⬍	⬍	⬍	⬍	⬍	⬍	⬍
2000-01-03	False	daily	104.87	112.50	101.69	111.94	4783900.0	3.258837	3.495940	3.160019	3.478538	133949200.0
2000-01-04	False	daily	108.25	110.62	101.19	102.50	4574800.0	3.363871	3.437519	3.144481	3.185190	128094400.0
2000-01-05	False	daily	103.75	110.56	103.00	104.00	6949300.0	3.224033	3.435654	3.200727	3.231802	194580400.0
2000-01-06	False	daily	106.12	107.00	95.00	95.00	6856900.0	3.297681	3.325027	2.952127	2.952127	191993200.0
2000-01-07	False	daily	96.50	101.00	95.50	99.50	4113700.0	2.998739	3.138577	2.967664	3.091965	115183600.0

결과(2,771행) DataFrame에는 OHLC 가격, 거래량, 조정 종가 등이 들어 있다.

작동 원리

필요 라이브러리를 임포트한 후 첫 단계는 API 키를 사용해 인증하는 것이다({key} 대신 붙여 넣기). 그런 다음 레시피에 사용하려는 API를 선택했다. 즉 주가의 경우 **SecurityApi**다.

데이터를 다운로드하고자 SecurityApi 클래스의 get_security_stock_prices 메서드를 사용했다. 지정할 수 있는 매개 변수는 다음과 같다.

- identifier: 주식 심벌 또는 다른 허용 가능한 식별자.
- start_date/end_date: 시작과 끝 날짜
- frequency: 관심 있는 데이터 빈도(사용 가능 옵션: daily, weekly, monthly, quarterly, yearly)).
- page_size: 한 페이지에 반환할 관찰치 개수를 정의한다. next_page 없이 한 번의 요청으로 모든 데이터를 수집하고자 높은 숫자로 설정했다.

API는 JSON과 유사한 객체를 반환하므로 이 객체는 DataFrame으로 변환된 다음 pandas DataFrame의 set_index 메서드를 사용해 날짜를 인덱스로 설정한다.

추가 정보

1장에서는 몇 가지 재무 데이터 소스를 다뤘다. 잠재적으로 흥미로운 또 다른 데이터 소스는 다음과 같다.

- iexfinance: IEX Cloud에서 다운로드할 수 있는 라이브러리
- tiingo: Tiingo에서 다운로드할 수 있는 라이브러리
- alpha_vantage: Alpha Vantage API의 래퍼[wrapper]

▌주가를 수익률로 변환

자산 가격은 일반적으로 비정상성[non-stationary]이다. 즉 그 통계량인 평균과 분산(수학적 모멘트)이 시간이 지남에 따라 변한다. 이는 또한 가격 계열에서 일부 추세나 계절성이 관찰된다는 것을 의미할 수도 있다(3장, '시계열 모델링' 참고). 주가를 수익률로 변환함으로써

시계열을 정상성으로의 변환을 시도할 수 있는데 이는 통계 모델링에서 바람직한 속성이다.

수익률에는 두 가지 형식이 있다.

- **단순 수익률**: 자산에 대해 집계한다. 포트폴리오의 단순 수익률은 포트폴리오 내 개별 자산 수익률의 가중화 합산이다. 단순 수익률은 다음과 같이 정의된다.

$$R_t = (P_t - P_{t-1})/P_{t-1} = P_t/P_{t-1} - 1$$

- **로그 수익률**: 시간에 대해 집계한다. 예를 보면 이해가 쉽다. 주어진 달의 로그 수익률이란 그 달의 일중 수익률 로그의 합산이다. 로그 수익률은 다음과 같이 정의된다.

$$r_t = log(P_t/P_{t-1}) = log(P_t) - log(P_{t-1})$$

P_t는 시각 t에서의 자산 가격이다. 앞의 경우는 배당을 고려하지 않았으나, 배당은 분명히 수익률에 영향을 미치므로 수식을 약간 수정해야 한다.

 주가를 다루는 동안 모범 사용례는 조정가를 사용하는 것이다. 조정가는 액면 분할같이 가능한 기업 행동을 반영하기 때문이다.

일별/일중 단순 수익률과 로그 수익률의 차이는 매우 작지만, 일반적으로 로그 수익률이 단순 수익률보다 조금 작다.

작동 방법

다음 단계를 실행해 주가를 다운로드하고 단순/로그 수익률을 계산한다.

1. 라이브러리를 임포트한다.

```
import pandas as pd
import numpy as np
import yfinance as yf
```

2. 데이터를 다운로드하고 조정 종가만 남긴다.

```
df = yf.download('AAPL',
                 start='2000-01-01',
                 end='2010-12-31',
                 progress=False)

df = df.loc[:, ['Adj Close']]
df.rename(columns={'Adj Close':'adj_close'}, inplace=True)
```

3. 조정 종가에 따라 단순 수익률과 로그 수익률을 계산한다.

```
df['simple_rtn'] = df.adj_close.pct_change()
df['log_rtn'] = np.log(df.adj_close/df.adj_close.shift(1))
```

결과 DataFrame은 다음과 같다.

	adj_close ⬍	simple_rtn ⬍	log_rtn ⬍
Date ⬍	⬍	⬍	⬍
1999-12-31	3.194901	NaN	NaN
2000-01-03	3.478462	0.088754	0.085034
2000-01-04	3.185191	-0.084311	-0.088078
2000-01-05	3.231803	0.014634	0.014528
2000-01-06	2.952128	-0.086538	-0.090514

첫 번째 행은 수익률 계산에 사용할 이전 가격이 없으므로 항상 **숫자가 아님**^{NaN,} ^{Not a Number}이 표시된다.

작동 원리

2단계에서는 야후 파이낸스에서 주가 데이터를 다운로드하고 수익률 계산을 위해 조정 종가만 남겼다.

단순 수익률을 계산하고자 현재와 이전 원소 사이의 백분율 변화를 계산하는 pandas Series/DataFrame의 pct_change 메서드를 사용했다(지연^{lag}값을 지정할 수도 있지만, 이 경우에는 기본값 1이면 충분하다).

로그 수익률을 계산하고자 이 레시피에서 정의한 공식을 따른다. series의 각 요소를 지연값으로 나눌 때 shift 메서드를 사용하면 되는데 직전 원소를 사용하려면 이 값을 1로 사용한다. 마지막에 np.log를 사용해, 나눈 값의 자연 로그를 취했다.

추가 정보

또한 수익률 계열에서 인플레이션을 고려하는 방법도 설명한다. 이를 위해 이 레시피에 사용된 예제를 계속 사용하자.

먼저 퀀들에서 월 **소비자 물가 지수**^{CPI, Consumer Price Index} 값을 다운로드하고, 지수의 변동률 (단순 수익률)을 계산한다. 그런 다음 인플레이션 데이터를 애플의 주식 수익률과 병합하고, 다음 공식을 사용하면 인플레이션을 고려할 수 있다.

$$R_t^r = \frac{1 + R_t}{1 + \pi_t} - 1$$

여기서 R_t는 시각 t에서의 수익률이고 π_t는 인플레이션율이다.

수익률 계열에서 인플레이션을 고려하고자 다음 단계를 실행한다.

1. 라이브러리를 임포트하고 인증 절차를 수행한다.

```
import pandas as pd
import quandl

QUANDL_KEY = '{key}'
quandl.ApiConfig.api_key = QUANDL_KEY
```

2. 가능한 모든 날짜에 DataFrame을 생성하고 가격을 왼쪽 조인^{left join}한다.

```
df_all_dates = pd.DataFrame(index=pd.date_range(start='1999-12-31',
                                                end='2010-12-31'))
df = df_all_dates.join(df[['adj_close']], how='left') \
                 .fillna(method='ffill') \
                 .asfreq('M')
```

여기서는 조인의 한 유형인 왼쪽 조인을 사용했는데(DataFrames 병합에 사용), 이 연산은 왼쪽 테이블의 행과 매치되는 오른쪽 테이블의 모든 행을 반환하고, 일치하지 않는 행은 비워 둔다. 매월 마지막 날이 거래일이 아닌 경우에는 해당 월의 마지막 알려진 가격을 사용했다(fillna(method = 'ffill'))을 사용했다. 마지막으로 asfreq('M')을 적용해 월말에 해당하는 행을 선택했다.

3. 퀀들에서 인플레이션 데이터를 다운로드한다.

```
df_cpi = quandl.get(dataset='RATEINF/CPI_USA',
                    start_date='1999-12-01',
                    end_date='2010-12-31')
df_cpi.rename(columns={'Value':'cpi'}, inplace=True)
```

4. 인플레이션 데이터를 주가 데이터에 병합한다.

```
df_merged = df.join(df_cpi, how='left')
```

5. 단순 수익률과 인플레이션율을 계산한다.

```
df_merged['simple_rtn'] = df_merged.adj_close.pct_change()
df_merged['inflation_rate'] = df_merged.cpi.pct_change()
```

6. 인플레이션에 따른 수익률로 조정한다.

```
df_merged['real_rtn'] = (df_merged.simple_rtn + 1) /
(df_merged.inflation_rate + 1) - 1
```

출력은 다음과 같다.

⇕	adj_close ⇕	cpi ⇕	simple_rtn ⇕	inflation_rate ⇕	real_rtn ⇕
1999-12-31	3.194901	168.3	NaN	NaN	NaN
2000-01-31	3.224035	168.8	0.009119	0.002971	0.006130
2000-02-29	3.561976	169.8	0.104819	0.005924	0.098313
2000-03-31	4.220376	171.2	0.184841	0.008245	0.175152
2000-04-30	3.855247	171.3	-0.086516	0.000584	-0.087049

DataFrame에는 모든 중간 결과가 포함되며, real_rtn 열에는 인플레이션 조정 수익률이 들어 있다.

▌ 빈도 변경

빈도^{frequency}의 변경은 일반적으로 다음과 같이 나눌 수 있다.

- 로그 수익률에 시간 주기 개수를 곱하거나 나눈다.
- 변동성에 시간 주기 개수의 제곱근을 곱하거나 나눈다.

이 레시피에서는 일별 수익률을 사용해 애플의 월별 실현 변동$^{\text{realized volatility}}$을 계산한 후이 값을 연환산^{annualized}하는 방법의 예를 살펴본다.

실현 변동성은 다음의 공식으로 정의된다.

$$RV = \sqrt{\sum_{i=1}^{T} r_t^2}$$

실현 변동성은 주로 일중 수익률을 이용해 일별 변동성을 구하는 데 사용된다.

따라야 할 단계는 다음과 같다.

- 데이터를 다운로드하고 로그 수익률을 계산한다.
- 여러 달에 대한 실현 변동성을 계산한다.
- 월별 값에서 연환산하고자 값에 $\sqrt{12}$를 곱한다.

준비 작업

이전 레시피를 따라한 결과 df라는 이름의 DataFrame이 생성됐고, 이 DataFrame은 log_rtn이라는 단일 열을 가지며, 그 인덱스는 타임스탬프^{timestamp}라고 가정한다.

작동 방법

일별 실현 변동성을 계산하고 연환산하려면 다음 단계를 따라 한다.

1. 라이브러리를 임포트한다.

```python
import pandas as pd
```

2. 실현 변동성을 계산하는 함수를 정의한다.

```python
def realized_volatility(x):
    return np.sqrt(np.sum(x**2))
```

3. 월별 실현 변동성을 계산한다.

```python
df_rv = df.groupby(pd.Grouper(freq='M')).apply(realized_volatility)
df_rv.rename(columns={'log_rtn': 'rv'}, inplace=True)
```

4. 값을 연환산한다.

```python
df_rv.rv = df_rv.rv * np.sqrt(12)
```

5. 결과를 도식화한다.

```python
fig, ax = plt.subplots(2, 1, sharex=True)
ax[0].plot(df.log_rtn)
ax[1].plot(df_rv.rv)
```

코드를 실행하면 다음과 같은 그래프를 얻을 수 있다.

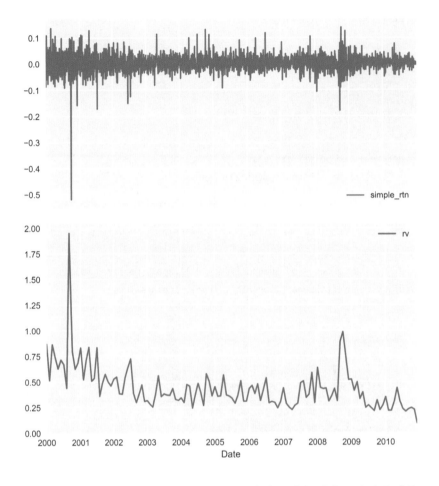

그래프의 실현 변동성에서 스파이크가 관찰되는 것은 어떤 극단적 수익률(이상치일 수 있음)과 연계된 것으로 보인다.

작동 원리

일반적으로 pandas DataFrame의 `resample` 메서드를 사용할 수 있다. 월 평균 수익률을 계산한다고 가정하면 `df.log_rtn.resample('M').mean()`을 실행할 수 있다.

메서드의 경우 pandas의 내장 집계 함수(예: mean, sum, min, max)를 사용할 수 있다. 그러나 예제의 경우는 좀 더 복잡하기 때문에 realize_volatility라는 헬퍼helper 함수를 정의하고 groupby, Grouper, apply의 조합을 사용해 resample 동작을 복제했다.

결과는 가장 기본적인 방법으로 시각화했다(시계열 시각화의 정보는 다음 레시피를 참고하자).

▌ 시계열 데이터 시각화

재무 데이터를 다운로드하고 전처리하는 방법을 학습했다면 이제 매력적인 방법을 사용해 데이터를 시각적으로 도식화하는 방법을 배울 차례다. 여기서는 다음을 사용해 두 가지 접근 방식을 다룬다.

- pandas DataFrame의 디폴트 plot 메서드
- plotly와 cufflinks 라이브러리의 조합

plotly 라이브러리는 d3.js(웹 브라우저에서 상호작용 시각화를 생성할 때 사용되는 자바스크립트JavaScript 라이브러리) 위에 구축된 것으로서 상당한 정도의 상호작용성을 가진 고품질 도면을 생성할 수 있는 것으로 알려져 있다(관찰 값 검사, 지정된 점의 툴팁 보기, 확대 등). Plotly 는 이 라이브러리 개발을 책임지고 있는 회사 이름이기도 하며, 시각화를 위한 호스팅을 제공해 준다. 오프라인 시각화는 무한개를 만들고 있지만, 온라인으로 공유할 경우 최대 25개까지 무료 시각화를 제공해 준다(일별 뷰view에 대한 제한도 있다).

cufflinks 라이브러리는 pandas DataFrames 위에 직접 plotly 시각화를 생성할 수 있기 때문에 이 프로세스를 더 쉽게 해준다.

이 레시피에서는 마이크로소프트Microsoft의 주가(항시)와 수익률을 도식화해 본다. 데이터를 다운로드하고 전처리하는 방법의 자세한 내용은 이전 레시피를 참고하자.

준비하기

이 레시피를 하려면 df라는 이름의 DataFrame에 3개의 열(adj_close, simple_rtn, log_rtn)이 있으며 날짜가 인덱스로 설정돼 있다고 가정한다. 이 레시피를 위한 데이터를 다운로드하는 방법은 깃허브 저장소의 노트북을 참고하자.

작동 방법

이 절에서는 시계열 데이터를 도식화하는 방법을 소개한다. 먼저 pandas DataFrame/Series의 기본 plot 메서드를 시작으로 plotly과 cufflinks의 조합을 통한 대화식 대안을 설명한다.

pandas의 plot 메서드

다음 코드를 실행해 마이크로소프트 주가의 단순 및 로그 수익률을 함께 도식화한다.

```
fig, ax = plt.subplots(3, 1, figsize=(24, 20), sharex=True)

df.adj_close.plot(ax=ax[0])
ax[0].set(title = 'MSFT time series',
          ylabel = 'Stock price ($)')
df.simple_rtn.plot(ax=ax[1])
ax[1].set(ylabel = 'Simple returns (%)')

df.log_rtn.plot(ax=ax[2])
ax[2].set(xlabel = 'Date',
          ylabel = 'Log returns (%)')
```

코드를 실행하면 다음의 도면을 얻을 수 있다.

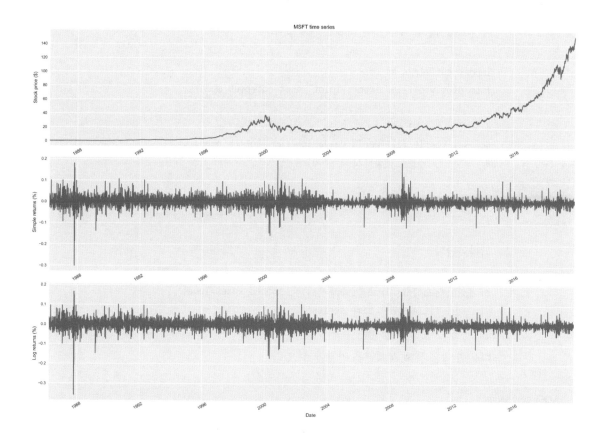

결과 도면에는 3개의 axes가 있다. 각 axes는 주가, 단순 수익률, 로그 수익률의 다른 계열을 보여 준다. 이러한 상황에서 도면을 살펴보면 변동성이 증가한 기간과 그때의 마이크로소프트 주가가 어떠했는지 동시에 볼 수 있다. 또한 단순 및 로그 수익률이 얼마나 유사한지 알 수 있다.

plotly와 cufflinks

다음 코드를 실행하면 마이크로소프트의 주가와 함께 단순 및 로그 수익률을 도식화할 수 있다.

1. 라이브러리를 임포트하고 설정을 처리한다.

```
import cufflinks as cf
from plotly.offline import iplot, init_notebook_mode

# 설정(한 번 실행)
#cf.set_config_file(world_readable=True, theme='pearl',
#                        offline=True)

init_notebook_mode()
```

2. 도식화한다.

```
df.iplot(subplots=True, shape=(3,1), shared_xaxes=True,
         title='MSFT time series')
```

다음 도면을 통해 시계열을 관찰할 수 있다.

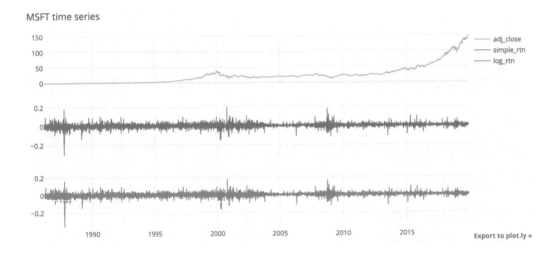

plotly를 cufflinks와 함께 사용할 때의 주된 이점은 이전 차트의 대화 형식인데
불행히도 노트북에서만 가능하다(제공된 깃허브 저장소를 참고하자).

작동 원리

다음 절에서는 파이썬에서 시계열을 그리는 두 가지 선택된 메서드를 자세히 설명한다.

pandas plot 메서드

여기서의 목표는 빠르게 시각적으로 비교하고자 3개의 시계열을 모두 같은 도면(x축 공유)으로 시각화하는 것이다. 이를 위해 다음 단계를 완료해야 했다.

- subplot을 생성한 다음 개별 도면으로 채운다. (plt.subplots (3, 1)을 호출해) 3개의 도면을 세로로 표시하도록 지정했다. 또한 `figsize` 매개 변수를 설정해 피규어^{figure}의 크기를 지정했다.
- 단일 Series(열)에 `plot` 메서드를 적용해 개별 도면을 추가하고, 도면을 배치할 축을 지정했다.
- `set` 메서드를 사용해 각 도면에서 제목과 축 레이블을 지정했다.

> 주피터 노트북(Jupyter Notebook)에서 작업할 때 가장 좋은 방법은 %matplotlib 인라인 매직(커널당 한 번)을 실행해 도면을 생성한 코드 셀 바로 아래에 도면을 표시하는 것이다. 또한 레티나(Retina) 화면이 있는 맥북에서 작업하는 경우 추가 IPython 매직 %config InlineBackend.figure_format = 'retina'를 실행하면 도면의 해상도가 두 배가 된다. 당연히 이 한 줄을 추가할 가치가 충분히 있다.

plotly와 cufflinks

cufflinks를 사용하면 pandas DataFrame에서 직접 `iplot` 메서드를 사용할 수 있다. 앞의 그림을 만들려면 subplots(subplots = True)을 사용하고 피규어의 모양(shape = (3,1))을 지정한다. 그리고 그림이 x축을 공유하고(shared_xaxes = True), 제목을 추가했음(title='MSFT time series')을 나타낸다. 기본적으로 선택된 도면 유형은 선형 차트(kind = 'line')다.

주피터에서 plotly를 사용할 때의 참고 사항 한 가지 — (스크립트를 다시 실행하지 않고) 도면을 볼 수 있는 옵션으로 노트북을 공유하려면 nbviewer를 사용하거나 노트북을 HTML 파일로 렌더링한 다음 공유해야 한다.

추가 코드 줄 cf.set_config_file(world_readable = True, theme = 'pearl', offline = True)은 구성(예: 현재 테마 또는 오프라인 모드)을 설정하며 한 번만 사용해야 한다. 재구성하는 데 사용할 수도 있다.

추가 사항

파이썬에서 도식화를 할 수 있는 더 많은 방법이 있다. 그중 일부 라이브러리를 나열하면 다음과 같다.

- matplotlib
- seaborn
- plotly
- plotly_express
- altair
- plotnine

여기서는 편의상 선택한 두 가지만 설명했지만, 특정 사용례에서는 시각화를 할 때 앞서 언급한 라이브러리 중 일부가 더 많은 자유도를 제공하기 때문에 그를 사용해야 할 수도 있다. 또한 pandas DataFrame의 plot 메서드는 실제로는 도식화에 matplotlib를 사용하고 있지만, pandas API를 사용하면 프로세스가 더 쉬워진다는 점을 알아두자.

참고 문헌

다음 문서도 참고하자.

- cufflinks 문서: https://plot.ly/python/v3/ipython-notebooks/cufflinks/
- nbviewer: https://nbviewer.jupyter.org/

특이값 식별

모든 종류의 데이터 작업에서는 종종 대다수 관측값과는 아주 다른 관측값, 즉 특이값 outlier이 나타난다. 이는 잘못된 틱(가격), 금융 시장의 중요 이벤드, 데이터 처리 파이프라인의 오류 등의 결과일 수 있다. 많은 머신러닝 알고리즘과 통계적 접근 방식은 특이값에 의해 영향을 받아 부정확하고 편향된 결과를 초래할 수 있다. 그렇기 때문에 모델을 만들기 전에 특이값을 처리해야 한다.

이 레시피에서는 3σ 접근 방식을 사용해 특이값을 감지한다.

준비하기

여기서는 계속해서 주가를 수익률로 변환하는 레시피를 사용하는데 애플의 주가와 수익률이 들어 있는 DataFrame이 있다고 가정한다.

작동 방법

다음 단계를 실행해 3σ 접근 방식에 따라 특이값을 탐지하고 이를 도식화한다.

1. 롤링rolling 평균과 표준 편차를 계산한다.

```
df_rolling = df[['simple_rtn']].rolling(window=21) \
                              .agg(['mean', 'std'])
df_rolling.columns = df_rolling.columns.droplevel()
```

2. 롤링 척도를 원시 데이터에 조인^{join}한다.

```
df_outliers = df.join(df_rolling)
```

3. 특이값을 탐지할 함수를 정의한다.

```python
def indentify_outliers(row, n_sigmas=3):
    x = row['simple_rtn']
    mu = row['mean']
    sigma = row['std']
    if (x > mu + 3 * sigma) | (x < mu - 3 * sigma):
        return 1
    else:
        return 0
```

4. 특이값을 파악하고 나중을 위해 값을 추출해 낸다.

```python
df_outliers['outlier'] = df_outliers.apply(indentify_outliers,
                                           axis=1)
outliers = df_outliers.loc[df_outliers['outlier'] == 1,
                           ['simple_rtn']]
```

5. 결과를 도식화한다.

```python
fig, ax = plt.subplots()

ax.plot(df_outliers.index, df_outliers.simple_rtn, color='blue',
        label='Normal')
ax.scatter(outliers.index, outliers.simple_rtn, color='red',
           label='Anomaly')
ax.set_title("Apple's stock returns")
ax.legend(loc='lower right')
```

결과를 다음과 같이 도식화한다.

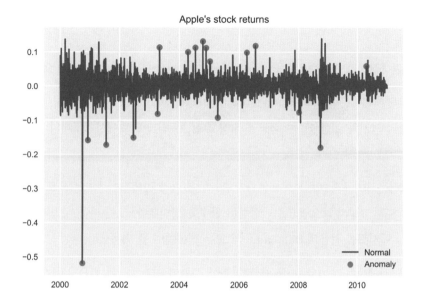

그림에서 빨간색 점으로 표시된 특이값을 볼 수 있다. 한 가지 주목할 것은 2개
의 큰 수익이 인접해 있을 때 알고리즘은 첫 번째 것을 특이값으로 식별하고, 두
번째는 것은 일반적 관측값으로 식별한다는 것이다. 이는 첫 번째 특이값이 롤
링 창으로 들어가서 이동 평균/표준 편차에 영향을 미치기 때문일 수 있다.

 또한 이른바 유령 효과/특징(ghost effect/feature)이라는 것을 알고 있어야 한다. 단일 특
이값가 롤링 창에 들어가면 창에 들어 있는 동안 롤링 통계 값을 팽창시킨다.

작동 원리

3σ 접근법에서는 각 시점에 대해 지난 21일(당일 제외)을 사용해 이동 평균(μ)과 표준 편
차(σ)를 계산했다. 여기서는 21일이 한 달 평균 거래 일수이므로 사용했으며, 일별 데이

터로 작업한다. 그러나 다른 값을 선택할 수도 있으며, 그에 따라 이동 평균은 변화에 더 빠르게/느리게 반응할 것이다. 특정한 경우에 더 의미 있다고 판단되면 (지수적으로) 가중 이동 평균을 사용할 수도 있다.

주어진 관측값 x가 특이값으로 규정되는 조건은 $x > \mu + 3\sigma$ 또는 $x < \mu - 3\sigma$이다.

첫 번째 단계에서는 pandas DataFrame의 rolling 메서드를 사용해 롤링 척도를 계산했다. 창의 크기와 계산하려는 척도를 지정했다. 두 번째 단계에서는 2개의 DataFrame에 조인join했다.

3단계에서는 3σ 규칙(표준 편차 수를 매개 변수화)에 따라 관측값이 특이값으로 간주되면 1을 반환하고, 그렇지 않으면 0을 반환하는 함수를 정의했다. 그런 다음 네 번째 단계에서는 apply 메서드를 사용해 DataFrame의 모든 행에 함수를 적용했다.

마지막 단계에서는 수익률 series를 시각화하고 특이점을 빨간색 점으로 표시했다. 실제 사례에서는 특이값을 식별할 뿐만 아니라 특이값을 처리하기도 해야 하는데, 예컨대 최대/최소 허용치를 제한하거나 보간된 값으로 대체 혹은 다른 가능한 방법 중 하나를 사용하는 등 조치를 취해야 한다.

추가 사항

시계열에서 특이값을 식별하는 방법에는 여러 가지가 있다(예: 격리 포레스트Isolation Forest, 함펠Hampel 필터, 서포트 벡터 머신Support Vector Machine, z-스코어(앞서 설명한 방법과 유사)).

■ 자산 수익의 정형화된 사실 조사

정형화된 사실stylized fact이란 많은 경험적 자산 수익률(시간과 시장에 걸쳐)에서 나타나는 통계적 속성들을 의미한다. 자산 가격 역학을 나타내는 모델을 구축할 때는 모델이 이러한 속성을 캡처/복제할 수 있어야 하므로 이러한 것을 알아 두는 것이 중요하다.

다음 레시피에서는 1985년부터 2018년까지 일별 S&P 500 수익률의 예를 사용해 다섯 가지 정형화된 사실을 조사해 본다.

준비하기

야후 파이낸스에서 S&P 500 가격을 다운로드하고(야후 파이낸스에서 데이터 가져오는 레시피를 따름) 가격을 수익률로 변환하는 레시피를 사용해 수익률을 계산한다.

필요한 모든 라이브러리를 임포트하는 코드는 다음과 같다.

```python
import pandas as pd
import numpy as np
import yfinance as yf
import seaborn as sns
import scipy.stats as scs
import statsmodels.api as sm
import statsmodels.tsa.api as smt
```

작동 방법

이 절에서는 S&P 500 계열의 정형화된 사실 다섯 가지를 하나씩 조사해 본다.

수익률의 비정규 분포성

다음 단계를 수행해 히스토그램 수익률과 Q-Q 도면을 그려서 첫 번째 사실의 존재 유무를 조사해 보자.

1. 관측된 수익률의 평균과 표준 편차를 계산해 **정규 분포 확률 밀도 함수**^{PDF, Probability} Density Function를 계산한다.

```
r_range = np.linspace(min(df.log_rtn), max(df.log_rtn), num=1000)
mu = df.log_rtn.mean()
sigma = df.log_rtn.std()
norm_pdf = scs.norm.pdf(r_range, loc=mu, scale=sigma)
```

2. 히스토그램과 Q-Q 도면을 그려 본다.

```
fig, ax = plt.subplots(1, 2, figsize=(16, 8))

# 히스토그램
sns.distplot(df.log_rtn, kde=False, norm_hist=True, ax=ax[0])
ax[0].set_title('Distribution of S&P500 returns', fontsize=16)
ax[0].plot(r_range, norm_pdf, 'g', lw=2,
           label=f'N({mu:.2f}, {sigma**2:.4f})')
ax[0].legend(loc='upper left');

# Q-Q 도면
qq = sm.qqplot(df.log_rtn.values, line='s', ax=ax[1])
ax[1].set_title('Q-Q plot', fontsize = 16)
```

코드를 실행하면 다음 도면을 얻을 수 있다.

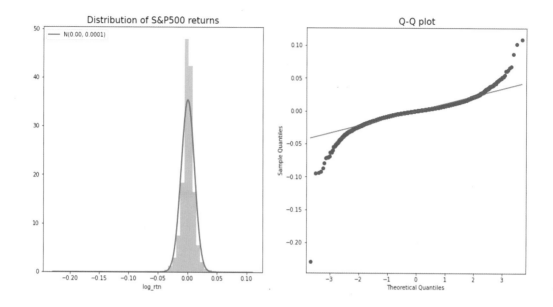

히스토그램(분포 모양 표시)과 Q–Q 도면을 사용하면 로그 수익률의 정규성을 평가할 수 있다. 또한 요약 통계량을 출력할 수 있다(코드는 깃허브 저장소를 참고하자).

```
---------- Descriptive Statistics ----------
Range of dates: 1985-01-02 - 2018-12-28
Number of observations: 8569
Mean: 0.0003
Median: 0.0006
Min: -0.2290
Max: 0.1096
Standard Deviation: 0.0113
Skewness: -1.2624
Kurtosis: 28.0111
Jarque-Bera statistic: 282076.61 with p-value: 0.00
```

평균, 표준 편차, 왜도, 첨도와 같은 지표를 살펴보면 정규성이 아닌 것으로 추론할 수 있다. 또한 자르케–베라^Jarque-Bera 정규성 검정을 해보면 정규 분포라는 귀무가설을 99% 신뢰 수준에서 기각할 수 있다는 것을 알 수 있다.

변동성 클러스터링

다음 코드를 실행해 로그 수익률 계열을 도식화해 이 두 번째 사실을 조사하라.

1. 로그 수익률 시계열을 시각화한다.

```
df.log_rtn.plot(title='Daily S&500 returns')
```

코드를 실행하면 다음의 도면을 얻는다.

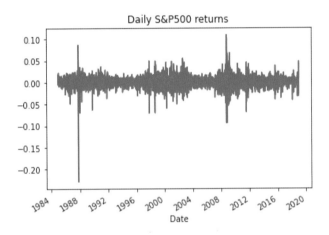

높은 양의 수익률과 음의 수익률의 변동성 클러스터가 확연히 보인다.

수익률의 자기 상관 부재

수익률의 자기 상관 부재라는 세 번째 사실을 조사해 보자.

1. 상관관계를 도식화하고자 매개 변수를 정의한다.

```
N_LAGS = 50
SIGNIFICANCE_LEVEL = 0.05
```

2. 다음 코드를 실행해 수익률의 **상관관계 함수** ACF, Autocorrelation Function 도면을 생성한다.

```
acf = smt.graphics.plot_acf(df.log_rtn,
                            lags=N_LAGS,
                            alpha=SIGNIFICANCE_LEVEL)
```

코드를 실행하면 다음의 도면이 만들어진다.

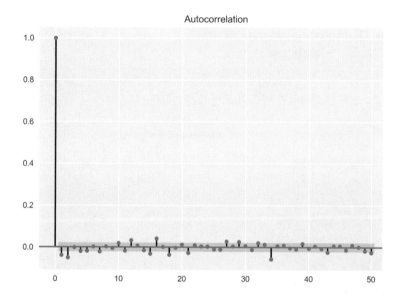

신뢰 구간을 벗어나는 값은 몇 개뿐이며(지연lag은 보지 않음) 통계적으로 유의한 것으로 간주할 수 있다. 로그 수익률 시계열에는 자기 상관관계가 없는 것으로 확인됐다고 가정할 수 있다.

제곱/절대 수익률에서의 작고 감소하는 자기 상관

제곱 수익률과 절대 수익률의 ACF 도표를 만들어 이 네 번째 사실을 조사하자.

1. ACF 도면을 그린다.

```
fig, ax = plt.subplots(2, 1, figsize=(12, 10))

smt.graphics.plot_acf(df.log_rtn ** 2, lags=N_LAGS,
                      alpha=SIGNIFICANCE_LEVEL, ax = ax[0])
ax[0].set(title='Autocorrelation Plots',
          ylabel='Squared Returns')

smt.graphics.plot_acf(np.abs(df.log_rtn), lags=N_LAGS,
                      alpha=SIGNIFICANCE_LEVEL, ax = ax[1])
ax[1].set(ylabel='Absolute Returns',
          xlabel='Lag')
```

앞의 코드를 실행하면 다음의 도면이 생성된다.

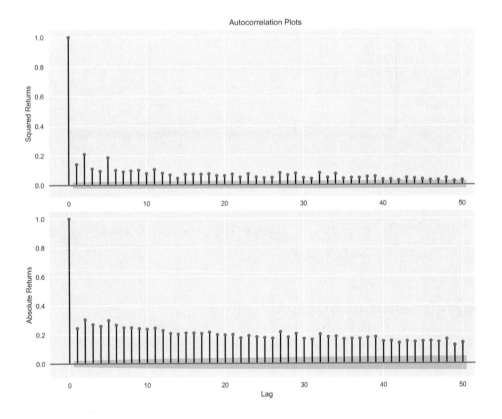

그림으로부터 네 번째 정형화된 사실과 일치하는 제곱과 절대 수익률에 대한 자기 상관관계의 작고 감소하는 값을 관찰할 수 있다.

레버리지 효과

다섯 번째 사실은 다음 단계를 수행해 레버리지 효과의 존재를 조사하라.

1. 변동성 척도를 롤링 표준편차로 계산한다.

```
df['moving_std_252'] = df[['log_rtn']].rolling(window=252).std()
df['moving_std_21'] = df[['log_rtn']].rolling(window=21).std()
```

2. 비교를 위해 모든 시계열을 도식화한다.

```
fig, ax = plt.subplots(3, 1, figsize=(18, 15),
                       sharex=True)

df.adj_close.plot(ax=ax[0])
ax[0].set(title='MSFT time series',
          ylabel='Stock price ($)')

df.log_rtn.plot(ax=ax[1])
ax[1].set(ylabel='Log returns (%)')

df.moving_std_252.plot(ax=ax[2], color='r',
                       label='Moving Volatility 252d')
df.moving_std_21.plot(ax=ax[2], color='g',
                      label='Moving Volatility 21d')
ax[2].set(ylabel='Moving Volatility',
          xlabel='Date')
ax[2].legend()
```

이제 주가 시계열을 (롤링) 변동성 척도와 비교함으로써 레버리지 척도를 조사할 수 있다.

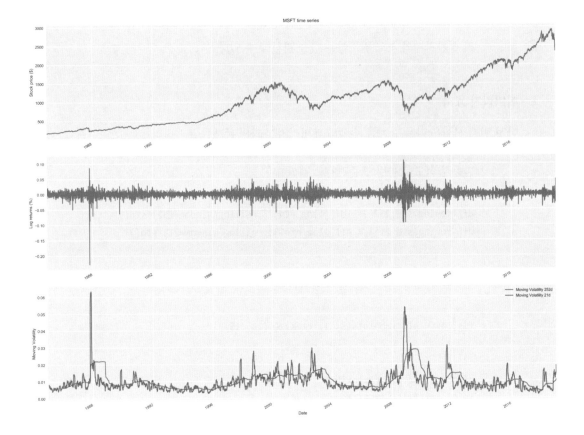

이 사실은 자산의 변동성에 대한 대부분의 측정치가 수익률과 음의 상관관계가
있으며, 가격이 하락하면 변동성이 증가하고, 가격이 상승하면 변동성이 감소하
는 패턴을 실제로 관찰할 수 있다.

작동 원리

이 절에서는 S&P 500 로그 수익률 시계열에서 정형화된 사실들의 존재를 조사하고자 사
용한 접근법을 설명한다.

사실 1

명칭(수익률의 비정규 분포) 자체로 자명하다. 문헌을 통해 (일별) 자산 수익률은 다음과 같다는 것이 관측됐다.

- **음의 왜도**^{skewness}(세 번째 모멘트^{moment}): 큰 음의 수익률은 큰 양의 수익률보다 자주 발생한다.
- **초과 첨도**^{kurtosis}(네 번째 모멘트): 큰(그리고 작은) 수익률이 예상보다 더 자주 발생한다.

> ℹ️ pandas에 구현된 첨도는 문헌상 초과(excess) 첨도 또는 피셔(Fisher) 첨도라고 한다. 이 척도를 사용하면 가우스 분포의 초과 첨도는 0이고 표준 첨도는 3이다. 이것은 정형화된 사실의 초과 첨도라는 이름과 혼동돼서는 안 된다. 이 초과 첨도는 단순히 정규 분포보다 높은 첨도를 의미한다.

이 사실은 세 부분으로 나눈다.

수익률 히스토그램

이 사실을 조사하는 첫 번째 단계는 수익률 분포를 시각화하는 히스토그램을 그리는 것이다. 이를 위해 kde = False(가우스 커널 밀도 추정 값을 사용하지 않음)와 norm_hist = True(이 도면은 개수 대신 밀도를 나타냄)로 설정하고 sns.distplot을 사용했다.

히스토그램과 가우스 분포의 차이를 확인하고자 조사 중인 수익률 시계열에서 계산된 평균과 표준 편차를 사용해 가우스 분포의 PDF를 나타내는 선과 중첩했다.

먼저 np.linspace를 사용해 PDF의 계산 범위를 지정하고(점 개수를 1,000으로 설정. 일반적으로 점이 많을수록 선이 부드러움) scs.norm.pdf를 사용해 PDF를 계산했다. 인수의 기본 설정 값은 표준 정규 분포에 해당하므로, 즉 평균은 0이며 단위 분산을 가진다. 이것이 바로 loc 인수와 scale 인수를 각각 표본 평균과 표준 편차로 지정한 이유다.

앞서 언급한 패턴의 존재를 확인하고자 다음을 살펴봐야 한다.

- **음의 왜도**: 분포의 왼쪽 꼬리가 더 길고 분포의 질량이 분포의 오른쪽에 집중된다.
- **초과 첨도**: 두터운 꼬리와 피크peak 분포.

두 번째 부분은 PDF에 명확한 피크가 있고 꼬리에 더 많은 질량을 확인할 수 있기 때문에 도면상에서 관찰하기 더 쉽다.

Q–Q 도면

히스토그램을 조사한 후 QQQuantile-Quantile 도면을 살펴봤다. QQ 도면은 분위수를 서로에 대해 도식화함으로써 두 분포(이론과 관찰)를 비교했다. 예제의 경우 이론적 분포는 가우스(정규)이며 관찰은 S&P 500 수익률이다.

도면을 얻고자 `sm.qqplot` 함수를 사용했다. 경험적 분포가 정규 분포라면 대부분의 점이 빨간색 선에 놓이게 된다. 그러나 선으로 표시된 것처럼 가우스 분포의 경우보다 도면의 왼쪽에 있는 점이 더 음의 값(즉 하방 경험적 분위수가 더 적음)이 작기 때문에 그렇지 않다는 것을 볼 수 있다. 이는 수익률 분포의 왼쪽 꼬리가 가우스 분포의 꼬리보다 더 무겁다는 것을 의미한다. 오른쪽 꼬리에 대해 유추할 수 있는 결론은 정규성보다 더 무겁다는 것이다.

기술 통계량

마지막 부분은 몇 가지 통계를 살펴본다. 해당 통계량은 각각 적절한 pandas Series/DataFrames 메서드를 사용해 계산했다. 수익률이 음의 왜도와 초과 첨도를 나타내는 것을 바로 알 수 있다. 또한 자르케–베라 검정(scs.jarque_bera)을 실행해 수익률이 가우스 분포를 따르는지 확인했다. p–값이 0이면 샘플 데이터가 가우스 분포와 일치하는 왜도와 첨도를 가진다는 귀무가설을 기각한다.

사실 2

정형화된 사실을 조사할 때 가장 먼저 알아야 할 것은 변동성 클러스터링이다. 높은 수익률 기간은 낮은 수익률 기간과 교대로 나타나며, 변동성이 일정하지 않음을 나타낸다. 이 사실을 신속히 조사하고자 pandas DataFrame의 plot 메서드를 사용해 수익률을 도식화한다.

사실 3

자기 상관autocorrelation(계열 상관serial correlation이라고도 함)은 연속된 시간 간격 동안 주어진 시계열이 자기 자신의 지연lag 버전과 비교해 얼마나 유사한지 측정한다.

수익률에 유의한 자기 상관이 있는지 조사하고자 statsmodels 라이브러리에서 plot_acf를 사용해 자기 상관 그림을 만들었다. 50개의 지연을 검사했으며, 기본값인 alpha=0.05를 사용했다. 즉 95 % 신뢰 구간으로 도식화했다. 이 간격을 벗어난 값은 통계적으로 유의한 것으로 간주될 수 있다.

사실 4

이 사실을 확인하고자 statsmodels 라이브러리의 plot_acf 함수를 사용했다. 그러나 이번에는 제곱과 절대 수익률에 적용했다.

사실 5

이 사실은 대부분의 자산 변동성 측정치가 수익률과 음의 상관관계가 있음을 나타낸다. 이를 조사하고자 과거 변동성의 척도로서 이동 표준 편차(pandas DataFrame의 rolling 메서드를 사용해 계산)를 사용했다. 21일과 252일 윈도우window를 사용했는데 이는 각각 1개월과 1년의 거래 데이터에 해당한다.

추가 사항

레버리지 효과를 조사하는 또 다른 방법이 있다(사실 5). 이를 위해 VIX(CBOE 변동성 지수 Volatility Index)를 사용하는데 이는 변동성에 대한 주식 시장 기대치의 인기 있는 지표다. 이 측정은 S & P 500 지수의 옵션 가격에 암시돼 있다. 다음 단계를 따라해 보자.

1. S&P 500과 VIX를 다운로드하고 전처리한다.

```
df = yf.download(['^GSPC', '^VIX'],
                 start='1985-01-01',
                 end='2018-12-31',
                 progress=False)
df = df[['Adj Close']]
df.columns = df.columns.droplevel(0)
df = df.rename(columns={'^GSPC': 'sp500', '^VIX': 'vix'})
```

2. 로그 수익률을 계산한다(단순 수익률의 백분율 변화를 사용해도 무방하다).

```
df['log_rtn'] = np.log(df.sp500 / df.sp500.shift(1))
df['vol_rtn'] = np.log(df.vix / df.vix.shift(1))
df.dropna(how='any', axis=0, inplace=True)
```

3. 수익률의 산포도를 도식화하고 추세 파악을 위해 회귀선을 적합화한다.

```
corr_coeff = df.log_rtn.corr(df.vol_rtn)

ax = sns.regplot(x='log_rtn', y='vol_rtn', data=df,
                 line_kws={'color': 'red'})
ax.set(title=f'S&P 500 vs. VIX ($\\rho$ = {corr_coeff:.2f})',
       ylabel='VIX log returns',
       xlabel='S&P 500 log returns')
```

추가적으로 두 계열 사이의 상관 계수를 계산한 다음 제목에 포함시킨다.

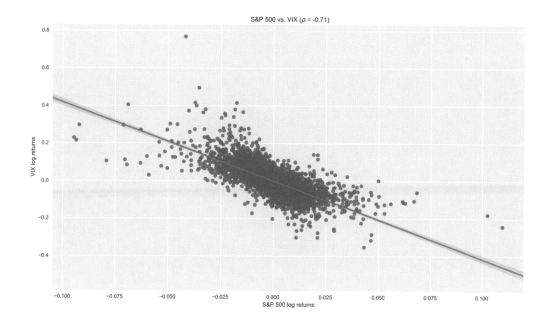

회귀선의 음의 기울기와 함께 두 계열 간에 강한 음의 상관관계가 있음을 볼 수 있고 이는 수익률 계열에 레버리지 효과가 있다는 것을 확인시켜 준다.

참고 문헌

더 많은 정보는 다음 문헌을 참고하자.

- Cont, R. (2001). Empirical properties of asset returns: stylized facts and statistical issues.

02

파이썬에서의 기술적 분석

2장에서는 파이썬으로 **기술 분석**^TA, Technical Analysis의 기본 사항을 다룬다. 간단히 말해 TA 란 과거 시장 데이터, 특히 가격 자체와 거래량을 연구해 자산 가격의 미래 방향을 결정하고, 투자 기회를 식별하는 방법이다.

먼저 촛대^candlestick 차트를 사용해 주가를 시각화하는 간단한 방법부터 소개한다. 그런 다음 TA에 사용된 선택 지표들을 계산하는 방법(선택한 파이썬 라이브러리를 사용해 다른 지표를 계산하는 방법에 대한 힌트 포함)을 보여 준다. 기존 파이썬 라이브러리를 사용해 TA 지표를 기반으로 구축된 거래 전략을 얼마나 쉽게 테스트할 수 있는지 보여 준다. 이러한 방식으로 실제 상황에서(커미션 수수료 등까지 포함해서) 거래 전략의 성과를 평가할 수 있다.

또한 2장의 끝에서 주피터 노트북에서 대화형 대시보드^dashboard를 만드는 방법을 보여 준다. 이를 통해 미리 정의된 TA 표시기를 즉시 추가하고 검사할 수 있다.

2장에서는 다음의 레시피를 살펴본다.

- 촛대 차트 생성
- 단순 이동 평균에 근거한 전략 백테스팅
- 볼린저 밴드Bollinger Band 계산과 매수/매도 전략 테스트
- 상대 강도 인덱스 계산과 롱/숏 전략 테스트
- TA를 위한 대화형 대시보드 구축

█ 촛대 차트 만들기

촛대 차트는 특정 주식 가격의 변동을 설명하는 데 사용되는 일종의 금융 그래프다. 단일 촛대 차트(일반적으로 하루에 해당하지만 더 높은 빈도도 가능)는 **시가, 고가, 저가, 종가**OHLC, Open High Low Close를 결합한다. 강세 종목의 촛대 요소(주어진 기간의 종가가 시가보다 높은 경우)는 다음 이미지에 나와 있다(약세 종목의 경우 시가와 종가의 포지션을 바꿔야 한다).

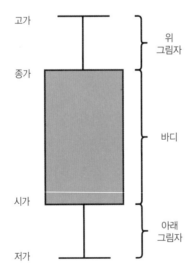

1장에서 소개한 도표와 비교해 보면 촛대 차트는 조정 종가의 단순 선 그래프에 비해 훨씬 많은 정보를 전달한다. 이 때문에 촛대 차트는 실제 거래 플랫폼에서 종종 사용되며, 거래자는 패턴 식별과 거래 결정에 이를 이용한다.

이 레시피에서는 이동 평균선(가장 기본적인 기술 지표 중 하나)과 거래량을 나타내는 막대 차트도 추가한다.

준비하기

이 레시피에서는 2018년 트위터의 (조정) 주가를 다운로드한다. 1장에 있는 야후 파이낸스에서 데이터 가져오기 레시피에 설명된 대로 야후 파이낸스를 사용해 데이터를 다운로드한다. 다음 단계를 따른다.

1. 라이브러리를 임포트한다.

```
import pandas as pd
import yfinance as yf
```

2. 조정 가격을 다운로드한다.

```
df_twtr = yf.download('TWTR',
                      start='2018-01-01',
                      end='2018-12-31',
                      progress=False,
                      auto_adjust=True)
```

도면 생성에는 plotly와 cufflinks 라이브러리를 사용한다. 자세한 내용은 1장에 있는 시계열 데이터 시각화 레시피를 참고하자.

작동 방법

다음 단계를 실행해 대화형 촛대 차트를 생성한다.

1. 라이브러리를 임포트한다.

```
import cufflinks as cf
from plotly.offline import iplot, init_notebook_mode

init_notebook_mode()
```

2. 트위터 주가를 사용해서 촛대 차트를 만든다.

```
qf = cf.QuantFig(df_twtr, title="Twitter's Stock Price",
                 legend='top', name='TWTR')
```

3. 거래량과 이동 평균을 추가한다.

```
qf.add_volume()
qf.add_sma(periods=20, column='Close', color='red')
qf.add_ema(periods=20, color='green')
```

4. 도면을 표시한다.

```
qf.iplot()
```

다음 그림을 볼 수 있다(노트북에서는 대화형이다).

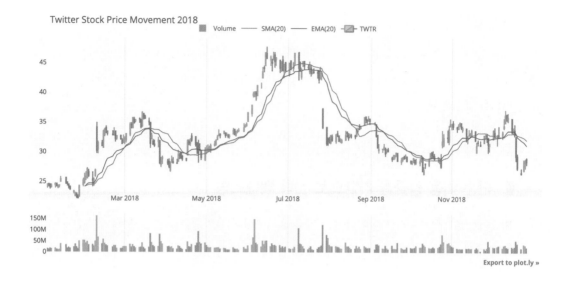

Twitter Stock Price Movement 2018

그림에서 **지수 이동 평균**^{EMA, Exponential Moving Average}이 단순 이동 평균^{SMA, Simple Moving Average}보다 훨씬 빠르게 가격 변동에 적응한다는 것을 알 수 있다. 차트에서 일부 불연속이 생기는 이유는 일별 데이터를 사용하는데 주말이나 공휴일에는 데이터가 없기 때문이다.

작동 원리

2단계에서는 입력 데이터가 포함된 DataFrame과 함께 제목과 범례 위치에 대한 인수를 전달해 QuantFig 객체를 만들었다. QuantFig의 iplot 메서드를 바로 실행해 간단한 촛대 차트를 만들 수도 있었다. 그러나 3단계에서는 add_sma/add_ema 메서드를 사용해 2개의 이동 평균 선을 추가했다. 여기서는 20일 기간을 고려하기로 결정했다. 기본 설정에서 평균은 close 열을 사용해서 계산되지만 column 인수를 제공하면 이를 변경할 수 있다.

두 이동 평균의 차이는 지수의 경우는 최근 가격에 더 많은 가중치를 부여한다는 데 있다. 이렇게 하면 새로운 정보에 보다 신속하게 반응하고 일반적인 추세의 변화에 더 빠르게 반응한다.

추가 문헌

사용 가능한 방법(다른 지표와 설정)의 자세한 내용은 깃허브 **cufflinks** 저장소(https:// github.com/santosjorge/cufflinks/blob/master/cufflinks/quant_figure.py)에서 제공하는 소스 코드를 참고하자.

▌ 단순 이동 평균을 기반으로 전략 백테스팅

백테스팅^{backtesting}의 기본 아이디어는 일부 휴리스틱이나 기술 지표를 사용해 구축된 거래 전략의 성능을 과거 데이터에 적용해 평가해 보는 것이다.

이 레시피에서는 파이썬에서 백테스트할 수 있는 사용 가능한 프레임워크 중 하나인 **backtrader**를 소개한다. 이 프레임워크의 주요 기능은 다음과 같다.

- 방대한 기술 지표(backtrader도 유명한 TA-Lib에 대한 래퍼를 제공한다)와 성능 척도 가 제공된다.
- 구축과 새로운 지표 적용이 손쉽다.
- 다양한 데이터 소스가 제공된다(야후 파이낸스, 퀀들 포함).
- 서로 다른 형태의 주문(시장가, 지정가, 손절), 슬리피지^{slippage}(의도한 주문가와 실제 실행가의 차이), 커미션, 롱/숏 등 실제 브로커의 여러 측면을 시뮬레이션해 볼 수 있다.
- 코드 한 줄로 도면을 그려 모든 결과를 볼 수 있다.

이 레시피에서는 SMA에 기반한 기본 전략을 살펴본다. 이 전략의 핵심은 다음과 같다.

- 종가가 20일 SMA보다 높아지면 한 주를 산다.
- 종가가 20일 SMA보다 낮아지고 주식을 보유한 상태면 매도한다.
- 주어진 시간에 오직 한 주만 허용된다.

- 공매도는 허용되지 않는다.

2018년부터 애플의 주가를 사용해 이 전략을 테스트해 본다.

작동 방법

이 예에서는 신호(bt.Signal)를 통해 거래 전략을 수립하는 것과 전체 전략을 정의(bt.Strategy)하는 두 가지 접근 방식을 제시한다. 둘 다 동일한 결과를 얻지만 **bt.Strategy**를 사용하는 전략이 실제로 백그라운드에서 발생하는 일에 대한 더 많은 로그 기록을 생성한다. 이를 통해 모든 작업을 보다 쉽게 디버그하고 추적할 수 있다(로깅에 포함된 상세수준은 필요에 따른다).

신호

bt.Signal 클래스를 사용해 백테스트하려면 다음 단계를 실행하라.

1. 라이브러리를 임포트한다.

```
from datetime import datetime
import backtrader as bt
```

2. 거래 전략을 나타내는 클래스를 정의한다.

```
class SmaSignal(bt.Signal):
    params = (('period', 20), )
    def __init__(self):
        self.lines.signal = self.data -bt.ind.SMA(period=self.p.period)
```

3. 야후 파이낸스에서 데이터를 다운로드한다.

```
data = bt.feeds.YahooFinanceData(dataname='AAPL',
                                 fromdate=datetime(2018, 1, 1),
                                 todate=datetime(2018, 12, 31))
```

4. 백테스트를 설정한다.

```
cerebro = bt.Cerebro(stdstats = False)

cerebro.adddata(data)
cerebro.broker.setcash(1000.0)
cerebro.add_signal(bt.SIGNAL_LONG, SmaSignal)
cerebro.addobserver(bt.observers.BuySell)
cerebro.addobserver(bt.observers.Value)
```

5. 백테스트를 실행한다.

```
print(f'Starting Portfolio Value: {cerebro.broker.getvalue():.2f}')
cerebro.run()
print(f'Final Portfolio Value: {cerebro.broker.getvalue():.2f}')
```

6. 결과를 도식화한다.

```
cerebro.plot(iplot=True, volume=False)
```

도면은 세 부분으로 나뉜다. 포트폴리오 가치portfolio value의 변화, 자산 가격(매수/매도 신호와 함께), 그리고 마지막으로 다음 그림에서 보는 것처럼 선택한 기술 지표다.

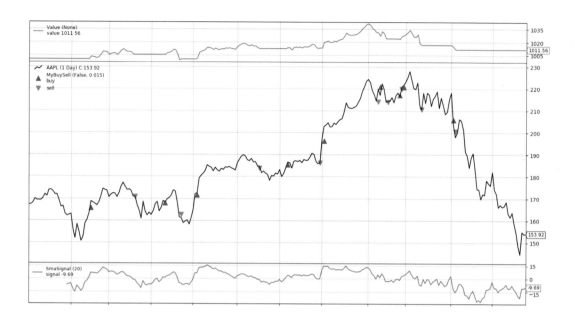

앞의 도표에서 결국 거래 전략으로 돈을 벌었다는 것을 알 수 있다. 포트폴리오의 최종 가치는 $ 1011.56이다.

전략

코드의 가독성을 높이고자 먼저 클래스의 전체 윤곽(거래 전략)을 만든 후 다음 코드 블록에서 개별 조각을 정의한다.

1. 전략의 템플릿은 다음과 같다.

```
class SmaStrategy(bt.Strategy):
    params = (('ma_period', 20), )

    def __init__(self):
        # 코드
    def log(self, txt):
        # 코드

    def notify_order(self, order):
```

```
        # 코드

    def notify_trade(self, trade):
        # 코드

    def next(self):
        # 코드
```

__init__ 블록은 다음과 같이 정의된다.

```
def __init__(self):
        self.data_close = self.datas[0].close

        self.order = None
        self.price = None
        self.comm = None

        self.sma = bt.ind.SMA(self.datas[0],
                              period=self.params.ma_period)
```

log 블록은 다음과 같이 정의된다.

```
def log(self, txt):
        dt = self.datas[0].datetime.date(0).isoformat()
        print(f'{dt}, {txt}')
```

notify_order 블록은 다음과 같이 정의된다.

```
def notify_order(self, order):
        if order.status in [order.Submitted, order.Accepted]:
            return

        if order.status in [order.Completed]:
            if order.isbuy():
                self.log(f'BUY EXECUTED --- Price:
```

```
{order.executed.price:.2f}, Cost: {order.executed.value:.2f},
Commission: {order.executed.comm:.2f}')
                self.price = order.executed.price
                self.comm = order.executed.comm
            else:
                self.log(f'SELL EXECUTED --- Price:
{order.executed.price:.2f}, Cost: {order.executed.value:.2f},
Commission: {order.executed.comm:.2f}')

            self.bar_executed = len(self)

        elif order.status in [order.Canceled, order.Margin,
                              order.Rejected]:
            self.log('Order Failed')

        self.order = None
```

notify_trade 블록은 다음과 같이 정의된다.

```
def notify_trade(self, trade):
    if not trade.isclosed:
        return

    self.log(f'OPERATION RESULT --- Gross: {trade.pnl:.2f},
Net: {trade.pnlcomm:.2f}')
```

next 블록은 다음과 같이 정의된다.

```
def next(self):
    if self.order:
        return

    if not self.position:
        if self.data_close[0] > self.sma[0]:
            self.log(f'BUY CREATED --- Price:
```

```
{self.data_close[0]:.2f}')
                    self.order = self.buy()
        else:
            if self.data_close[0] < self.sma[0]:
                self.log(f'SELL CREATED --- Price:
{self.data_close[0]:.2f}')
                    self.order = self.sell()
```

> **ℹ** data 코드는 신호 전략과 동일하므로 반복을 피하고자 생략한다.

2. 백테스트를 설정한다.

```
cerebro = bt.Cerebro(stdstats = False)

cerebro.adddata(data)
cerebro.broker.setcash(1000.0)
cerebro.addstrategy(SmaStrategy)
cerebro.addobserver(bt.observers.BuySell)
cerebro.addobserver(bt.observers.Value)
```

3. 백테스트를 실행한다.

```
print(f'Starting Portfolio Value: {cerebro.broker.getvalue():.2f}')
cerebro.run()
print(f'Final Portfolio Value: {cerebro.broker.getvalue():.2f}')
```

4. 결과를 도식화한다.

```
cerebro.plot(iplot=True, volume=False)
```

결과 그래프는 다음과 같다.

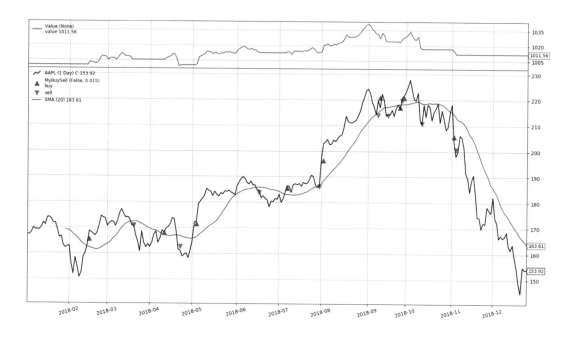

위의 그래프에서 이 전략이 연간 11.56 달러를 벌 수 있다는 것을 알았다. 추가
적으로 로그의 일부를 살펴보자.

```
Starting Portfolio Value: 1000.00
2018-02-14, BUY CREATED --- Price: 164.23
2018-02-15, BUY EXECUTED --- Price: 166.60, Cost: 166.60, Commission: 0.00
2018-03-19, SELL CREATED --- Price: 172.01
2018-03-20, SELL EXECUTED --- Price: 171.95, Cost: 166.60, Commission: 0.00
2018-03-20, OPERATION RESULT --- Gross: 5.35, Net: 5.35
2018-04-10, BUY CREATED --- Price: 170.00
2018-04-11, BUY EXECUTED --- Price: 169.00, Cost: 169.00, Commission: 0.00
2018-04-20, SELL CREATED --- Price: 162.61
2018-04-23, SELL EXECUTED --- Price: 163.70, Cost: 169.00, Commission: 0.00
2018-04-23, OPERATION RESULT --- Gross: -5.30, Net: -5.30
```

이 로그에는 생성되고 실행된 모든 거래와 운영 결과의 정보가 포함되며, 예제
의 경우는 매각된 것이다.

작동 원리

backtrader로 작업 시의 핵심 아이디어는 주요 두뇌인 Cerebro가 있으며, 다른 메서드를 사용해 과거 데이터, 설계된 거래 전략, 계산하려는 추가 지표(예: 투자 호라이즌^{horizon} 대비 포트폴리오 가치 또는 샤프 지수^{Sharpe ratio}), 커미션/슬리피지의 정보 등을 제공한다. 이들은 두 가지 기법 사이의 공통 요소였다. 다른 부분은 전략의 정의였다. 먼저 거래 전략이 이미 존재한다고 가정하고 backtrader 프레임워크의 공통 요소를 설명하는 것으로 시작한 다음 특정 전략의 세부 사항을 설명한다.

공통 요소

먼저 `bt.feeds.YahooFinanceData ()` 함수를 사용해 야후 파이낸스에서 가격 데이터를 다운로드한다. 다음은 Cerebro에 연결된 일련의 작업이다.

1. 도식화의 많은 기본 설정 사용을 막고자 `bt.Cerebro` 인스턴스를 작성할 때 `stdstats = False`를 설정한다. 이렇게 하면 출력이 혼잡해지는 것을 피할 수 있고, 관심이 있는 요소(관찰자와 지표)만 수동으로 선택한다.
2. `adddata` 메서드를 사용해 데이터를 추가한다.
3. `broker.setcash` 메서드를 사용해 사용 가능한 금액을 설정한다.
4. `add_signal/addstrategy` 메서드를 사용해 신호/전략을 추가한다.
5. `addobserver`를 사용해 관찰자를 추가한다. 그래프에 두 가지 옵저버^{observer}를 선택했는데 하나는 매수/매도 결정(파란색과 빨간색 삼각형으로 표시)을 표시하려는 BuySell이고 다른 하나는 시간에 따른 포트폴리오 가치의 변화를 추적하려는 Value다.

 CSV 파일, pandas DataFrame, 퀀들, 기타 소스에서 데이터를 추가할 수도 있다. 사용 가능한 옵션 목록은 bt.feeds를 참고하자.

마지막 단계는 cerebro.run()으로 백테스트를 실행하고, cerebro.plot()으로 결과 도면을 표시하는 것이다. 뒤 단계에서는 그래프가 복잡해지지 않도록 거래량 막대 차트 표시를 비활성화했다.

신호

신호는 bt.Signal에서 상속된 클래스로 작성됐다. 신호는 숫자로 표시됐으며 예제의 경우 현재 데이터 포인트(self.data)와 이동 평균(bt.ind.SMA)의 차이다. 신호가 양수이면 롱long(매수)을 나타낸다. 음수는 숏short(매도)을 나타낸다. 값이 0이면 신호가 없음을 의미한다.

다음 단계는 add_signal 메서드를 사용해 Cerebro에 신호를 추가하는 것이다. 그렇게 할 때 또한 어떤 종류의 신호를 추가하고 있는지 지정해야 했다.

사용할 수 있는 신호 종류는 다음과 같다.

- LONGSHORT: 신호에서 롱과 숏 모두를 고려한다.
- LONG: 양의 신호는 롱 포지션을 취함을 나타낸다. 음수는 롱 포지션을 종료close하는 데 사용한다.
- SHORT: 음의 신호는 숏 포지션을 취함을 나타낸다. 양의 신호는 숏 포지션을 종료close하는데 사용한다.
- LONGEXIT: 롱 포지션 엑시트exit를 위해 음의 신호를 사용한다.
- SHORTEXIT: 숏 포지션 엑시트를 위해 양의 신호를 사용한다.

그러나 포지션 엑시트는 좀 더 복잡한데(사용자에게 보다 정교한 전략을 구축할 수 있게 해준다) 다음과 같다.

- LONG: LONGEXIT 신호가 있는 경우 앞서 언급한 기본 동작 대신 롱 위치를 종료하는 데 사용한다. SHORT 신호가 있고 LONGEXIT 신호가 없는 경우에는 SHORT 신호는 숏 포지션을 열기 전에 롱 포지션을 종료하는 데 사용한다.

- SHORT: SHORTEXIT 신호가 있는 경우 앞서 언급한 기본 동작 대신 숏 위치를 종료하는 데 사용한다. LONG 신호가 있고 SHORTEXIT 신호가 없는 경우에는 LONG 신호는 롱 포지션을 열기 전에 숏 포지션을 종료하는 데 사용한다.

> ⓘ 이미 알고 있는 것처럼 신호는 모든 시점에서 계산되며(그림 맨 아래의 표시처럼) 열림/종료 포지션의 연속 흐름을 효과적으로 생성한다(0 신호는 잘 발생하지 않는다). 그렇기 때문에 기본적으로 backtrader는 기본 설정에서 누적(새 포지션이 이미 열려 있는 경우에도 새로운 포지션을 지속적으로 개설)과 동시성(concurrency)(이전에 제출된 포지션이 성공적으로 실행됐는지 브로커로부터 듣지 않고 새로운 주문 생성)을 비활성화한다.

전략

이 전략은 bt.Strategy에서 상속된 클래스로 작성됐다. 클래스 내에서 다음의 메서드를 정의했다(실제로는 필요에 맞게 맞춤 식으로 작성하고자 해당 메서드를 덮어 쓴다).

- __init__: 여기서는 종가, 주문가, 매수가, 커미션, SMA와 같은 지표처럼 추적하려는 객체를 정의했다.
- log: 이것은 로그 목적으로 정의된다.
- notify_order: 주문 상태(포지션)를 보고하고자 정의된다. 일반적으로 t일에 지표는 종가를 기준으로 포지션을 개설/종료할 것을 제안할 수 있다(일별 데이터로 작업한다고 가정). 그런 다음 (시장가) 주문은 다음날(t + 1일의 시가 사용)에 수행된다. 그러나 주문이 취소되거나 현금이 부족할 수 있으므로 주문이 실행될 것이라는 보장은 없다. 이 동작은 신호로 구축된 전략에도 적용된다. 또한 self.order = None으로 설정해 보류 중인 주문을 제거한다.
- notify_trade: 거래 결과를 보고하고자 정의된다(포지션 종료된 후).
- next: 거래 전략의 논리를 담고 있는 곳이다. 먼저 이미 보류 중인 주문이 있는지 확인하고, 있다면 아무것도 하지 않는다. 두 번째 점검은 이미 포지션이 있

는지 확인하고(전략에 의해 집행된 것이며 필수 사항이 아닌 것), 그렇지 않은 경우 종가가 이동 평균보다 높은지 확인한다. 양의 결과는 로그에 입력되고, 매수 주문 self.order = self.buy()을 한다. 이 지점이 매수량(사고 싶은 자산의 수)을 선택할 수 있는 곳이기도 하다. 기본 설정은 self.buy(size = 1)이다.

일반적인 내용 몇 가지는 다음과 같다.

- Cerebro는 한 번만 사용해야 한다. 다른 백테스트를 실행하려면 이전 계산에 인스턴스를 추가하지 말고 새 인스턴스를 만들어야 한다.
- bt.Signal을 기반으로 하는 전략은 bt.Signal에서 상속되며 하나의 신호만 사용한다. 그러나 bt.SignalStrategy를 대신 사용하면 다양한 조건에 따라 여러 신호를 결합할 수 있다.
- 달리 지정하지 않으면 모든 자산 거래는 한 단위로 수행된다.
- backtrader는 예열$^{warm-up}$ 기간을 자동으로 처리한다. 이 경우 20일 SMA를 계산하기에 충분한 데이터 포인트가 모일 때까지 거래를 수행할 수 없다. 한 번에 여러 지표를 고려할 때 backtrader는 가장 긴 필요 기간을 자동으로 선택한다.

추가 사항

backtrader에는 매개 변수 최적화 기능이 있으며, 다음 코드에 나타나 있다. 코드는 이 레시피의 수정 버전으로서 SMA의 일수를 최적화하는 전략이다.

다음 리스트는 코드 수정의 상세 설명이다(대부분 코드는 bt.Strategy를 이용한 것과 동일하므로 연계된 부분만 보였다).

- 클래스 정의에 stop이라 부르는 추가적 속성을 추가했다. 이 속성은 각 매개 변수의 최종 Terminal 포트폴리오 가치를 반환한다.

```
def stop(self):
        self.log(f'(ma_period = {self.params.ma_period:2d}) ---
Terminal Value: {self.broker.getvalue():.2f}')
```

- cerebro.addstrategy()를 사용하는 대신 cerebro.optstrategy()를 써서 전
  략 이름과 매개 변수 값을 제공한다.

```
cerebro.optstrategy(SmaStrategy, ma_period=range(10, 31))
```

- 백테스팅을 수행할 때는 CPU 코어 개수를 증가시킨다.

```
cerebro.run(maxcpus=4)
```

결과는 다음 요약에 나타낸다(테스트는 4코어에서 수행되므로 매개 변수 순서는 지켜지
지 않는다).

```
2018-12-28, (ma_period = 10) --- Terminal Value: 1006.25
2018-12-28, (ma_period = 13) --- Terminal Value: 992.28
2018-12-28, (ma_period = 11) --- Terminal Value: 1004.34
2018-12-28, (ma_period = 12) --- Terminal Value: 1005.81
2018-12-28, (ma_period = 14) --- Terminal Value: 977.05
2018-12-28, (ma_period = 15) --- Terminal Value: 981.33
2018-12-28, (ma_period = 17) --- Terminal Value: 992.73
2018-12-28, (ma_period = 16) --- Terminal Value: 979.72
2018-12-28, (ma_period = 19) --- Terminal Value: 1005.23
2018-12-28, (ma_period = 18) --- Terminal Value: 994.77
2018-12-28, (ma_period = 20) --- Terminal Value: 1011.62
2018-12-28, (ma_period = 21) --- Terminal Value: 1013.64
2018-12-28, (ma_period = 22) --- Terminal Value: 1021.24
2018-12-28, (ma_period = 23) --- Terminal Value: 1018.70
2018-12-28, (ma_period = 24) --- Terminal Value: 1018.70
2018-12-28, (ma_period = 25) --- Terminal Value: 1018.22
2018-12-28, (ma_period = 26) --- Terminal Value: 1009.37
2018-12-28, (ma_period = 27) --- Terminal Value: 1008.22
2018-12-28, (ma_period = 28) --- Terminal Value: 1011.92
2018-12-28, (ma_period = 29) --- Terminal Value: 1015.30
2018-12-28, (ma_period = 30) --- Terminal Value: 1013.13
```

ma_period = 22일 때 최적의 전략이 된다는 것을 볼 수 있다.

참고 문헌

다음 문서를 참고하자.

- https://www.zipline.io/: 백테스팅을 위한 대안 프레임워크. 퀀토피안 Quantopian이 개발하고 적극적으로 관리한다.

▍볼린저 밴드 계산과 매수/매도 전략 테스트

볼린저 밴드Bollinger Band는 시간에 따른 특정 자산 가격과 변동성의 정보를 도출하는 데 사용되는 통계적 방법이다. 볼린저 밴드를 구하려면 지정된 윈도우(일반적으로 20일)를 사용해 시계열(가격)의 이동 평균과 표준 편차를 계산해야 한다. 그런 다음 상/하한 밴드를 이동 평균 상/하의 표준 편차의 K배(일반적으로 2)로 설정한다.

밴드의 해석은 상당히 간단하다. 밴드는 변동성이 증가하면 넓어지고 변동성이 감소하면 축소한다.

이 레시피에서는 다음 규칙을 가진 단순 거래 전략을 구축한다.

- 가격이 아래 볼린저 밴드를 상향으로 교차할 때 매수하라.
- 가격이 위 볼린저 밴드 상단을 하향 교차할 때 매도(주식을 보유중인 경우에만)하라.
- 올인 전략-매수 전략을 수립할 때 최대한 많은 주식을 매수하라.
- 공매도는 허용되지 않는다.

2018년 마이크로소프트 주식에 대해 이 전략을 평가해 보자. 또한 커미션은 0.1%로 설정한다.

작동 방법

볼린저 밴드를 기반으로 전략을 테스트하려면 다음 단계를 수행하라.

1. 라이브러리를 임포트한다.

```python
import backtrader as bt
import datetime
import pandas as pd
```

2. 전략의 템플릿은 다음과 같다.

```python
class BBand_Strategy(bt.Strategy):
    params = (('period', 20),
              ('devfactor', 2.0),)

    def __init__(self):
        # 코드
    def log(self, txt):
        # 코드

    def notify_order(self, order):
        # 코드

    def notify_trade(self, trade):
        # 코드

    def next_open(self):
        # 코드
```

__init__ 블록은 다음과 같이 정의된다.

```python
def __init__(self):
    # 시계열에서 종가를 추적한다.
    self.data_close = self.datas[0].close
    self.data_open = self.datas[0].open

    # 주문/매수 주가/매수 커미션을 추적
    self.order = None
    self.price = None
```

```
        self.comm = None

        # 볼린저 밴드를 추가하고 매수/매도 신호를 추적
        self.b_band = bt.ind.BollingerBands(self.datas[0],
                                            period=self.p.period,
                                            devfactor=self.p.devfactor)
        self.buy_signal = bt.ind.CrossOver(self.datas[0],
                                           self.b_band.lines.bot)
        self.sell_signal = bt.ind.CrossOver(self.datas[0],
                                            self.b_band.lines.top)
```

log 블록은 다음과 같이 정의된다.

```
def log(self, txt):
        dt = self.datas[0].datetime.date(0).isoformat()
        print(f'{dt}, {txt}')
```

notify_order 블록은 다음과 같이 정의된다.

```
def notify_order(self, order):
    if order.status in [order.Submitted, order.Accepted]:
        return

    if order.status in [order.Completed]:
        if order.isbuy():
            self.log(
                f'BUY EXECUTED --- Price:
{order.executed.price:.2f}, Cost: {order.executed.value:.2f},
Commission: {order.executed.comm:.2f}'
            )
            self.price = order.executed.price
            self.comm = order.executed.comm
        else:
            self.log(
                f'SELL EXECUTED --- Price:
```

```
{order.executed.price:.2f}, Cost: {order.executed.value:.2f},
Commission: {order.executed.comm:.2f}'
            )

        elif order.status in [order.Canceled, order.Margin,
                            order. Rejected]:
            self.log('Order Failed')

        self.order = None
```

notify_trade 블록은 다음과 같이 정의된다.

```
def notify_trade(self, trade):
        if not trade.isclosed:
            return

        self.log(f'OPERATION RESULT --- Gross: {trade.pnl:.2f},
Net: {trade.pnlcomm:.2f}')
```

next_open 블록은 다음과 같이 정의된다.

```
def next_open(self):
        if not self.position:
            if self.buy_signal > 0:
                size = int(self.broker.getcash() /
self.datas[0].open)
                self.log(f'BUY CREATED --- Size: {size}, Cash:
{self.broker.getcash():.2f}, Open: {self.data_open[0]}, Close:
{self.data_close[0]}')
                self.buy(size=size)
        else:
            if self.sell_signal < 0:
                self.log(f'SELL CREATED --- Size:
{self.position.size}')
                    self.sell(size=self.position.size)
```

3. 데이터를 다운로드한다.

```
data = bt.feeds.YahooFinanceData(
    dataname='MSFT',
    fromdate=datetime.datetime(2018, 1, 1),
    todate=datetime.datetime(2018, 12, 31)
)
```

4. 백테스트를 설정한다.

```
cerebro = bt.Cerebro(stdstats = False, cheat_on_open=True)

cerebro.addstrategy(BBand_Strategy)
cerebro.adddata(data)
cerebro.broker.setcash(10000.0)
cerebro.broker.setcommission(commission=0.001)
cerebro.addobserver(bt.observers.BuySell)
cerebro.addobserver(bt.observers.Value)
cerebro.addanalyzer(bt.analyzers.Returns, _name='returns')
cerebro.addanalyzer(bt.analyzers.TimeReturn, _name='time_return')
```

5. 백테스트를 수행한다.

```
print('Starting Portfolio Value: %.2f' % cerebro.broker.getvalue())
backtest_result = cerebro.run()
print('Final Portfolio Value: %.2f' % cerebro.broker.getvalue())
```

6. 결과를 도식화한다.

```
cerebro.plot(iplot=True, volume=False)
```

결과 그래프는 아래와 같다.

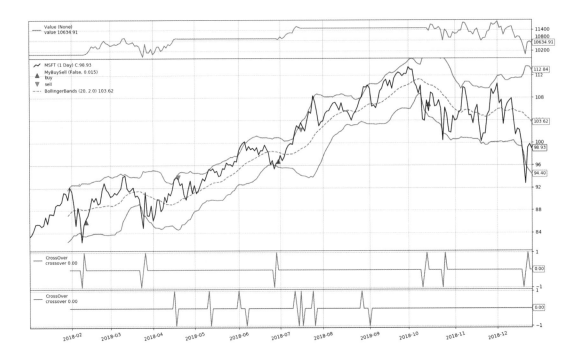

로그는 다음과 같다.

```
Starting Portfolio Value: 10000.00
2018-02-12, BUY CREATED --- Size: 115, Cash: 10000.00, Open: 86.54, Close: 86.92
2018-02-12, BUY EXECUTED --- Price: 86.54, Cost: 9952.10, Commission: 9.95
2018-04-19, SELL CREATED --- Size: 115
2018-04-19, SELL EXECUTED --- Price: 94.49, Cost: 9952.10, Commission: 10.87
2018-04-19, OPERATION RESULT --- Gross: 914.25, Net: 893.43
2018-06-29, BUY CREATED --- Size: 111, Cash: 10893.43, Open: 97.35, Close: 97.03
2018-06-29, BUY EXECUTED --- Price: 97.35, Cost: 10805.85, Commission: 10.81
2018-07-17, SELL CREATED --- Size: 111
2018-07-17, SELL EXECUTED --- Price: 102.94, Cost: 10805.85, Commission: 11.43
2018-07-17, OPERATION RESULT --- Gross: 620.49, Net: 598.26
2018-10-15, BUY CREATED --- Size: 106, Cash: 11491.69, Open: 107.58, Close: 106.29
2018-10-15, BUY EXECUTED --- Price: 107.58, Cost: 11403.48, Commission: 11.40
Final Portfolio Value: 10633.35
```

커미션 비용을 고려하더라도 이 전략은 돈을 벌 수 있음을 알 수 있다. 이제 분석기 검사를 시작하자.

7. 다음 코드를 실행해 다른 returns 측도를 조사해 보자.

```
print(backtest_result[0].analyzers.returns.get_analysis())
```

앞 줄의 출력은 다음과 같다.

```
OrderedDict([('rtot', 0.06155731237239935),
             ('ravg', 0.00024622924948959743),
             ('rnorm', 0.064015300378885826),
             ('rnorm100', 6.401530037885826)])
```

8. 일별 포트폴리오 수익률을 도식화하자.

```
returns_dict =
backtest_result[0].analyzers.time_return.get_analysis()
returns_df = pd.DataFrame(list(returns_dict.items()),
                          columns = ['report_date', 'return']) \
            .set_index('report_date')
returns_df.plot(title='Portfolio returns')
```

코드를 실행하면 다음 그림이 나온다.

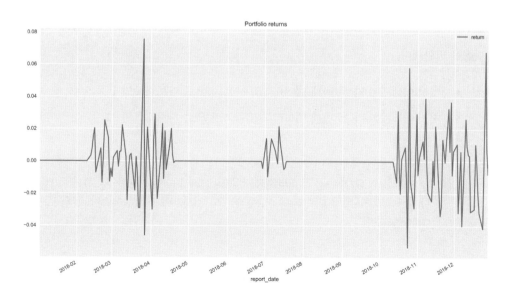

편평한 선은 오픈 포지션이 없는 기간을 나타낸다.

작동 원리

볼린저 밴드 기반 전략을 만드는 데 사용된 코드와 이전 레시피에서 사용된 코드 사이에는 유사점이 많다. 따라서 여기서는 새로운 부분만 논의하고 자세한 내용은 단순 이동 평균 레시피를 기반으로 한 백테스트 전략을 참고하자.

이 전략을 실행할 때 cheat_on_open이라는 메서드를 사용해야 했다. 이는 t일의 종가에 신호를 계산했지만, t+1일의 시가를 기준으로 사고 싶은 주식을 매수했음을 의미한다. 이를 위해 bt.Cerebro 객체를 생성할 때 cheat_on_open = True로 설정해야 했다. 결과적으로 Strategy 클래스 내에서 next 대신 next_open 메서드를 정의했다. 이것은 Cerebro에게 시가에 대해 변화를 줬다는 것을 분명히 하고 있다. 잠재적 매수 주문을 생성하기 전에 size = int(self.broker.getcash()/self.datas[0] .open)를 계산했는데 이는 매수할 수 있는 최대 주식 수다(시가는 t+1일부터다). 새로운 부분의 마지막은 cerebro.broker.setcommission(commission = 0.001)을 사용해 Cerebro에 직접 커미션을 추가한 것이다.

볼린저 밴드를 기준으로 매수/매도 신호를 계산할 때 CrossOver 지표를 사용했다. 이는 다음을 반환했다.

- 첫 데이터(주가)가 두 번째 데이터(지표)를 상향으로 가로지르면 1
- 첫 데이터(주가)가 두 번째 데이터(지표)를 하향으로 가로지르면 -1

한 방향으로만 교차하는 것을 고려할 때는 CrossUp과 CrossDown을 사용할 수도 있다. 매수 신호는 다음과 같다. self.buy_signal = bt.ind.CrossUp (self.datas [0], self.b_band.lines.bot)

마지막으로 포트폴리오와 관련된 상황을 평가하는 데 도움이 되는 backtrader 객체인 분석기를 추가해 활용했다. 다음 예에서는 2개의 분석기를 사용했다.

- Return: 전체 기간에 걸친 서로 다른 로그 수익률: 전체 복리 수익률, 전 기간 동안의 평균 수익률과 연간 수익률
- TimeReturn: 시간에 따른 수익률의 모음(제공된 시간 프레임(예제는 일일 데이터) 사용).

 cerebro.addobserver(bt.observers.TimeReturn)라는 이름의 관찰자를 추가하면 TimeReturn 분석기에서와 동일한 결과를 얻을 수 있다. 유일한 차이점은 옵저버가 기본 결과 도면에 도식화된다는 것이다. 이는 항상 바람직한 것은 아니다.

상대 강도 지수 계산 및 롱/숏 전략 테스트

RSI^{Relative Strength Index}는 자산의 종가를 사용해 매도/매수 조건을 식별하는 지표다. 가장 일반적으로 RSI는 14일 기간을 사용해 계산되며, 0부터 100까지의 규모(오실레이터 ^{oscillator})로 측정된다. 거래자는 일반적으로 과매도(RSI가 30 미만인 경우) 시 자산을 구입하고, 과매수(RSI가 70 이상인 경우) 시 매도한다. 80-20 같은 보다 극단적인 고/저 레벨은 덜 사용되며, 동시에 더 강한 모멘텀^{momentum}을 의미한다.

이 레시피에서는 다음의 거래 전략을 구축한다.

- 롱이나 숏 포지션을 취할 수 있다.
- RSI를 계산하고자 14일 기간(거래일)을 사용한다.
- RSI가 하한 임계치(표준값 30)를 위쪽으로 교차하면 롱 포지션을 입력한다. RSI가 중간 레벨(값 50)보다 커지면 포지션을 엑시트^{exit}한다.

- RSI가 상한 임계치(표준값 70)를 아래쪽으로 교차하면 숏 포지션을 입력한다. RSI 가 50보다 작아지면 포지션을 엑시트한다.
- 한 번에 하나의 포지션만 오픈할 수 있다.

여기서는 페이스북의 2018년 주가에 전략을 적용했고 커미션은 0.1%로 가정했다.

작동 방법

RSI를 기반으로 전략을 구현하려면 다음 단계를 실행한다.

1. 라이브러리를 임포트한다.

```
from datetime import datetime
import backtrader as bt
```

2. bt.SignalStrategy에 기반해 신호 전략을 정의한다.

```
class RsiSignalStrategy(bt.SignalStrategy):
    params = dict(rsi_periods=14, rsi_upper=70,
                    rsi_lower=30, rsi_mid=50)

    def __init__(self):
        rsi = bt.indicators.RSI(period=self.p.rsi_periods,
                                upperband=self.p.rsi_upper,
                                lowerband=self.p.rsi_lower)

        bt.talib.RSI(self.data, plotname='TA_RSI')
        rsi_signal_long = bt.ind.CrossUp(rsi, self.p.rsi_lower,
                                            plot=False)
        self.signal_add(bt.SIGNAL_LONG, rsi_signal_long)
        self.signal_add(bt.SIGNAL_LONGEXIT, -(rsi >
                                            self.p.rsi_mid))
```

```
                rsi_signal_short = -bt.ind.CrossDown(rsi, self.p.rsi_upper,
                                                     plot=False)
            self.signal_add(bt.SIGNAL_SHORT, rsi_signal_short)
            self.signal_add(bt.SIGNAL_SHORTEXIT, rsi < self.p.rsi_mid)
```

3. 데이터를 다운로드한다.

```
data = bt.feeds.YahooFinanceData(dataname='FB',
                                 fromdate=datetime(2018, 1, 1),
                                 todate=datetime(2018, 12, 31))
```

4. 백테스트를 설정하고 실행한다.

```
cerebro = bt.Cerebro(stdstats = False)

cerebro.addstrategy(RsiSignalStrategy)
cerebro.adddata(data)
cerebro.broker.setcash(1000.0)
cerebro.broker.setcommission(commission=0.001)
cerebro.addobserver(bt.observers.BuySell)
cerebro.addobserver(bt.observers.Value)

cerebro.run()
```

5. 결과를 도식화한다.

```
cerebro.plot(iplot=True, volume=False)
```

코드를 실행하면 다음 그래프가 생성된다.

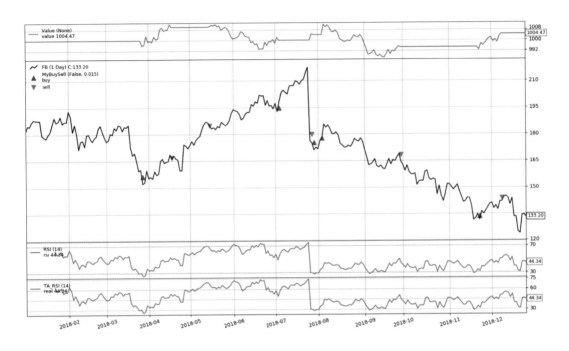

삼각형을 쌍으로 살펴보자. 첫 번째는 포지션이 오픈되는 것을 나타낸다(삼각형이 파란색이고 위쪽을 향하면 롱이고, 삼각형이 빨간색이고 아래쪽을 향하면 숏이다). 다음 삼각형(반대 색상 및 방향)은 포지션을 클로즈close하는 것을 나타낸다. 차트 아래의 RSI와 포지션의 오픈과 클로즈를 매칭시킬 수 있다. 때로는 같은 색상의 삼각형이 여러 개 있을 수 있다. 이는 RSI가 앞의 RSI 차트에서 볼 수 있듯이 포지션을 오픈하는 선 주위에서 변동하며 여러 번 교차하기 때문이다. 그러나 실제 포지션은 신호의 첫 번째 인스턴스에서만 열린다(기본 설정에서는 누적이 없다).

작동 원리

이 레시피에서는 bt.SignalStrategy 위에 거래 전략을 구축했다. 먼저, 선택된 인수로 지표(RSI)를 정의했다. 또한 bt.talib.RSI(self.data, plotname = 'TA_RSI')를 추가해 backtrader가 인기 있는 TA-Lib 라이브러리의 지표기를 사용하는 쉬운 방법을 제공함을 보여 줬다(작동을 위해서는 TA-Lib 라이브러리가 설치돼 있어야 한다). 거래 전략은 이 두 번째 지표에 의존하지 않는다. 참고용으로만 작성됐으며, 임의 개수의 지표기를 추가할 수 있다.

 참고용으로만 지표를 추가할 때도 지표의 존재는 '웜업(warm-up) 기간'에 영향을 준다. 예를 들어, 200일의 SMA 지표를 추가로 포함하면 SMA 지표에 대해 적어도 하나의 값이 존재하기 전에는 거래가 수행되지 않는다.

다음 단계는 신호를 정의하는 것이었다. 이를 위해 bt.CrossUp/bt.CrossDown 지표를 사용했는데 이는 첫 번째 계열(가격)이 각각 아래/위에서 두 번째(상위 또는 하위 RSI 임계치)를 초과한 경우 1을 반환했다. 숏 포지션을 입력하고자 bt.CrossDown 지표기 앞에 a를 추가해 신호를 음수로 만들었다.

 함수 호출에 plot = False를 추가하면 지표기 출력을 비활성화할 수 있다.

전략을 정의하는 마지막 단계로 signal_add 메서드를 사용해 모든 신호를 추적했다. 포지션을 엑시트할 때 사용한 조건(50보다 높거나 낮은 RSI 값)은 부울 값$^{Boolean value}$을 생성하는데 이는 롱 포지션을 엑시트할 경우 음수여야 했다. -True는 -1과 같다.

백테스트 설정과 실행은 이전 레시피와 유사하므로 단계와 관련해 잘 모르는 경우에 참고하자.

▎ TA용 대화형 대시보드 작성

이 레시피에서는 주피터 노트북에서 기술 분석을 위한 대화형 대시보드를 작성하는 방법을 보여 준다. 물론 초기 코드를 작성한 다음 매개 변수 값을 여러 번 인라인^{inline}으로 변경하면 상호작용 없이도 동일한 결과를 얻을 수 있다. 그러나 편리성을 높이면서 잠재적인 실수를 줄일 수 있는 대화식 도구를 만드는 것이 훨씬 낫다고 생각한다.

이를 위해 IPython 위젯^{ipywidgets}이라는 도구를 plotly 그리고 cufflinks와 함께 활용한다. 대시보드에는 미국의 기술주 몇 개와 3개의 지표(볼린저 밴드, MACD, RSI)를 선택하지만 이 선택 항목을 더 확장할 수도 있다.

준비하기

ipywidgets 라이브러리를 인스톨한 다음 확장을 활성화하고자 터미널에서 다음 줄을 실행해야 한다.

```
jupyter nbextension enable --py widgetsnbextension
```


작동 방법

주피터 노트북 내에 대화형 대시보드를 만들려면 다음 단계를 실행한다.

1. 라이브러리를 임포트한다.

```
import ipywidgets as wd
import cufflinks as cf
import pandas as pd
import yfinance as yf
from plotly.offline import iplot, init_notebook_mode
from ipywidgets import interact, interact_manual

init_notebook_mode()
```

2. 자산과 기술 지표에 대해 가능한 값을 정의한다.

```
stocks = ['TWTR', 'MSFT', 'GOOGL', 'FB', 'TSLA', 'AAPL']
indicators = ['Bollinger Bands', 'MACD', 'RSI']
```

3. 대화형 도면의 생성을 위해 함수를 정의한다.

```
def ta_dashboard(asset, indicator, start_date, end_date,
                 bb_k, bb_n, macd_fast, macd_slow, macd_signal,
                 rsi_periods, rsi_upper, rsi_lower):
    df = yf.download(asset,
                     start=start_date,
                     end=end_date,
                     progress=False,
                     auto_adjust=True)

    qf = cf.QuantFig(df, title=f'TA Dashboard - {asset}',
                     legend='right', name=f'{asset}')
    if 'Bollinger Bands' in indicator:
        qf.add_bollinger_bands(periods=bb_n,
                               boll_std=bb_k)
    if 'MACD' in indicator:
        qf.add_macd(fast_period=macd_fast,
                    slow_period=macd_slow,
                    signal_period=macd_signal)
    if 'RSI' in indicator:
        qf.add_rsi(periods=rsi_periods,
                   rsi_upper=rsi_upper,
                   rsi_lower=rsi_lower,
                   showbands=True)

    return qf.iplot()
```

4. 셀렉터selector를 정의한다.

```python
stocks_selector = wd.Dropdown(
    options=stocks,
    value=stocks[0],
    description='Asset'
)

indicator_selector = wd.SelectMultiple(
    description='Indicator',
    options=indicators,
    value=[indicators[0]]
)

start_date_selector = wd.DatePicker(
    description='Start Date',
    value=pd.to_datetime('2018-01-01'),
    continuous_update=False
)

end_date_selector = wd.DatePicker(
    description='End Date',
    value=pd.to_datetime('2018-12-31'),
    continuous_update=False
)
```

5. 레이블을 정의하고 컨테이너 내의 셀렉터를 그룹화한다.

```python
main_selector_label = wd.Label('Main parameters',
                               layout=wd.Layout(height='45px'))

main_selector_box = wd.VBox(children=[main_selector_label,
                                      stocks_selector,
                                      indicator_selector,
                                      start_date_selector,
                                      end_date_selector])
```

6. 볼린저 밴드를 위한 두 번째 셀렉터를 정의한다.

```
bb_label = wd.Label('Bollinger Bands')

n_param = wd.IntSlider(value=20, min=1, max=40, step=1,
                        description='N:', continuous_update=False)

k_param = wd.FloatSlider(value=2, min=0.5, max=4, step=0.5,
                          description='k:', continuous_update=False)

bollinger_box = wd.VBox(children=[bb_label, n_param, k_param])
```

7. MACD를 위한 보조 셀렉터를 정의한다.

```
macd_label = wd.Label('MACD')

macd_fast = wd.IntSlider(value=12, min=2, max=50, step=1,
                          description='Fast avg:',
                          continuous_update=False)

macd_slow = wd.IntSlider(value=26, min=2, max=50, step=1,
                          description='Slow avg:',
                          continuous_update=False)

macd_signal = wd.IntSlider(value=9, min=2, max=50, step=1,
                            description='MACD signal:',
                            continuous_update=False)

macd_box = wd.VBox(children=[macd_label, macd_fast,
                             macd_slow, macd_signal])
```

8. RSI를 위한 보조 셀렉터를 정의한다.

```
rsi_label = wd.Label('RSI')

rsi_periods = wd.IntSlider(value=14, min=2, max=50, step=1,
```

```
                           description='RSI periods:',
                           continuous_update=False)

    rsi_upper = wd.IntSlider(value=70, min=1, max=100, step=1,
                           description='Upper Thr:',
                           continuous_update=False)

    rsi_lower = wd.IntSlider(value=30, min=1, max=100, step=1,
                           description='Lower Thr:',
                           continuous_update=False)

    rsi_box = wd.VBox(children=[rsi_label, rsi_periods,
                           rsi_upper, rsi_lower])
```

9. 레이블을 생성하고 셀렉터를 컨테이너로 그룹화한다.

```
    sec_selector_label = wd.Label('Secondary parameters',
                           layout=wd.Layout(height='45px'))
    blank_label = wd.Label('', layout=wd.Layout(height='45px'))

    sec_box_1 = wd.VBox([sec_selector_label, bollinger_box, macd_box])
    sec_box_2 = wd.VBox([blank_label, rsi_box])

    secondary_selector_box = wd.HBox([sec_box_1, sec_box_2])
```

10. 박스를 그룹화하고 대화형 출력을 준비한다.

```
    controls_dict = {'asset':stocks_selector,
                     'indicator':indicator_selector,
                     'start_date':start_date_selector,
                     'end_date':end_date_selector,
                     'bb_k':k_param,
                     'bb_n':n_param,
                     'macd_fast': macd_fast,
                     'macd_slow': macd_slow,
```

```
              'macd_signal': macd_signal,
              'rsi_periods': rsi_periods,
              'rsi_upper': rsi_upper,
              'rsi_lower': rsi_lower}

    ui = wd.HBox([main_selector_box, secondary_selector_box])
    out = wd.interactive_output(ta_dashboard, controls_dict)
```

11. 대시보드를 표시한다.

```
display(ui, out)
```

마지막 줄을 실행하면 다음 GUI가 표시된다.

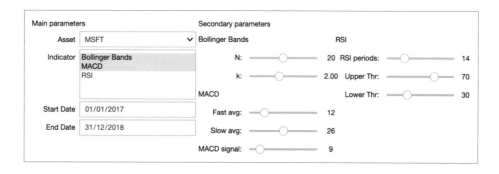

GUI에서 관심 대상의 값을 선택하면 대화형 차트에 영향을 줄 수 있다. 예컨대
표시를 원하는 기술 지표를 변경할 수 있다.

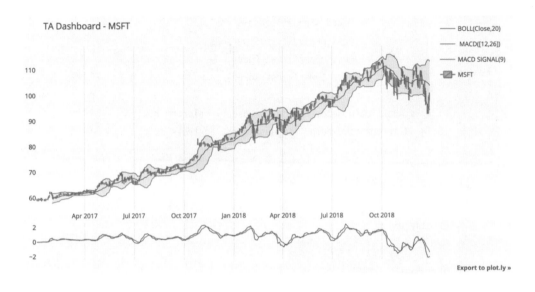

이번에는 촛대 차트 위에 볼린저 밴드와 MACD를 모두 도식화했다. 노트북 내에서 관심 영역을 확대해 패턴을 추가로 검사할 수 있다.

작동 원리

라이브러리를 임포트한 다음 가능한 자산 목록(티커로 표시)과 선택할 기술 지표를 정의했다.

3단계에서는 자산, 기술 지표, 날짜 범위, 지표별 매개 변수 등 구성 가능한 모든 매개 변수를 입력으로 사용하는 **ta_dashboard**라는 함수를 정의했다. 이 함수 자체는 야후 파이낸스에서 과거 주가를 다운로드하고 *cufflinks*를 사용해 촛대 차트 만들기 레시피에 설명된 대로 촛대 차트를 그렸다. 그런 다음 add_bollinger_bands와 같은 메서드를 사용하고 필요한 인수를 제공해 그림에 지표기를 추가했다. 지원되는 모든 기술 지표에 대한 목록은 **cufflinks** 문서를 참고하자.

함수를 준비한 후 GUI 요소를 정의하기 시작했다. 4단계와 5단계에서 주요 셀렉터(예: 자산, 기술 지표, 데이터 다운로드 시작일/종료일)를 정의하고, 수직 상자(VBox) 안에 그룹화해 더 작은 요소를 저장하도록 하고, GUI를 보다 쉽게 디자인할 수 있게 한다. 주어진 상자에 속하는 선택기를 나타내고자 객체 목록을 children 인수에 제공했다.

6단계에서 9단계까지, 이번에는 기술 지표 조정을 담당하는 모든 매개 변수를 사용해 보조 컨테이너를 작성했다. 셀렉터와 상자 사용에 대한 몇 가지 일반적인 참고 사항은 다음과 같다.

- Continuous_update = False로 설정하면 슬라이더의 연속 업데이트를 해제할 수 있으므로 도면은 이동하는 동안이 아니라 새 값이 설정된 경우에만 갱신된다.
- value 인수를 제공해 셀렉터의 기본값을 정의할 수 있다.
- 텍스트 없이 빈 레이블을 사용해 상자 요소를 정렬할 수 있다.

10단계에서 wd.interactive_output을 사용해 ta_dashboard 함수의 출력이 대화형 위젯(딕셔너리에서 함수의 특정 인수에 위젯을 지정함)에 의해 수정됨을 표시했다. 마지막으로 display(ui, out)를 실행해 GUI를 표시한 후 도면을 생성했다.

추가 사항

이 레시피에서 제공되는 대시보드의 주요 장점은 주피터 노트북에 포함돼 있다는 것이다. 그러나 로컬 노트북 외부로 이동해 모든 사람이 웹 응용 프로그램으로 사용하기를 원할 수 있다. 그렇게 하려면 Dash를 사용할 수 있는데 Dash는 파이썬과 동급인 R에서 널리 사용하는 Shiny 프레임워크다.

03

시계열 모델링

3장에서는 시계열 모델링의 기본 사항을 소개한다. 먼저 시계열의 구성 요소를 설명하고 이를 분해하는 방법을 알아본다. 나중에 정상성stationarity의 개념을 소개하는데 왜 정상성이 중요한지, 테스트하는 방법은 무엇인지, 궁극적으로 원시 시계열이 정상성이 없을 때 어떻게 정상성으로 만드는지를 알아본다.

또한 시계열 모델링에 가장 널리 사용되는 두 가지 방법인 지수 평활법과 자기회귀 통합 이동 평균ARIMA, Autoregressive Integrated Moving Average 클래스 모델을 살펴본다. 두 경우 모두 모형의 적합 방법, 적합도 평가, 시계열의 미래 가치 예측 방법을 알아본다. 추가적으로 페이스북의 Prophet 라이브러리의 가산적additive 모델을 사용해 시계열을 모델링하는 새로운 방법을 제시한다.

3장에서는 다음의 레시피를 알아본다.

- 시계열 분해
- 페이스북 Prophet를 사용한 시계열 분해
- 시계열의 정상성 검사
- 시계열의 정상성 교정
- 지수 평활법을 사용한 시계열 모델링
- ARIMA 클래스 모델을 사용한 시계열 모델링
- ARIMA 클래스 모델을 사용한 예측

▐ 시계열 분해

시계열 분해의 목표는 시계열을 여러 구성 요소로 나눠 데이터에 대한 이해를 높이는 것이다. 이를 통해 모델링의 복잡성과 각 구성 요소를 정확하게 캡처하고자 따라야 하는 접근 방식에 대한 통찰력을 얻을 수 있다.

이러한 구성 요소는 체계적과 비체계적인 두 가지 유형으로 나눌 수 있다. 체계적인 것들은 일관적이고 묘사와 모델링이 가능하다는 사실로 특징지을 수 있다. 반대로 비체계적인 것들은 직접적으로 모델링할 수 없다.

다음은 **체계적 구성 요소**들이다.

- **레벨**level: 계열의 평균값.
- **추세**trend: 추세의 추정치, 즉 특정 시점에서 연속 시점 사이의 값 변화. 시계열의 기울기(증가/감소)와 연관될 수 있다.
- **계절성**seasonality: 단기 사이클로 반복되는 평균으로부터의 편차.

다음은 **비체계적 구성 요소**다.

- **노이즈**noise: 시계열상의 랜덤 변화

시계열 분해에 사용되는 모델에는 가산적additive과 승산적multiplicative인 두 가지 유형이 있다.

다음은 **가산적 모델**의 특징이다.

- **모델의 식**: $y(t)$ = 레벨 + 추세 + 계절성 + 노이즈
- **선형 모델**: 시간에 따른 크기 변화가 일정하다.
- 추세는 선형이다(일직선).
- 시간 주기에 대해 동일한 빈도(너비)와 폭(높이)을 가진 선형 계절성

다음은 **승산적 모델**의 특징이다.

- **모델의 식**: $y(t)$ = 레벨 * 추세 * 계절성 * 잡음
- **비선형 모델**non-linear model: 시간에 따른 크기 변화가 일정하지 않다. 예를 들면 지수형일 수 있다.
- 곡선이며 비선형 추세를 가진다.
- 시간 주기에 대해 증가/감소하는 빈도와 폭을 가지는 비선형 계절성

승산적 모델로는 작업하고 싶지 않은 경우가 있다. 가능한 해결책 중 하나는 특정 변환을 적용해 추세/계절성을 선형으로 만드는 것이다. 변환의 한 예는 지수 증가가 관찰되는 계열에서 로그 값을 취하는 것이다.

이 레시피에서는 퀸들에서 다운로드한 월별 금 가격을 시계열 분해하는 방법을 살펴본다.

작동 방법

다음 단계를 시행해 시계열을 분해해 보자.

1. 라이브러리를 임포트한다.

```
import pandas as pd
import quandl
from statsmodels.tsa.seasonal import seasonal_decompose
```

2. 2000~2011 사이의 금 시세를 다운로드하고 월별 가격으로 리샘플한다.

```
QUANDL_KEY = '{key}' # 각자의 API key로 대체해야 함
quandl.ApiConfig.api_key = QUANDL_KEY

df = quandl.get(dataset='WGC/GOLD_MONAVG_USD',
                start_date='2000-01-01',
                end_date='2011-12-31')

df.rename(columns={'Value': 'price'}, inplace=True)
df = df.resample('M').last()
```

계열에 일부 중복 값이 있다. 예를 들어, 2000-04-28과 2000-04-30 값은 서로 같은 항목이다. 이 문제를 해결하기 위해 월별 마지막만 가져와 월별 데이터로 리샘플링한다(실제 값은 변경되지 않으며 매월 잠재적 중복만 제거한다).

3. 이동 평균과 표준 편차를 추가한다.

```
WINDOW_SIZE = 12
df['rolling_mean'] = df.price.rolling(window=WINDOW_SIZE).mean()
df['rolling_std'] = df.price.rolling(window=WINDOW_SIZE).std()
df.plot(title='Gold Price')
```

코드를 실행하면 다음의 그래프를 얻는다.

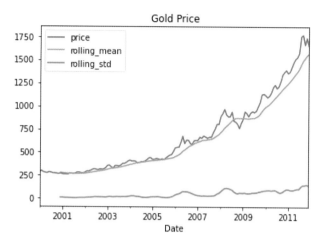

Gold Price

앞의 그림에서 12개월 이동 평균에 비선형 성장 패턴이 있으며, 이동 표준 편차가 시간이 지남에 따라 증가함을 알 수 있다. 그래서 승산적 모델을 사용하기로 결정했다.

4. 승산적 모델을 사용해 계절성 분해를 수행해 보자.

```
decomposition_results = seasonal_decompose(df.price,
                                           model='multiplicative')
decomposition_results.plot() \
                      .suptitle('Multiplicative Decomposition',
                               fontsize=18);
```

코드를 실행하면 다음의 분해 도면을 얻을 수 있다.

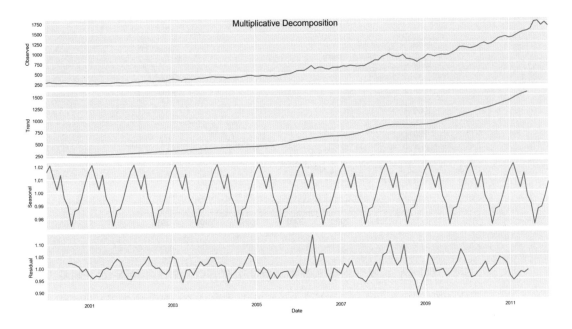

분해 그림에서 추출된 구성 요소 계열인 추세, 계절성, 랜덤성(잔차)을 볼 수 있다. 분해가 적절한지 평가하고자 랜덤 성분을 살펴볼 수 있다. 랜덤 성분에 식별 가능한 특정 패턴이 없다면(즉 랜덤 성분이 실제로 랜덤) 적합화는 적절하다. 예를 들어, 가산적 모델을 적용하면 시간이 지남에 따라 잔차가 증가하는 것으로 보인다. 예제의 경우는 잔차의 분산이 데이터셋의 후반에서 약간 더 높은 것으로 보인다.

작동 원리

2단계에서 데이터를 다운로드한 후 시계열에 월별로 하나의 데이터 포인트만 포함되도록 했다(데이터를 월간 빈도로 리샘플링해 이를 시행한다). 이동 통계를 계산하고자 pandas DataFrame의 rolling 메서드를 사용하고 원하는 윈도우 크기(12개월)를 지정했다.

statsmodels 라이브러리의 season_decompose 함수를 사용해 고전적인 분해를 수행했다. 그렇게 할 때 어떤 종류의 모델을 사용하길 원하는지 지정했다.

> **TIP**
>
> seasonal_decompose를 숫자 배열과 함께 사용하면 pandas Series 객체로 작업하지 않는 한 관측 빈도(freq 인수)로 지정해야 한다.
>
> 결측치가 있거나 계열이 시작될 때 '웜업(warm-up) 기간'의 잔차를 외삽해야 할 경우(데이터가 충분하지 않은 경우) 추가 인수, 즉 extrapolate_trend = 'freq'를 전달할 수 있다.

참고 문헌

STL^{Seasonal and Trend} 분해, SEATS^{Seasonal Extraction in ARIMA Time Series} 분해, X11 분해 같은 고급 분해 방법도 있다. 자세한 내용은 다음 책을 참고하자.

- Hyndman, R.J., and Athanasopoulos, G. (2018) *Forecasting: principles and practice*, 2nd edition, OTexts: Melbourne, Australia. OTexts.com/fpp2. Accessed on November 26, 2019.

▌ 페이스북의 Prophet을 사용한 시계열 분해

또 다른 시계열 분해 방법은 가산적 모델을 사용하는 것으로서 시계열을 서로 다른 시간 단위(일별, 주별, 월별, 연간 등) 패턴의 조합으로 전체 추세와 함께 나타내는 것이다. 페이스북의 Prophet이 바로 이런 작업을 하는 것인데 변환점^{changepoint}(행동의 급격한 변화), 휴일 등을 고려하는 등의 고급 기능까지 갖고 있다. 이 라이브러리를 사용할 때의 실질적인 장점은 시계열의 미래 값을 불확실성 수준을 나타내는 신뢰 구간과 함께 예측할 수 있다는 것이다.

이 레시피에서는 2000~2004년의 일별 금 가격에 Prophet의 가산 모델을 적합화해서 2005년의 가격을 예측할 것이다.

작동 방법

다음 단계를 실행해 페이스북의 Prophet로 금 가격의 시계열을 분해하고 1년 뒤를 예측
해 보자.

1. 라이브러리를 임포트하고, 퀀들 인증을 한다.

```
import pandas as pd
import seaborn as sns
import quandl
from fbprophet import Prophet

QUANDL_KEY = '{key}' # 자신의 API 키로 대체
quandl.ApiConfig.api_key = QUANDL_KEY
```

2. 일별 금 가격을 다운로드하고 열 이름을 바꾼다.

```
df = quandl.get(dataset='WGC/GOLD_DAILY_USD',
                start_date='2000-01-01',
                end_date='2005-12-31')

df.reset_index(drop=False, inplace=True)
df.rename(columns={'Date': 'ds', 'Value': 'y'}, inplace=True)
```

3. 시계열을 훈련과 테스트 집합으로 나눈다.

```
train_indices = df.ds.apply(lambda x: x.year) < 2005
df_train = df.loc[train_indices].dropna()
df_test = df.loc[~train_indices].reset_index(drop=True)
```

4. 모델의 인스턴스를 만들고 데이터를 적합화한다.

```
model_prophet = Prophet(seasonality_mode='additive')
model_prophet.add_seasonality(name='monthly', period=30.5,
```

```
                                        fourier_order=5)
    model_prophet.fit(df_train)
```

5. 금 가격을 예측하고 결과를 도식화한다.

```
df_future = model_prophet.make_future_dataframe(periods=365)
df_pred = model_prophet.predict(df_future)
model_prophet.plot(df_pred)
```

결과 도면은 다음과 같다.

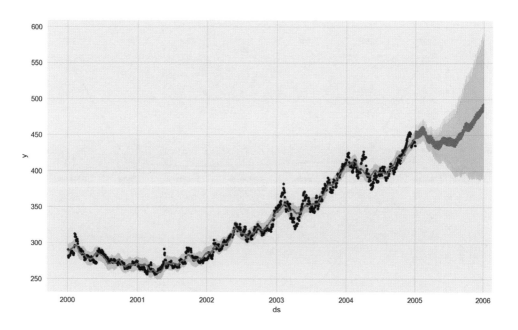

검은 점은 금 가격의 실제 관측값이다. 적합화를 나타내는 파란선은 관측값과
정확히 일치하지 않는다. 모델이 데이터의 노이즈를 평활화해서 제거(과적합 가능
성을 줄임)했기 때문이다. 중요한 특징은 Prophet이 불확실성을 정량화한다는 것
인데 이는 적합선 주위의 파란색 간격으로 표시된다.

6. 시계열 분해를 검사해 본다.

```
model_prophet.plot_components(df_pred)
```

분해는 다음 도면으로 나타난다.

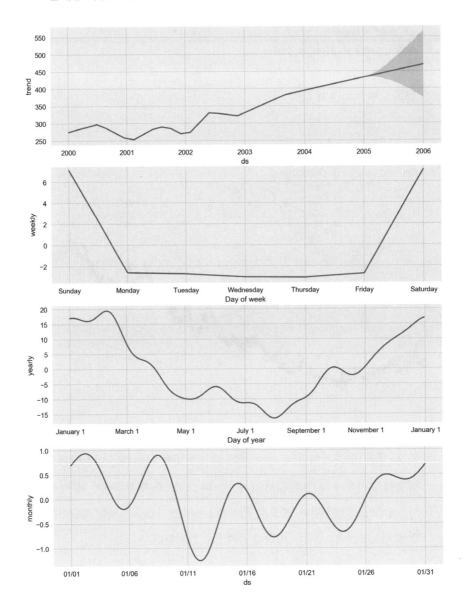

자세히 살펴보면 전반적인 추세는 증가하고 있으며, 금 가격이 연중 내내 하락해 연초와 연말에 더 높은 것으로 보인다. 월별 수준에서는 약간의 움직임이 있지만, 규모는 연간 패턴의 경우보다 훨씬 작다.

주간 차트에는 많은 움직임이 없다(주말에는 시세가 없기 때문에 주말은 보지 않는다). 이는 시간 간격이 줄어들면 노이즈가 신호를 흐리기 시작하므로 말이 된다. 이러한 이유 때문에 주간 단위는 모두 비활성화할 수도 있다.

작동 원리

Prophet는 일별 관측값을 가진 시계열에서(이 말이 주간이나 월간 데이터를 사용할 수 없다는 의미는 아니다) 다양한 시간 척도(매주, 매월, 매년 등)로 패턴을 분석하도록 설계됐다.

2단계에서는 퀀들에서 일별 금 가격을 다운로드해 타임스탬프를 나타내는 ds와 대상 변수인 y라는 2개의 열이 있는 pandas DataFrame으로 만들었다. 이 구조(열 이름)는 Prophet과 함께 작업하는 데 필요하다. 그런 다음 DataFrame을 훈련(2000~2004년)과 테스트(2005년)로 나누고 시간에 따라 분할한다.

4단계에서 가산적 계절성을 사용해 모델을 인스턴스화했다. 또한 Prophet의 문서에 제시된 값으로 add_seasonality 메서드를 사용해 월별 계절성을 추가했다. 모델을 적합화하고자 보편적으로 사용되는 scikit-learn 라이브러리의 fit 메서드를 사용했다.

5단계에서는 예측을 위한 적합화 모델을 사용했다. Prophet을 사용해 예측하려면 make_future_dataframe 메서드를 사용하고 얻고자 하는 기간(기본적으로 일 단위로 측정)을 표시해 future_dataframe을 생성해야 한다. 적합화 모형의 predict 메서드를 사용해 예측을 생성했다.

6단계에서 모델의 구성 요소(분해)를 검사했다. 이를 위해 plot_components 메서드의 인수로 예측 DataFrame을 사용했다.

추가 사항

이제 적합된 모델의 일부 기본 성능 평가에 관심이 있다. 다음 단계를 실행해 2005년의 예상 금 가격과 실제 금 가격을 육안으로 검사해 보자.

1. 테스트 집합을 예측 DataFrame과 병합한다.

```
selected_columns = ['ds', 'yhat_lower', 'yhat_upper', 'yhat']

df_pred = df_pred.loc[:, selected_columns].reset_index(drop=True)
df_test = df_test.merge(df_pred, on=['ds'], how='left')
df_test.ds = pd.to_datetime(df_test.ds)
df_test.set_index('ds', inplace=True)
```

테스트 집합을 예측 DataFrame과 병합했다. 왼쪽 조인^{join}을 사용해 일치하지 않는 행을 비워 두고 왼쪽 테이블(테스트 집합)의 모든 행과 오른쪽 테이블(예측 DataFrame) 중 일치하는 행을 반환한다. 이런 식으로 테스트 집합에 있었던 날짜만 유지한다(Prophet은 주말과 공휴일을 포함해 다음 365일 동안 예측을 만들었다).

2. 테스트 값과 예측 값을 비교해서 도식화해 본다.

```
fig, ax = plt.subplots(1, 1)

ax = sns.lineplot(data=df_test[['y', 'yhat_lower', 'yhat_upper',
                                'yhat']])
ax.fill_between(df_test.index,
                df_test.yhat_lower,
                df_test.yhat_upper,
                alpha=0.3)
ax.set(title='Gold Price - actual vs. predicted',
       xlabel='Date',
       ylabel='Gold Price ($)')
```

코드를 실행한 결과는 다음과 같다.

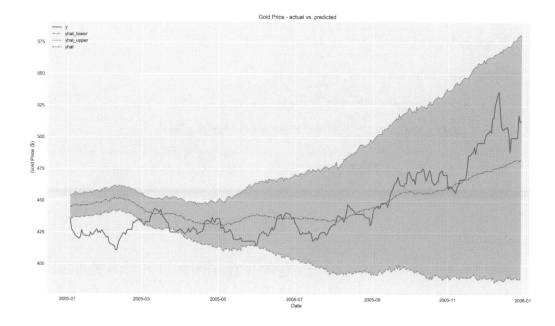

앞의 그림에서 Prophet는 2005의 금 가격을 정확하게(적어도 시각적으로) 예측한 것으로 볼 수 있다. 관측된 가격이 신뢰 구간을 벗어난 것은 처음 2개월 동안이었다.

▌ 시계열의 정상성 테스트

정상성stationary 시계열이란 평균, 분산, 공분산 등의 통계적 속성이 시간이 대해 일정한 시계열을 의미한다. 정상성은 미래에 대한 모델링과 외삽(예측)을 정확하게 해주므로 시계열에서의 바람직한 특성이다. 비정상성 데이터의 몇 가지 단점은 다음과 같다.

- 모델의 분산이 잘못 지정될 수 있다.
- 모델의 적합화를 악화시킨다.
- 데이터의 시간-의존성이라는 귀중한 패턴을 활용할 수 없다.

이 레시피에서는 시계열의 정상성을 테스트하는 방법을 보여 준다. 이를 위해 다음과 같은 방법을 사용한다.

- ADF^{Augmented Dickey-Fuller} 검정
- KPSS^{Kwiatkowski-Phillips-Schmidt-Shin} 검정
- (부분) 자기 상관 함수^{PACF/ACF, (Partial) Autocorrelation Function} 도면

여기서는 2000~2011년 사이의 월별 금 시세에 정상성이 있는지 조사해 보았다.

준비하기

시계열 분해 레시피에서 사용한 것과 동일한 데이터를 사용한다. 금 가격의 이동 평균과 표준 편차를 도식화한 후 통계가 시간에 따라 증가하므로 비정상성이라는 것을 알았다.

작동 방법

다음 단계를 수행해 주어진 시계열의 정상성을 검정한다.

1. 라이브러리를 임포트한다.

```
import pandas as pd
from statsmodels.graphics.tsaplots import plot_acf, plot_pacf
from statsmodels.tsa.stattools import adfuller, kpss
```

2. ADF 테스트를 수행할 함수를 정의한다.

```
def adf_test(x):
    indices = ['Test Statistic', 'p-value',
               '# of Lags Used', '# of Observations Used']
    adf_test = adfuller(x, autolag='AIC')
    results = pd.Series(adf_test[0:4], index=indices)
```

```
    for key, value in adf_test[4].items():
        results[f'Critical Value ({key})'] = value

    return results
```

이제 테스트를 수행할 수 있다.

```
adf_test(df.price)
```

코드는 다음의 요약 통계량을 생성한다.

```
Test Statistic              3.510499
p-value                     1.000000
# of Lags Used             14.000000
# of Observations Used 129.000000
Critical Value (1%)        -3.482088
Critical Value (5%)        -2.884219
Critical Value (10%)       -2.578864
```

ADF 검정의 귀무가설은 '시계열이 정상성이 아니다'라는 것이다. p-값이 1(또는 선택된 신뢰 수준의 임계치$^{critical\ value}$보다 큰 검정 통계량)인 경우 귀무가설을 기각할 이유가 없으므로 계열이 정상성이 아니라는 결론을 내릴 수 있다.

3. KPSS 검정을 수행할 함수를 정의한다.

```
def kpss_test(x, h0_type='c'):

    indices = ['Test Statistic', 'p-value', '# of Lags']
    kpss_test = kpss(x, regression=h0_type)
    results = pd.Series(kpss_test[0:3], index=indices)
    for key, value in kpss_test[3].items():
        results[f'Critical Value ({key})'] = value

    return results
```

이제 검정을 수행한다.

```
kpss_test(df.price)
```

코드는 다음과 같은 요약 통계량을 생성한다.

```
Test Statistic              0.985671
p-value                     0.010000
# of Lags                  14.000000
Critical Value (10%)        0.347000
Critical Value (5%)         0.463000
Critical Value (2.5%)       0.574000
Critical Value (1%)         0.739000
```

KPSS 검정의 '귀무가설은 시계열이 정상성이다'는 것이다. p-값이 0.01(또는 선택된 임계치보다 큰 검정 통계량)인 경우 대립가설이 선호되며 귀무가설을 기각할 이유가 있다. 이는 계열이 정상성이 아님을 의미한다.

4. ACF 그래프를 생성한다.

```
N_LAGS = 40
SIGNIFICANCE_LEVEL = 0.05

fig, ax = plt.subplots(2, 1)
plot_acf(df.price, ax=ax[0], lags=N_LAGS,
        alpha=SIGNIFICANCE_LEVEL)
plot_pacf(df.price, ax=ax[1], lags=N_LAGS,
         alpha=SIGNIFICANCE_LEVEL)
```

출력은 다음과 같다.

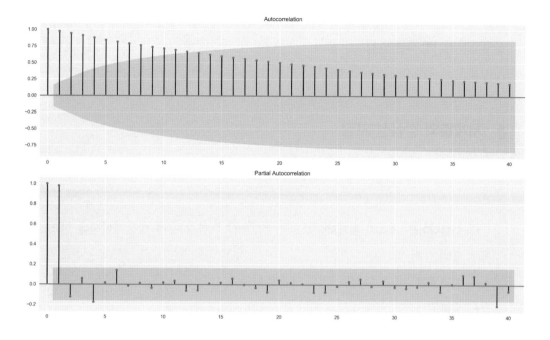

ACF 그래프에서 유의^{significant}한 자기 상관이 있음을 알 수 있다(선택된 5% 유의 수준에 해당하는 95% 신뢰 구간 이상). 또한 PACF 그래프에서도 지연 1과 4에서 유의한 자기 상관이 있다.

작동 원리

2단계에서 ADF 검정을 실행하고 결과를 출력하는 데 사용되는 함수를 정의했다. `adfuller` 함수에서 `autolag = 'AIC'`로 지정했으므로 고려된 지연 수는 AIC^{Akaike Information Criterion}를 기반으로 자동 선택된다. 다른 방법으로는 이 값을 수동으로 선택할 수도 있다.

`kpss` 함수(3단계)에는 `regression` 인수를 지정했다. `'c'`는 시계열이 레벨-정상성이라는 귀무가설을 의미하고, `'ct'`는 추세-정상성(계열에서 추세를 제거하면 레벨-정상성이 됨)이라는 귀무가설에 해당한다.

모든 검정과 자기 상관에 대해 유의 수준 5%를 선택했는데 귀무가설(H0)이 사실임에도 불구하고 기각할 확률이다.

▌ 시계열의 정상성 교정

이 레시피에서는 다음 변환을 통해 비정상성 시계열을 정상성으로 만드는 방법을 알아본다.

- **디플레이션: 소비자 물가지수**^{CPI, Consumer Price Index}를 사용해 인플레이션을 반영한다.
- **자연 로그**: 지수 추세를 선형에 가깝게 만든다.
- **차분**^{differencing}: 현 관측값과 지연 값 사이의 차이를 취한다.

여기서는 시계열 정상성을 검정한 레시피에서 이용한 것과 동일한 데이터를 사용한다. 그 레시피의 결론은 2000~2011년 월별 금 가격 시계열은 비정상성이라는 것이었다.

작동 방법

다음 단계를 실행해 비정상성 시계열을 정상성으로 변환한다.

1. 라이브러리를 임포트하고 인플레이션 데이터를 갱신한다.

```python
import cpi
import pandas as pd
from datetime import date
from statsmodels.graphics.tsaplots import import plot_acf, plot_pacf
from statsmodels.tsa.stattools import adfuller, kpss

from chapter_3_utils import test_autocorrelation
```

```
# (필요시) CPI 데이터를 갱신
# cpi.update()
```

2. 금 가격을 디플레이션시키고(2011−12−31까지 미국달러로) 결과를 도식화한다.

```
DEFL_DATE = date(2011, 12, 31)

df['dt_index'] = df.index.map(lambda x: x.to_pydatetime().date())
df['price_deflated'] = df.apply(lambda x:
                                    cpi.inflate(x.price,
                                                x.dt_index,
                                                DEFL_DATE),
                                axis=1)
df[['price', 'price_deflated']].plot(title='Gold Price(deflated)');
```

인플레이션을 보정한 가격을 다음 그림에서 볼 수 있다.

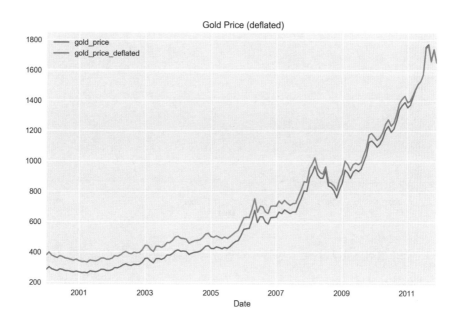

전체 시계열이 동일한 시점이라면 금 가격을 다른 시점으로 조정할 수도 있다.

3. 시계열을 자연 로그를 사용해 디플레이션시키고 이동 척도에 따라 도식화한다.

```
WINDOW = 12
selected_columns = ['price_log', 'rolling_mean_log','rolling_std_log']

df['price_log'] = np.log(df.price_deflated)
df['rolling_mean_log'] = df.price_log.rolling(window=WINDOW).mean()
df['rolling_std_log'] = df.price_log.rolling(window=WINDOW).std()

df[selected_columns].plot(title='Gold Price (logged)')
```

코드를 실행하면 다음과 같은 결과를 얻게 된다.

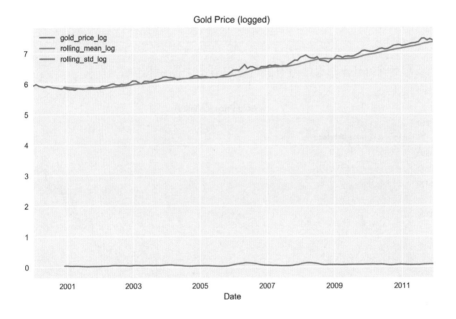

앞의 그림으로부터 로그 변환이 작업을 수행했음을 알 수 있다. 즉 지수 추세가 선형이 됐다.

4. test_autocorrelation(3장을 위한 헬퍼 함수)을 사용해 시계열이 정상성이 됐는지 알아보자.

```
test_autocorrelation(df.price_log)
```

코드를 실행하면 다음 그림을 얻을 수 있다.

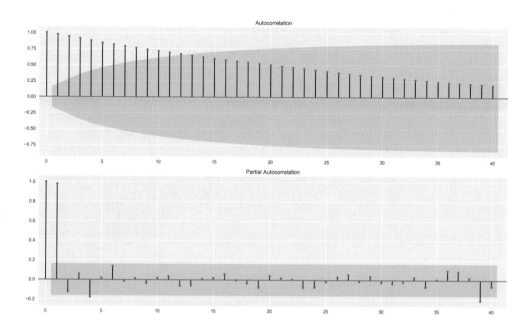

또한 통계적 검정의 결과도 얻게 된다.

```
ADF test statistic: 0.89 (p-val: 0.99)
KPSS test statistic: 1.04 (p-val: 0.01)
```

통계 검정 결과와 ACF/PACF 그림을 조사한 결과로는 디플레이션과 자연 알고리즘이 금 가격을 정상성으로 만들기에는 충분하지 않았다는 결론을 내릴 수 있다.

5. 시계열에 차분^{differencing}을 적용하고 결과를 도식화한다.

```
selected_columns = ['price_log_diff','roll_mean_log_diff',
                    'roll_std_log_diff']
```

```
df['price_log_diff'] = df.price_log.diff(1)
df['roll_mean_log_diff'] = df.price_log_diff.rolling(WINDOW).mean()
df['roll_std_log_diff'] = df.price_log_diff.rolling(WINDOW).std()
df[selected_columns].plot(title='Gold Price (1st differences)')
```

코드를 실행하면 다음의 결과를 생성한다.

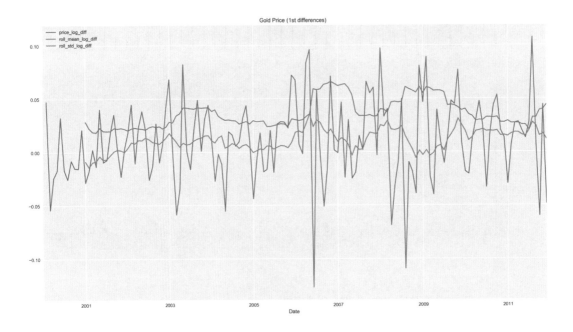

변형된 금 가격은 정상성이라는 인상을 준다. 시계열이 대략 일정한 분산을 갖고
0 주위에서 진동한다. 최소한 눈에 띄는 확연한 추세는 보이지 않는다.

6. 시계열이 정상성이 됐는지 확인해 보자.

```
test_autocorrelation(df.price_log_diff.dropna())
```

앞의 코드를 실행하면 다음의 그림을 얻는다.

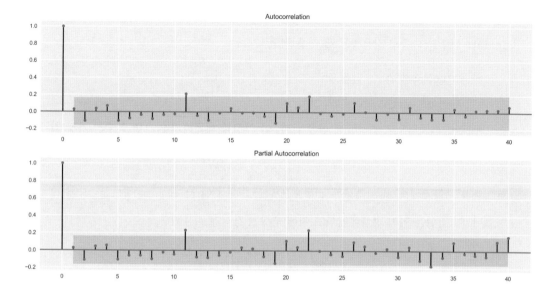

또한 통계적 검정 결과도 얻을 수 있다.

```
ADF test statistic: -9.13 (p-val: 0.00)
KPSS test statistic: 0.37 (p-val: 0.09)
```

1차 차분을 적용한 후 계열은 5% 유의 수준에서 정상 상태가 됐다(두 검정에 따라). ACF/PACF 그림에서 지연 11과 22에서 유의한 함수 값이 있음을 알 수 있다. 이것은 일종의 계절성을 나타내거나 단순히 잘못된 신호일 수 있다. 5% 유의 수준을 사용하면 기저 프로세스에 자기 상관이나 부분 자기 상관이 없더라도 값의 5% 정도는 95% 신뢰 구간을 벗어날 수 있다.

작동 원리

각 변환을 개별적으로 실행한다.

디플레이션^{deflation}: 2단계에서 `cpi` 라이브러리를 사용해 미국달러의 인플레이션을 반영했다. 라이브러리는 노동 통계청이 권장하는 CPI-U 지수에 의존한다. 작업을 위해 datetime.date 클래스의 객체로 날짜를 나타내는 인위적인 인덱스 열을 생성했다. inflate 함수는 다음과 같은 인수를 사용한다.

- value: 조정하려는 달러 값.
- year_or_month: 달러 값의 날짜.
- to: 선택적으로 조정하고 싶은 날짜. 이 인수를 제공하지 않으면 함수는 가장 최근 연도로 조정

로그 변환: 3단계에서 지수 추세를 선형으로 만들고자 자연 로그(np.log)를 모든 값에 적용했다. 이 연산은 이미 인플레이션에 대해 수정된 가격에 적용됐다.

1차 차분 취하기: 5단계에서 diff 메서드를 사용해 시간 t와 시간 t−1의 값 차이를 계산했다(기본 설정은 1차 차분에 해당). period 인수를 변경하면 다른 차수를 지정할 수 있다.

추가 사항

고려한 금 가격에는 명확한 계절성은 보이지 않는다. 그러나 데이터셋에 계절적 패턴이 나타날 경우 몇 가지 가능한 해결책이 있다.

- **차분으로 조정**: 1차 차분을 사용하는 대신 월별 데이터에 연간 계절성이 있는 경우에는 높은 차수를 사용한다(예: diff (12)).
- **모델링을 통한 조정**: 계절성을 직접 모델링한 후 계열에서 제거할 수 있다. seasonal_decompose나 다른 고급 자동 분해 알고리즘을 사용해 계절 성분을 추출하는 것도 한 방법이다. 이 경우 가산 모델을 사용할 때 계절 성분을 빼야 하고 모형이 승산적일 경우는 나눠야 한다. 또 다른 해결책은 np.polyfit()을 사용해 선택한 시계열에 최적 차수의 다항식을 적합화한 다음 원래 시계열에서 빼는 것이다.

박스-콕스 변환 Box-Cox transformation은 시계열 데이터에 사용할 수 있는 또 다른 유형의 조정

이다. 이 변환은 다른 지수 변환 함수를 결합해 분포를 정규(가우시안) 분포와 더 유사하게 만든다. scipy의 boxcox를 사용하면 가장 적합한 lambda 매개 변수 값을 자동으로 찾을 수 있다. 한 가지 알아 둬야 할 조건은 시계열의 모든 값이 양수여야 한다는 것이다. 1차 차분 혹은 변환을 통해 시계열에 음수 값이 나타나는 경우에 사용해서는 안 된다.

pmdarima라는 라이브러리(이 라이브러리의 자세한 내용은 ARIMA 클래스 모델을 사용한 시계열 모델링 레시피에서 확인할 수 있다)에는 통계 검정을 사용해 정상성을 달성(그리고 계절성, 즉 계절적 정상성을 제거)하고자 시계열에 적용해야 할 차분의 차수를 알아내는 두 가지 함수가 포함돼 있다.

ADF, KPSS, 필립-페론PP, Phillips-Perron 검정을 사용하면 정상성을 검사할 수 있다.

```
from pmdarima.arima import ndiffs, nsdiffs

print(f"Suggested # of differences (ADF): {ndiffs(df.price, test='adf')}")
print(f"Suggested # of differences (KPSS): {ndiffs(df.price, test='kpss')}")
print(f"Suggested # of differences (PP): {ndiffs(df.price, test='pp')}")
```

코드의 출력은 다음과 같다.

```
Suggested # of differences (ADF): 1
Suggested # of differences (KPSS): 2
Suggested # of differences (PP):
```

KPSS 검정의 경우 검정할 귀무가설 유형을 지정할 수도 있다. 기본값은 레벨-정상성이다(null = 'level'). 검정의 결과에 따르면(차분 없이) 시계열이 정상성을 갖지 않는다.

라이브러리에는 계절적 차이를 검정하는 두 가지가 있다.

- OSCBOsborn, Chui, Smith, Birchenhall
- CHCanova-Hansen

이들을 실행하려면 월별 데이터로 작업하고 있으므로 데이터의 빈도(예제의 경우는 12)를 지정해야 한다.

```
print(f"Suggested # of differences (OSCB): {nsdiffs(df.price, m=12,
test='ocsb')}")
print(f"Suggested # of differences (CH): {nsdiffs(df.price, m=12,
test='ch')}")
```

출력은 다음과 같다.

```
Suggested # of differences (OSCB): 0
Suggested # of differences (CH): 0
```

결과는 금 가격에 계절성이 없다는 것을 나타낸다.

▌ 지수 평활법을 사용한 시계열 모델링

지수 평활법exponential smoothing은 비정상 데이터(즉 추세 및/또는 계절성 데이터)에 적합하며 지수 이동 평균과 유사하게 작동한다. 예측은 과거 관측값의 가중 평균이다. 이 모델은 시간이 지나면서 가중치가 기하급수적으로 작아짐에 따라 최근 관측에 더 중점을 둔다. 평활법은 빠르며(많은 계산이 필요하지 않음) 비교적 안정적이기 때문에 널리 사용된다.

단순 지수 평활SES, Simple Exponential Smoothing : 가장 기본적인 모델을 단순 지수 평활SES이라고 한다. 이 모델 클래스는 고려 중인 시계열에 추세나 계절성이 나타나지 않을 경우에 가장 적합하다. 또한 데이터 포인트가 얼마 없는 시계열과도 잘 작동한다.

이 모델은 0과 1 사이의 값을 갖는 평활화 매개 변수 α로 매개 변수화된다. 값이 클수록 최근 관측값에 더 많은 가중치가 적용된다. $\alpha = 0$이면 미래 예측은 과거 데이터의 평균

(앞서 적합했던 모델)과 같다. $\alpha = 1$이면 모든 예측은 훈련 데이터의 마지막 관측값과 동일한 값을 갖는다.

단순 지수 평활법의 예측 함수는 직선이다. 즉 예측하려는 시간의 범위와 관계 없이 모든 예측 기간에 대해 1개의 값(마지막 레벨 구성 요소)을 나타낸다. 이 때문에 이 방법은 추세나 계절성이 없는 시계열에만 적합하다.

홀트[Holt]의 선형 추세 방법: 홀트의 모델은 SES의 확장으로서 추세 구성 요소를 모델 사양에 추가해 시계열의 추세를 고려한다. 이 모델은 데이터에 추세는 있지만 계절성이 없는 경우에만 사용해야 한다.

홀트 모델의 한 가지 문제는 미래의 추세가 일정하다는 것이다. 이는 무한대로 증가/감소한다는 것을 의미한다. 이 때문에 모델을 확장하면 감쇠 매개 변수 φ를 추가해 추세를 완화한다. 감쇄를 통해 향후 추세를 일정한 값에 수렴하도록 해서 효과적으로 평탄화한다. 히드만과 아사나소풀로스(Hyndman and Athanasopoulos, 2018)는 감쇠는 작은 φ에 대해 매우 강하게 영향을 받기 때문에 φ는 대개 0.8보다 작은 경우는 드물다고 했다. 가장 좋은 방법은 φ 값이 0.8에서 0.98 사이가 되도록 제한하는 것이다. φ = 1이면 감쇠 모델은 감쇠가 없는 모델과 동일해지기 때문이다.

이 레시피에서는 구글[Google]의 월별 주가(추세가 있고 계절성은 없는 비정상 데이터)에 평활법을 적용하는 방법을 보여 준다. 이 모델을 2010~2017년의 주가에 맞추고 2018년을 예측해 본다.

준비하기

다음 레시피에서는 동일한 도면에 여러 선을 그릴 것이다. 각 선은 서로 다른 모델 사양을 나타낸다. 그렇기 때문에 이 선들이 특히 (흑백에서) 명확히 구별되게 하려 한다. 따라서 지금부터 3장의 마지막 레시피까지는 도면에 다른 색상 팔레트, 즉 큐브헬릭스[cubehelix]를 사용한다.

```
plt.set_cmap('cubehelix')
sns.set_palette('cubehelix')

COLORS = [plt.cm.cubehelix(x) for x in [0.1, 0.3, 0.5, 0.7]]
```

앞의 코드에서는 네 가지 색상 목록을 정의했다. 표준 색상 코드(빨간색/녹색/파란색/회색)를 사용하는 대신 큐브헬릭스를 사용한다.

작동 방법

다음 단계를 실행해 지수 평활법으로 구글 주가를 예측해 본다.

1. 라이브러리를 임포트한다.

```
import pandas as pd
import numpy as np
import yfinance as yf
from datetime import date
from statsmodels.tsa.holtwinters import (ExponentialSmoothing,
                                         SimpleExpSmoothing,
                                         Holt)
```

2. 구글의 조정 주가를 다운로드한다.

```
df = yf.download('GOOG',
                 start='2010-01-01',
                 end='2018-12-31',
                 adjusted=True,
                 progress=False)
```

3. 월별 주기로 집계한다.

```
goog = df.resample('M') \
        .last() \
        .rename(columns={'Adj Close': 'adj_close'}) \
        .adj_close
```

4. 훈련/테스트 집합으로 분할한다.

```
train_indices = goog.index.year < 2018
goog_train = goog[train_indices]
goog_test = goog[~train_indices]

test_length = len(goog_test)
```

5. 가격을 도식화한다.

```
goog.plot(title="Google's Stock Price")
```

이전 코드는 다음과 같은 그림을 생성한다.

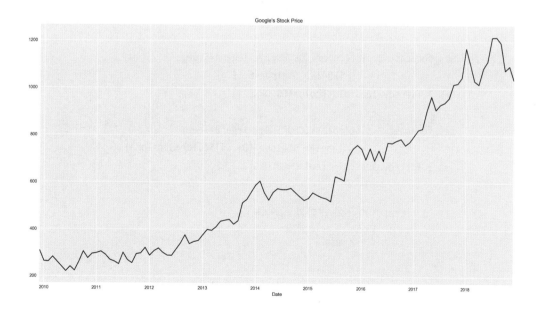

6. 세 가지 SES 모델을 적합화하고 이를 통해 예측을 생성해 본다.

```python
ses_1 = SimpleExpSmoothing(goog_train).fit(smoothing_level=0.2)
ses_forecast_1 = ses_1.forecast(test_length)

ses_2 = SimpleExpSmoothing(goog_train).fit(smoothing_level=0.5)
ses_forecast_2 = ses_2.forecast(test_length)

ses_3 = SimpleExpSmoothing(goog_train).fit()
alpha = ses_3.model.params['smoothing_level']
ses_forecast_3 = ses_3.forecast(test_length)
```

7. 원시 가격과 모델의 결과를 도식화한다.

```python
goog.plot(color=COLORS[0],
          title='Simple Exponential Smoothing',
          label='Actual',
          legend=True)

ses_forecast_1.plot(color=COLORS[1], legend=True,
                    label=r'$\alpha=0.2$')
ses_1.fittedvalues.plot(color=COLORS[1])

ses_forecast_2.plot(color=COLORS[2], legend=True,
                    label=r'$\alpha=0.5$')
ses_2.fittedvalues.plot(color=COLORS[2])

ses_forecast_3.plot(color=COLORS[3], legend=True,
                    label=r'$\alpha={0:.4f}$'.format(alpha))
ses_3.fittedvalues.plot(color=COLORS[3])
```

코드를 실행하면 다음의 결과가 나온다.

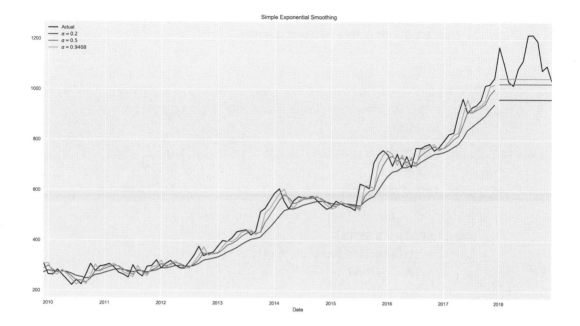

Simple Exponential Smoothing

앞 그림으로부터 이 레시피의 소개에서 설명한 SES의 특성을 확인할 수 있다. 예측은 평평한 선이다. 또한 `statsmodels` 최적화 루틴에 의해 선택된 최적 값이 1에 가깝다는 것도 알 수 있다. 추가적으로 세 번째 모델의 적합선은 관찰된 가격의 선이 오른쪽으로 이동한 것이다.

8. 홀트 평활화를 세 가지 변량으로 적합화하고 예측을 생성한다.

```
# 선형 추세 홀트 모델
hs_1 = Holt(goog_train).fit()
hs_forecast_1 = hs_1.forecast(test_length)

# 지수 추세 홀트 모델
hs_2 = Holt(goog_train, exponential=True).fit()
hs_forecast_2 = hs_2.forecast(test_length)

# 지수 추세 홀트 모델에 감쇠 적용
hs_3 = Holt(goog_train, exponential=False,
```

```
                     damped=True).fit(damping_  slope=0.99)
   hs_forecast_3 = hs_3.forecast(test_length)
```

 Holt(goog_train, exponential=True)는 ExponentialSmoothing(goog_train, trend ='mul')과 동일하다.

9. 원시 가격과 모델의 결과를 도식화한다.

```
goog.plot(color=COLORS[0],
          title="Holt's Smoothing models",
          label='Actual',
          legend=True)

hs_1.fittedvalues.plot(color=COLORS[1])
hs_forecast_1.plot(color=COLORS[1], legend=True,
                   label='Linear trend')

hs_2.fittedvalues.plot(color=COLORS[2])
hs_forecast_2.plot(color=COLORS[2], legend=True,
                   label='Exponential trend')

hs_3.fittedvalues.plot(color=COLORS[3])
hs_forecast_3.plot(color=COLORS[3], legend=True,
                   label='Exponential trend (damped)')
```

코드를 실행한 결과는 다음 그림과 같다.

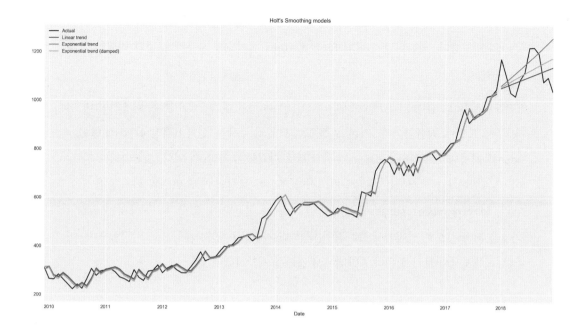

SES와 비교할 때 선이 더 이상 수평선이 아니므로 벌써 개선이 됐음을 알 수 있다.

작동 원리

2단계에서 5단계까지 2010~2018년 사이의 구글 주가를 다운로드하고 값을 월별 주기로 리샘플링했다. 그리고 데이터를 훈련(2010~2017)과 테스트(2018) 집합으로 분할한 후 계열을 도식화했다.

6단계에서는 SimpleExpSmoothing 클래스와 그 fit 메서드를 사용해 세 가지 다른 SES 모델을 적합화했다. 적합화에는 훈련 데이터만 사용했다. 평활화 매개 변수(smoothing_level)의 값을 수동으로 선택할 수도 있었지만, statsmodels이 최적 적합화하도록 최적화하는 것이 가장 좋다. 이 최적화는 잔차 제곱(오차)의 합계를 최소화하도록 수행된다. 예측은 forecast 메서드를 사용해 생성한다. forecast 메서드는 예측하고자 하는 기간을 인수로 취한다(이는 테스트 집합의 길이와 동일하다). 7단계에서 결과를 시각화하고 실제 주가와 비교했다. 적합화된 모형의 `fittedvalues` 메서드를 사용해 모형의 적합화된 값을 추출했다.

8단계에서 Holt 클래스(일반적인 ExponentialSmoothing 클래스의 래퍼)를 사용해 Holt의 선형 추세 모델에 적합화했다. 기본 설정으로 모델의 추세는 선형이지만 `exponential = True`를 지정해 지수화하고 `damped = True`로 감쇠를 추가할 수 있다. SES의 경우와 같이 인수 없이 `fit` 메서드를 사용하면 최적화 루틴이 실행돼 매개 변수의 최적 값을 알아낸다. `fitting_model.params`를 실행하면 그 값에 접근할 수 있다. 이 예에서는 최적기가 1을 최적 값으로 선택했으므로 감쇠 매개 변수 값을 0.99로 수동으로 지정했으며, 이는 도식에서 알아보기 힘들다. 9단계에서 결과를 시각화했다.

추가 사항

Holt-Winter's Seasonal Smoothing이라는 홀트의 확장법이 있다. 이 방법은 시계열의 계절성을 고려한다. 이 모델에 대한 별도의 클래스는 없지만 seasonal와 seasonal_periods 인수로 ExponentialSmoothing 클래스를 조정할 수 있다.

너무 자세하게 설명하지는 않겠지만, 이 방법은 추세와 계절성이 있는 데이터에 가장 적합하다. 이 모델에는 두 가지 변형이 있는데 각각 가법적 계절성과 승산적 계절성이다. 전자의 경우 계절 변화는 시계열 전체에서 거의 일정한다. 후자의 경우 변화는 시간의 경과에 비례해 변한다.

먼저 모델을 적합화한다.

```
SEASONAL_PERIODS = 12

# Holt-Winter's 모델. 지수 추세
hw_1 = ExponentialSmoothing(goog_train,
                            trend='mul',
```

```
                                    seasonal='add',
                                    seasonal_periods=SEASONAL_PERIODS).fit()
hw_forecast_1 = hw_1.forecast(test_length)

# Holt-Winter's 모델. 지수 추세 + 댐핑
hw_2 = ExponentialSmoothing(goog_train,
                            trend='mul',
                            seasonal='add',
                            seasonal_periods=SEASONAL_PERIODS,
                            damped=True).fit()
hw_forecast_2 = hw_2.forecast(test_length)
```

그다음 결과를 도식화한다.

```
goog.plot(color=COLORS[0],
          title="Holt-Winter's Seasonal Smoothing",
          label='Actual',
          legend=True)

hw_1.fittedvalues.plot(color=COLORS[1])
hw_forecast_1.plot(color=COLORS[1], legend=True,
                   label='Seasonal Smoothing')

phi = hw_2.model.params['damping_slope']
plot_label = f'Seasonal Smoothing (damped with $\phi={phi:.4f}$)'

hw_2.fittedvalues.plot(color=COLORS[2])
hw_forecast_2.plot(color=COLORS[2], legend=True,
                   label=plot_label)
```

코드를 실행하면 다음의 결과를 얻는다.

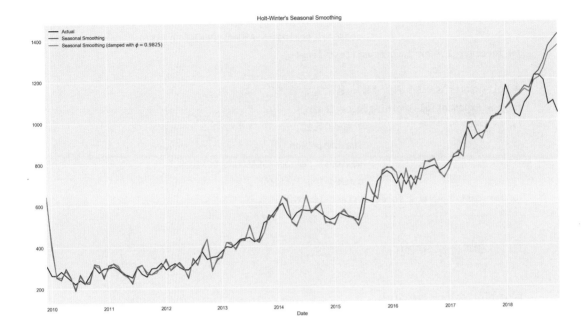

도식화된 예측을 통해 SES와 Holt의 선형 추세 모델에 비해 이 모델이 더 유연하다는 것을 알 수 있다. 시계열 시작 부분의 극단적 적합화 값은 룩백look back할 관측값이 충분하지 않은 결과다(월별 데이터를 처리하고 있으므로 season_periods = 12를 선택했다).

▌ ARIMA 클래스 모델을 사용한 시계열 모델링

ARIMA 모델은 시계열 데이터를 분석하고 예측하는 데 사용되는 통계 모델 클래스다. 이 모델은 데이터의 자기 상관을 설명하는 방법을 사용하려고 한다. ARIMA는 더 간단한 ARMA^{Autoregressive Moving Average} 모델을 확장한 것이다.

추가 통합 구성 요소의 목표는 시계열의 정상성을 보장하는 것이다. 지수 평활 모델과 달리 ARIMA 클래스는 시계열의 정상성을 필요조건으로 하고 있기 때문이다. 다음 몇 단락에서는 ARIMA 모델의 구성 요소를 간략하게 살펴본다.

AR(Autoregressive) 모델:

- 이러한 종류의 모델은 관측값과 지연된 값 사이의 관계를 사용한다.
- 금융의 맥락에서 자기회귀 모델은 모멘텀과 평균 회귀 효과를 반영하려고 한다.

I(Integration):

- 이 경우 통합^{Integration}은 원래 시계열을 차분(이전 기간의 값을 현재 기간의 값에서 차감)해 정상성으로 만드는 것을 말한다.
- 통합을 담당하는 매개 변수는 d(차수^{degree}/차분 차수라고 함)이며 차분을 적용하는 횟수를 나타낸다.

MA(Moving Average) 모델:

- 이러한 종류의 모형은 관측값과 백색 노이즈 항(마지막 q 관측값에서 발생한 충격) 간의 관계를 이용한다.
- 금융의 맥락에서 이동 평균 모델은 관측된 시계열에 영향을 미치는 예측할 수 없는 충격(잔차에서 관측)을 설명하려고 한다. 이러한 충격의 예로는 자연 재해, 특정 회사와 관련된 뉴스 속보 등이 있다.

이러한 모든 구성 요소는 한꺼번에 적합화되며, ARIMA(p,d,q)라는 일반적으로 사용되는 표기법으로 직접 지정된다.

 ARIMA 모델의 매개 변수 설정에 따라 일부 특수 경우를 얻을 수 있다.
- ARIMA(0,0,0): 백색 노이즈
- ARIMA(0,1,0) 상수 없음: 랜덤 워크(Random walk)
- ARIMA(p,0,q): ARMA(p, q)
- ARIMA(p, 0, 0): AR(p) 모델
- ARIMA(0, 0, q): MA(q) 모델
- ARIMA(0,1,2): 댐핑된 홀트 모델
- ARIMA(0,1,1) 상수 없음: SES 모델
- ARIMA(0,2,2): 가산적 오차를 가진 홀트 선형 모델

금융의 맥락에서 ARIMA 클래스 모델의 알려진 약점 중 하나는 대부분의 금융 자산에서 관찰되는 변동성 클러스터링을 캡처할 수 없다는 것이다.

이 레시피에서는 ARIMA 모델을 올바르게 추정하고 데이터를 적절히 적합화했는지 확인하는 방법을 배우고자 필요한 모든 단계를 거친다. 이 예에서는 2015~2018년 구글의 주별 주가를 사용한다.

작동 방법

구글의 주가를 사용해 ARIMA 모델에 적합하고 평가하려면 다음 단계를 실행하라.

1. 라이브러리를 임포트한다.

```
import yfinance as yf
import pandas as pd
import numpy as np
from statsmodels.tsa.arima_model import ARIMA
import statsmodels.api as sm
from statsmodels.graphics.tsaplots import plot_acf
from statsmodels.stats.diagnostic import acorr_ljungbox
import scipy.stats as scs
from chapter_3_utils import test_autocorrelation
```

2. 구글 주가를 다운로드하고 주별 주기로 샘플링한다.

```
df = yf.download('GOOG',
                 start='2015-01-01',
                 end='2018-12-31',
                 adjusted=True,
                 progress=False)

goog = df.resample('W') \
         .last() \
```

```
                    .rename(columns={'Adj Close': 'adj_close'}) \
                    .adj_close
```

3. 주가 시계열에 1차 차분을 적용하고 같이 도식화한다.

```
goog_diff = goog.diff().dropna()

fig, ax = plt.subplots(2, sharex=True)
goog.plot(title = "Google's stock price", ax=ax[0])
goog_diff.plot(ax=ax[1], title='First Differences')
```

다음 도면에서 구글 주가에 선형 추세가 보이며, 이는 비정상성이라는 것을 나타낸다.

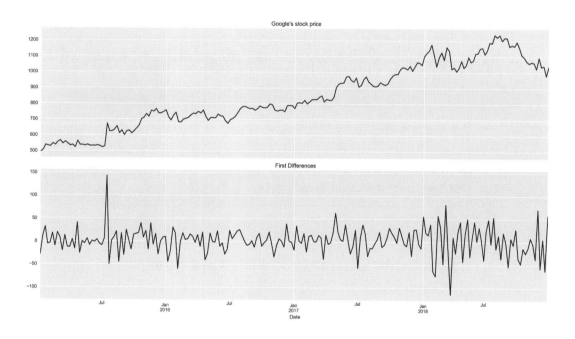

4. 차분된 시계열에서 정상성을 검정해 보자.

```
test_autocorrelation(goog_diff)
```

코드를 실행하면 다음의 도면 결과를 얻는다.

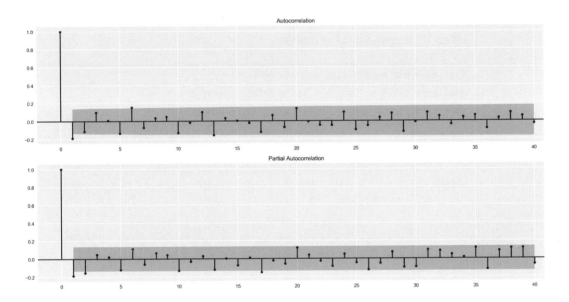

통계적 검정에 대한 결과도 얻을 수 있다.

```
ADF test statistic: -12.79 (p-val: 0.00)
KPSS test statistic: 0.11 (p-val: 0.10)
```

결과는 차분된 주가는 정상성임을 나타낸다.

5. 검정 결과에 기반해 ARIMA 모델을 설정하고 데이터를 적합화한다.

```
arima = ARIMA(goog, order=(2, 1, 1)).fit(disp=0)
arima.summary()
```

다음과 같은 결과를 얻을 수 있다.

ARIMA Model Results						
Dep. Variable:	D.adj_close	**No. Observations:**			208	
Model:	ARIMA(2, 1, 1)	**Log Likelihood**			-987.233	
Method:	css-mle	**S.D. of innovations**			27.859	
Date:	Mon, 09 Dec 2019	**AIC**			1984.466	
Time:	13:13:17	**BIC**			2001.154	
Sample:	01-11-2015	**HQIC**			1991.214	
	- 12-30-2018					

	coef	std err	z	P>|z|	[0.025	0.975]
const	2.4700	1.441	1.714	0.088	-0.354	5.294
ar.L1.D.adj_close	-0.3908	0.280	-1.398	0.164	-0.939	0.157
ar.L2.D.adj_close	-0.1910	0.082	-2.322	0.021	-0.352	-0.030
ma.L1.D.adj_close	0.1781	0.280	0.637	0.525	-0.370	0.726

6. 잔차에 기반해 모델의 적합화를 진단할 수 있는 함수를 준비한다.

```
def arima_diagnostics(resids, n_lags=40):
    # 플래이스홀더placeholder 부도면 생성
    fig, ((ax1, ax2), (ax3, ax4)) = plt.subplots(2, 2)

    r = resids
    resids = (r - np.nanmean(r)) / np.nanstd(r)
    resids_nonmissing = resids[~(np.isnan(resids))]

    # 시간에 대한 잔차
    sns.lineplot(x=np.arange(len(resids)), y=resids, ax=ax1)
    ax1.set_title('Standardized residuals')

    # 잔차의 분포
    x_lim = (-1.96 * 2, 1.96 * 2)
    r_range = np.linspace(x_lim[0], x_lim[1])
    norm_pdf = scs.norm.pdf(r_range)
    sns.distplot(resids_nonmissing, hist=True, kde=True,
                norm_hist=True, ax=ax2)
    ax2.plot(r_range, norm_pdf, 'g', lw=2, label='N(0,1)')
    ax2.set_title('Distribution of standardized residuals')
```

```
ax2.set_xlim(x_lim)
ax2.legend()

# Q-Q 도면
qq = sm.qqplot(resids_nonmissing, line='s', ax=ax3)
ax3.set_title('Q-Q plot')

# ACF 도면
plot_acf(resids, ax=ax4, lags=n_lags, alpha=0.05)
ax4.set_title('ACF plot')

return fig
```

7. 적합화된 ARIMA 모델의 잔차를 검정한다.

```
arima_diagnostics(arima.resid, 40)
```

표준화된 잔차의 분포는 정규 분포를 닮았다.

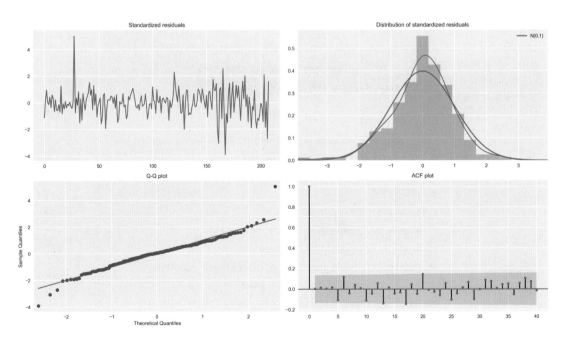

잔차의 평균은 0(−0.05)에 가까우며, ACF 도면을 검사하면 잔차가 상관되지 않았다는 결론이 도출된다. 이 두 특성은 적합화가 잘 됐음을 나타낸다. 그러나 분포의 꼬리는 정규보다 약간 무거운데 QQ 도면에서 이를 볼 수 있다.

8. LJ−상자[Ljung-Box]를 적용해 잔차에 상관관계가 없는지 검정하고, 결과를 도식화한다.

```
ljung_box_results = acorr_ljungbox(arima.resid)

fig, ax = plt.subplots(1, figsize=[16, 5])
sns.scatterplot(x=range(len(ljung_box_results[1])),
                y=ljung_box_results[1],
                ax=ax)
ax.axhline(0.05, ls='--', c='r')
ax.set(title="Ljung-Box test's results",
       xlabel='Lag',
       ylabel='p-value')
```

코드를 실행하면 다음과 같은 그림을 얻을 수 있다.

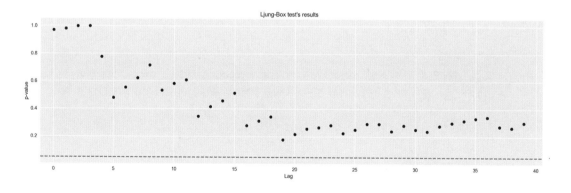

LJ−상자 검정의 결과는 선택된 지연에 대해 유의한 자기 상관이 없다는 귀무가설을 기각할 이유가 없음을 보여 준다. 이것은 모델이 잘 적합화됐다는 것을 나타낸다.

작동 원리

먼저 주어진 연도의 구글 주가를 다운로드하고 매주 마지막으로 조정된 종가를 취해 주별 빈도로 리샘플링했다. 3단계에서는 시계열을 정상성으로 만들고자 1차 차분을 적용했다.

> 주어진 시계열을 두 번 이상 차분하려면 np.diff 함수를 사용해야 한다. 그 함수에 재귀 차분이 구현돼 있기 때문이다. DataFrame/Series의 diff 메서드를 주기가 1을 초과해서 사용하면 현재 관측값과 이전의 여러 주기 이전의 관측값과의 차를 구한다.

4단계의 결과를 기반으로 ARIMA 모델의 차수를 결정했기 때문에 이 단계는 매우 중요하다. test_autocorrelation이라는 사용자 정의 함수를 사용해 정상성을 검정했다. 먼저 이 계열은 정상성으로 판명됐으므로 통합 차수는 d = 1이라는 것을 알았다. PACF 함수가 신뢰 구간을 교차한 후 마지막 지연을 살펴보고, 제시된 지연 차수(p)로 결정했다. 이 경우 p = 2였다. 유사하게 이동 평균 차수에 대해 ACF 도면을 살펴보고 q = 1로 결정했다. 이런 식으로 5단계에서 모델을 ARIMA(2, 1, 1)로 지정했다. 적합화 모형의 summary 메서드를 사용해 요약을 출력했다.

> 히드만과 아사나소풀로스(Hyndman and Athanasopoulos, 2018)는 p와 q가 모두 양이면 ACF/PACF 도면이 ARIMA 모델의 사양을 결정하는 데 도움이 되지 않을 수 있다고 경고했다.

6단계와 7단계에서 모형의 잔차를 보고 적합도를 조사했다. 적합도가 양호하면 잔차가 백색 노이즈와 유사해야 한다. 그렇기 때문에 잔차가 백색 노이즈와 얼마나 유사한지 조사하고자 네 가지 유형의 도면을 사용했다.

마지막으로 LJ-상자 검정(statsmodels의 acorr_ljungbox 함수)을 사용해 유의한 상관 관계가 있는지 검정하고 결과를 도식화했다.

추가 사항

AUTO–ARIMA: ARIMA 매개 변수를 수동으로 선택하면 최적의 모델 스펙을 발견하지 못할 수 있으므로 pmdarima라는 라이브러리가 있다(forecast이라는 유명한 R 패키지의 기능을 파이썬으로 이식한다). 이 라이브러리의 핵심 클래스는 auto_arima이며 시계열에 가장 적합한 모델을 자동으로 적합화한다.

그러기 위해서는 함수가 최적화할 척도를 도입해야 한다. 보편적인 선택은 AIC ^{Akaike} Information Criterion이며 모델의 적합성과 단순성 간의 균형을 제공한다. AIC는 과적합과 과소적합의 위험을 처리한다. 여러 모델을 비교할 때 AIC 값이 낮을수록 모델이 더 좋다.

auto_arima는 지정된 범위에서 가능한 여러 매개 변수를 사용해 반복해 가며 그중 AIC가 가장 낮은 모델을 선택한다. 또한 SARIMA 모델의 추정을 용이하게 해준다.

ACF/PACF 도면에 기반해 선택한 모델이 최적의 적합화 모델인지 확인하고자 한다.

1. 라이브러리를 임포트한다.

```
import pmdarima as pm
```

2. 대부분 설정을 기본으로 둔 채(잠재적 계절성만 제외한다.) auto_arima를 실행한다.

```
model = pm.auto_arima(goog,
                      error_action='ignore',
                      suppress_warnings=True,
```

```
                    seasonal=False)
model.summary()
```

코드를 실행하면 다음과 같은 요약 통계량을 얻을 수 있다.

ARIMA Model Results			
Dep. Variable:	D.y	**No. Observations:**	208
Model:	ARIMA(0, 1, 1)	**Log Likelihood**	-988.749
Method:	css-mle	**S.D. of innovations**	28.065
Date:	Mon, 09 Dec 2019	**AIC**	1983.497
Time:	13:17:54	**BIC**	1993.510
Sample:	1	**HQIC**	1987.546

	coef	std err	z	P>|z|	[0.025	0.975]
const	2.4561	1.486	1.653	0.100	-0.456	5.368
ma.L1.D.y	-0.2376	0.071	-3.339	0.001	-0.377	-0.098

더 간단한 모델이 더 잘 적합화되는 것 같다. ARIMA(0,1,1)는 사실 특수한 경우 중 하나로서 SES에 해당한다.

3. 다음 단계는 최적 매개 변수 탐색을 조정하고자 한다.

```
model = pm.auto_arima(goog,
                      error_action='ignore',
                      suppress_warnings=True,
                      seasonal=False,
                      stepwise=False,
                      approximation=False,
                      n_jobs=-1)
model.summary()
```

다음의 요약 통계량을 얻는다.

ARIMA Model Results						
Dep. Variable:		D.y	No. Observations:			208
Model:		ARIMA(3, 1, 2)	Log Likelihood			-982.698
Method:		css-mle	S.D. of innovations			27.235
Date:		Mon, 09 Dec 2019	AIC			1979.397
Time:		13:18:06	BIC			2002.759
Sample:		1	HQIC			1988.843
	coef	std err	z	P>|z|	[0.025	0.975]
const	2.4675	1.478	1.670	0.096	-0.429	5.364
ar.L1.D.y	-1.5445	0.124	-12.445	0.000	-1.788	-1.301
ar.L2.D.y	-1.1844	0.132	-8.982	0.000	-1.443	-0.926
ar.L3.D.y	-0.3043	0.072	-4.230	0.000	-0.445	-0.163
ma.L1.D.y	1.3587	0.116	11.731	0.000	1.132	1.586
ma.L2.D.y	0.7929	0.119	6.655	0.000	0.559	1.026

이번에 제안된 모델은 ARIMA(3,1,2)이며 AIC가 더 낮다. 그렇다면 초기 실행에서 이 모델을 발견하지 못한 이유는 무엇인가? 그 이유는 기본적으로 auto_arima가 단계적 알고리즘을 사용해 매개 변수 공간을 탐색하기 때문이다. 또한 검색 속도를 높일 수 있는 몇 가지 근사치가 있다. 일반적으로 stepwise와 approximation을 모두 비활성화하면 훨씬 더 큰 모델 집합에 적합화된다. 검색에 모든 코어를 사용하도록 n_jobs = -1로 설정했다.

 적합화된 pm.auto_arima 모델의 plot_diagnostics 메서드를 사용해, statsmodels로 추정된 모델에 대해 사용자 정의 arima_diagnostics 함수를 통해 얻은 것과 유사한 잔차의 평가를 구할 수 있다.

또한 다음과 같이 같이 실험할 수 있는 다양한 설정들이 있다.

- 검색의 시작 값 선택
- 검색에서 매개 변수의 최대 값을 제한

- 차분 수를 결정하기 위한 다른 통계적 검정의 선택(또한 계절성).
- 외표본 평가 기간 선택(out_of_sample_size). 이를 통해 알고리즘은 특정 시점(마지막 관측 값-out_of_sample_size)까지의 데이터에 모델을 적합화하고 보류해 둔 집합에서 평가한다.

ARIMA 프레임워크의 주목할 만한 확장 몇 가지를 나열하면 다음과 같다.

- **ARIMAX**: 외인성 변수를 모델에 추가한다.
- **SARIMA(계절성 ARIMA)**: 시계열의 계절성을 설명하고자 ARIMA를 확장한다. 전체 사양은 SARIMA(p, d, q)(P, D, Q)m이다. 여기서 대문자 매개 변수는 원래 매개 변수와 유사하지만 시계열의 계절적 구성 요소를 나타낸다. m은 계절성의 기간을 나타낸다.

> statsmodels에서 ARIMA 모델은 ARIM와 SARIMAX라는 두 클래스를 사용해 적합화할 수 있다. 후자는 더 유연하며, 계절적 구성 요소를 설명할 뿐만 아니라 외인성 변수를 포함할 수 있다. 그러나 이 두 클래스의 모델은 다른 ARIMA 공식을 사용하며, 후자는 상태-공간(state-space) 공식을 사용한다. 그렇기 때문에 이 두 클래스를 사용해 동일한 ARIMA(1,1,1)를 적합화하면 약간 다른 결과가 생성된다.

참고 문헌

더 많은 정보는 다음 문헌을 참고하자.

- Chapter 3, *Time Series Modeling*, (Residual diagnostics) from Hyndman, R.J., and Athanasopoulos, G. (2018) Forecasting: principles and practice, 2nd edition.

▌ ARIMA 클래스 모델을 사용한 예측

이 레시피에서는 ARIMA 클래스 모델을 사용해 주어진 시계열의 향후 관측값을 예측하는 데 중점을 둔다.

ARIMA 클래스로 구글의 2015~2018년 주가를 비교했던 이전 레시피에서 구축된 모델의 성능을 비교해 본다. auto_arima가 ARIMA(3,1,2)를 제시했지만 ARIMA(2,1,1) 모델로 수동으로 선택했다. 이 레시피에서는 두 모델을 모두 사용한다. 이들이 최초에 서로 다른 라이브러리를 사용해 추정했기 때문에 예측이라는 측면에서 조금 다른 가능성을 제공한다.

여기서는 2019년 첫 3개월 간 구글의 월별 주가를 예상해 본다.

준비하기

ARIMA 클래스 모델로 시계열을 모델링한 레시피의 ARIMA(2,1,1) 모델은 arima 객체에 저장되고, ARIMA(3,1,2) 모델은 auto_arima 객체에 저장된다. 2015~2018년의 원본 데이터는 goog 객체에 저장된다.

작동 방법

ARIMA 모델을 사용해 구글의 주가를 예측하고자 다음 단계를 실행한다.

1. 추가적인 테스트 데이터를 다운로드하고 주별 빈도로 리샘플링한다.

```
df = yf.download('GOOG',
                 start='2019-01-01',
                 end='2019-03-31',
                 adjusted=True,
                 progress=False)

test = df.resample('W') \
```

```
                          .last() \
                          .rename(columns={'Adj Close': 'adj_close'}) \
                          .adj_close
```

2. 첫 번째 모델에서 예측을 구하고 DataFrame에 저장한다.

```
n_forecasts = len(test)

arima_pred = arima.forecast(n_forecasts)

arima_pred = [pd.DataFrame(arima_pred[0], columns=['prediction']),
              pd.DataFrame(arima_pred[2], columns=['ci_lower',
                                                   'ci_upper'])]
arima_pred = pd.concat(arima_pred,
                       axis=1).set_index(test.index)
```

3. 두 번째 모델에서 예측을 구하고 DataFrame에 저장한다.

```
auto_arima_pred = auto_arima.predict(n_periods=n_forecasts,
                                     return_conf_int=True,
                                     alpha=0.05)

auto_arima_pred = [pd.DataFrame(auto_arima_pred[0],
                                columns=['prediction']),
                   pd.DataFrame(auto_arima_pred[1],
                                columns=['ci_lower', 'ci_upper'])]
auto_arima_pred = pd.concat(auto_arima_pred,
                            axis=1).set_index(test.index)
```

4. 결과를 도식화한다.

```
fig, ax = plt.subplots(1)

ax = sns.lineplot(data=test, color=COLORS[0], label='Actual')
```

```
ax.plot(arima_pred.prediction, c=COLORS[1], label='ARIMA(2,1,1)')
ax.fill_between(arima_pred.index,
                arima_pred.ci_lower,
                arima_pred.ci_upper,
                alpha=0.3,
                facecolor=COLORS[1])

ax.plot(auto_arima_pred.prediction, c=COLORS[2], label='ARIMA(3,1,2)')
ax.fill_between(auto_arima_pred.index,
                auto_arima_pred.ci_lower,
                auto_arima_pred.ci_upper,
                alpha=0.2,
                facecolor=COLORS[2])

ax.set(title="Google's stock price - actual vs. predicted",
       xlabel='Date',
       ylabel='Price ($)')
ax.legend(loc='upper left')
```

다음 결과를 얻을 수 있다.

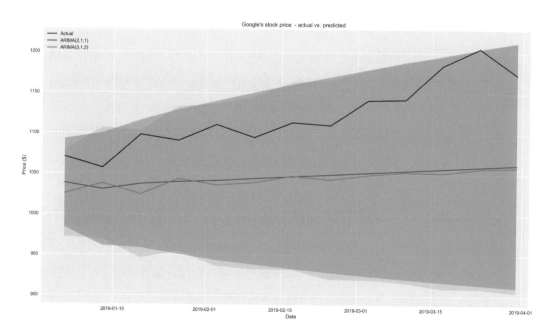

앞의 그림으로부터 ARIMA(2,1,1) 모형의 예측이 더 매끄럽고 변동성이 적다는 것을 알 수 있다. 시간이 지남에 따라 예측 오차는 증가하지만, 실제 관측값은 두 모델 모두의 신뢰 구간 내에 있다.

작동 원리

2단계에서 statsmodels을 사용해 적합화된 모델에서 예측을 구했다. 이를 위해 적합화 객체의 forecast 메서드를 사용했다. 예측 길이를 지정했다(기본 설정은 1주기 앞). 결과 객체에는 예측, 표준 편차, 신뢰 구간(기본 유의 수준 5% 사용)이 들어 있다. 편의상 필요한 정보를 pandas DataFrame에 저장했다.

3단계에서는 pmdarima 라이브러리의 auto-ARIMA 모델로 작업했다. predict 메서드를 사용하고 예측하려는 기간 수도 지정했다.

마지막으로 결과를 모두 구글 주가와 함께 도식화했다.

추가 사항

statsmodels 라이브러리로 작업할 때 예측을 위한 두 가지 다른 메서드를 사용할 수도 있다. 첫 번째는 predict라고 한다. 예측 구간의 시작과 끝을 지정해야 한다. 인덱스(외 표본의 경우 시작은 훈련 데이터의 마지막 인덱스 이후의 첫 번째 값이어야 함), 문자열 ('2019-03-15') 또는 datetime 유형(pd.datetime(1990, 12, 25))을 사용할 수 있다. 또한 차분을 하고 원래 크기로 예측을 받으려면 typ을 지정해야 하는데 그 값으로 'levels'을 사용해야 한다(기본 설정은 'linear').

두 번째 메서드(plot_predict)는 첫 번째 방법의 확장이다. 추가 매개 변수에는 plot_insample(내표본 적합도를 표시할지 여부를 나타냄)과 dynamic이 있다. 두 번째는 내표본 예측(적합화 값)에 영향을 준다. dynamic = False인 경우 내표본 지연 값이 예측에 사용된다. 그렇지 않으면 지연된 종속 변수 대신에 내표본 예측이 사용된다.

04

다팩터 모델

4장은 파이썬으로 다양한 팩터factor 모델을 추정하는 내용으로 구성된다. 이러한 모델의 기본 개념은 하나 이상의 팩터(특징)를 사용해 특정 포트폴리오나 자산의 초과 수익(무위험 이자 대비)을 설명하는 것이다. 이러한 위험 팩터는 (예상) 수익의 단면을 이해하는 도구로 간주할 수 있다.

일반적으로 팩터 모델은 투자 포트폴리오에 추가될 수 있는 흥미로운 자산을 식별하는데 사용할 수 있으며, 결과적으로 포트폴리오의 실적을 향상시킨다.

가장 인기 있는 팩터 모델 몇 개를 4장 말미에서 만들 것이다. 먼저 가장 단순하지만 매우 인기 있는 1-팩터 모델one-factor(자본 자산 가격 모델CAPM, Capital Asset Pricing Model)부터 시작해 더 고급인 3, 4, 5-팩터 모델을 추정하는 방법을 설명한다. 또한 이러한 팩터가 무엇을 나타내는지의 해석을 다루고 어떻게 구성되는지에 대한 상위-수준의 개요를 제공한다.

4장에서는 다음의 레시피를 다룬다.

- 파이썬으로 CAPM 구현
- 파이썬으로 파마−프렌치^{Fama-French} 3−팩터 모델^{Three-Factor Model} 구현
- 자산 포트폴리오상의 롤링^{rolling} 3−팩터 모델 구현
- 파이썬으로 4와 5−팩터 모델 구현

▌파이썬으로 CAPM 구현

이 레시피에서는 유명한 **자본 자산 가격 모델**^{CAPM}을 추정하고 베타 계수를 얻는 방법을 배운다. 이 모델은 위험 자산에 대한 예상 수익률과 시장 위험(체계적 또는 분산 불가능한 위험이라고도 함) 간의 관계를 나타낸다. CAPM은 단일 팩터 모델로 간주할 수 있는데 그 위에더 복잡한 팩터 모델을 구축할 수 있다.

CAPM은 다음의 식으로 나타낸다.

$$E(r_i) = r_f + \beta_i(E(r_m) - r_f)$$

여기서 $E(r_i)$은 자산 i의 기대 수익률을 나타내고, r_f는 무위험 금리(국고채 등)이며, $E(r_m)$은 시장의 기대 수익률, 즉 베타 계수다.

베타는 일반적으로 시장 대비 자산 수익률의 민감도 수준으로 해석할 수 있다. 가능한 몇가지 예는 다음과 같다.

- beta <= -1: 자산이 벤치 마크와 반대 방향이며, 벤치 마크의 음수보다 더 큰 정도로 이동한다.
- -1 < beta < 0: 자산이 벤치 마크와 반대 방향으로 이동한다.
- beta = 0: 자산의 가격 변동과 시장 벤치 마크 사이에는 상관관계가 없다.
- 0 < beta < 1: 자산이 시장과 같은 방향으로 움직이지만 크기는 더 작다. 예컨대

일별 변동에 크게 영향을 받지 않는 회사의 주식의 경우가 이에 해당된다.

- beta = 1: 자산과 시장이 같은 방향과 같은 크기로 이동한다.
- beta > 1: 자산이 시장과 같은 방향임 더 큰 정도로 이동한다. 예컨대 시장의 일상 뉴스에 매우 민감한 회사의 주식의 경우가 이에 해당된다.

CAPM은 또한 다음의 식으로도 쓸 수 있다.

$$E(r_i) - r_f = \beta_i(E(r_m) - r_f)$$

여기서 방정식의 좌변은 위험 프리미엄으로 해석할 수 있으며, 우변은 시장 프리미엄을 나타낸다. 동일한 방정식을 다음과 같이 재구성할 수 있다.

$$\beta = \frac{cov(R_i, R_m)}{var(R_m)}$$

여기서 $R_i = E(r_i) - r_f$이고, $R_m = E(r_m) - r_f$이다.

이 예에서는 아마존^{Amazon}의 주가를 살펴보는데 S&P 500 지수가 시장을 나타내는 것으로 가정한다.

여기서는 베타를 추정하고자 5년(2014~2018)간의 월간 데이터를 사용한다. 현재로서는 무위험 이자가 워낙 낮으므로 편의상 0으로 가정한다.

작동 방법

1. 라이브러리를 임포트한다.

```
import pandas as pd
import yfinance as yf
import statsmodels.api as sm
```

2. 위험 자산과 시간 구간을 명시한다.

```
RISKY_ASSET = 'AMZN'
MARKET_BENCHMARK = '^GSPC'
START_DATE = '2014-01-01'
END_DATE = '2018-12-31'
```

3. 야후 파이낸스에서 필요한 데이터를 다운로드한다.

```
df = yf.download([RISKY_ASSET, MARKET_BENCHMARK],
                 start=START_DATE,
                 end=END_DATE,
                 adjusted=True,
                 progress=False)
```

4. 월별 데이터로 리샘플링하고 단순 수익률을 계산한다.

```
X = df['Adj Close'].rename(columns={RISKY_ASSET: 'asset',
                                    MARKET_BENCHMARK: 'market'}) \
                   .resample('M') \
                   .last() \
                   .pct_change() \
                   .dropna()
```

5. 공분산 기법을 사용해서 beta를 계산한다.

```
covariance = X.cov().iloc[0,1]
benchmark_variance = X.market.var()
beta = covariance / benchmark_variance
```

결과는 beta = 1.6709이다.

6. 입력을 준비하고 CAPM을 선형 회귀로 추정해 본다.

```
y = X.pop('asset')
X = sm.add_constant(X)


capm_model = sm.OLS(y, X).fit()
print(capm_model.summary())
```

다음 이미지는 CAPM 모델을 추정한 결과를 보여 준다.

```
                          OLS Regression Results
==============================================================================
Dep. Variable:                  asset   R-squared:                       0.381
Model:                            OLS   Adj. R-squared:                  0.370
Method:                 Least Squares   F-statistic:                     35.63
Date:                Mon, 02 Dec 2019   Prob (F-statistic):           1.53e-07
Time:                        20:37:50   Log-Likelihood:                 76.708
No. Observations:                  60   AIC:                            -149.4
Df Residuals:                      58   BIC:                            -145.2
Df Model:                           1
Covariance Type:            nonrobust
==============================================================================
                 coef    std err          t      P>|t|      [0.025      0.975]
------------------------------------------------------------------------------
const          0.0165      0.009      1.842      0.071      -0.001       0.035
market         1.6709      0.280      5.969      0.000       1.111       2.231
==============================================================================
Omnibus:                        3.375   Durbin-Watson:                   1.836
Prob(Omnibus):                  0.185   Jarque-Bera (JB):                2.673
Skew:                           0.508   Prob(JB):                        0.263
Kurtosis:                       3.194   Cond. No.                         31.6
==============================================================================
```

결과는 베타(여기서는 **market**으로 표시돼 있음)가 1.67이다. 이는 아마존의 수익률
이 시장(S&P로 대신 함)보다 약 67% 더 변동성이 있다는 의미가 된다. 절편 값은
상대적으로 작고 5% 유의 수준에서 통계적으로 유의하다.

작동 원리

먼저 사용하려는 자산(아마존과 S&P 500)과 기간을 설정했다. 3단계에서는 야후 파이낸스
에서 데이터를 다운로드했다. 그런 다음 월별 최종 가격만 유지하고 월간 수익률을 연속
된 관측값 사이의 백분율 변화로 계산했다.

5단계에서는 위험 자산과 벤치 마크의 공분산과 벤치 마크의 분산 비율 사이의 비율로 베타를 계산했다.

6단계에서 pandas DataFrame의 pop 메서드를 사용해 타깃(아마존의 주식 수익률)과 특징 (S&P 500 수익률)을 분리했다. 그런 다음 add_constant 함수를 사용해 특징에 상수 열을 추가했다(효과적으로 1로 구성된 열을 추가). 이 회귀에 절편을 추가하는 아이디어는 모형을 추정한 후 절편(CAPM의 경우 젠센[Jensen]의 알파라고도 함)이 0인지를 조사하는 것이다. 이 값이 양수이고 유의하다면 CAPM 모델이 참이라는 가정하에서 자산이나 포트폴리오가 비정상적으로 높은 위험 조정 수익을 창출한다는 것을 의미한다. 그 원인으로는 두 가지 가능성을 생각해 볼 수 있는데 하나는 시장이 비효율적이거나 다른 하나는 모델에 포함돼야 할 발견되지 않은 다른 위험 팩터가 있다는 것이다. 이 문제를 **조인트 가설**[joint hypothesis] 문제라고 한다.

> 상수를 자동으로 추가하는 공식을 사용할 수도 있다. 그렇게 하려면 statsmodels.formula. api as smf로 임포트한 다음 약간 수정된 capm_model = smf.ols (formula = 'asset ~ market', data = X).fit ()을 실행해야 한다. 두 접근 방식의 결과는 같다.

마지막으로 OLS 회귀 분석을 실행하고 요약을 출력했다. 여기에서 시장 변수(즉 CAPM 베타)의 계수가 5단계에서 자산과 시장 간의 공분산을 사용해 계산된 베타와 같다는 것을 알 수 있다.

추가 사항

주 예제에서 무위험 금리를 0으로 가정했는데 이는 최근 상황에서는 합리적인 가정이다. 그러나 0이 아닌 무위험 금리를 고려해야 하는 경우가 있다. 이 절에서는 세 가지 가능한 접근 방식을 제시한다.

- 케네스 프렌치$^{Kenneth French}$ 교수의 웹 사이트의 데이터 이용: 케네스 프렌치 교수의 웹사이트에서 시장 프리미엄($r_m - r_f$)과 무위험 금리(1개월 국채로 추정)를 다운로드할 수 있다(링크는 이 레시피의 참고문헌 절을 참고하자). 교수가 사용한 시장 벤치 마크의 정의를 명심해야 한다. 프렌치 교수의 벤치마크는 S&P 500 지수와는 다르다. 자세한 설명은 웹 사이트에서 확인할 수 있다. 데이터를 쉽게 다운로드하는 방법의 설명은 파이썬 레시피에서 파마 프렌치 3단계 모델 구현을 참고하자.
- 두 번째 옵션은 예컨대 13주(3개월) 국채(야후 파이낸스 티커 심벌: ^IRX)를 사용해 무위험 금리를 추정하는 것이다.

다음 단계에 따라 데이터를 다운로드하고 적절한 무위험 금리 변환하는 방법을 알아보자.

1. 기간을 일로 정의한다.

```
N_DAYS = 90
```

2. 야후 파이낸스에서 데이터를 다운로드한다.

```
df_rf = yf.download('^IRX', start=START_DATE, end=END_DATE)
```

3. 데이터를 월간 주기로 리샘플링한다(각 월의 마지막 값을 취한다).

```
rf = df_rf.resample('M').last().Close / 100
```

4. 무위험 수익률(일별 값으로 표현)을 계산하고 월별로 변환한다.

```
rf = ( 1 / (1 - rf * N_DAYS / 360) )**(1 / N_DAYS)
rf = (rf ** 30) - 1
```

5. 계산된 무위험 금리를 계산한다.

```
rf.plot(title='Risk-free rate (13 Week Treasury Bill)')
```

다음 그림은 시간에 따른 무위험 금리를 보여 준다.

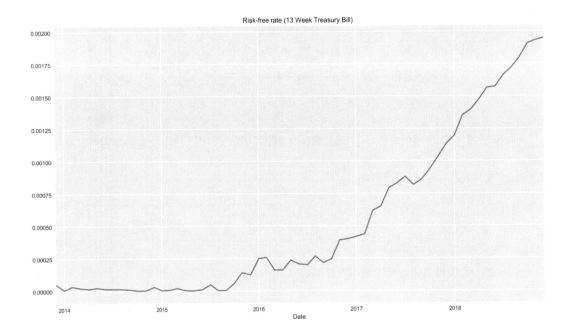

- 마지막 방법은 FRED^{Federal Reserve Economic Data} 데이터베이스에서 다운로드할 수 있는 3개월 국채(유통시장 금리^{Secondary Market Rate})를 사용해 무위험 금리를 추정하는 것이다. 다음 단계에 따라 데이터를 다운로드하고 월별 무위험 금리로 변환하는 방법을 알아보자.

1. 라이브러리를 임포트한다.

```
import pandas_datareader.data as web
```

2. FRED 데이터베이스에서 데이터를 다운로드한다.

```
rf = web.DataReader('TB3MS', 'fred', start=START_DATE,
                    end=END_DATE)
```

3. 구한 무위험 금리를 월별 값으로 변환한다.

```
rf = (1 + (rf / 100)) ** (1 / 12) - 1
```

4. 계산한 무위험 금리를 도식화한다.

```
rf.plot(title='Risk-free rate (3-Month Treasury Bill)')
```

무위험 금리의 도면을 비교함으로써 두 기법의 결과를 비교해 볼 수 있다.

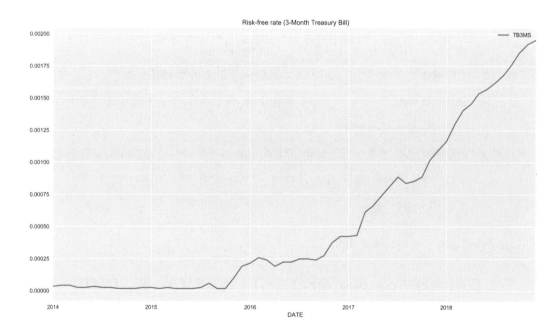

두 도면은 매우 유사함을 알 수 있다.

참고 문헌

또 다른 문헌은 다음과 같은 것이 있다.

- Sharpe, W. F. (1964). *Capital asset prices: A theory of market equilibrium under conditions of risk*. The journal of finance, 19(3), 425-442: https:// onlinelibrary.wiley.com/doi full/10.1111/j.1540- 6261.1964.tb02865.x.
- Risk-free rate data on prof. Kenneth French's website: http://mba. tuck.dartmouth.edu/pages/faculty/ken.french/ftp/F-F_Research_Data_ Factors_CSV.zip.

▌ 파이썬으로 파마-프렌치 3-팩터 모델 구현

파마와 프렌치는 자신들의 유명한 논문에서 자산이나 포트폴리오의 초과 수익을 설명하는 두 가지 팩터를 추가해 CAPM 모델을 확장했다. 그들이 고려한 팩터는 다음과 같다.

- **시장 팩터**^{MKT, Market Factor}: CAPM과 유사한 시장의 초과 수익률을 측정한다.
- **크기 팩터 SMB**^{Small Minus Big}: 시가 총액이 큰 주식 대비 시가 총액이 작은 주식의 초과 수익률을 측정한다.
- **가치 팩터 HML**^{High Minus Low}: 성장 주식 대비 초과 가치 주식의 초과 수익률을 측정한다. 가치 주식은 높은 시장가-대비-장부가^{book-to-market} 비율을 갖고 성장 주식은 그 비율이 낮다.

모델은 다음과 같이 나타낼 수 있다.

$$E(r_i) = r_f + \alpha + \beta_{mkt}(E(r_m) - r_f) + \beta_{smb}SMB + \beta_{hml}HML$$

간단한 형태로는 다음과 같이 쓸 수 있다.

$$E(r_i) - r_f = \alpha + \beta_{mkt}MKT + \beta_{smb}SMB + \beta_{hml}HML$$

여기서 $E(r_i)$는 자산 i에 대한 기대 수익률을 나타내고, r_f는 무위험 금리(예: 정부 채권)이며, α는 절편이다. 상수 절편을 포함하는 이유는 값이 0인지 확인하기 위한 것이다. 이를 통해 3-팩터 모델이 초과 수익률과 팩터 간의 관계를 정확하게 평가하는지 확인해준다.

 통계적으로 유의하고 0이 아닌 절편의 경우 모델이 자산/포트폴리오 수익률을 올바르게 평가하지 못할 수 있다. 그러나 저자들은 통계적 검정을 통과하지 못한 경우에도 3-팩터 모델이 '상당히 정확'하다고 언급했다.

이 기법의 인기로 인해 이 팩터들은 **파마-프렌치 팩터** 또는 **3-팩터 모델**로 통칭된다. 이 방법은 학계와 업계에서 주식 시장 벤치 마크로 널리 받아들여졌으며, 종종 투자 성과를 평가하는 데 사용된다.

이 레시피에서는 페이스북의 5년(2014~2018)의 월별 수익률을 사용해 3-팩터 모델을 추정한다.

작동 방법

다음 단계를 따라 파이썬에서 3-팩터 모델을 구현하라.

1. 라이브러리를 임포트한다.

```
import pandas as pd
import yfinance as yf
import statsmodels.formula.api as smf
```

2. 프렌치 교수의 웹사이트에서 필요한 데이터를 다운로드한다.

```
!wget
http://mba.tuck.dartmouth.edu/pages/faculty/ken.french/ftp/F-F_Research_
Data_Factors_CSV.zip

!unzip -a F-F_Research_Data_Factors_CSV.zip

!rm F-F_Research_Data_Factors_CSV.zip
```

3. 매개 변수를 정의한다.

```
RISKY_ASSET = 'FB'
START_DATE = '2013-12-31'
END_DATE = '2018-12-31'
```

4. 소스 CSV 파일에서 데이터를 로드하고 월별 데이터만 남긴다.

```
factor_df = pd.read_csv('F-F_Research_Data_Factors.CSV',
                        skiprows=3)

STR_TO_MATCH = ' Annual Factors: January-December '
indices = factor_df.iloc[:, 0] == STR_TO_MATCH
start_of_annual = factor_df[indices].index[0]

factor_df = factor_df[factor_df.index < start_of_annual]
```

5. DataFrame의 열 이름을 바꾸고 datetime을 인덱스로 지정한 다음 날짜로 필터
링한다.

```
factor_df.columns = ['date', 'mkt', 'smb', 'hml', 'rf']
factor_df['date'] = pd.to_datetime(factor_df['date'],
                                   format='%Y%m') \
```

```
                         .dt.strftime("%Y-%m")
factor_df = factor_df.set_index('date')
factor_df = factor_df.loc[START_DATE:END_DATE]
```

6. 값을 수치로 바꾸고 100으로 나눈다.

```
factor_df = factor_df.apply(pd.to_numeric,
                            errors='coerce') \
                     .div(100)
```

결과 데이터는 다음과 같다.

	mkt	smb	hml	rf
date				
2014-01	-0.0332	0.0085	-0.0209	0.0
2014-02	0.0465	0.0034	-0.0040	0.0
2014-03	0.0043	-0.0189	0.0509	0.0
2014-04	-0.0019	-0.0424	0.0114	0.0
2014-05	0.0206	-0.0186	-0.0027	0.0

7. 위험 자산의 가격을 다운로드한다.

```
asset_df = yf.download(RISKY_ASSET,
                       start=START_DATE,
                       end=END_DATE,
                       adjusted=True)
```

8. 위험 자산에 대해 월별 수익률을 계산한다.

```
y = asset_df['Adj Close'].resample('M') \
                         .last() \
                         .pct_change() \
```

```
                              .dropna()
```

```
y.index = y.index.strftime('%Y-%m')
y.name = 'rtn'
```

9. 데이터셋을 병합하고 초과 수익률을 계산한다.

```
ff_data = factor_df.join(y)
ff_data['excess_rtn'] = ff_data.rtn - ff_data.rf
```

10. 3-팩터 모델을 추정한다.

```
ff_model = smf.ols(formula='excess_rtn ~ mkt + smb + hml',
                   data=ff_data).fit()
print(ff_model.summary())
```

3-팩터 모델의 결과는 다음과 같다.

```
                          OLS Regression Results
==============================================================================
Dep. Variable:             excess_rtn   R-squared:                       0.217
Model:                            OLS   Adj. R-squared:                  0.175
Method:                 Least Squares   F-statistic:                     5.172
Date:                Mon, 02 Dec 2019   Prob (F-statistic):            0.00317
Time:                        20:39:06   Log-Likelihood:                 88.388
No. Observations:                  60   AIC:                            -168.8
Df Residuals:                      56   BIC:                            -160.4
Df Model:                           3
Covariance Type:            nonrobust
==============================================================================
                 coef    std err          t      P>|t|      [0.025      0.975]
------------------------------------------------------------------------------
Intercept      0.0105      0.008      1.374      0.175      -0.005       0.026
mkt            0.5138      0.237      2.166      0.035       0.039       0.989
smb           -0.1611      0.301     -0.535      0.595      -0.764       0.442
hml           -0.9599      0.312     -3.073      0.003      -1.586      -0.334
==============================================================================
Omnibus:                        0.008   Durbin-Watson:                   1.780
Prob(Omnibus):                  0.996   Jarque-Bera (JB):                0.151
Skew:                          -0.006   Prob(JB):                        0.927
Kurtosis:                       2.755   Cond. No.                         44.5
==============================================================================
```

3-팩터 모델의 결과를 해석할 때 두 가지 문제를 조심해야 한다.

- 절편이 양이면서 통계적으로 유의한가?
- 어떤 팩터가 통계적으로 유의하며 방향성이 과거 결과(예: 논문들)나 가정들에 매칭되는가?

예제의 경우 절편은 양이지만 5% 유의 수준에서 통계적으로 유의하지 않다. 위험 팩터 중 SMB 팩터만 유의하지 않다. 그러나 팩터와 영향성의 방향에 대한 가설을 공식화하려면 문헌 연구를 철저히 해야 한다.

회귀 요약에 제시된 F- 통계량을 살펴보면 회귀의 공동 중요성을 검정할 수 있다. 귀무 가설은 절편을 제외한 모든 특징(예제의 경우 팩터)의 계수 값이 0이라는 것이다. 해당 p-값이 0.00317이므로 5 % 유의 수준에서 귀무가설을 기각할 이유가 있다.

작동 원리

2단계에서는 프렌치 교수의 웹사이트에서 직접 데이터를 다운로드했다. 이를 위해 주피 터노트북에서는 bash 명령을 !로 시작해 실행할 수 있다는 점을 이용했다. 먼저 `wget`을 사용해 파일을 다운로드한 다음 `unzip`을 사용해 압축을 푼다. 파이썬만 사용해도 이 작업을 수행할 수 있는 방법이 있지만, bash 스크립트를 노트북과 함께 사용하는 방법을 소개하기 적절한 상황이어서 소개했다. 월간 데이터에 대한 링크는 항상 동일하며 파일은 매월 갱신된다.

4~6단계에서는 CSV 파일의 원시 데이터를 모델링에 사용할 수 있는 양식으로 정리했다. 이 파일에는 월별 팩터 다음에 연간 팩터를 나열하고 있으므로 관련 행만 유지한다(또한 필요한 정보가 들어 있는 처음 세 행은 건너뛴다). 또 필요한 날짜만 유지하고 모든 값을 숫자로 변환한 다음 100으로 나눴다(예: 데이터셋의 3.45는 실제로 3.45%다).

7단계와 8단계에서 페이스북 주가를 다운로드했다. 월말 가격의 백분율 변화를 계산해 월별 수익률을 구했다. 6단계에서는 파마-프렌치 팩터에 날짜 형식이 포함돼 있으므로 인덱스 형식을 %Y-%m(예: 2000-12)으로 변경했다. 그런 다음 9단계에서 두 데이터셋을 조인^{join}했다. 주목할 또 다른 점은 y.name = 'asset'를 사용해 pandas Series의 이름을 지정해야 한다는 것이다. 이것은 DataFrame을 Series와 조인하기 위한 필요 사항이다.

마지막으로 10단계에서 공식 표기를 사용해 회귀 분석을 실행했다. 회귀를 수행할 때 절편을 수작업으로 추가할 필요는 없다. 한 가지 언급할 것은 mkt 변수의 계수가 CAPM의 베타와 같지 않다는 것이다. 모델에 다른 팩터들이 있는데 초과 수익에 대한 팩터들의 영향이 다르게 분포되기 때문이다.

추가 사항

이미 프렌치 교수의 웹사이트에서 직접 팩터-관련 데이터를 다운로드하는 방법을 봤다. 다른 방법으로는 pandas_datareader의 기능을 사용하고 수작업 전처리 단계를 피할 수 있다.

1. 라이브러리를 임포트한다.

```
from pandas_datareader.famafrench import get_available_datasets
import pandas_datareader.data as web
```

2. 사용할 수 있는 데이터셋을 출력한다(첫 5개만).

```
get_available_datasets()[:5]
```

앞 코드는 다음의 출력을 생성한다.

```
['F-F_Research_Data_Factors',
 'F-F_Research_Data_Factors_weekly',
 'F-F_Research_Data_Factors_daily',
```

```
'F-F_Research_Data_5_Factors_2x3',
'F-F_Research_Data_5_Factors_2x3_daily']
```

3. 선택된 데이터셋을 다운로드한다.

```
ff_dict = web.DataReader('F-F_Research_Data_Factors', 'famafrench',
                          start='2014-01-01')
```

web.DataReader의 기본 동작은 과거 5년 동안의 데이터를 다운로드한다. 결과 객체는 딕셔너리이며, 다음 명령을 실행해 내용을 검사할 수 있다.

```
ff_dict.keys()
```

결과는 다음 출력과 같다.

```
dict_keys([0, 1, 'DESCR'])
```

4. 데이터셋의 설명을 살펴본다.

```
print(ff_dict['DESCR'])
```

설명은 다음과 같다.

```
F-F Research Data Factors
-------------------------
This file was created by CMPT_ME_BEME_RETS using the 201910 CRSP database. The 1-month TBill return is from Ibbotson
and Associates, Inc. Copyright 2019 Kenneth R. French
  0 : (70 rows x 4 cols)
  1 : Annual Factors: January-December (5 rows x 4 cols)
```

5. 월별 데이터셋을 살펴본다.

```
ff_dict[0].head()
```

데이터셋은 프렌치 교수의 웹사이트에서 수동으로 다운로드한 것과 같다.

⇕	Mkt-RF ⇕	SMB ⇕	HML ⇕	RF ⇕
Date ⇕	⇕	⇕	⇕	⇕
2014-01	3.32	0.85	-2.09	0.0
2014-02	4.65	0.34	-0.40	0.0
2014-03	0.43	-1.89	5.09	0.0
2014-04	0.19	-4.24	1.14	0.0
2014-05	2.06	-1.86	-0.27	0.0

연간 값은 키값 1에 저장돼 있고 ff_dict[1]로 접근할 수 있다.

참고 사항

참고 문헌은 다음과 같다.

- 계산된 모든 팩터의 자세한 설명은 다음의 프렌치 교수 웹사이트를 참고하자.
  http://mba.tuck.dartmouth.edu/pages/faculty/ken.french/Data_Library/
  f- f_factors.html.

- Fama, E. F., and French, K. R. (1993). *Common risk factors in the returns on stocks and bonds*. Journal of financial economics, 33(1), 3-56: http://citeseerx.ist.psu.edu/viewdoc/download?doi=10.1.1.139.5892rep=rep1type=pdf.

▌ 자산 포트폴리오에 롤링 3-팩터 모델 구현

이 레시피에서는 롤링rolling 방식으로 3-팩터 모델을 추정하는 방법을 알아본다. 롤링의 의미는 항상 일정한 크기(예제의 경우 60개월)의 추정 윈도우를 고려하며, 한 번에 한 주기

씩 전체 데이터셋을 통해 롤링한다는 것이다. 이러한 실험을 수행하는 잠재적 이유는 결과의 안정성을 테스트하기 위한 것이다.

이전 레시피와 달리 이번에는 단일 자산 대신 포트폴리오 수익률을 사용한다. 편의상 할당 전략은 아마존, 구글, 애플, 마이크로소프트의 각 주식을 전체 포트폴리오 가치에서 동등한 비율로 갖는 것으로 가정한다. 이 실험에서는 2010~2018년의 주가를 사용한다.

작동 방법

파이썬으로 롤링 3-팩터 모델을 구현하려면 다음의 단계를 따른다.

1. 라이브러리를 임포트한다.

```
import pandas as pd
import yfinance as yf
import statsmodels.formula.api as smf
import pandas_datareader.data as web
```

2. 매개 변수를 정의한다.

```
ASSETS = ['AMZN', 'GOOG', 'AAPL', 'MSFT']
WEIGHTS = [0.25, 0.25, 0.25, 0.25]
START_DATE = '2009-12-31'
END_DATE = '2018-12-31'
```

3. 팩터 관련 데이터를 다운로드한다.

```
df_three_factor = web.DataReader('F-F_Research_Data_Factors',
                                 'famafrench', start=START_DATE)[0]
df_three_factor = df_three_factor.div(100)
df_three_factor.index = df_three_factor.index.format()
```

4. 야후 파이낸스에서 위험 자산 가격을 다운로드한다.

```
asset_df = yf.download(ASSETS,
                       start=START_DATE,
                       end=END_DATE,
                       adjusted=True,
                       progress=False)
```

5. 위험 자산에 대한 월별 수익률을 계산한다.

```
asset_df = asset_df['Adj Close'].resample('M') \
                                .last() \
                                .pct_change() \
                                .dropna()
asset_df.index = asset_df.index.strftime('%Y-%m')
```

6. 포트폴리오 수익률을 계산한다.

```
asset_df['portfolio_returns'] = np.matmul(asset_df[ASSETS].values,
                                          WEIGHTS)
```

7. 데이터셋을 병합한다.

```
ff_data = asset_df.join(df_three_factor).drop(ASSETS, axis=1)
ff_data.columns = ['portf_rtn', 'mkt', 'smb', 'hml', 'rf']
ff_data['portf_ex_rtn'] = ff_data.portf_rtn - ff_data.rf
```

8. 롤링 n-팩터 모델의 함수를 정의한다.

```
def rolling_factor_model(input_data, formula, window_size):
    coeffs = []
```

```
for start_index in range(len(input_data) - window_size + 1):
    end_index = start_index + window_size

    ff_model = smf.ols(
        formula=formula,
        data=input_data[start_index:end_index]
    ).fit()
    coeffs.append(ff_model.params)

coeffs_df = pd.DataFrame(
    coeffs,
    index=input_data.index[window_size - 1:]
)

return coeffs_df
```

 입출력을 설명하는 docstring이 있는 버전은 이 책의 깃 허브 저장소를 참고하자.

9. 롤링 3-팩터 모델을 추정하고 결과를 도식화한다.

```
MODEL_FORMULA = 'portf_ex_rtn ~ mkt + smb + hml'
results_df = rolling_factor_model(ff_data,
                                  MODEL_FORMULA,
                                  window_size=60)
results_df.plot(title = 'Rolling Fama-French Three-Factor model')
```

코드를 실행하면 다음 그림을 얻을 수 있다.

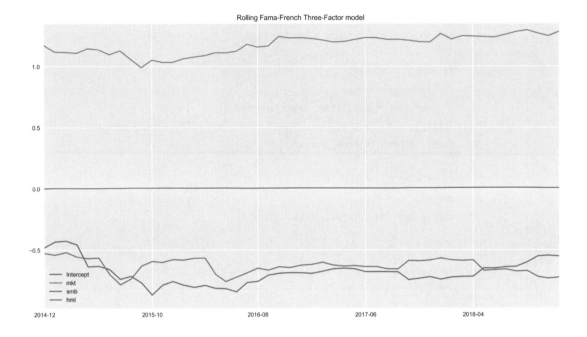

Rolling Fama-French Three-Factor model

앞 그림을 살펴보면 다음 사실을 알 수 있다.

- 절편은 거의 상수이며 0에 가깝다.
- 팩터에 약간의 변동성이 있지만 갑작스러운 반전이나 예상치 못한 점프는 없다.

작동 원리

2단계와 3단계에서 `pandas_datareader`와 `yfinance`를 사용해 데이터를 다운로드했다. 이 과정은 앞서의 레시피와 매우 유사하므로 자세한 설명은 생략한다.

4단계에서는 포트폴리오 구성 요소의 가중 평균으로 포트폴리오 수익률을 계산했다. 이 는 단순 수익률로 작업할 때 가능하다. 자세한 내용은 1장에서 가격을 수익률로 변환한 레시피를 참고하자. 이 간단한 접근 방식에서는 매월 말에 (가중치로 표시된 대로) 동일한 자산 할당이 있다고 가정한다는 점을 명심하자. 이것은 포트폴리오 리밸런싱^{rebalancing},

즉 지정된 시간 후에 할당을 조정해 항상 의도된 가중치 분포와 일치하도록 할 수 있다.

그런 다음 5단계에서 두 데이터셋을 병합했다. 6단계에서 롤링 윈도우를 사용해 n-팩터 모델을 추정하는 함수를 정의했다. 주 아이디어는 이전 단계에서 준비한 DataFrame을 반복하고 매월 지난 5년 분량의 데이터(60개월)를 사용해 파마-프렌치 모델을 추정하는 것이다. 입력 DataFrame을 적절히 슬라이스slice해 60개월 앞으로 모델을 추정해 항상 전체 관측 윈도우를 확보할 수 있도록 했다.

 적절한 소프트웨어 엔지니어링 모범 사례에 따르면 입력 유형이 의도한 것과 같은지 혹은 입력 DataFrame에 필요한 열을 포함하고 있는지 확인하고자 몇 가지 어설션(assertion)을 작성하는 것이 좋다. 그러나 여기서는 편의상 이 작업을 수행하지 않았다.

▌ 파이썬으로 4-팩터와 5-팩터 모델 구현

이 레시피에서는 파마-프렌치 3-팩터 모델의 두 가지 확장을 구현한다.

카하트Carhart**의 4-팩터 모델**: 이 확장의 기본 가정은 단기간에는 승자 주식은 승자로 남고 패자는 패자로 남는다는 것이다. 승자와 패자를 분류하는 기준의 예는 과거 12개월 누적 총 수익률일 수 있다. 두 그룹을 식별한 후 특정 보유 기간 내에 승자를 매수하고 패자를 매도한다.

모멘텀 팩터WML, Winners Minus Losers**는** 과거 12개월 동안의 패자 주식에 대한 승자 주식의 초과 수익을 측정한다(모멘텀 팩터 계산은 이 레시피의 참고 문헌 절을 참고하자).

4-팩터 모델은 다음과 같이 나타낼 수 있다.

$$E(r_i) - r_f = \alpha + \beta_{mkt} MKT + \beta_{smb} SMB + \beta_{hml} HML + \beta_{wml} WML$$

파마–프렌치의 5-팩터 모델: 파마와 프렌치는 그들의 3-팩터 모델에 두 가지 팩터를 추가해 확장했다.

- RMW ^{Robust Minus Weak}는 이윤이 낮은 회사(약한 수익성)에 비해 이윤이 높은 회사(강한 수익성)의 초과 수익률을 측정한다.
- CMA ^{Conservative Minus Aggressive}는 저투자 정책(보수적) 회사의 중급 이상(공격적) 투자 정책회사 대비 초과 이익률을 측정한다.

5-팩터 모델은 다음의 식으로 나타낼 수 있다.

$$E(r_i) - r_f = \alpha + \beta_{mkt}MKT + \beta_{smb}SMB + \beta_{hml}HML + \beta_{rmw}RMW + \beta_{cma}CMA$$

모든 팩터 모델에서처럼 위험 팩터에 대한 노출이 예상 수익 대비 모든 가능한 변동을 포착하는 경우에는 모든 자산/포트폴리오의 절편(α)은 0이어야 한다.

이 레시피에서는 2014년부터 2018년까지의 아마존 월별 수익률을 4와 5-팩터 모델로 설명한다.

작동 방법

다음 단계를 따라 파이썬으로 4-팩터와 5-팩터 모델을 구현한다.

1. 라이브러리를 임포트한다.

```
import pandas as pd
import yfinance as yf
import statsmodels.formula.api as smf
import pandas_datareader.data as web
```

2. 위험 자산과 시간 구간을 설정한다.

```
RISKY_ASSET = 'AMZN'
START_DATE = '2013-12-31'
END_DATE = '2018-12-31'
```

3. 프렌치 교수의 웹사이트에서 위험 팩터를 다운로드한다.

```
# 3-팩터
df_three_factor = web.DataReader('F-F_Research_Data_Factors',
                                 'famafrench', start=START_DATE)[0]
df_three_factor.index = df_three_factor.index.format()

# 모멘텀 팩터
df_mom = web.DataReader('F-F_Momentum_Factor', 'famafrench',
                        start=START_DATE)[0]
df_mom.index = df_mom.index.format()

# 5-팩터
df_five_factor = web.DataReader('F-F_Research_Data_5_Factors_2x3',
                                'famafrench',
                                start=START_DATE)[0]
df_five_factor.index = df_five_factor.index.format()
```

4. 야후 파이낸스에서 위험 자산 데이터를 다운로드한다.

```
asset_df = yf.download(RISKY_ASSET,
                       start=START_DATE,
                       end=END_DATE,
                       adjusted=True,
                       progress=False)
```

5. 월별 수익률을 계산한다.

```
y = asset_df['Adj Close'].resample('M') \
```

```
                    .last() \
                    .pct_change() \
                    .dropna()

    y.index = y.index.strftime('%Y-%m')
    y.name = 'return'
```

6. 4-팩터 요인을 위한 데이터셋을 병합한다.

```
# 모든 데이터셋을 인덱스에 조인(join)한다.
four_factor_data = df_three_factor.join(df_mom).join(y)

# 열 이름 바꾸기
four_factor_data.columns = ['mkt', 'smb', 'hml', 'rf', 'mom',
                            'rtn']

# 모든 것(수익률은 제외)을 100으로 나눔
four_factor_data.loc[:, four_factor_data.columns != 'rtn'] /= 100

# 인덱스를 datetime으로 변환
four_factor_data.index = pd.to_datetime(four_factor_data.index,
                                        format='%Y-%m')

# 관심 대상 기간 설정
four_factor_data = four_factor_data.loc[START_DATE:END_DATE]

# 초과 수익률 계산
four_factor_data['excess_rtn'] = four_factor_data.rtn -
four_factor_data.rf
```

7. 5-팩터 모델을 위한 데이터셋 병합

```
# 인덱스에 모든 데이터셋 조인
five_factor_data = df_five_factor.join(y)
```

```python
# 열 이름 변경
five_factor_data.columns = ['mkt', 'smb', 'hml', 'rmw', 'cma',
                            'rf', 'rtn']

# 모든 것(수익률 제외)을 100으로 나눔
five_factor_data.loc[:, five_factor_data.columns != 'rtn'] /= 100

# 인덱스를 datetime으로 변경
five_factor_data.index = pd.to_datetime(five_factor_data.index,
                                        format='%Y-%m')

# 관심 대상 기간 설정
five_factor_data = five_factor_data.loc[START_DATE:END_DATE]

# 초과 수익률 계산
five_factor_data['excess_rtn'] = five_factor_data.rtn -
five_factor_data.rf
```

8. 4-팩터 모델을 추정한다.

```python
four_factor_model = smf.ols(formula='excess_rtn ~ mkt + smb + hml +
                            mom', data=four_factor_data).fit()

print(four_factor_model.summary())
```

결과는 다음과 같다.

```
                            OLS Regression Results
==============================================================================
Dep. Variable:              excess_rtn   R-squared:                       0.550
Model:                             OLS   Adj. R-squared:                  0.517
Method:                 Least Squares   F-statistic:                     16.78
Date:                Mon, 02 Dec 2019   Prob (F-statistic):           4.80e-09
Time:                        20:40:43   Log-Likelihood:                 86.248
No. Observations:                  60   AIC:                            -162.5
Df Residuals:                      55   BIC:                            -152.0
Df Model:                           4
Covariance Type:            nonrobust
==============================================================================
                 coef    std err          t      P>|t|      [0.025      0.975]
------------------------------------------------------------------------------
Intercept      0.0094      0.008      1.165      0.249      -0.007       0.025
mkt            1.7202      0.256      6.712      0.000       1.207       2.234
smb           -0.5547      0.315     -1.762      0.084      -1.186       0.076
hml           -1.0756      0.391     -2.748      0.008      -1.860      -0.291
mom            0.3251      0.294      1.104      0.274      -0.265       0.915
==============================================================================
Omnibus:                        5.028   Durbin-Watson:                   1.700
Prob(Omnibus):                  0.081   Jarque-Bera (JB):                4.598
Skew:                           0.678   Prob(JB):                        0.100
Kurtosis:                       3.034   Cond. No.                         57.6
==============================================================================
```

9. 5-팩터 모델을 추정한다.

```
five_factor_model = smf.ols(
    formula='excess_rtn ~ mkt + smb + hml + rmw + cma',
    data=five_factor_data
).fit()


print(five_factor_model.summary())
```

결과는 다음과 같다.

```
                           OLS Regression Results
===============================================================================
Dep. Variable:               excess_rtn   R-squared:                      0.595
Model:                              OLS   Adj. R-squared:                 0.557
Method:                   Least Squares   F-statistic:                    15.85
Date:                 Mon, 02 Dec 2019   Prob (F-statistic):          1.38e-09
Time:                         20:40:44   Log-Likelihood:                89.415
No. Observations:                   60   AIC:                           -166.8
Df Residuals:                       54   BIC:                           -154.3
Df Model:                            5
Covariance Type:             nonrobust
===============================================================================
                 coef    std err          t      P>|t|      [0.025      0.975]
-------------------------------------------------------------------------------
Intercept      0.0101      0.008      1.308      0.197      -0.005       0.025
mkt            1.5508      0.246      6.303      0.000       1.058       2.044
smb           -0.7826      0.342     -2.288      0.026      -1.468      -0.097
hml           -0.5938      0.423     -1.404      0.166      -1.442       0.254
rmw           -0.7025      0.571     -1.231      0.224      -1.847       0.442
cma           -1.4384      0.695     -2.071      0.043      -2.831      -0.046
===============================================================================
Omnibus:                         1.893   Durbin-Watson:                  1.734
Prob(Omnibus):                   0.388   Jarque-Bera (JB):               1.496
Skew:                            0.387   Prob(JB):                       0.473
Kurtosis:                        3.015   Cond. No.                        105.
===============================================================================
```

5-팩터 모델에 따르면 아마존의 초과 수익률은 대부분의 팩터(시장 팩터는 제외)로부터 부정적인 영향을 받았다. 여기의 계수를 해석하는 예를 보면 다음과 같다. 시장 팩터가 1% 포인트 증가하면 0.015pp가 증가한다. 다시 말해 시장 팩터에 의한 1%의 수익률 상황에서는 우리의 포트폴리오(아마존 주식)는 무위험 금리 대비 1.5508*1% 초과한 수익률을 예상할 수 있다.

3-팩터 모델과 유사하게 5-팩터 모델이 초과 재고 수익률을 완전히 설명한다면 추정 절편은 통계적으로 0과 구별할 수 없어야 한다(이는 현재 문제의 경우다).

작동 원리

2단계에서는 나중에 사용하고자 매개 변수(고려 중인 주식의 티커ticker와 기간)를 정의했다.

3단계에서 pandas_datareader를 사용해 필요한 데이터셋을 다운로드했다. 이를 통해 CSV 파일을 수동으로 다운로드하지 않고도 위험-팩터 관련 데이터를 편리하게 다운로드할 수 있었다. 이 프로세스의 자세한 정보는 '파이썬으로 파마-프렌치 3-팩터 모델 구현' 절을 참고하자. 여기서 한 가지 주목할 것은 나중에 여러 데이터셋을 조인하고자 `PeriodIndex`를 제거해야 했기 때문에 `format` 메서드를 인덱스에 적용했다는 것이다.

4단계와 5단계에서 아마존의 주가를 다운로드하고 앞에서 설명한 방법론을 사용해 월별 수익률을 계산했다.

6단계와 7단계에서 모든 데이터셋을 조인하고 열의 이름을 바꾸고 관심 대상 기간을 선택한 후 초과 수익률을 계산했다. 결합할 대상(on 인수)을 지정하지 않고 `join` 메서드를 사용하는 경우 기본값은 DataFrame의 인덱스다.

이런 식으로 4-팩터와 5-팩터 모델에 필요한 모든 입력을 준비했다. 또한 프렌치 교수 웹사이트에서 다운로드한 모든 데이터를 100으로 나눠서 정확한 크기로 교정해야 했다.

 5-팩터 데이터셋 중 SMB 팩터는 3-팩터 데이터셋에서의 방법과 비교할 때 다르게 계산 된다. 자세한 내용은 이 레시피의 참고 문헌 절의 링크를 참고하자.

8단계와 9단계에서는 `statsmodels` 라이브러리에서 함수적 형태의 OLS 회귀를 사용해 모델을 추정했다. 함수 형태는 회귀 방정식에 절편을 자동으로 추가한다.

참고 문헌

팩터 계산의 자세한 내용은 다음 링크를 참고하자.

- 모멘텀 팩터: https://mba.tuck.dartmouth.edu/pages/faculty/ken.french/ Data_Library/det_mom_factor.htmlF
- 5-팩터 모델: https://mba.tuck.dartmouth.edu/pages/faculty/ken.french/ Data_Library/f- f_5_factors_2x3.html

4-팩터와 5-팩터 모델의 소개 논문은 다음 링크를 참고하자.

- Carhart, M. M. (1997). *On persistence in mutual fund performance*. The Journal of Finance, 52(1), 57−82: https://onlinelibrary.wiley.com/doi/pdf/10.1111/j.1540−6261.1997.tb03808.x.

- Fama, E. F., & French, K. R. (2015). *A five−factor asset pricing model*. Journal of financial economics, 116(1), 1−22: https://tevgeniou.github.io/EquityRiskFactors/bibliography/FiveFactor.pdf.

## 05

GARCH 클래스 모델을 사용한 변동성 모델링

3장에서는 시계열 모델링의 다양한 접근 방식을 살펴봤다. 그러나 **ARIMA**Autoregressive Integrated Moving Average와 같은 모델은 시간에 대해 일정하지 않은 변동성은 설명할 수 없다 (이분산). 앞서 로그나 박스-콕스Box-Cox 변환 등의 일부 변환을 사용하면 변동성의 완만한 변화를 조정할 수 있다고 설명했지만, 이제 한 단계 더 나아가서 모델링하기를 원한다.

5장에서는 변동성의 증가가 추가적인 변동성의 증가와 연관될 때 발생하는 현상인 조건 부 이분산성에 중점을 둔다. 다음 예를 보면 이 개념을 이해하는 데 도움이 될 것이다. 회사와 관련된 뉴스 속보로 자산 가격이 크게 하락한 경우를 가정해 보자. 이러한 급격 한 가격 하락은 이전 가격 하락을 원인으로 주식 매도를 시작하는 특정 투자금의 위험 관 리 도구의 수행을 촉발할 수 있다. 이는 추가적인 가격 하락으로 이어질 수 있다. 조건부 이분산성 역시 양식화된 자산 수익률 사실 조사에서 분명히 볼 수 있는데 여기서 수익률은 변동성 클러스터링을 나타낸다.

여기서 5장의 동기를 간단히 설명한다. 변동성은 금융에서 매우 중요한 개념이다. 변동성이란 리스크와 동의어이며, 정량 금융에서 많이 응용된다. 첫째, 블랙-숄즈Black-Scholes 모델은 기초 자산의 변동성에 종속되므로 옵션 가격 책정에 사용된다. 둘째, 변동성은 포트폴리오의 **위험률**VaR, Value-at-Risk, 샤프 비율 등과 같은 척도를 계산하는 데 사용되는 리스크 관리에 큰 영향을 미친다. 셋째, 변동성은 CBOE 변동성 지수(티커 기호: VIX, Volatility Index)의 형태로 직접 거래될 수 있기 때문에 거래도 가능하다. CBOE라는 이름은 시카고 보드 옵션 거래Chicago Board Options Exchange의 약자이며, 지수는 실시간으로 계산된다.

5장의 말미에서 변동성을 모델링하는 가장 보편적인 방법 중 하나인 일변량과 다변량 둘 다의 **GARCH**Generalized Autoregressive Conditional Heteroskedasticity 모델을 다룰 것이다. 기본 사항을 이해하게 되면 이보다 훨씬 더 고급 모델을 구현하는 것도 매우 간단하다.

금융에 있어 변동성의 중요성은 이미 언급한 바 있다. 변동성을 모델링하는 방법을 알게 되면 이러한 예측을 사용해 위험 관리나 파생 상품 평가 분야 등 많은 실사례에서 이전에 사용하던 단순 예측을 대체할 수 있다

5장에서는 다음의 레시피를 살펴본다.

- ARCH 모델로 주식 수익률의 변동성 설명
- GARCH 모델로 주식 수익률의 변동성 설명
- 다변량 변동성 예측을 위한 CCC-GARCH 구현
- DCC-GARCH를 사용한 조건부 공분산 행렬 예측

▌ ARCH 모델을 사용한 주식 수익률의 변동성 설명

이 레시피에서는 ARCHAutoregressive Conditional Heteroskedasticity 모델을 사용해 주식 수익률의 조건부 변동성을 설명하는 문제를 살펴본다.

ARCH 기법의 논리는 다음 등식으로 나타낼 수 있다.

$$r_t = \mu + \epsilon_t$$

$$\epsilon_t = \sigma_t z_t$$

$$\sigma_t^2 = \omega + \sum_{i=1}^{q} \alpha_i \epsilon_{t-i}^2$$

첫 번째 방정식은 기대 수익률 μ와 예상치 못한 수익률 ϵ_t 수익률 계열을 나타낸다. 후자는 평균-교정mean-corrected 수익률, 오차 항, 또는 이노베이션innovation으로 불린다. ϵ_t는 백색 노이즈의 성질을 갖고 있다. 즉 조건부 평균이 0이고 시간-변동 조건부 분산 σ_t^2를 가진다. 오차 항은 계열 비상관serially uncorrelated이지만 계열 독립일 필요는 없다. 조건부 이분산성을 나타내기 때문이다.

 평균이 0인 프로세스는 수익률이 오직 잔차에 의해서만 기술된다는 것을 암시한다. 즉 $r_t = \epsilon_t$. 다른 보편적 옵션에는 상수 평균, $r_t = \mu + \epsilon_t$, 자기회귀 평균, 자기회귀 이동 평균(ARMA) 등이 있다.

두 번째 방정식에서 확률 성분 $z_t \sim N(0,1)$과 조건부 표준 편차 잔차의 σ_t 항으로 오차 계열을 나타낸다. 확률 성분은 표준화 잔차로 해석될 수도 있다.

세 번째 방정식은 ARCH 공식을 나타내는데 $\omega > 0$ 그리고 $\alpha_i \geq 0$이다.

ARCH 모델에서 중요한 몇 가지는 다음과 같다.

- ARCH 모델은 시계열의 무조건과 조건부의 차이를 명시적으로 인식한다.
- 평균 프로세스에서 조건부 분산을 과거 잔차(오차)의 함수로 모델링한다.
- 무조건 분산은 시간에 대해 일정하다고 가정한다.

- 모델의 사전 잔차 수(q)를 자기회귀 모델과 유사하게 지정해야 한다.
- ARCH 모델은 주어진 시계열에 다른 모델(예: ARIMA)을 적합화한 후 얻은 잔차에만 적용해야 한다.
- 잔차는 불연속 백색 잡음의 관측값과 유사해야 한다. – 제로 평균, 정상성(추세 또는 계절적 영향 등, 즉 명백한 계열 상관 관계가 없어야 한다).

 원래 ARCH 표기법과 파이썬의 arch 라이브러리에서는 모두 지연 초매개 변수를 p로 표기한다. 그러나 다음 레시피에서는 소개된 GARCH의 표기법에 따라 q를 기호로 사용한다.

이 레시피에서는 ARCH(1) 모델을 2015~2018년까지 구글의 일별 주가에 적용한다.

작동 방법

ARCH (1) 모델을 추정하려면 다음 단계를 실행하라.

1. 라이브러리를 임포트한다.

```
import pandas as pd
import yfinance as yf
from arch import arch_model
```

2. 위험 자산과 기간을 지정한다.

```
RISKY_ASSET = 'GOOG'
START_DATE = '2015-01-01'
END_DATE = '2018-12-31'
```

3. 야후 파이낸스에서 다운로드한다.

```
df = yf.download(RISKY_ASSET,
                 start=START_DATE,
                 end=END_DATE,
                 adjusted=True)
```

4. 일별 수익률을 계산한다.

```
returns = 100 * df['Adj Close'].pct_change().dropna()
returns.name = 'asset_returns'
returns.plot(title=f'{RISKY_ASSET} returns: {START_DATE} -
{END_DATE}')
```

코드를 실행하면 다음 그림을 얻을 수 있다.

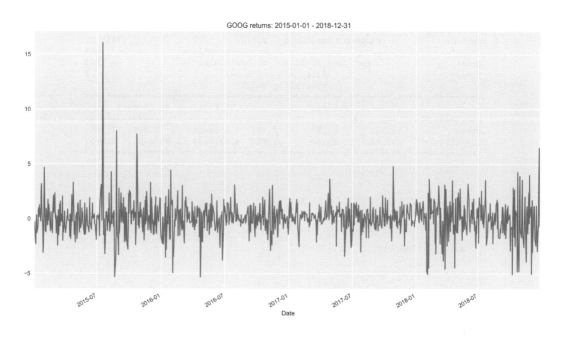

이 그림에서 몇 가지 급상승과 변동성 클러스터링의 예를 볼 수 있다.

5. ARCH 모델을 지정한다.

```
model = arch_model(returns, mean='Zero', vol='ARCH', p=1, o=0, q=0)
```

6. 모델을 추정하고 요약을 출력한다.

```
model_fitted = model.fit(disp='off')
print(model_fitted.summary())
```

코드를 실행하면 다음의 요약을 얻는다.

```
                    Zero Mean - ARCH Model Results
==============================================================================
Dep. Variable:          asset_returns   R-squared:               0.000
Mean Model:                 Zero Mean   Adj. R-squared:          0.001
Vol Model:                       ARCH   Log-Likelihood:         -1800.60
Distribution:                  Normal   AIC:                     3605.20
Method:          Maximum Likelihood     BIC:                     3615.02
                                        No. Observations:          1005
Date:             Mon, Dec 02 2019      Df Residuals:              1003
Time:                    23:05:48       Df Model:                     2
                             Volatility Model
==============================================================================
                 coef    std err        t      P>|t|      95.0% Conf. Int.
------------------------------------------------------------------------------
omega          1.6323      0.167      9.794  1.196e-22  [  1.306,   1.959]
alpha[1]       0.3342      0.168      1.993  4.631e-02  [5.461e-03,  0.663]
==============================================================================
```

7. 잔차와 조건부 변동성을 도식화한다.

```
model_fitted.plot(annualize='D')
```

코드를 실행하면 다음 그림을 얻는다.

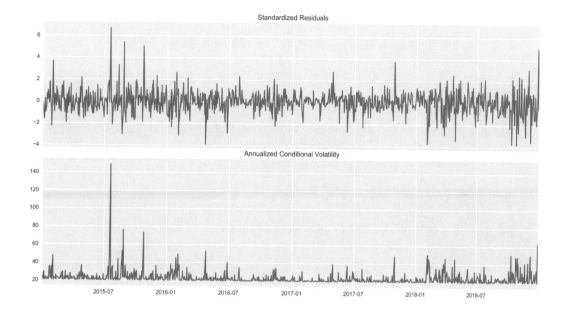

그림으로부터 규모가 크며 변동성이 큰 기간에 해당하는 표준화된 잔차를 관찰할 수 있다.

작동 원리

2~4단계에서 구글의 일일 주가를 다운로드하고 단순 수익률을 계산했다. (G)ARCH 모델로 작업할 때는 수치가 매우 작은 경우에는 수렴에 경고가 발생할 수 있다. 이것은 기본 scipy의 최적화 알고리즘의 불안정성으로 발생한다. 이 문제는 기저 scipy의 최적화 알고리즘이 불안정하기 때문에 발생한다. 이 문제를 극복하고자 수익률에 100을 곱해 백분율로 표시했다.

5단계에서는 ARCH (1) 모델을 정의했다. 평균 모델의 경우 많은 유동 금융 자산에 적합한 제로 평균 접근법을 선택했다. 여기서 가능한 또 다른 선택은 상수 평균이다.

6단계에서는 fit 메서드를 사용해 모델을 적합화했다. 또한 최적화 단계의 출력을 억제하고자 disp = 'off'를 fit 메서드에 전달했다. arch 라이브러리를 사용해 모델을 적합화하려면 익숙한 scikit-learn 방식과 비슷한 단계를 거쳐야 했다. 먼저 모델을 정의한 다음 데이터에 적합화한다. summary 메서드를 사용해 모델의 요약을 출력한다.

7단계에서 표준화 잔차와 조건부 변동성 계열을 도식화해 검사했다. 표준화된 잔차는 잔차를 조건부 변동성으로 나눔으로써 계산했다. annualize = 'D'를 plot 메서드에 전달함으로써 일별 데이터에서 조건부 변동성 계열을 연환산하려는 것을 나타냈다.

추가 사항

ARCH 모델에 대한 몇 가지 주목할 만한 점은 다음과 같다.

- 제로 평균 프로세스를 선택하면 별도 추정된 모형의 잔차를 처리할 때 유용하다.
- ARCH 효과를 감지하고자 특정 모델(예: ARIMA 모델)에서 제곱 잔차의 상관관계를 볼 수 있다. 이러한 잔차의 평균이 0인지 확인해야 한다. **자기회귀**[AR, Autoregressive] 모델의 경우에 사용된 접근법과 유사하게 **PACF**[Partial Autocorrelation Function] 도면을 사용해 q 값을 유추할 수 있다(자세한 사항은 3장의 해당 레시피를 참고하자).
- 모형의 유효성을 검정하고자 표준화 잔차와 제곱 표준화 잔차가 계열 자기 상관을 나타내지 않는지 여부를 검사할 수 있다(예: Box-Pierce 검정 —statsmodels의 acorr_ljungbox 사용). 또한 라그랑주 승수법[LM, Lagrange Multiplier] 검정을 사용해 모델이 모든 ARCH 효과를 포착하는지 확인할 수 있다(statsmodels의 het_arch).

참고 문헌

다음의 문헌을 참고하라.

- Engle, R. F. (1982). Autoregressive conditional heteroscedasticity with estimates of the variance of United Kingdom inflation. *Econometrica:*

Journal of the Econometric Society, 987–1007: http://www.econ.uiuc.edu/~econ508/Papers/engle82.pdf

▌ GARCH 모델을 사용한 주식 수익률의 변동성 설명

이 레시피에서는 ARCH 모델의 확장, 즉 GARCH ^{Generalized Autoregressive Conditional} ^{Heteroskedasticity} 모델로 작업하는 방법을 설명한다. GARCH는 시계열 분산에 적용된 ARMA 모델로 간주할 수 있다. AR 구성 요소는 이미 ARCH 모델로 표현된 반면 GARCH는 이동 평균 부분을 추가한다. 즉 ARCH 모델은 조건부 분산을 과거 샘플 분산의 선형 함수로 지정하는 반면 GARCH 모델은 지연된 조건부 분산을 사양에 추가한다.

GARCH 모델 방정식은 다음과 같이 나타낼 수 있다.

$$r_t = \mu + \epsilon_t$$

$$\epsilon_t = \sigma_t z_t$$

$$\sigma_t^2 = \omega + \sum_{i=1}^{q} \alpha_i \epsilon_{t-i}^2 + \sum_{i=1}^{p} \beta_i \sigma_{t-i}^2$$

해석은 이전 레시피에서 제시된 ARCH 모델과 매우 유사하지만, 차이점은 추가 구성 요소가 있는 마지막 방정식에 있다. 매개 변수는 다음을 충족하도록 제한된다. $\omega > 0$, $\alpha_i \geq 0$, $\beta_i \geq 0$.

 GARCH 모델에는 계수에 대한 추가 제약 조건이 있다. 예를 들어, GARCH (1,1) 모델의 경우 $\alpha_1 + \beta_1$가 1보다 작아야 한다. 그렇지 않으면 모델이 불안정하다.

GARCH 모델의 다음 2개의 초매개 변수는 다음과 같이 설명할 수 있다.

- p: 지연 분산 수
- q: 평균 프로세스의 지연 잔차 수

 GARCH(0, q)은 ARCH(q) 모델과 동일하다.

이 레시피에서는 GARCH (1,1) 모델을 이전 레시피와 동일한 데이터에 적용해 두 모델 링 방식의 차이점을 명확하게 보여 준다.

작동 방법

다음 단계를 실행해 파이썬에서 GARCH (1,1) 모델을 추정한다.

1. GARCH 모델을 지정한다.

```
model = arch_model(returns, mean='Zero', vol='GARCH', p=1, o=0, q=1)
```

2. 모델을 추정하고 요약을 출력한다.

```
model_fitted = model.fit(disp='off')
print(model_fitted.summary())
```

결과는 다음과 같다.

```
                    Zero Mean - GARCH Model Results
==============================================================================
Dep. Variable:           asset_returns   R-squared:                     0.000
Mean Model:                  Zero Mean   Adj. R-squared:                0.001
Vol Model:                       GARCH   Log-Likelihood:             -1764.88
Distribution:                   Normal   AIC:                         3535.76
Method:             Maximum Likelihood   BIC:                         3550.50
                                         No. Observations:               1005
Date:                Mon, Dec 02 2019    Df Residuals:                   1002
Time:                        23:07:25    Df Model:                          3
                             Volatility Model
==============================================================================
                 coef    std err          t      P>|t|      95.0% Conf. Int.
------------------------------------------------------------------------------
omega          0.1781      0.157      1.134      0.257    [ -0.130,   0.486]
alpha[1]       0.1799      0.124      1.446      0.148    [-6.394e-02,  0.424]
beta[1]        0.7616      0.153      4.991  6.008e-07    [  0.463,   1.061]
==============================================================================
```

3. 잔차와 조건부 변동성을 도식화한다.

```
model_fitted.plot(annualize='D')
```

다음 그림의 경우 모델 명세에 추가 성분(지연된 조건부 변동성)을 포함한 효과를
관찰할 수 있다.

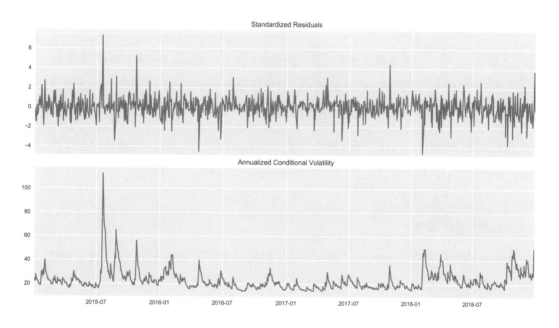

ARCH를 사용할 때 조건부 변동성 계열은 많은 급등을 나타낸 다음 즉시 낮은 수준으로 돌아간다. GARCH의 경우 모델에 지연 조건부 변동성이 포함되기 때문에 급등 이전에 관찰된 수준으로 돌아가는 데 시간이 더 걸린다.

작동 원리

이 레시피에서는 ARCH 및 GARCH 모델의 결과를 비교하고자 이전 데이터와 동일한 데이터를 사용했다. 데이터 다운로드의 자세한 정보는 이전 레시피에서 주식 수익률 변동성을 설명하는 1~4단계를 참고하자.

arch 라이브러리의 편리함 덕분에 ARCH 모델에 적합화하고자 이전에 사용된 코드를 매우 쉽게 조정할 수 있었다. GARCH 모델을 추정하고자 사용하려는 변동성 모델 유형을 지정하고 q = 1로 설정해야 했다.

비교를 위해 평균 프로세스는 제로 평균 프로세스로 남겨 두었다.

추가 사항

5장에서는 이미 시계열의 조건부 변동성을 설명하고 잠재적으로 예측하고자 두 가지 모델을 사용했다. 그러나 GARCH 모델에는 다양한 확장 기능이 있으며 가장 적합한 모델을 찾고자 실험할 수 있는 다양한 구성이 있다.

GARCH 프레임워크에서 초매개 변수(바닐라 GARCH 모델의 경우 p와 q 등) 외에 다음에 설명된 모델을 수정할 수 있다.

조건부 평균 모델

앞서 설명한 것처럼 GARCH 클래스 모델을 다른 모델을 계열에 적합화해 얻은 잔차에 적용한다.

평균 모델에 대한 몇 가지 보편적인 선택은 다음과 같다.

- 제로-평균
- 상수 평균
- ARIMA의 모든 변형(잠재적 계절성 조정과 외부 회귀자도 포함) - 논문에서의 일부 보편적인 선택에는 ARMA와 AR 모델도 있다.
- 회귀 모델

조건부 변동성 모델

GARCH 프레임워크에 대한 수많은 확장이 있다. 인기 있는 모델은 다음과 같다.

- **GJR-GARCH**: 수익률의 비대칭성을 고려하는 GARCH 모델의 변형(음의 수익률은 양의 수익률보다 변동성에 더 많은 영향을 끼친다.)
- **EGARCH**: Exponential GARCH
- **TGARCH**: Threshold GARCH
- **FIGARCH**: Fractionally integrated GARCH, 비정상성 데이터에 사용
- **GARCH-MIDAS**: 이 모델 클래스에는 변동성이 단기 GARCH 성분과 추가적 설명 변수에 의한 장기 성분으로 분해된다.
- **다변량 GARCH 모델**: 예, CCC-/DCC-GARCH

처음 세 모델은 약간 다른 접근 방식을 사용해 조건부 변동성 사양에 비대칭성을 도입한다. 이는 부정적인 충격이 긍정적 충격보다 변동성에 더 큰 영향을 미친다는 믿음과 일치한다.

오차의 분배

1장의 레시피에서 수익률은 정규 분포가 아니라는 것을 봤다(기울어지고 두터운 꼬리). 그렇기 때문에 가우스가 아닌 분포가 GARCH 모형의 오차에 더 적합화할 수 있다.

가능한 선택은 다음과 같다.

- 스튜던트 t-분포
- 스큐^{Skew}-t 분포 (Hansen, 1994)
- **일반화 오차 분포**^{GED, Generalized Error Distribution}
- **스큐 GED**^{SGED, Skewed Generalized Error Distribution}

> **ⓘ** arch 라이브러리는 언급된 대부분의 모델과 분포를 제공하며 사전 정의된 형식에 맞는 한 자신의 변동성 모델/오차 분포에 사용할 수 있다. 이의 자세한 내용은 https://arch. readthedocs.io/ko/latest/index.html의 문서를 참고하자.

참고 문헌

추가적인 문헌은 다음과 같다.

- Bollerslev, T. (1986). Generalized autoregressive conditional heteroske dasticity. *Journal of Econometrics*, 31(3), 307–327. — http://www.u. arizona.edu/~rlo/readings/278762.pdf
- Glosten, L. R., Jagannathan, R., and Runkle, D. E. (1993). On the relation between the expected value and the volatility of the nominal excess return on stocks. *The Journal of Finance*, 48(5), 1779–1801. — https:// onlinelibrary.wiley.com/doi/full/10.1111 j.1540–6261.1993.tb05128.x
- Hansen, B. E. (1994). Autoregressive conditional density estimation. *International Economic Review*, 35(3), 705–730. — http://www.ssc. wisc.edu/~bhansen/papers/ier_94.pdf

▍ 다변량 변동성 예측을 위한 CCC-GARCH 모델 구현

5장에서는 이미 다중 일변량 조건부 변동성 모델을 고려했다. 이것이 이 레시피에서 다변량 설정으로 옮기는 이유다. 시작점으로 볼러슬레프^{Bollerslev}의 CCC-GARCH^{Constant Conditional Correlation GARCH} 모델을 살펴본다. 기저 아이디어는 매우 간단하다. 이 모델은 상수 조건부 상관 행렬 R을 통해 서로 관련된 N개의 일변량 GARCH 모델로 구성된다.

이전처럼 모델 상세로부터 시작하자.

- $r_t = \mu + \epsilon_t$

- $\epsilon_t \sim N(0, \Sigma_t)$

- $\Sigma_t = D_t R D_t$

첫 번째 방정식은 수익률 계열을 나타낸다. 이 식과 이전 레시피에서 제시된 식과의 주된 차이점은 이번에는 다변량 수익률을 고려하고 있으므로 r_t가 실제로 수익률의 벡터라는 것이다. $r_t = (r_{1t}, \ldots, r_{nt})$ 평균과 오차항은 유사하게 나타난다. 이를 강조하고자 벡터나 행렬을 고려할 때는 굵은 글씨체를 사용한다.

두 번째 방정식은 오차항이 평균이 0이고 조건부 공분산 행렬이 Σ_t(크기 N×N)인 다변량 정규 분포로부터 온 것이라는 것을 보여 준다.

조건부 공분산 행렬은 다음과 같이 정의된다.

- 대각: $\sigma_{ii,t}^2 = \omega_{ii} + \sum_{i=1}^{q} \alpha_{ii} \epsilon_{i,t-i}^2 + \sum_{i=1}^{p} \beta_{ii} \sigma_{i,t-i}^2$ 여기서 $i = 1, \ldots, N$

- 비대각: $\sigma_{ij,t}^2 = \rho_{i,j} \sigma_{ii,t} \sigma_{jj,t}$ 여기서 $i \neq j$

세 번째 방정식은 조건부 공분산 행렬의 분해를 나타낸다. D_t는 대각선의 조건부 표준편차를 포함하는 행렬이고 R은 상관 행렬이다.

모델의 핵심 아이디어는 다음과 같다.

- $\boldsymbol{\Sigma}_t$의 양정치$^{\text{positive definiteness}}$를 보장하는 문제를 분산과 상관관계로 분해해 피한다.
- 오차항 사이의 조건부 상관관계는 시간에 대해 일정하다.
- 개별 조건부 분산은 일변량 GARCH $(1,1)$ 모델을 따른다.

이 레시피에서는 미국 기술 기업 3개에 대한 주식 수익률 계열의 CCC–GARCH 모델을 추정한다. CCC–GARCH 모델 추정의 자세한 내용은 작동 원리 절을 참고하자.

작동 방법

다음 단계를 수행해 파이썬에서 CCC–GARCH 모델을 추정한다.

1. 라이브러리를 임포트한다.

```python
import pandas as pd
import yfinance as yf
from arch import arch_model
```

2. 위험 자산과 기간을 설정한다.

```python
RISKY_ASSETS = ['GOOG', 'MSFT', 'AAPL']
N = len(RISKY_ASSETS)
START_DATE = '2015-01-01'
END_DATE = '2018-12-31'
```

3. 야후 파이낸스에서 데이터를 다운로드한다.

```python
df = yf.download(RISKY_ASSETS,
                 start=START_DATE,
```

```
                        end=END_DATE,
                        adjusted=True)
```

4. 일별 수익률을 계산한다.

```
returns = 100 * df['Adj Close'].pct_change().dropna()
returns.plot(subplots=True,
             title=f'Stock returns: {START_DATE} - {END_DATE}');
```

결과는 다음 그림에 나타나 있다.

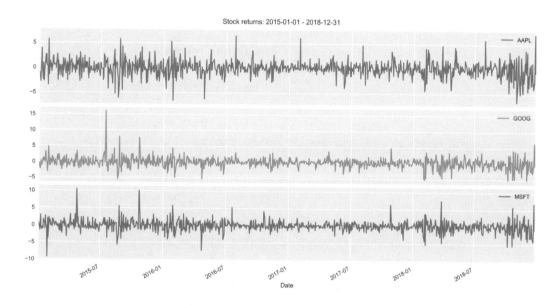

5. 객체를 저장할 리스트를 정의한다.

```
coeffs = []
cond_vol = []
std_resids = []
models = []
```

6. 단변량 GARCH 모델을 추정한다.

```python
for asset in returns.columns:
    model = arch_model(returns[asset], mean='Constant',
                       vol='GARCH', p=1, o=0,
                       q=1).fit(update_freq=0, disp='off')
coeffs.append(model.params)
cond_vol.append(model.conditional_volatility)
std_resids.append(model.resid / model.conditional_volatility)
models.append(model)
```

7. 결과를 데이터프레임에 저장한다.

```python
coeffs_df = pd.DataFrame(coeffs, index=returns.columns)
cond_vol_df = pd.DataFrame(cond_vol).transpose() \
                                    .set_axis(returns.columns,
                                              axis='columns',
                                              inplace=False)
std_resids_df = pd.DataFrame(std_resids).transpose() \
                                        .set_axis(returns.columns,
                                                  axis='columns',
                                                  inplace=False)
```

다음 그림은 각 계열에 대한 추정 계수에 대한 표를 보여 준다.

⇕	mu ⇕	omega ⇕	alpha[1] ⇕	beta[1] ⇕
AAPL	0.123511	0.221315	0.126038	0.784369
GOOG	0.080484	0.193113	0.187870	0.747876
MSFT	0.119715	0.384615	0.253280	0.624706

8. 상수 조건부 상관관계 행렬(R)을 계산한다.

```python
R = std_resids_df.transpose() \
                 .dot(std_resids_df) \
```

```
            .div(len(std_resids_df))
```

9. 조건부 공분산의 1단계–선행$^{one-step-ahead}$ 예측을 계산해 본다.

```
diag = []
D = np.zeros((N, N))

for model in models:
    diag.append(model.forecast(horizon=1).variance.values[-1][0])
diag = np.sqrt(np.array(diag))
np.fill_diagonal(D, diag)

H = np.matmul(np.matmul(D, R.values), D)
```

최종 결과는 다음과 같다.

```
array([[6.98457361, 3.26885359, 3.73865239],
       [3.26885359, 6.15816116, 4.47315426],
       [3.73865239, 4.47315426, 7.51632679]])
```

이 행렬을 다음 레시피에서 다루는 더 복잡한 DCCGARCH 모델을 사용해 얻은 결과와 비교해 볼 수 있다

작동 원리

2단계와 3단계에서 구글, 마이크로소프트, 애플의 일별 주가를 다운로드했다. 그런 다음 수렴 오류가 발생하지 않도록 간단한 수익률 계산에 100을 곱했다.

5단계에서는 GARCH 계수, 조건부 변동성, 표준화 잔차와 모델 자체(예측에 사용됨)에 필요한 요소를 저장하기 위한 빈 리스트를 정의했다. 6단계에서 주식 수익률이 저장된 DataFrame의 열에 대해 반복하고, 변량 GARCH 모델을 각 계열에 적합화했다. 사전 정

의된 리스트에 결과를 저장했다. 그런 다음 DataFrames에 잔차와 같은 객체를 갖도록 작업하고 시각적 검사를 쉽게 하고자 데이터를 정리했다.

8단계에서 상수 조건부 상관 행렬(R)을 z_t의 무조건부 상관 행렬로 계산했다.

$$R = \frac{1}{T} \Sigma_{t=1}^{T} z_t z_t'$$

여기서 z_t는 일변량 GARCH 모델에서 시간 t에 표준화된 잔차를 나타낸다.

마지막 단계에서 조건부 공분산 행렬 H_{t+1}을 한 단계 미리 예측했다. 이를 위해 다음을 수행했다.

- np.zeros를 사용해 0의 행렬 D_{t+1}을 만들었다.
- 일변량 GARCH 모델의 조건부 분산에 대한 사전 예측을 diag라는 리스트에 저장했다.
- np.fill_diagonal을 사용해 diag라는 리스트의 요소를 행렬 D_{t+1}의 대각선에 배치했다.
- 소개의 방정식 3에 따라 행렬 곱셈(np.matmul)을 사용해 한 단계 앞선 예측을 얻었다.

참고 문헌

참고 문헌은 다음과 같다.

- Bollerslev, T. (1990), Modeling the Coherence in Short-Run Nominal Exchange Rates: A Multivariate Generalized ARCH Approach, *Review of Economics and Statistics*, 72, 498-505.—http://public.econ.duke.edu/~boller/Published_Papers/restat_90.pdf

▌ DCC-GARCH를 사용한 조건부 공분산 행렬 예측

이 레시피에서는 CCC-GARCH 모델의 확장인 Engle의 동적 조건부 상관 GARCH$^{\text{DCC-}}$ $^{\text{GARCH, Dynamic Conditional Correlation GARCH}}$ 모델을 다룬다. 이 둘의 주요 차이점은 후자에서 조건부 상관 행렬이 시간에 대해 일정하지 않다는 것이다. R 대신 R_t를 사용한다.

추정에 대해 약간의 차이가 있지만 윤곽은 CCC-GARCH 모델과 유사하다.

- 조건부 변동성에 대한 일변량 GARCH 모델을 추정한다.
- 조건부 상관관계에 대한 DCC 모델을 추정한다.

DCC 모델을 추정하는 두 번째 단계에서는 다음의 프록시 상관 프로세스를 나타내는 새로운 행렬 Q_t를 사용한다.

- $$R_t = diag(Q_t)^{-1/2} Q_t diag(Q_t)^{-1/2}$$
- $$Q_t = (1 - \gamma - \delta)\bar{Q} + \gamma z_{t-1} z'_{t-1} + \delta Q_{t-1}$$
- $$\bar{Q} = \frac{1}{T} \Sigma_{t=1}^{T} z_t z'_t$$

첫 번째 방정식은 조건부 상관 행렬 R_t와 프록시 프로세스 Q_t 간의 관계를 설명한다. 두 번째 방정식은 프록시 프로세스의 역학을 나타낸다. 마지막 방정식은 일변량 GARCH 모델에서 표준화된 잔차의 무조건 상관 행렬로 정의된 $\bar{Q}$를 보여 준다.

($\bar{Q}$로 나타낸) 이러한 DCC 모델은 상관 타기팅^{targeting}이라는 접근 방식을 사용한다. 이는 추정해야 하는 매개 변수의 개수를 γ와 δ의 두 가지로 효과적으로 줄이는 것을 의미한다. 이는 일 변량 GARCH 모델의 경우 변동성 타기팅과 유사하다. 자세한 사항은 '추가 사항' 절에 있다.

글을 쓰는 시점에는 DCC-GARCH 모델을 추정할 수 있는 파이썬 라이브러리가 없다. 한 가지 해결책은 그러한 라이브러리를 새로 작성하는 것이다. 효율적인 또 다른 솔루션은 해당 작업에 잘 설정된 R 패키지를 사용하는 것이다. 그렇기 때문에 이 레시피에서 하나의 주피터 노트북에서 효율적으로 파이썬과 R을 함께 작동시키는 방법을 소개한다(일반 .py 스크립트에서도 수행할 수 있다). **rpy2** 라이브러리는 두 언어 간의 인터페이스다. 이를 통해 동일한 노트북에서 R과 파이썬을 동시에 실행할 수 있을 뿐만 아니라 둘 간에 객체를 전송할 수도 있다.

이 레시피에서는 접근 방식과 결과의 차이점을 강조하고자 이전과 동일한 데이터를 사용한다.

준비하기

R을 쉽게 설치하는 방법의 자세한 내용은 https://cran.r-project.org/ 또는 https://docs.anaconda.com/anaconda/user-guide/tasks/using-r-language/를 참고하자.

작동 방법

다음 단계를 실행해 파이썬에서 DCC-GARCH 모델을 추정한다(R 사용).

1. 라이브러리를 임포트한다.

```
%load_ext rpy2.ipython
```

2. **rmgarch** R 패키지를 설치하고 (한 번만 실행) 로드한다.

```
%%R

#install.packages('rmgarch', repos =
"http://cran.us.r-project.org")
library(rmgarch)
```

3. 데이터셋을 R에 임포트한다.

```
%%R -i returns
print(head(returns))
```

앞의 명령을 사용해 R data.frame의 처음 5개 행을 출력해 본다.

```
        AAPL        GOOG        MSFT
1 -0.9564189 -0.3028802  0.6714628
2 -2.8173221 -2.0845673 -0.9290138
3  0.0102438 -2.3162783 -1.4666987
4  1.4032572 -0.1717973  1.2689117
5  3.8484848  0.3141697  2.9397590
```

4. 모델 상세를 정의한다.

```
%%R

# GARCH(1,1) 모델 정의
univariate_spec <- ugarchspec(
    mean.model = list(armaOrder = c(0,0)),
    variance.model = list(garchOrder = c(1,1),
                          model = "sGARCH"),
    distribution.model = "norm"
)

# DCC(1,1) 모델 정의
n <- dim(returns)[2]
dcc_spec <- dccspec(
    uspec = multispec(n, univariate_spec)),
    dccOrder = c(1,1),
    distribution = "mvnorm"
)
```

5. 모델을 추정한다.

```
%%R
dcc_fit <- dccfit(dcc_spec, data=returns)
dcc_fit
```

다음 그림은 모델 상세 요약, 추정 계수, 검정 통계량에 대한 표를 보여 준다.

```
*---------------------------------*
*            DCC GARCH Fit        *
*---------------------------------*
Distribution          :  mvnorm
Model                 :  DCC(1,1)
No. Parameters        :  17
[VAR GARCH DCC UncQ]  :  [0+12+2+3]
No. Series            :  3
No. Obs.              :  1005
Log-Likelihood        :  -4889.521
Av.Log-Likelihood     :  -4.87

Optimal Parameters
------------------------------------
                Estimate  Std. Error  t value Pr(>|t|)
[AAPL].mu       0.123569    0.046497  2.65760 0.007870
[AAPL].omega    0.225659    0.088530  2.54895 0.010805
[AAPL].alpha1   0.128393    0.035263  3.64103 0.000272
[AAPL].beta1    0.780760    0.052609 14.84074 0.000000
[GOOG].mu       0.080476    0.042767  1.88174 0.059872
[GOOG].omega    0.193072    0.161134  1.19820 0.230838
[GOOG].alpha1   0.187833    0.126945  1.47964 0.138969
[GOOG].beta1    0.747919    0.154264  4.84831 0.000001
[MSFT].mu       0.121999    0.044221  2.75883 0.005801
[MSFT].omega    0.014938    0.092794  0.16098 0.872109
[MSFT].alpha1   0.024745    0.074276  0.33314 0.739025
[MSFT].beta1    0.969867    0.109462  8.86033 0.000000
[Joint]dcca1    0.034478    0.013725  2.51197 0.012006
[Joint]dccb1    0.843667    0.038480 21.92490 0.000000

Information Criteria
---------------------
Akaike        9.7642
Bayes         9.8473
Shibata       9.7637
Hannan-Quinn  9.7958
```

6. 5-단계-선행 예측을 계산한다.

```
forecasts <- dccforecast(dcc_fit, n.ahead = 5)
```

7. 예측에 접근한다.

```
%%R

# 조건부 공분산 행렬
forecasts@mforecast$H
# 조건부 상관관계 행렬
forecasts@mforecast$R
# 프록시 상관관계 프로세스
forecasts@mforecast$Q
# 조건부 평균 예측
forecasts@mforecast$mu
```

다음 그림은 조건부 공분산 행렬에 대한 5-단계-선행 예측을 보여 준다.

```
[[1]]
, , 1

          [,1]      [,2]      [,3]
[1,] 6.996757 4.237756 4.018266
[2,] 4.237756 6.157358 4.240759
[3,] 4.018266 4.240759 5.257858
, , 2
          [,1]      [,2]      [,3]
[1,] 6.586779 3.931634 3.792690
[2,] 3.931634 5.954830 4.102074
[3,] 3.792690 4.102074 5.244462

, , 3

          [,1]      [,2]      [,3]
[1,] 6.214045 3.663597 3.593009
[2,] 3.663597 5.765315 3.976738
[3,] 3.593009 3.976738 5.231138

, , 4

          [,1]      [,2]      [,3]
[1,] 5.875174 3.428138 3.415793
[2,] 3.428138 5.587975 3.863163
[3,] 3.415793 3.863163 5.217885

, , 5
          [,1]      [,2]      [,3]
[1,] 5.567088 3.220645 3.258122
[2,] 3.220645 5.422030 3.759978
[3,] 3.258122 3.759978 5.204704
```

이제 이 예측(첫 번째 단계)을 더 간단한 CCC-GARCH 모델을 사용해 얻은 예측과 비교할 수 있다.

작동 원리

이 레시피에서는 CCC와 DCC-GARCH 모델의 결과를 비교하고자 이전 레시피와 동일한 데이터를 사용했다. 데이터 다운로드의 자세한 정보는 다변량 변동성 예측 레시피에 대한 CCC-GARCH 구현 모델의 1~4단계를 참고하자.

파이썬과 R을 동시에 사용하고자 rpy2 라이브러리를 사용했다. 여기에서는 주피터 노트북과 함께 라이브러리를 사용하는 방법을 보여 줬다. .py 스크립트에서 라이브러리를 사용하는 방법의 자세한 내용은 공식 문서(https://rpy2.readthedocs.io)를 참고하자. 또한 이 책의 범위를 벗어나므로 일반적인 R 코드의 세부 사항은 다루지 않는다.

1단계에서 라이브러리를 로드하는 것 외에도 `%load_ext rpy2.ipython`과 같은 매직 명령을 사용해야 했다. 이를 통해 노트북의 셀 시작 부분에 `%%R`을 추가해 R 코드를 실행할 수 있었다. 따라서 5장의 코드 블록은 별도의 노트북^{Notebook} 셀이라고 가정한다(자세한 내용은 함께 제공되는 깃허브 저장소의 주피터 노트북을 참고하자).

2단계에서 필요한 R 종속성을 설치해야 했다. 이를 위해 `install.packages` 함수를 사용하고 사용하려는 저장소를 지정했다.

3단계에서 pandas DataFrame을 R 환경으로 옮겼다. 이를 위해 `%%R` 매직 명령과 함께 추가 코드 `-i returns`를 전달했다. 다음 단계 중 하나를 사용해서도 데이터를 가져올 수 있었다.

 파이썬 객체를 R로 이동하고 조작/모델링을 수행한 후 최종 결과를 다시 파이썬으로 이동하려면 다음 구문을 사용할 수 있다. %%R -i input_object -o output_object.

4단계에서 DCC-GARCH 모델의 사양을 정의했다. 첫째, ugarchspec을 사용해 일변량 GARCH 사양(조건부 변동성 추정)을 정의했다. 이 함수는 일변량 GARCH 모델링을 위한 프레임워크인 rugarch라는 패키지에서 제공된다. ARMA 매개 변수를 지정하지 않음으로써 상수 평균 모델을 선택했다. 변동성을 위해 정규 분포된 이노베이션을 가진 GARCH (1,1) 모델을 사용했다. 둘째, DCC 모델도 지정했다. 이를 위해 다음과 같이 한다.

- 각 수익률 계열에 대해 일변량 명세를 복제한다. – 예제의 경우 3개
- DCC 모델의 차수를 설정한다. – 예제의 경우 DCC(1,1)
- 다변량 분포를 설정한다. – 다변량 정규

dcc_spec 객체를 호출하면 명세의 요약을 볼 수 있다.

5단계에서 명세와 데이터를 인수로 사용해 dccfit 함수를 호출해 모델을 추정했다. 그런 다음 dccforecast 함수를 사용해 5단계-선행-예측을 얻었는데 다음과 같은 내포된 객체를 반환했다.

- H: 조건부 공분산 행렬
- R: 조건부 상관관계 행렬
- Q: 상관관계 행렬의 프록시 프로세스
- mu: 조건부 평균

각각은 5-단계 예측을 담고 리스트에 저장된다.

추가 사항

이 절에서는 GARCH 추정의 몇 가지 세부 사항을 살펴본다.

- **추정 세부 사항**: DCC-GARCH 모델 추정의 첫 번째 단계에서 **분산 타기팅**[variance targeting]이라는 접근법을 추가로 사용할 수 있다. 아이디어는 GARCH 모델에서 추정해야 하는 매개 변수의 수를 줄이는 것이다.

이를 위해 GARCH 방정식을 약간 수정할 수 있다. 원래 방정식은 다음과 같다.

$$\sigma_t^2 = \omega + \sum_{i=1}^{q} \alpha_i \epsilon_{t-i}^2 + \sum_{i=1}^{p} \beta_i \sigma_{t-i}^2$$

무조건 변동성은 $\bar{\sigma} = \omega/(1 - \alpha - \beta)$로 정의된다. 이제 이를 GARCH 방정식에 대입하면 다음을 얻는다.

$$\sigma_t^2 = \bar{\sigma}(1 - \alpha - \beta) + \sum_{i=1}^{q} \alpha_i \epsilon_{t-i}^2 + \sum_{i=1}^{p} \beta_i \sigma_{t-i}^2$$

마지막 단계에서 무조건 변동성을 수익률의 표본 분산으로 대체한다.

$$\hat{\sigma} = \frac{1}{T} \Sigma_{t=1}^{T} \epsilon_t^2$$

이렇게 하면 각 GARCH 방정식에 대해 추정할 매개 변수가 하나 줄어든다. 또한 모델에 의해 암시된 무조건 분산은 무조건 표본 분산과 동일하다. 실제로 분산 타기팅을 사용하려면 ugarchspec 함수 호출 때 ugarchspec (..., variance.targeting = TRUE) 인수를 추가한다.

- **일변량 및 다변량 GARCH 모델**: rugarch와 rmgarch는 동일한 저자가 개발했으며, R의 GARCH 클래스 추정을 위한 단일 환경으로 만들어졌기 때문에 함께 잘 작동한다는 점도 언급할 가치가 있다. 이미 DCC−GARCH 모델 추정의 첫 번째 단계에서 ugarchspec 함수를 사용할 때 이것을 경험했다. 해당 패키지와 관련해 더 많은 것을 발견할 수 있다.

- **다변량 GARCH 모델의 추정 병렬화**: 마지막으로 parallel R 패키지의 도움으로 DCC−GARCH 모델의 추정 프로세스를 쉽게 병렬화할 수 있다.

병렬화로 계산 속도를 높이고자 이 레시피에서는 대부분의 코드를 재사용하고 몇 줄만 추가했다. 먼저 parallel 패키지에서 makePSOCKcluster를 사용해 클러스터를 설정해야 했으며, 3개의 코어를 사용하겠다고 표시했다. 그런 다음 multifit을 사용해 병렬화 사양을 정의했다. 마지막으로 DCCGARCH 모델을 적합화했다. 이전에 사용된 코드와 비교했을 때의 차이점은 이번에는 함수 호출에 fit와 cluster 인수를 추가로 전달했다는 것이다.

추정이 완료되면 클러스터를 멈춘다.

```
%%R
# 병렬화 DCC-GARCH(1,1)

library('parallel')

# 클러스터 설정
cl <- makePSOCKcluster(3)

# 병렬화 사양 정의
parallel_fit <- multifit(multispec(replicate(n, univariate_spec)),
                         returns,
                         cluster = cl)

# DCC-GARCH 모델 적합화
dcc_fit <- dccfit(dcc_spec,
                  data = returns,
                  fit.control = list(eval.se = TRUE),
                  fit = parallel_fit,
                  cluster = cl)
# 클러스터 멈춤
stopCluster(cl)
```

앞의 코드를 사용해 DCC-GARCH 모델의 추정 속도를 크게 높일 수 있다. 많은 양의 데이터를 처리할 때 성능 향상이 대부분 가시적이다. 또한 multifit과 함께 parallel 패키지를 사용하는 방법을 사용해 rugarch와 rmgarch 패키지에서 다양한 GARCH 및 ARIMA 모델의 계산 속도를 높일 수 있다.

참고 문헌

추가적인 참고 문헌은 다음과 같다.

- Engle, R.F. (2002). *Dynamic Conditional Correlation: A Simple Class of Multivariate Generalized Autoregressive Conditional Heteroskedasticity Models. Journal of Business and Economic Statistics* 20, 339－350: https://amstat.tandfonline.com/doi/pdf/10.1198/073500102288618487

- Ghalanos, A. (2019). *The rmgarch models: Background and properties.* (Version1.3-0): https://cran.r-project.org/web/packages/rmgarch/vignettes/The_rmgarch_models.pdf

06

금융에서의
몬테카를로 시뮬레이션

몬테카를로^{Monte Carlo} 시뮬레이션은 확률적 해석이 가능한 문제의 해결을 위해 반복된 랜덤 샘플링을 사용하는 계산 알고리즘 부류다. 이 방법이 금융에서 인기를 얻은 이유 중 하나는 적분을 정확하게 추정하는 데 사용할 수 있기 때문이다. 몬테카를로 시뮬레이션의 주요 아이디어는 대개 일정 기간 다양한 시나리오/결과가 될 수 있는 다양한 샘플 경로를 생성하는 것이다. 그런 다음 기간은 지정된 수의 시간 단계로 분할되며, 이를 수행하는 프로세스를 **이산화**^{discretization}라고 한다. 금융 상품의 가격은 연속된 시간으로 발생하므로 이 방법의 목표는 연속 시간을 근사하는 것이다.

이러한 모든 시뮬레이션된 샘플 경로의 결과를 사용해 이벤트 발생 백분율, 마지막 단계에서 상품의 평균값 등과 같은 수치를 계산할 수 있다. 역사적으로 몬테카를로 기법의 주된 문제점은 가능한 모든 시나리오를 계산하는 데 많은 계산량이 필요하다는 것이었다.

오늘날에는 데스크톱 컴퓨터나 랩톱에서도 상당히 고급 시뮬레이션을 실행할 수 있으므로 문제가 줄어들고 있다.

6장의 끝부분까지 다양한 시나리오와 작업에서 몬테카를로 방법을 사용하는 방법을 살펴본다. 그중 일부에서는 시뮬레이션을 처음부터 새로 작성하고 다른 일부에서는 최신 파이썬 라이브러리를 사용해 프로세스를 쉽게 수행한다. 기법의 유연성으로 인해 몬테카를로는 계산 금융에서 가장 중요한 기술 중 하나다. 몬테카를로는 닫힌 해^{closed-form solution}가 없는 파생 상품 가격 책정(미국/타국 옵션), 채권 평가(예: 무이자 채권), 포트폴리오의 불확실성 추정(예: 최대 예상 손실액^{Value-at-Risk}과 예상 부족액^{Expected Shortfall} 계산) 또는 위험 관리에서 스트레스 테스트 수행 등에 사용된다. 6장에서 이러한 문제 중 일부를 해결하는 방법을 보여 준다.

6장에서는 다음의 레시피를 다룬다.

- 기하 브라운 운동^{GBM, Geometric Brownian Motion}을 사용한 가격 역학 시뮬레이션
- 시뮬레이션을 이용한 유럽 옵션 가격 책정
- 최소 자승 몬테카를로^{LSMC, Least Squares Monte Carlo}를 사용한 미국 옵션 가격 책정
- Quantlib를 사용한 미국 옵션 가격 책정
- 몬테카를로를 사용한 최대 예상 손실액 추정

▌ 기하 브라운 운동을 사용한 주가 역학 시뮬레이션

금융 시장은 예측할 수 없기 때문에 주가 시뮬레이션은 옵션과 같은 많은 파생 상품의 평가에 중요한 역할을 한다. 앞서 언급한 가격 변동의 임의성으로 이 시뮬레이션은 **확률적 미분 방정식**^{SDE, Stochastic Differential Equation}에 의존한다.

확률적 프로세스가 다음 SDE를 만족하면 **기하 브라운 운동**^{GBM}을 따른다고 말한다.

$$dS = \mu S dt + \sigma S dW_t$$

여기서 각 기호의 의미는 다음과 같다.

- S: 주가
- μ: 드리프트[drift] 계수, 즉 주어진 기간에 대한 평균 수익률 또는 즉시 기대 수익률
- σ: 디퓨전[diffusion] 계수, 즉 드리프트에서의 변동성
- W_t: 브라운 운동

브라운 운동의 속성을 너무 깊이 알아보는 것은 이 책의 범위를 벗어난다. 단지 브라운 증분[increment]은 표준 정규 확률 변수(rv ~ N(0,1))와 시간 증분의 제곱근의 곱으로 계산된다는 정도로만 이해하면 된다. 이를 달리 말하면 브라운 증분은 rv ~ N(0, t)에서 나온다는 것이다. 여기서 t는 시간 증분이다. 브라운 증분의 누적 합을 취해 브라운 경로를 얻는다.

SDE는 다음의 닫힌 해를 가진다(단 몇 개의 SDE만 이를 가진다).

$$S(t) = S_0 e^{(\mu - \frac{1}{2}\sigma^2)t + \sigma W_t}$$

여기서 $S_0 = S(0)$는 프로세스의 초기값으로서 이 경우 주가의 최초 값이 된다. 앞의 식은 최초 주가와 비교한 관계를 나타낸다.

시뮬레이션을 위해 다음의 재귀식을 사용한다.

$$S(t_{i+1}) = S(t_i) exp(\mu - \frac{1}{2}\sigma^2)(t_{i+1} - t_i) + \sigma\sqrt{t_{i+1} - t_i}\,Z_{i+1}$$

여기서 Z_i는 표준 정규 확률 변수이며, W의 증분은 독립적이고 정규 분포이기 때문에 이러한 명세가 가능하다. $i = 0, \ldots, T - 1$

> ℹ️ GBM은 평균-복귀 및 시간-종속 변동성을 고려하지 않는 프로세스다. 그렇기 때문에 주식에는 자주 사용되지만, 장기적으로 액면가로 복귀하는 경향이 있는 채권 가격에는 사용되지 않는다.

이 레시피에서는 몬테카를로 방법과 기하 브라운 운동을 사용해 한 달 이전 마이크로소프트의 주가를 시뮬레이션한다.

작동 방법

한 달 이전의 마이크로소프트 주가를 시뮬레이션하려면 다음 단계를 실행하라.

1. 라이브러리를 임포트한다.

```python
import numpy as np
import pandas as pd
import yfinance as yf
```

2. 데이터를 다운로드하고자 매개 변수를 정의한다.

```python
RISKY_ASSET = 'MSFT'
START_DATE = '2019-01-01'
END_DATE = '2019-07-31'
```

3. 야후 파이낸스에서 데이터를 다운로드한다.

```python
df = yf.download(RISKY_ASSET, start=START_DATE,
                 end=END_DATE, adjusted=True)
```

4. 일 수익률을 계산한다.

```python
adj_close = df['Adj Close']
returns = adj_close.pct_change().dropna()
print(f'Average return: {100 * returns.mean():.2f}%')
returns.plot(title=f'{RISKY_ASSET} returns: {START_DATE} -
{END_DATE}')
```

코드를 실행하면 다음 그림이 생성된다.

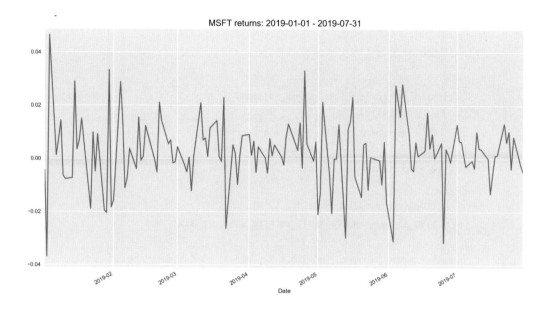

또 다음 값도 생성된다.

평균 수익률: 0.24%

5. 데이터를 훈련과 테스트 집합으로 분할한다.

```
train = returns['2019-01-01':'2019-06-30']
test = returns['2019-07-01':'2019-07-31']
```

6. 시뮬레이션 매개 변수를 설정한다.

```
T = len(test)
N = len(test)
S_0 = adj_close[train.index[-1].date()]
N_SIM = 100
```

```
mu = train.mean()
sigma = train.std()
```

7. 시뮬레이션 함수를 정의한다.

```
def simulate_gbm(s_0, mu, sigma, n_sims, T, N):
    dt = T/N
    dW = np.random.normal(scale = np.sqrt(dt),
                          size=(n_sims, N))
    W = np.cumsum(dW, axis=1)

    time_step = np.linspace(dt, T, N)
    time_steps = np.broadcast_to(time_step, (n_sims, N))

    S_t = s_0 * np.exp((mu - 0.5 * sigma ** 2) * time_steps
                       + sigma * W)
    S_t = np.insert(S_t, 0, s_0, axis=1)
    return S_t
```

8. 시뮬레이션을 실행한다.

```
gbm_simulations = simulate_gbm(S_0, mu, sigma, N_SIM, T, N)
```

9. 시뮬레이션 결과를 도식화한다.

```
# 도식화할 객체 준비
LAST_TRAIN_DATE = train.index[-1].date()
FIRST_TEST_DATE = test.index[0].date()
LAST_TEST_DATE = test.index[-1].date()
PLOT_TITLE = (f'{RISKY_ASSET} Simulation '
              f'({FIRST_TEST_DATE}:{LAST_TEST_DATE})')

selected_indices = adj_close[LAST_TRAIN_DATE:LAST_TEST_DATE].index
```

```
index = [date.date() for date in selected_indices]

gbm_simulations_df = pd.DataFrame(np.transpose(gbm_simulations),
                                  index=index)

# 도식화
ax = gbm_simulations_df.plot(alpha=0.2, legend=False)
line_1, = ax.plot(index, gbm_simulations_df.mean(axis=1),
                  color='red')
line_2, = ax.plot(index, adj_close[LAST_TRAIN_DATE:LAST_TEST_DATE],
                  color='blue')
ax.set_title(PLOT_TITLE, fontsize=16)
ax.legend((line_1, line_2), ('mean', 'actual'))
```

다음 그림에서 시뮬레이션의 평균 값이 양의 드리프트 항에 의해 양의 경향을
보인다는 것을 알 수 있다.

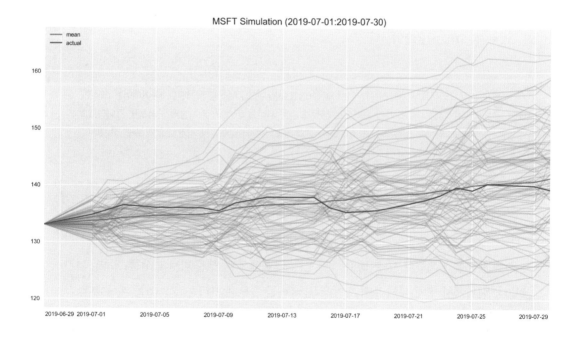

이 시각화는 합리적인 개수의 샘플 경로에 대해서만 실현 가능하다는 점을 명심하자. 실제 사례에서는 일반적으로 샘플 경로가 많을수록 결과가 더 정확하고 신뢰할 수 있으므로 100보다 훨씬 더 많은 샘플 경로를 사용한다.

작동 원리

2~4단계에서 마이크로소프트의 주가를 다운로드하고 단순 수익률을 계산했다. 다음 단계에서는 데이터를 훈련과 테스트 집합으로 나눴다. 드리프트(mu)와 디퓨전(sigma) 계수를 얻고자 훈련 집합으로부터의 수익률 평균과 표준 편차를 계산해 나중에 시뮬레이션에 사용했다. 또한 6단계에서 다음 매개 변수를 정의했다.

- T: 예측 기간. 이 경우 테스트 집합의 일 수다.
- N: 예상 호라이즌에서의 시간 증분 수
- S_0: 최초 가격. 이 시뮬레이션의 경우 훈련 집합에서 마지막 관찰을 수행한다.
- N_SIM: 시뮬레이션된 경로 수.

> ℹ️ 몬테카를로 시뮬레이션은 이산화(discretization) 프로세스를 사용한다. 아이디어는 고려한 시간대를 다수의 개별 간격으로 분할해 금융 자산의 연속 가격 책정을 근사하는 것이다. 그렇기 때문에 예측 기간을 고려하는 것 외에도 기간에 맞추고자 시간 증분의 수를 표시해야 한다.

7단계는 시뮬레이션 실행을 위한 함수를 정의하는 곳이다. 이러한 문제에 대해 함수/클래스를 정의하는 것이 좋다. 이는 다음 레시피에도 유용하다. 먼저 시간 증분(dt)과 브라운 증분(dW)을 정의한다. 증분 행렬(크기: n_sims x N)에서 각 행은 하나의 샘플 경로를 나타낸다. 여기에서 행에 대해 누적 합계(np.cumsum)를 수행해 브라운 경로(W)를 계산했다. 그런 다음 시간 단계(time_steps)를 가진 행렬을 만들었다. 이를 위해 구간(시뮬레이션의 기간) 내에 균일한 간격의 값을 가진 배열을 생성했다. 배열 생성은 np.linspace를 사용했다.

그 후 np.broadcast_to를 사용해 배열을 원하는 모양으로 브로드캐스팅했다. 닫힌 공식을 사용해 각 시점의 주가를 계산했다. 마지막으로 각 행의 첫 번째 위치에 초기값을 삽입했다.

 시간 단계를 포함하는 벡터를 명시적으로 브로드캐스팅할 필요는 없었다. 필요한 차원(W의 차원)과 일치하도록 자동으로 수행됐을 것이다. 그러나 R과 같은 언어에서는 자동 브로드캐스팅이 없다. 이를 통해 더 잘 제어할 수 있고 코드도 더 쉽게 디버깅할 수 있다.

앞의 단계에서 드리프트를 (mu 0.5 * sigma ** 2) * time_steps로, 디퓨전을 sigma * W로 인식할 수 있다.

이 함수를 정의하면서 벡터화 방식을 따랐다. 그렇게 함으로써 for 루프를 피했는데 이는 대규모 시뮬레이션의 경우 비효율적이다.

 재현 가능한 결과를 얻으려면 경로를 시뮬레이션하기 전에 np.random.seed를 사용하자.

8단계에서는 시뮬레이션된 샘플 경로를 시각화했다. 이를 위해 데이터를 전치하고 pandas DataFrame으로 변환했다. 열별로 하나의 경로를 갖도록 전치를 수행해 pandas DataFrame의 plot 메서드를 사용해 단순화한다. 이는 순전히 matplotlib을 사용해 수행할 수도 있다.

메인 도면 외에도 2개의 선을 추가했다. 첫 번째는 주어진 시점에서 모든 샘플 경로의 평균값을 나타낸다. 두 번째는 테스트 집합의 마이크로소프트 실제 주가다. 시뮬레이션된 주가를 시각화하고자 선을 투명하게 만들려고 alpha = 0.2로 선택했다. 이렇게 하면 추가된 2개의 선을 더 쉽게 볼 수 있다.

추가 사항

몬테카를로 시뮬레이션 작업을 쉽게 수행할 수 있는 몇 가지 통계적 방법이 있다(더 높은 정확도, 더 빠른 계산). 그중 하나는 **대조 변수법**antithetic variate이라 불리는 분산 감소 기법이다. 이 방법에서는 랜덤 추출draw 쌍간에 음의 종속성을 도입해 추정기의 분산을 줄이려고 한다. 이는 다음과 같이 해석할 수 있다. 각각의 $[\epsilon_1, \ldots, \epsilon_t]$에 대해 샘플 경로를 생성할 때 대조 값 $[-\epsilon_1, \ldots, -\epsilon_t]$을 취한다.

이 기법의 장점은 다음과 같다.

- N 경로를 생성하고자 추출해야 하는 표준 정규 표본 개수를 (반으로) 줄일 수 있다.
- 표본 경로 분산을 감소시키고 동시에 정확도를 개선한다.

이 접근 방식은 simulate_gbm 함수에서 구현했다. 또한 대부분의 계산을 한 줄에 넣음으로써 함수를 짧게 만들었다.

이 변화를 구현하기 전에 이전 버전 함수의 시간을 측정해 보자.

```
%timeit gbm_simulations = simulate_gbm(S_0, mu, sigma, N_SIM, T, N)
# 188 µs ± 3.75 µs per loop (mean ± std. dev. of 7 runs, 10000 loops each)
```

새로운 함수 정의는 다음과 같다.

```
def simulate_gbm(s_0, mu, sigma, n_sims, T, N, antithetic_var=False):
    dt = T/N
    if antithetic_var:
        dW_ant = np.random.normal(scale = np.sqrt(dt),
                                  size=(int(n_sims/2), N + 1))
        dW = np.concatenate((dW_ant, -dW_ant), axis=0)
    else:
        dW = np.random.normal(scale = np.sqrt(dt),
```

```
                              size=(n_sims, N + 1))
    S_t = s_0 * np.exp(np.cumsum((mu - 0.5 * sigma ** 2) * dt + sigma * dW,
                                  axis=1))
    S_t[:, 0] = s_0
    return S_t
```

먼저 대조 변수 없이 시뮬레이션을 실행해 본다.

```
%timeit gbm_simulations = simulate_gbm(S_0, mu, sigma, N_SIM, T, N)
# 106 µs ± 9.68 µs per loop (mean ± std. dev. of 7 runs, 10000 loops each)
```

그런 다음 대조 변수를 사용하고 시뮬레이션을 실행한다.

```
%timeit gbm_simulations = simulate_gbm(S_0, mu, sigma, N_SIM, T, N,
antithetic_var=True)
# 71.5 µs ± 1.89 µs per loop (mean ± std. dev. of 7 runs, 10000 loops each)
```

함수를 더 빠르게 만드는 데 성공했다. 순수하게 성능에 관심이 있다면 Numba, Cython 또는 multiprocessing을 사용해 이러한 시뮬레이션을 더욱 신속하게 처리할 수 있다.

다른 분산 감소 기법으로는 다음과 같은 것들이 있다.

- 통제 변수control variate
- 공통 랜덤 수

참고 문헌

이 레시피에서는 기하 브라운 운동을 사용해 주가를 시뮬레이션하는 방법을 보여 줬다. 그러나 사용할 수 있는 다른 확률 프로세스도 있으며, 그중 일부는 다음과 같다.

- **Jump-diffusion model**: Merton, Robert (1976): Option Pricing When the Underlying Stock Returns Are Discontinuous. *Journal of Financial Economics*, Vol.3, No. 3, pp. 125 – 144.

- **Square-root diffusion model**: Cox, John, Jonathan Ingersoll, and Stephen Ross (1985): *A Theory of the Term Structure of Interest Rates*. *Econometrica*, Vol. 53, No. 2,pp. 385 – 407.
- **Stochastic volatility model**: Heston, S. L. (1993). A closed-form solution for options with stochastic volatility with applications to bond and currency options. *The review of financial studies*, 6(2), 327–343.

▌ 시뮬레이션을 사용한 유럽 옵션 가격 결정

옵션은 그 기초 증권인 주식 가격 등에 연결돼 있기 때문에 파생 상품의 한 유형이다. 옵션 계약을 구매하면 특정 날짜/전에 일정 가격(스트라이크^{strike}로 부름)으로 기초 자산을 사고 팔 권리가 부여된다. 옵션이 인기를 얻는 주된 이유는 자산 가격이 원치 않는 방향으로 움직이는 위험을 피할 수 있기 때문이다.

유럽 콜/풋 옵션은 특정 만기일(보통 T로 표시)에 특정 자산을 사고 파는 권리를 제공한다 (다시 말하지만 의무는 아니다).

옵션을 평가하는 대표적인 기법은 다음과 같다.

- 분석 공식을 사용
- 이항 트리 기법
- 유한 차분법
- 몬테카를로 시뮬레이션

유럽 옵션은 평가에 대한 분석 공식이 존재한다는 점에서 예외적이다. 이는 미국이나 이색^{Exotic} 옵션과 같은 고급 파생 상품에는 해당되지 않는다.

몬테카를로 시뮬레이션을 사용해 가격 옵션을 결정하고자 위험-중립 평가 방법을 사용한다. 즉 파생 상품의 공정 가치는 미래 수익의 예상 가치다. 다시 말해 옵션 프리미엄은 무위험-금리와 동일한 비율로 증가한다고 가정하며, 이는 현가 할인에 사용된다. 시뮬레이션된 각 경로에 대해 옵션의 만기 시 상환액을 계산하고 모든 경로의 평균을 취한 후 현재 값으로 할인한다.

이 레시피에서는 닫힌 해를 블랙-숄즈BS, Black-Scholes 모델에 코딩한 후 시뮬레이션 기법을 사용하는 방법을 보여 준다. 편의상 가상의 입력 데이터를 사용하지만 실제 데이터를 유사하게 사용할 수 있다.

작동 방법

다음 단계를 실행하고 몬테카를로 시뮬레이션을 사용해 유럽 옵션 가격을 결정하라.

1. 라이브러리를 임포트한다.

```
import numpy as np
from scipy.stats import norm
from chapter_6_utils import simulate_gbm
```

2. 가격 평가에 사용할 매개 변수를 정의한다.

```
S_0 = 100
K = 100
r = 0.05
sigma = 0.50
T = 1 # 1년
N = 252 # 연중 252일
dt = T / N # 시간 단계
n_sims = 10 ** 6
discount_factor = np.exp(-r * T)
```

3. 분석 해를 사용해 함수를 정의한다.

```python
def black_scholes_analytical(S_0, K, T, r, sigma, type='call'):
    d1 = (np.log(S_0/K) + (r + 0.5 * sigma**2) * T)
                            /(sigma * np.sqrt(T))
    d2 = (np.log(S_0/K) + (r - 0.5 * sigma**2) * T)
                            /(sigma * np.sqrt(T))
    if type == 'call':
        val = (S_0*norm.cdf(d1, 0, 1)-K*np.exp(-r*T)
               *norm.cdf(d2, 0, 1))
    elif type == 'put':
        val = (K*np.exp(-r*T)*norm.cdf(-d2, 0, 1)-S_0
               *norm.cdf(-d1, 0, 1))
    return val
```

4. 설정된 매개 변수를 사용해 콜 옵션을 평가한다.

```python
black_scholes_analytical(S_0=S_0, K=K, T=T, r=r,
                         sigma=sigma, type='call')
```

설정된 매개 변수에 해당하는 유럽 콜 옵션 가격은 21.7926이다.

5. simulate_gbm 함수를 사용해 주식 경로를 시뮬레이션한다.

```python
gbm_sims = simulate_gbm(s_0=S_0, mu=r, sigma=sigma,
                        n_sims=N_SIMS, T=T, N=N)
```

6. 옵션 프리미엄을 계산한다.

```python
premium = discount_factor * np.average(np.maximum(0,
                                       gbm_sims[:, -1] - K))
```

계산된 옵션 프리미엄은 21.7562이다.

여기서는 몬테카를로 시뮬레이션을 사용해 계산한 옵션 프리미엄이 블랙-숄즈 모델의 닫힌 해의 옵션 프리미엄에 가깝다는 것을 알 수 있었다. 시뮬레이션의 정확도를 높이고자 시뮬레이션 경로 수를 늘릴 수 있다(n_sims 매개 변수 사용).

작동 원리

2단계에서 이 레시피에 사용된 매개 변수를 정의했다.

- S_0: 최초 주가
- K: 스트라이크 가격, 즉 만기 시 매수/매도할 수 있는 가격
- r: 연간 무위험 금리
- sigma: 기초 주식 변동성(연간)
- T: (연환산) 만기 때까지의 시간
- N: 시뮬레이션의 시간 증분 수
- n_sims: 시뮬레이션된 단순 경로 수
- discount_factor: 할인 요인. 미래 수익의 현재 가치 계산에 사용된다.

3단계에서는 블랙 숄즈 모델의 닫힌 해(비배당 주식의 경우)를 사용해 옵션 프리미엄을 계산하는 함수를 정의했다. 4단계에서 이를 사용해 몬테카를로 시뮬레이션의 벤치 마크를 계산했다.

콜과 풋 옵션의 분석 해는 다음과 같다.

$$C(S_t, t) = N(d_1)S_t - N(d_2)Ke^{-r(T-t)}$$

$$P(S_t, t) = N(-d_2)Ke^{-r(T-t)} - N(-d_1)S_t$$

$$d_1 = \frac{1}{\sigma\sqrt{T-t}}[ln(\frac{S_t}{K}) + (r + \frac{\sigma^2}{2})(T-t)]$$

$$d_2 = d1 - \sigma\sqrt{T-t}$$

여기서 N()은 표준 정규 분포의 **누적 분포 함수**^{CDF, Cumulative Distribution Function}를 나타내며, $T - t$는 연환산된 만기까지의 시간이다. 방정식 1은 유럽 통화 옵션의 가격 공식을 나타내고, 방정식 2는 유럽 풋 옵션의 가격을 나타낸다. 대체로 방정식 1의 두 항은 다음과 같이 간주할 수 있다.

- 주식 매입 옵션을 행사할 확률 ($N(d_1)$)에 가중치로 반영한 현재 주식 가격
- ($N(d_2)$) 옵션을 행사할 확률을 가중치로 반영한 옵션 행사 할인 가격(스트라이크)

5단계에서는 이전 레시피의 GBM 시뮬레이션 기능을 사용해 기초 자산의 1,000,000개 가능 경로를 구했다. 옵션 프리미엄을 계산하고자 최종값만 보고 각 경로에 대해 다음과 같은 수익^{pay-off}을 계산했다.

- 콜 옵션 $max(S_T - K, 0)$
- 풋 옵션 $max(K - S_T, 0)$

6단계에서는 수익 평균을 취하고 할인 요인으로 현가 할인했다.

추가 사항

이전 단계에서는 GBM 시뮬레이션을 재사용해 유럽 옵션 옵션 프리미엄을 계산하는 방법을 보여 줬다. 그러나 유럽 옵션의 경우 최종 주가에만 관심이 있기 때문에 계산 속도를 높일 수 있다. 중간 단계는 중요하지 않다. 따라서 시간 T에서 가격만 시뮬레이션하고, 이 값을 사용해 예상 수익을 계산해야 한다. 이전에 사용한 것과 동일한 매개 변수를 가진 유럽 풋 옵션의 예를 사용해 이를 수행하는 방법을 보여 준다.

먼저 분석 식을 사용해 옵션 프리미엄을 계산한다.

```
black_scholes_analytical(S_0=S_0, K=K, T=T, r=r, sigma=sigma, type='put')
```

계산된 가격은 16.9155이다.

그런 다음 시뮬레이션 경로상의 최종 가격만 살펴보는 수정된 시뮬레이션 함수를 정의한다.

```python
def european_option_simulation(S_0, K, T, r, sigma, n_sims, type):
    rv = np.random.normal(0, 1, size=n_sims)
    S_T = S_0 * np.exp((r - 0.5 * sigma**2) * T + sigma * np.sqrt(T) * rv)
    if type == 'call':
        payoff = np.maximum(0, S_T - K)
    elif type == 'put':
        payoff = np.maximum(0, K - S_T)
    else:
        raise ValueError('Wrong input for type!')
    premium = np.mean(payoff) * np.exp(-r * T)
    return premium
```

그런 다음 시뮬레이션을 실행한다.

```python
european_option_simulation(S_0, K, T, r, sigma, n_sims, type='put')
```

결과 값은 16.9482이다. 두 값은 서로 비슷하다. 시뮬레이션된 경로의 수를 더 늘리면 평가의 정확도가 높아진다.

▌최소 자승 몬테카를로를 사용해 미국 옵션 가격 결정

이 레시피에서는 미국 옵션을 평가하는 방법을 배운다. 유럽 옵션과 미국 옵션의 주요 차이점은 후자의 경우 만기 이전이라도 언제든지 행사할 수 있다는 점이다. 기본적으로 기초 자산 가격이 옵션 보유자에게 우호적일 때마다 행사할 것이다.

이 동작은 평가에 추가적인 복잡도를 초래하며 이 문제에 대한 닫힌 해는 없다. 몬테카를로 시뮬레이션을 사용할 때 옵션의 행사가 어느 경로에서나 발생할 수 있으므로 각 샘플 경로의 최종값만 볼 수는 없다. 그렇기 때문에 롱스태프와 슈와르츠(Longstaff and Schwartz, 2001)가 도입한 **최소 자승 몬테카를로**LSMC라는 정교한 접근 방식을 사용해야 한다.

우선 [0, T]에 걸친 시간 축은 유한 개수의 동일 구간으로 이산화되고 조기 행사earlier exercise는 특정 시간 단계에서만 발생할 수 있다. 사실상 미국 옵션은 버뮤다Bermuda 옵션에 의해 근사된다. 임의의 시간 단계(t)에 대해 즉시 행사로부터의 수익이 유지 가치continuation value보다 큰 경우에 조기 행사한다.

이는 다음 식으로 나타낼 수 있다.

$$V_t(s) = max(h_t(s), C_t(s))$$

여기서 $h_t(s)$는 옵션의 수익(옵션의 내재 가치로도 불리며 유럽 옵션처럼 계산한다)을 나타내고, $C_t(s)$는 옵션의 유지 가격으로서 다음과 같이 정의된다.

$$C_t(s) = E_t^Q[e^{-rdt}V_{t+dt}(S_{t+dt})|S_t = s]$$

여기서 r은 무위험 금리이고, dt는 시간 증가분이며, $E_t^Q(...|St = s)$는 주어진 기초 가격에 대한 위험–중립 기대값이다. 유지 가치는 기본적으로 주어진 시간에 옵션을 행사하지 않을 경우 예상되는 수익이다.

몬테카를로 시뮬레이션을 사용할 때 각 경로와 시간에 대한 연속 값을 $e^{-rdt}V_t + d_{t,i}$로 정의할 수 있다. 여기서 i는 샘플 경로를 나타낸다. 이 값을 직접 사용하는 것은 완벽한 예측을 의미하므로 불가능하다. 따라서 LSMC 알고리즘은 선형 회귀를 사용해 예상 지속 가치를 추정한다. 알고리즘에서, 할인된 미래 가치(옵션을 유지함으로써 얻은)를 현물 가격(시간 t 가격)의 기본 함수에 회귀시킨다. 이 접근 방법의 가장 간단한 방식은 x–차degree

다항 회귀를 사용하는 것이다. 기본 함수의 다른 옵션으로는 르장드르^{Legendre}, 에르미트^{Hermite}, 체비셰프^{Chebyshev}, 게겐바우어^{Gegenbauer} 또는 자코비^{Jacobi} 다항식이 있다.

이 알고리즘을 시각 $T-1$에서 0으로 거꾸로 반복하고 마지막 단계에서 옵션 프리미엄의 평균 할인 가치를 취한다. 유럽 옵션의 프리미엄은 미국 옵션의 프리미엄에 대한 하한을 나타낸다. 이 차이는 보통 조기 행사 프리미엄이라고 한다.

작동 방법

최소 자승 몬테카를로 방법을 사용해 미국 옵션 가격을 결정하려면 다음 단계를 실행하라.

1. 라이브러리를 임포트한다.

```
import numpy as np
from chapter_6_utils import (simulate_gbm,
                             black_scholes_analytical,
                             lsmc_american_option)
```

2. 매개 변수를 정의한다.

```
S_0 = 36
K = 40
r = 0.06
sigma = 0.2
T = 1 # 1년
N = 50
dt = T / N
N_SIMS = 10 ** 5
discount_factor = np.exp(-r * dt)
OPTION_TYPE = 'put'
POLY_DEGREE = 5
```

3. GBM을 사용해 주가를 시뮬레이션한다.

```
gbm_sims = simulate_gbm(s_0=S_0, mu=r, sigma=sigma, n_sims=N_SIMS, T=T,
                        N=N)
```

4. 수익 행렬을 계산한다.

```
payoff_matrix = np.maximum(K - gbm_sims, np.zeros_like(gbm_sims))
```

5. 가치 행렬을 정의하고 마지막 열을 채운다(시각 T).

```
value_matrix = np.zeros_like(payoff_matrix)
value_matrix[:, -1] = payoff_matrix[:, -1]
```

6. 주어진 시각에 대한 가치 벡터와 유지 가치를 반복적으로 계산한다.

```
for t in range(N - 1, 0 , -1):
    regression = np.polyfit(gbm_sims[:, t],
                            value_matrix[:, t + 1] *
                            discount_factor,
                            POLY_DEGREE)
    continuation_value = np.polyval(regression, gbm_sims[:, t])
    value_matrix[:, t] = np.where(
        payoff_matrix[:, t] > continuation_value,
        payoff_matrix[:, t],
        value_matrix[:, t + 1] * discount_factor
    )
```

7. 옵션 프리미엄을 계산한다.

```
option_premium = np.mean(value_matrix[:, 1] * discount_factor)
```

지정한 미국 풋 옵션의 프리미엄은 4.465다.

8. 매개 변수로 유럽 풋 옵션 프리미엄을 계산해 본다.

```
black_scholes_analytical(S_0=S_0, K=K, T=T, r=r, sigma=sigma,
                         type='put')
```

동일한 매개 변수에서의 유럽식 풋 옵션 가격은 3.84다.

9. 추가적이 점검으로서 미국과 유럽 콜 옵션 가격을 계산해 보자.

```
european_call_price = black_scholes_analytical(S_0=S_0, K=K, T=T,
                                               r=r, sigma=sigma)
american_call_price = lsmc_american_option(S_0=S_0, K=K, T=T, r=r,
                                           sigma=sigma,
                                           n_sims=N_SIMS,
                                           option_type='call',
                                           poly_degree=POLY_DEGREE)
```

유럽 콜 가격은 2.17이고 미국 콜 가격(10만 시뮬레이션 사용)은 2.10이다.

작동 원리

2단계에서 고려된 미국 옵션의 매개 변수를 다시 정의했다. 비교를 위해 롱스태프와 슈와르츠(2001)와 같은 값을 사용했다. 3단계에서는 이전 레시피의 simulate_gbm 함수를 사용해 주식의 변화를 시뮬레이션했다. 이후 유럽 옵션에 사용한 것과 동일한 공식을 사용해 풋 옵션의 수익 행렬을 계산했다.

5단계에서는 시간에 따른 옵션 값의 행렬을 준비했으며, 이를 수익 행렬과 동일한 크기의 0의 행렬로 정의했다. 마지막 단계에서는 더 수행할 추가 계산이 없기 때문에 가치 행렬의 마지막 열을 수익 행렬의 마지막 열로 채웠다. 수익은 유럽 옵션과 같다.

6단계는 시간 $T-1$에서 0까지 알고리즘의 역방향 부분을 실행한 곳이다. 이러한 각 단계에서 예상 유지 가치를 단면 선형 회귀로 추정했다. 여기서는 `np.polyfit`을 사용해 5차 다항식을 데이터에 적합화했다. 그런 다음 특정 가격에서 (np.polyval 사용해) 다항식을 계산했는데 이는 선형 회귀에서 적합화 값과 같았다. 옵션이 행사돼야 하는지 확인하고자 예상 유지 가치를 수익과 비교했다. 수익이 유지 기대값보다 높으면 그 값을 수익으로 설정한다. 그렇지 않으면 그것을 할인된-한 단계-이후 값으로 설정한다. 이 선택을 위해 `np.where`를 사용했다.

 다항식 적합화에 scikit-learn을 사용할 수도 있다. 그렇게 하려면 LinearRegression과 PolynomialFeatures를 결합해야 한다.

알고리즘의 7단계에서 할인된 t = 1 값 벡터의 평균값을 취해 옵션 프리미엄을 얻었다.

마지막 두 단계에서 동일한 매개 변수를 사용해 유럽 풋과 콜 옵션의 옵션 프리미엄을 계산해 구현과 관련된 상태 점검을 수행했다. 이를 쉽게 하고자 LSMC의 전체 알고리즘을 하나의 함수에 넣었고, 이는 이 책의 깃허브 저장소에서 구할 수 있다. 콜 옵션의 경우 배당이 없을 때는 옵션을 행사하는 것이 최적이 될 수 없으므로 미국과 유럽 옵션의 프리미엄은 동일해야 한다. 결과는 매우 비슷하지만 더 많은 샘플 경로를 사용해 정확한 가격을 얻을 수 있다.

원칙적으로 롱스태프-슈와르츠^{Longstaff-Schwartz} 알고리즘은 기본 함수에 의한 지속 가치의 근사치이므로 미국 옵션의 가격을 낮게 평가해야 한다. 결과적으로 이 알고리즘이 옵션 행사에 대해 항상 올바른 결정을 내리는 것은 아니다. 이것은 또한 옵션 값이 최적 행사의 경우보다 낮음을 의미한다.

참고 문헌

추가적인 참고 문헌은 다음과 같다.

- Longstaff, F. A., & Schwartz, E. S. (2001). Valuing American options by simulation: a simple least-squares approach. *The review of financial studies*, 14(1), 113–147. – https://escholarship.org/content/qt43n1k4jb/qt43n1k4jb.pdf.
- Broadic, M., Glasserman, P., & Jain, G. (1997). An alternative approach to the valuation of American options using the stochastic tree method. Enhanced Monte Carlo estimates for American option prices. *Journal of Derivatives*, 5, 25–44.

▌ Quantlib를 사용한 미국 옵션 가격 결정

이전 레시피에서 롱스태프-슈와르츠 알고리즘을 수동으로 코딩하는 방법을 보여 줬다. 그러나 파생 상품 평가를 위한 기존 프레임워크를 사용할 수도 있다. 가장 인기 있는 것 중 하나는 QuantLib이다. QuantLib는 금융 상품 평가를 위한 도구를 제공하는 오픈 소스 C++ 라이브러리다. SWIG^{Simplified Wrapper and Interface Generator}를 사용하면 파이썬(및 R 또는 Julia와 같은 다른 프로그래밍 언어)의 QuantLib을 사용할 수 있다. 이 레시피에서는 최소 자승 몬테카를로 레시피를 사용해 미국 풋 옵션 가격 책정 방법을 보여 주지만, 라이브러리 자체에는 더 많은 흥미로운 기능이 있다.

작동 방법

Quantlib을 사용해 미국 옵션 가격을 책정하려면 다음 단계를 수행한다.

1. 라이브러리를 임포트한다.

```
import QuantLib as ql
```

2. 달력과 일자 계산 기준을 설정한다.

```
calendar = ql.UnitedStates()
day_counter = ql.ActualActual()
```

3. 옵션의 평가일과 만기일을 설정한다.

```
valuation_date = ql.Date(1, 1, 2018)
expiry_date = ql.Date(1, 1, 2019)
ql.Settings.instance().evaluationDate = valuation_date
```

4. 옵션 형식(콜/풋)과 행사 유형, 수익을 정의한다.

```
if OPTION_TYPE == 'call':
    option_type_ql = ql.Option.Call
elif OPTION_TYPE == 'put':
    option_type_ql = ql.Option.Put
exercise = ql.AmericanExercise(valuation_date, expiry_date)
payoff = ql.PlainVanillaPayoff(option_type_ql, K)
```

5. 시장 관련 데이터를 준비한다.

```
u = ql.SimpleQuote(S_0)
r = ql.SimpleQuote(r)
sigma = ql.SimpleQuote(sigma)
```

6. 시장 관련 곡선을 설정한다.

```
underlying = ql.QuoteHandle(u)
volatility = ql.BlackConstantVol(0, ql.TARGET(),
                                    ql.QuoteHandle(sigma),
                                    day_counter)
risk_free_rate = ql.FlatForward(0, ql.TARGET(),
                                    ql.QuoteHandle(r),
                                    day_counter)
```

7. 시장 관련 데이터를 BS 프로세스에 플러그한다.

```
bsm_process = ql.BlackScholesProcess(
    underlying,
    ql.YieldTermStructureHandle(risk_free_rate),
    ql.BlackVolTermStructureHandle(volatility),
)
```

8. 미국 옵션에 대한 몬테카를로 엔진을 인스턴스화한다.

```
engine = ql.MCAmericanEngine(bs_process, 'PseudoRandom',
                                timeSteps=N,
                                polynomOrder=POLY_DEGREE,
                                seedCalibration=42,
                                requiredSamples=N_SIMS)
```

9. option 객체를 인스턴스화하고 가격 책정 엔진을 설정한다.

```
option = ql.VanillaOption(payoff, exercise)
option.setPricingEngine(engine)
```

10. 옵션 프리미엄을 계산한다.

```
option_premium_ql = option.NPV()
```

미국 풋 옵션의 가격은 4.463이다.

작동 원리

여기서 얻은 결과와 이전 레시피의 결과를 비교하고자 동일한 문제 설정을 사용했다. 편의상 여기서는 모든 코드를 보지는 않지만 이전 레시피에서 2단계를 실행해야 한다.

2단계에서 달력과 일자 계산 규칙을 지정했다. 일 계산 규칙에 따라 채권과 같은 다양한 금융 상품에 대한 이자 발생 방식이 결정된다. actual/actual이란 실제 경과 시간(일)과 실제 1년의 일 수(365 또는 366)를 사용함을 의미한다. actual/365 fixed, actual/360 등과 같은 다른 많은 규칙도 있다.

3단계에서는 1년 후에 만기되는 옵션의 가격을 결정하고자 평가와 만기 두 날짜를 선택했다. 계산이 올바르게 수행되도록 ql.Settings.instance ().evaluationDate를 고려된 평가 날짜로 설정하는 것이 중요하다. 이 경우 날짜는 시간의 경과만 결정하므로 옵션이 1년 이내에 만료된다. 동일한 간격으로 서로 다른 날짜를 사용해 동일한 결과(시뮬레이션의 임의 구성 요소로 인해 약간의 오차가 있다)를 얻을 수 있다.

다음 코드를 실행하면 만기까지의 시간(연환산)을 확인할 수 있다.

```
T = day_counter.yearFraction(valuation_date, expiry_date)
print(f'Time to expiry in years: {T}')
# 연환산한 만기까지의 시간: 1.0
```

다음으로 옵션 유형(콜/풋), 행사 유형(유럽, 미국 또는 버뮤다) 수익(바닐라^{Vanilla})을 정의했다. 5단계에서 시장 데이터를 준비했다. 값을 따옴표로 묶어 (ql.SimpleQuote) 값을 변경하고 변경 사항을 상품 내에 등록할 수 있다. 이것은 '추가 사항'에서 여러 지표를 계산하는 데 중요하다.

6단계에서 관련 곡선을 정의했다. 간단히 말해 TARGET은 휴일에 대한 정보가 들어 있는 달력이다.

이 단계에서 **블랙-숄즈** 프로세스의 중요한 요소를 설정했다.

- 기초 상품에 대한 가격
- 변동성(여기서는 상수로 가정)
- 무위험 금리(시간에 대해 고정)

이 모든 객체를 7단계에서 정의한 블랙-숄즈 프로세스(ql.BlackScholesProcess)로 전달했다. 그런 다음 몬테카를로 시뮬레이션을 사용해 미국 옵션 가격 책정에 사용되는 특수 엔진에 프로세스 객체를 전달했다(옵션 및 가격 책정 방법에 따라 사전 정의된 많은 유형의 엔진이 있다). 이 시점에서 LSMC 알고리즘에 원하는 시뮬레이션 수, 이산화 시간 단계 수, 다항식의 차수를 제공했다.

9단계에서는 이전에 정의된 유형의 수익과 행사를 제공해 ql.VanillaOption 인스턴스를 작성했다. 또한 setPricingEngine 메서드를 사용해 가격 책정 엔진을 설정했다.

마지막으로 NPV 메서드를 사용해 옵션 가격을 구했다.

이를 통해 QuantLib을 사용해 얻은 옵션 프리미엄이 이전에 계산한 옵션 프리미엄과 매우 유사하다는 것을 알 수 있으며, 결과의 유효성을 더욱 검증해 준다. 여기서 주목해야 할 것은 워크플로workflow는 다양한 파생 상품의 평가와 유사하므로 익숙해 두는 것이 좋다는 것이다. 여기서는 몬테카를로 시뮬레이션을 사용해 유럽 옵션과 동등한 몇 가지 명령을 대체함으로써 유럽 옵션 가격을 계산할 수 있었다.

추가 사항

QuantLib은 또한 대조 값 또는 **제어 변수**control variate와 같은 분산 감소 기술을 사용할 수 있게 해준다.

이전 단계를 완료했으므로 여러 지표를 계산할 수 있다. 그릭스[Greeks](그리스 알파벳 문자)는 파생 상품 가격(예: 옵션 프리미엄)의 기저 매개 변수 중 하나(예: 기초 자산 가격, 만기, 변동성, 이자율 등)의 변화에 대한 민감도를 나타낸다. 그릭스에 대한 분석 공식이 존재하는 경우(QuantlLib 엔진이 분석 공식을 사용하는 경우) 단순히 `option.delta()`처럼 실행하면 된다. 그러나 이항 트리나 시뮬레이션을 사용한 평가와 같은 경우 분석 공식이 없으며 오류가 발생한다(`RuntimeError: delta not provided`). 이것은 계산이 불가능하다는 것을 의미하지는 않지만 수치적 미분을 사용해 직접 계산해야 한다.

예제의 경우 단지 델타를 추출한다. 따라서 해당 공식은 다음과 같다.

$$\Delta = \frac{P(S_0 + h) - P(S_0 - h)}{2h}$$

여기서 $P(S)$는 기초 자산의 가격이 S일 때의 상품 가격이다. h는 매우 작은 증분이다.

다음 코드를 수행하면 델타를 계산할 수 있다.

```
u_0 = u.value() # 원래 값
h = 0.01

u.setValue(u_0 + h)
P_plus_h = option.NPV()

u.setValue(u_0 - h)
P_minus_h = option.NPV()

u.setValue(u_0) # 원래 값으로 되돌림

delta = (P_plus_h - P_minus_h) / (2 * h)
```

델타에 대한 가장 간단한 해석은 다음과 같다. 옵션의 델타가 −1.25라는 것은 기초 주식의 가격이 주당 1달러 상승하면 그 옵션 가격은 1.25달러 감소한다는 것을 나타낸다.

그렇지 않으면 모든 것은 동일하다.

몬테카를로를 사용해 VAR 추정

밸류-앳-리스크^{Value-at-risk}는 포지션, 포트폴리오 등과 관련된 위험을 측정하는 매우 중요한 재무 지표다. 약자는 VaR로 표현하며 벡터 자기회귀^{Vector Autoregression}와 혼동하지 않도록 해야 한다. VaR은 정상적인 시장 조건하에서 특정 기간 동안 (일정 신뢰 수준에서) 최악의 예상 손실을 의미한다. VaR을 이해하는 가장 쉬운 방법은 예제를 살펴보는 것이다. 포트폴리오의 1일 95% VaR이 100달러라고 가정해 보자. 이것은 (정상적인 시장 조건하에서) 이 포트폴리오를 하루 동안 보유하더라도 95%의 시간 동안은 100달러 이상의 손실을 보지는 않을 것임을 의미한다.

 VaR 손실은 양의 (절대) 값으로 나타내는 것이 일반적이다. 따라서 예에서 100달러의 VaR이란 100달러 이하를 잃는 것을 의미한다.

VaR을 계산하는 방법이 많이 있는데 그중 몇 가지는 다음과 같다.

- 모수적 기법(분산-공분산)
- 과거 시뮬레이션 기법
- 몬테카를로 시뮬레이션

이 레시피에서는 마지막 방법만 고려한다. 여기서는 두 가지 자산(페이스북과 구글)으로만 구성된 포트폴리오를 보유하고 있다고 가정하며, 하루 동안의 밸류-앳-리스크를 계산하고자 한다.

작동 방법

몬테카를로를 사용해 VaR을 추정하려면 다음 단계를 실행하라.

1. 라이브러리를 임포트한다.

```python
import numpy as np
import pandas as pd
import yfinance as yf
import seaborn as sns
```

2. 이 예제에 사용할 매개 변수를 정의한다.

```python
RISKY_ASSETS = ['GOOG', 'FB']
SHARES = [5, 5]
START_DATE = '2018-01-01'
END_DATE = '2018-12-31'
T = 1
N_SIMS = 10 ** 5
```

3. 야후 파이낸스에서 데이터를 다운로드한다.

```python
df = yf.download(RISKY_ASSETS, start=START_DATE,
                 end=END_DATE, adjusted=True)
```

4. 일별 수익률을 계산한다.

```python
adj_close = df['Adj Close']
returns = adj_close.pct_change().dropna()
plot_title = f'{" vs. ".join(RISKY_ASSETS)} returns: {START_DATE} -
                                                {END_DATE}'

returns.plot(title=plot_title)
```

계산된 수익률을 도식화하고 두 계열의 피어슨^{Pearson} 상관관계를 계산한다.

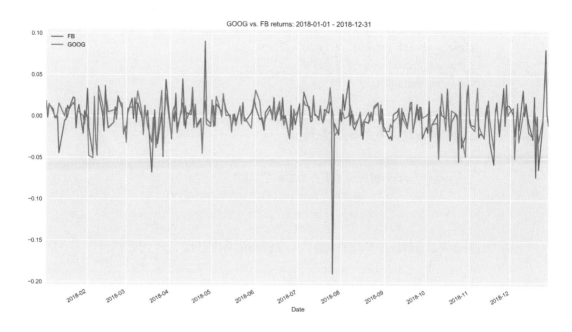

두 계열의 상관관계는 0.62이다.

5. 공분산 행렬을 계산한다.

```
cov_mat = returns.cov()
```

6. 공분산 행렬의 촐레스키^{Cholesky} 분해를 수행한다.

```
chol_mat = np.linalg.cholesky(cov_mat)
```

7. 표준 정규 분포로부터 상관된 랜덤 수를 추출한다.

```
rv = np.random.normal(size=(N_SIMS, len(RISKY_ASSETS)))
correlated_rv = np.transpose(np.matmul(chol_mat, np.transpose(rv)))
```

8. 시뮬레이션에 사용될 측도를 정의한다.

```
r = np.mean(returns, axis=0).values
sigma = np.std(returns, axis=0).values
S_0 = adj_close.values[-1, :]
P_0 = np.sum(SHARES * S_0)
```

9. 고려한 주식의 최종 가격을 계산한다.

```
S_T = S_0 * np.exp((r - 0.5 * sigma ** 2) * T +
                    sigma * np.sqrt(T) * correlated_rv)
```

10. 최종 포트폴리오 가치와 포트폴리오 수익률을 계산한다.

```
P_T = np.sum(SHARES * S_T, axis=1)
P_diff = P_T - P_0
```

11. 선택된 신뢰 수준의 VaR을 계산한다.

```
P_diff_sorted = np.sort(P_diff)
percentiles = [0.01, 0.1, 1.]
var = np.percentile(P_diff_sorted, percentiles)

for x, y in zip(percentiles, var):
    print(f'1-day VaR with {100-x}% confidence: {-y:.2f}$')
```

앞 코드의 실행하면 다음 결과를 얻는다.

```
1-day VaR with 99.99% confidence: 8.49$
1-day VaR with 99.9% confidence: 7.23$
1-day VaR with 99.0% confidence: 5.78$
```

12. 결과를 그래프로 그린다.

```
ax = sns.distplot(P_diff, kde=False)
ax.set_title('''Distribution of possible 1-day changes
            in portfolio value
            1-day 99% VaR''', fontsize=16)
ax.axvline(var[2], 0, 10000);
```

코드를 수행하면 다음 그래프가 생성된다.

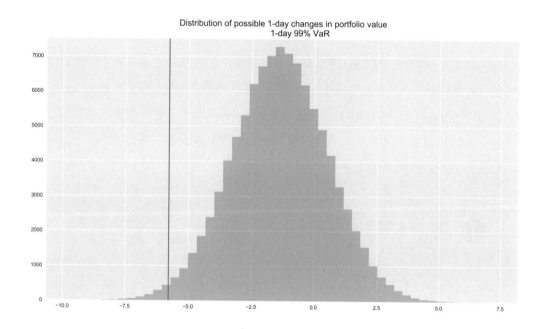

앞 그림은 1일 이후 포트폴리오 가치의 가능한 분포를 보여 준다. VaR은 수직선
으로 표시했다.

작동 원리

2~4단계에서 구글과 페이스북의 일별 주가를 다운로드하고 조정 마감가를 추출해 단순

수익률로 변환했다. 또한 시뮬레이션 수 및 포트폴리오 보유한 주식 수와 같은 몇 가지 매개 변수를 정의했다.

VaR 계산에는 두 가지 방법이 가능하다.

- **가격에서 VaR 계산**: 주식 수와 자산 가격을 사용해 현재 포트폴리오의 가치와 X 일 이후의 가능 가치를 계산할 수 있다.
- **수익률에서 VaR 계산**: 포트폴리오 각 자산의 백분율 가중치와 자산의 기대 수익률을 사용해 X일 이후 예상 포트폴리오 수익률을 계산할 수 있다. 그런 다음 수익률과 현재 포트폴리오 값을 기준으로 VaR을 달러 금액으로 표시할 수 있다.

자산 가격을 결정하기 위한 몬테카를로의 접근 방식은 표준 정규 분포에서 추출한 임의 변수를 사용한다. 포트폴리오 VaR을 계산하는 경우 포트폴리오의 자산이 서로 상관될 수 있다는 사실을 고려해야 한다. 이를 위해 5~7단계에서 과거 공분산 행렬을 계산하고, 촐레스키 분해법을 사용한 후 결과 행렬에 확률 변수 행렬을 곱했다. 이런 식으로 생성된 확률 변수에 상관관계를 더했다.

 랜덤 변수를 상관시키는 또 다른 가능한 옵션은 촐레스키 분해 대신 SVD(Singular Value Decomposition)를 사용하는 것이다. np.linalg.svd 함수를 사용할 수 있다.

8단계에서는 자산 수익률의 과거 평균, 수반된 표준 편차, 마지막으로 알려진 주가 및 초기 포트폴리오 값과 같은 측도를 계산했다. 9단계에서는 기하 브라운 운동 SDE에 분석 해를 적용하고 두 자산 모두에 대해 가능한 1일 주가를 계산했다.

포트폴리오 VaR을 계산하고자 가능한 1일 포트폴리오 값과 그에 따른 차이($P_T - P_0$)를 계산하고 오름차순으로 정렬했다. X% VaR은 단순히 정렬된 포트폴리오 차이의 (1-X) 번째 백분위 수다.

> 🛈 은행은 종종 1일 및 10일 VaR을 계산한다. 후자의 경우 1일 단계(이산화)를 사용해 10일 구간 동안 자산 가치를 시뮬레이션할 수 있다. 그러나 1일 VaR을 계산하고 10의 제곱근을 곱할 수도 있다. 이 계산을 자본 요구 사항을 낮추는 방향으로 활용하면 은행에 도움이 될 수 있다.

추가 사항

다른 접근법을 사용해 VaR을 계산하면 다음과 같은 단점이 있다.

- 모수 분포를 가정한다(분산-공분산 방식).
- 꼬리 위험을 충분히 포착하지 못한다.
- 이른바 블랙-스완$^{Black\ Swan}$ 이벤트를 고려하지 못한다(이미 과거 샘플에 있는 경우가 아니라면).
- 과거 VaR은 새로운 시장 상황 적응에 느릴 수 있다.
- 과거 시뮬레이션 기법은 과거 수익률이 미래 위험을 평가하기에 충분하다고 가정한다(이전 지점과 연결된다).

VaR의 또 다른 일반적인 단점은 VaR이 제공하는 임계값을 초과할 때 잠재적 손실의 크기에 대한 정보를 포함하지 않는다는 것이다. 이는 **예상 부족**$^{ES,\ Expected\ Shortfal}$(조건부 VaR 또는 예상 꼬리 손실이라고도 한다)이 작동하는 시점이다. 이는 시나리오의 최악의 X%에서 예상되는 손실이 무엇인지 간단히 설명한다.

ES를 계산하는 방법은 여러 가지가 있지만 여기서는 VaR에 쉽게 연결되고 몬테카를로를 사용해 추정할 수 있는 방법을 제시한다.

두 자산 포트폴리오의 예에서 다음과 같은 사항을 알고자 한다. 손실이 VaR을 초과한다면 얼마나 초과할 것인가? 이 수치를 얻으려면 VaR이 제공한 값보다 높은 모든 손실을 필터링하고 평균을 취해 예상 값을 계산해야 한다.

이 값은 다음 코드를 수행하면 얻을 수 있다.

```
var = np.percentile(P_diff_sorted, 5)
expected_shortfall = P_diff_sorted[P_diff_sorted<=var].mean()
```

ES에 대해서는 VaR을 얻고자 사용된 모든 시뮬레이션 중 일부만 사용한다는 점을 명심하자. 그렇기 때문에 ES에 대해 합리적인 결과를 얻으려면 전체 표본이 충분히 커야 한다.

1일 95% VaR은 4.48달러이며, 예상되는 ES는 5.27달러다. 이러한 결과를 다음과 같이 해석할 수 있다. 손실이 95% VaR을 초과하면 포트폴리오를 1일 동안 보유함으로써 5.27달러의 손실을 예상할 수 있다.

파이썬으로 자산 배분

자산 배분은 모든 투자자가 직면하는 가장 중요한 결정이며, 모든 투자자에게 들어맞는 단일 해법 같은 것은 존재하지 않는다. 자산 배분이란 투자자의 총 투자액을 특정 자산(주식, 옵션, 채권 또는 기타 금융 상품)에 분산시키는 것을 의미한다. 배분을 고려할 때 투자자는 위험과 잠재적 보상 사이의 균형을 유지하려고 한다. 동시에 배분은 개별 목표(예상 수익률), 위험 허용치(투자자가 수용할 위험 정도) 또는 투자 기간(단기 또는 장기 투자)과 같은 요인에 따라 달라진다.

자산 배분의 핵심 프레임워크는 **현대 포트폴리오 이론**^{MPT, Modern Portfolio Theory}이며, 평균−분산 분석이라고도 한다. MPT는 노벨상 수상자인 해리 마코비츠^{Harry Markowitz}가 도입했는데 특정 위험 수준에 대해 기대 수익률(이익)을 극대화하고자 위험을 피하며 포트폴리오를 구성하는 방법을 설명한다. MPT의 주요 통찰은 투자자는 자산 성과(예상 수익률이나 변동성과 같은 지표로)만 평가하지 말고 여러 지표가 자산 포트폴리오의 성과에 어떤 영향을 미치는지 조사해야 한다는 것이다.

MPT는 다각화 개념과 밀접한 관련이 있다. 이는 단순히 다른 종류의 자산을 소유하는 것만으로도 위험이 줄어든다는 의미다. 즉 다각화를 통해 개별 주식으로부터의 손실이나 이익이 포트폴리오 전체의 성능에 미치는 영향이 줄어들기 때문이다. 알아 둬야 할 또 다른 주요 개념은 포트폴리오 수익률은 개별 자산 수익률의 가중 평균이지만 위험(변동성)에 대해서는 그렇지 않다는 것이다. 또한 자산 간의 상관관계에 따라 다르다. 흥미로운 점은 최적화된 자산 배분 덕분에 포트폴리오 내 개별 자산 중 가장 낮은 변동성을 가진 것보다 더 변동성이 낮은 포트폴리오를 가질 수 있다는 것이다. 원칙적으로 보유 자산 간의 상관관계가 낮을수록 다각화에는 더 좋다. 완벽한 음의 상관관계를 통해 모든 위험을 다각화할 수 있다.

현대 포트폴리오 이론의 주요 가정은 다음과 같다.

- 투자자는 합리적이고 수익을 극대화하는 동시에 가능한 한 위험을 피하는 것을 목표로 한다.
- 투자자들은 기대 수익을 극대화하려는 목표를 공유한다.
- 모든 투자자는 잠재적 투자에 대해 동일한 수준의 정보를 보유한다.
- 커미션, 세금, 거래 비용은 고려되지 않는다.
- 투자자는 무위험 금리로 (무제한) 돈을 빌리거나 빌려 줄 수 있다.

7장에서는 먼저 가장 기본적인 자산 배분 전략을 살펴보고, 이를 기반으로 포트폴리오의 성능을 평가하는 방법(개별 자산에도 적용 가능)을 학습한다. 나중에 효율적 경계선Efficient Frontier를 구하기 위한 세 가지 다른 접근법을 보여 주면서 MPT의 일부 가정을 완화한다. 최적화 문제를 다루는 방법을 배우면 얻을 수 있는 주요 이점 중 하나는 다른 목적 함수를 최적화하는 등 쉽게 재구성할 수 있다는 것이다. 즉 대부분의 프레임워크framework를 동일하게 유지한 채 일부 코드만 약간 수정하면 다양한 목적 함수에 적용할 수 있다.

7장에서는 다음의 레시피를 다룬다.

- 기본 1/n 포트폴리오 성능 평가
- 몬테카를로 시뮬레이션을 사용해 효율적 경계선 찾기
- scipy의 최적화를 통해 효율적 경계선 찾기
- cvxpy의 컨벡스convex 최적화를 통해 효율적 경계선 찾기

▌ 기본 1/n 포트폴리오의 성능 평가

먼저 가장 기본적인 자산 배분 전략인 1/n 포트폴리오를 조사하는 것으로 시작해 보자. 아이디어는 고려 중인 모든 자산에 동일 가중치를 배분해 포트폴리오를 다각화하는 것이다. 얼핏 매우 단순한 것처럼 들리지만 데미겔, 갈라피, 우팔(DeMiguel, Garlappi, and Uppal, 2007)에서는 고급 자산 배분 전략을 사용하더라도 1/n 포트폴리오의 성능을 능가하기는 쉽지 않다는 것을 보여 줬다.

이 레시피의 목표는 1/n 포트폴리오를 생성하고 수익을 계산한 다음 pyfolio라는 파이썬 라이브러리를 사용해 테어 시트tear sheet 형태로 모든 관련 포트폴리오 평가 지표를 빠르게 얻는 방법을 보여 주는 것이다. 역사적으로 테어 시트란 간결하고 일반적으로 한 페이지로 된 문서로, 기업 공개된 회사의 중요한 정보를 요약한 것이다.

작동 방법

1/n 포트폴리오를 생성하고 평가하려면 다음 단계를 실행하라.

1. 라이브러리를 임포트한다.

```
import yfinance as yf
import numpy as np
```

```
import pandas as pd
import pyfolio as pf
```

2. 매개 변수를 설정한다.

```
RISKY_ASSETS = ['AAPL', 'IBM', 'MSFT', 'TWTR']
START_DATE = '2017-01-01'
END_DATE = '2018-12-31'

n_assets = len(RISKY_ASSETS)
```

3. 야후 파이낸스에서 주가를 다운로드한다.

```
prices_df = yf.download(RISKY_ASSETS, start=START_DATE,
                        end=END_DATE, adjusted=True)
```

4. 개별 자산 수익률을 계산한다.

```
returns = prices_df['Adj Close'].pct_change().dropna()
```

5. 가중치를 정의한다.

```
portfolio_weights = n_assets * [1 / n_assets]
```

6. 포트폴리오 수익률을 계산한다.

```
portfolio_returns = pd.Series(np.dot(portfolio_weights, returns.T),
                              index=returns.index)
```

7. 테어 시트를 생성한다(단변량).

```
pf.create_simple_tear_sheet(portfolio_returns)
```

앞의 코드를 실행하면 다음의 단순 테어 시트가 생성되는데 첫 번째 테이블은
다음과 같다.

Start date ⬍	2017-01-04 ⬍
End date ⬍	2018-12-28 ⬍
Total months ⬍	23 ⬍
⬍	Backtest ⬍
Annual return	17.7%
Cumulative returns	38.1%
Annual volatility	21.8%
Sharpe ratio	0.86
Calmar ratio	0.70
Stability	0.87
Max drawdown	-25.3%
Omega ratio	1.17
Sortino ratio	1.21
Skew	-0.29
Kurtosis	3.93
Tail ratio	0.88
Daily value at risk	-2.7%

다음 절에서 이 테어 시트의 첫 번째 테이블에 나와 있는 여러 지표를 설명한다.

작동 원리

1단계부터 4단계까지는 이미 확립된 접근 방식을 따랐다. 즉 라이브러리 가져오기, 매개
변수 설정, 2017년부터 2018년까지 4개의 미국 기술 회사(애플, IBM, 마이크로소프트, 트위

터)의 주가 다운로드, 조정 종가를 사용한 단순 수익률 계산을 수행한다.

5단계에서 각각 1/n_assets인 동일 가중치 목록을 작성했다. 여기서 n_assets는 포트폴리오에 보유하려는 자산의 개수다. 다음으로 포트폴리오 수익률을 포트폴리오 가중치 행렬과 자산 수익률의 전치 행렬transposed matrix을 곱해서(점곱dot product – np.dot이라고도 한다) 계산했다. 행렬을 전치하고자 pandas DataFrame의 T 메서드를 사용했다. 그런 다음 포트폴리오 수익률을 pandas Series 객체로 저장했다. 이는 후속 단계의 입력이 된다.

마지막으로 pf.create_simple_tear_sheet를 사용해 테어 시트를 만들었다. 여기서는 가장 관련성이 높은 포트폴리오 지표와 도표가 포함된 단변량을 사용하기로 결정했다.

앞 테이블에서 살펴봐야 할 가장 중요한 지표는 다음과 같다.

- **샤프**Sharpe **비율**: 가장 널리 사용되는 성능 평가 지표 중 하나로서 표준 편차 단위당 초과 수익률(무위험이자 대비)을 측정한다. 무위험 금리가 제공되지 않으면 기본 가정은 0%로 설정한다. 샤프 비율이 클수록 포트폴리오의 위험 조정 성능이 향상된다.

- **최대 드로우다운**max drawdown: 포트폴리오의 하락 위험에 대한 지표로서 투자 과정에서 가장 큰 피크-대비-밸리peak-to-valley 손실(백분율로 표시)을 측정한다. 최대 드로우다운이 낮을수록 좋다.

- **칼마**Calmar **비율**: 이 비율은 평균 연복리 수익률을 동일 기간 동안의 최대 드로우다운으로 나눈 값으로 정의된다. 비율이 높을수록 좋다.

- **안정성**: 누적 로그 수익률에 대한 선형 적합의 R-제곱으로 측정된다. 실제로 이 것은 누적 로그 수익률에 대한 정수 범위(시간 인덱스 역할을 함) 회귀를 적용하는 것을 의미한다.

- **오메가**Omega **비율**: 결정된 수익 목표 임계값에 대한 손실 대비 이익의 확률 가중 비율(기본값은 0으로 설정). 오메가 비율이 샤프 비율보다 나은 주요 장점은 그 구성상 오메가 비율은 모든 수익률 분포 모멘트를 고려하는 반면, 샤프는 처음 두가지 모멘트(평균, 분산)만 고려한다는 것이다.

- **소르티노**Sortino **비율**: 샤프 비율을 수정한 버전으로서 분모의 표준 편차가 하방downside 편차로 대체된다.

- **왜도**skew: 왜도는 비대칭의 정도, 즉 주어진 분포(여기서는 포트폴리오 수익률)가 정규 분포보다 비뚤어진 정도를 측정한다. 음의 왜도(왼쪽으로 치우친 분포)는 큰 음의 수익률이 큰 양의 수익률보다 더 자주 발생한다는 것을 의미한다.

- **첨도**kurtosis: 꼬리 중 하나에서 극단적인 값을 측정한다. 첨도가 큰 분포는 가우스 분포의 꼬리를 초과하는 꼬리 데이터를 나타내므로 크고 작은 수익률이 더 자주 발생한다는 의미다.

- **꼬리**tail **비율**: 일 수익률의 95번째와 5번째 백분위 수 사이의 (절대) 비율. ~0.8의 꼬리 비율은 손실이 이익의 ~1.25배라는 것을 의미한다.

- **일일 밸류–앳–리스크**: $\mu - 2\sigma$로 계산하며, 여기서 μ는 해당 기간 동안의 평균 포트폴리오 수익률이고 σ는 해당 표준 편차다.

> ⓘ 하방(downside) 편차는 표준 편차와 비슷하다. 그러나 음의 수익률만 고려하고 계열의 모든 양의 변화는 버린다. 또한 투자자에 따라 다른 수준의 최소 허용 수익률을 정의할 수 있으며 해당 임계값 미만의 수익률만 사용해 하방 편차를 계산할 수 있다.

테어 시트에는 다음의 그림도 포함된다.

- **누적 수익률 그림**: 이 그림은 시간의 흐름에 따른 포트폴리오의 가치 변화를 보여준다.

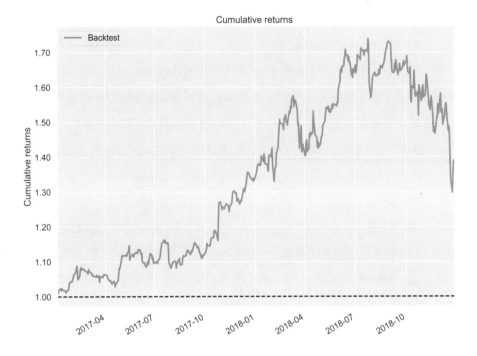

Cumulative returns

- **롤링**rolling **샤프 비율**: 시간에 대해 하나의 숫자만 보고하는 대신 샤프 비율이 얼마나 안정적이었는지 확인하는 것도 흥미롭다. 그렇기 때문에 다음 그림은 6개월 분량의 데이터를 사용해 이 지표를 지속적으로 계산한다

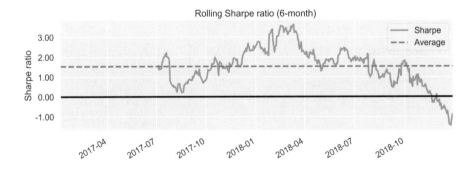

Rolling Sharpe ratio (6-month)

- **수중**underwater **그림(수중 자산 곡선이라고도 함)**: 이 그림은 손실에 중점을 둔 비관적인 관점에서 투자를 표시한다. 이 그림은 모든 드로우다운 기간과 함께 새로운 고

점으로 회복될 때까지 지속 기간을 표시한다. 이를 통해 얻을 수 있는 통찰력 중 하나는 손실 기간이 얼마나 오래 지속됐는지다.

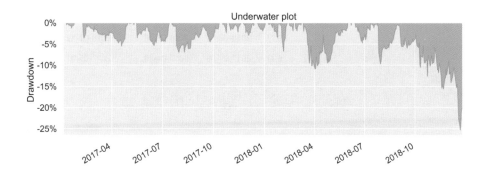

모든 그림을 구하고자 pf.create_simple_tear_sheet 함수를 사용했다. 그러나 테어 시트에서 선택한 그림만 구할 수도 있다. 예를 들어, 앞서 본 롤링 샤프 비율 그림을 만들려면 pf.plot_rolling_sharpe 함수를 사용할 수 있다. 특정 함수를 직접 호출해 그림면을 필요에 맞게 조정할 수 있다. 이 경우 함수의 매개 변수 중 하나는 롤링 창의 길이에 해당한다.

추가 사항

앞서 pf.create_simple_tear_sheet 함수를 사용했었다. 유용한 지표를 이미 많이 포함하고 있기 때문이다. 더 자세한 정보를 얻고자 pf.create_returns_tear_sheet 함수를 사용할 수 있다.

몇 가지 흥미로운 새로운 특징은 다음과 같다.

- **상위 5개의 드로우다운 기간이 있는 표**: 드로우다운의 심각성, 피크/밸리 날짜, 복구 날짜와 기간. 이 표는 수중 그림의 분석을 보완하며 다음 그림에 표시돼 있다.

Worst drawdown periods ⬥	Net drawdown in % ⬥	Peak date ⬥	Valley date ⬥	Recovery date ⬥	Duration ⬥
0	25.32	2018-07-25	2018-12-24	NaT	NaN
1	10.93	2018-03-12	2018-04-02	2018-06-01	60
2	6.93	2017-07-20	2017-07-31	2017-10-12	61
3	6.71	2018-02-01	2018-02-05	2018-02-12	8
4	5.47	2017-02-08	2017-04-19	2017-05-01	59

상위 5개 드로우다운 기간도 별도의 그림으로 나타낼 수 있다.

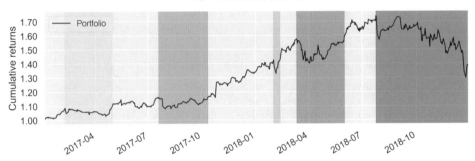

- **포트폴리오 수익률 분포를 설명하는 그림**: 특정 달/연도별 수익률 요약, 월별 수익률 분포, 다양한 분위수를 사용한 수익률의 분위수. 모든 정보는 다음에 나타나 있다.

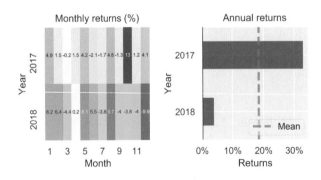
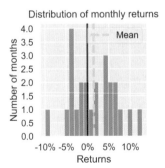

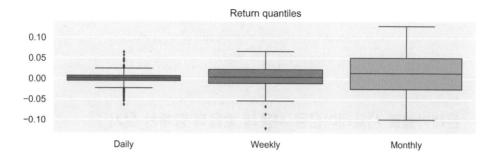

 pyfolio는 퀀토피안^{Quantopian} 팀이 개발했으며 독립형 라이브러리로 아주 잘 작동한다. 그러나 퀀토피안이 개발한 백 테스팅과 라이브 트레이딩 프레임워크인 zipline과 결합 할 수도 있다. 이는 backtrader와 마찬가지로 거래 전략의 역테스트를 용이하게 하는 프 레임워크다. pyfolio 함수 호출에 추가 정보(예: zipline에서 얻은 트랜잭션/포지션 세부 정보) 를 넣으면 테어 시트에서 훨씬 더 많은 정보를 받을 수 있다.

> pf.create_bayesian_tear_sheet 함수를 실행해 베이즈 테어 시트를 만들 수 있다. 이들은 PyMC3를 기반으로 하며 추가 종속 모듈이 필요하다.

pyfolio 테어 시트^{tear sheet}에 있는 대부분의 성능/위험 지표는 실제로 퀀토피안이 개발한 empyrical이라는 라이브러리를 사용해 계산된다. 오메가 비율과 같은 특정 지표 계산에 만 관심이 있는 경우라면 empyrical을 직접 사용할 수도 있다.

참고 문헌

추가적인 사항은 다음 문서를 참고하자.

* DeMiguel, V., Garlappi, L., and Uppal, R. (2007). *Optimal versus naive diversification: How inefficient is the 1/N portfolio strategy?* The Review

of Financial Studies, 22(5), 1915-1953.

- Quantopian's website: https://www.quantopian.com/

▌ 몬테카를로 시뮬레이션을 사용해 효율적 경계선 찾기

현대 포트폴리오 이론에 따르면 효율적 경계선^{Efficient Frontier}은 위험-수익률 스펙트럼에서 최적의 포트폴리오다. 이는 경계선의 포트폴리오가 다음과 같음을 의미한다.

- 주어진 위험 수준에서의 최대 기대 수익률을 제공한다.
- 주어진 기대 수익률 수준에서의 최저 위험 수준을 제공한다.

효율적 경계 곡선 아래에 있는 모든 포트폴리오는 차선책으로 간주되므로 경계선의 포트폴리오를 선택하는 것이 항상 더 좋다.

이 레시피에서는 몬테카를로 시뮬레이션을 사용해 효율적 경계선을 찾는 방법을 보여준다. 여기서는 무작위로 배분된 가중치를 사용해 수천 개의 포트폴리오를 구축하고 결과를 시각화한다. 이를 위해 2018년부터 미국 기술 회사 4곳의 수익률을 사용한다.

작동 방법

몬테카를로 시뮬레이션을 사용해 효율적 경계선을 찾으려면 다음 단계를 실행한다.

1. 라이브러리를 임포트한다.

```
import yfinance as yf
import numpy as np
import pandas as pd
```

2. 매개 변수를 설정한다.

```
N_PORTFOLIOS = 10 ** 5
N_DAYS = 252
RISKY_ASSETS = ['FB', 'TSLA', 'TWTR', 'MSFT']
RISKY_ASSETS.sort()
START_DATE = '2018-01-01'
END_DATE = '2018-12-31'

n_assets = len(RISKY_ASSETS)
```

3. 야후 파이낸스에서 주가를 다운로드한다.

```
prices_df = yf.download(RISKY_ASSETS, start=START_DATE,
                        end=END_DATE, adjusted=True)
```

4. 연납화 평균 수익률과 해당 표준 편차를 계산한다.

```
returns_df = prices_df['Adj Close'].pct_change().dropna()
avg_returns = returns_df.mean() * N_DAYS
cov_mat = returns_df.cov() * N_DAYS
```

5. 랜덤 포트폴리오 가중치를 시뮬레이션한다.

```
np.random.seed(42)
weights = np.random.random(size=(N_PORTFOLIOS, n_assets))
weights /= np.sum(weights, axis=1)[:, np.newaxis]
```

6. 포트폴리오 지표를 계산한다.

```
portf_rtns = np.dot(weights, avg_returns)

portf_vol = []
```

```
for i in range(0, len(weights)):
    portf_vol.append(np.sqrt(np.dot(weights[i].T,
                                    np.dot(cov_mat, weights[i])))) 
portf_vol = np.array(portf_vol)
portf_sharpe_ratio = portf_rtns / portf_vol
```

7. 모든 데이터를 가진 DataFrame을 생성한다.

```
portf_results_df = pd.DataFrame({'returns': portf_rtns,
                                 'volatility': portf_vol,
                                 ''sharpe_ratio':
                                 'portf_sharpe_ratio})
```

8. 효율적 경계선을 생성하는 점을 알아 낸다.

```
N_POINTS = 100
portf_vol_ef = []
indices_to_skip = []

portf_rtns_ef = np.linspace(portf_results_df.returns.min(),
                            portf_results_df.returns.max(),
                            N_POINTS)
portf_rtns_ef = np.round(portf_rtns_ef, 2)
portf_rtns = np.round(portf_rtns, 2)

for point_index in range(N_POINTS):
    if portf_rtns_ef[point_index] not in portf_rtns:
        indices_to_skip.append(point_index)
        continue
    matched_ind = np.where(portf_rtns ==
                           portf_rtns_ef[point_index])
    portf_vol_ef.append(np.min(portf_vol[matched_ind]))

portf_rtns_ef = np.delete(portf_rtns_ef, indices_to_skip)
```

9. 효율적 경계선을 도식화한다.

```python
MARKS = ['o', 'X', 'd', '*']

fig, ax = plt.subplots()
portf_results_df.plot(kind='scatter', x='volatility',
                      y='returns', c='sharpe_ratio',
                      cmap='RdYlGn', edgecolors='black',
                      ax=ax)
ax.set(xlabel='Volatility',
       ylabel='Expected Returns',
       title='Efficient Frontier')
ax.plot(portf_vol_ef, portf_rtns_ef, 'b--')
for asset_index in range(n_assets):
    ax.scatter(x=np.sqrt(cov_mat.iloc[asset_index, asset_index]),
               y=avg_returns[asset_index],
               marker=MARKS[asset_index],
               s=150,
               color='black',
               label=RISKY_ASSETS[asset_index])
ax.legend()
```

앞 코드를 실행하면 랜덤 생성된 모든 포트폴리오, 개별 자산을 나타내는 4개의 점, 효율적 경계선이 도식화된다.

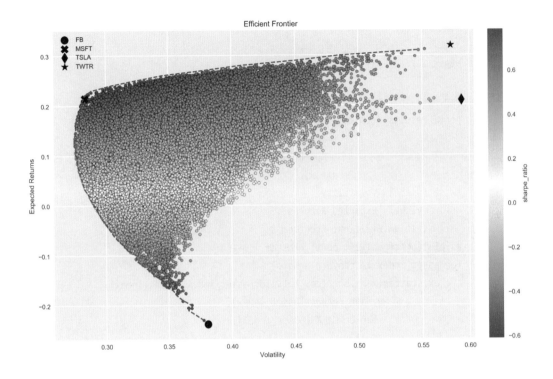

앞의 그림으로부터 전형적인 총알 모양의 효율적 경계선을 볼 수 있다.

작동 원리

2단계에서는 고려된 기간, 포트폴리오 구축에 사용하려는 위험 자산 및 시뮬레이션 수와 같은 이 레시피에 사용되는 매개 변수를 정의했다. 여기서 주목해야 할 것은 목록을 알파벳순으로 정렬하고자 `RISKY_ASSETS.sort()`를 실행했다는 것이다. 이는 `yfinance` 라이브러리를 사용해 야후 파이낸스에서 데이터를 다운로드할 때처럼 목록 순서와 다운로드 순서가 다를 때 문제가 될 수 있다. 주가를 다운로드한 후 pandas DataFrame의 `pct_change` 메서드를 사용해 단순 수익률을 계산하고 NaN을 포함하는 첫 번째 행을 삭제했다.

잠재적 포트폴리오를 평가하려면 평균 (예상) 연간 수익률과 해당 공분산 행렬이 필요

278

하다. 이 값은 DataFrame의 mean( )과 cov( ) 메서드를 사용해 구했다. 또한 두 지표 항목에 252(연간 평균 거래일 수)를 곱해 측정 연환산했다.

 포트폴리오 변동성을 계산하고자 공분산 행렬이 필요했으며, 자산 간의 상관관계도 고려해야 한다. 상당한 다각화로 이익을 얻으려면 자산의 양의 상관관계가 낮거나 음의 상관관계를 가져야 한다.

5단계에서 랜덤 포트폴리오 가중치를 계산했다. MPT의 가정에 따라(7장 도입부의 소개 부분 참고) 가중치는 양수여야 하며 그 총합은 1이어야 한다. 이를 위해 먼저 np.random.random을 사용해 난수(0과 1 사이)의 행렬을 생성했다. 행렬 크기는 N_SIMULATIONS x N_ASSETS이다. 가중치의 총합이 1이 되도록 행렬의 각 행을 합으로 나눈다.

6단계에서는 수익률과 표준 편차와 같은 포트폴리오 지표를 계산했다. 예상 연간 포트폴리오 수익률을 계산하려면 가중치에 이전에 계산된 연간 평균을 곱해야 한다. 표준 편차의 경우 $w^T \Sigma w$, 즉 과거 공분산을 사용해야 한다. 여기서 w는 가중치 벡터이고 Σ는 과거 공분산 행렬이다. 표준 편차를 계산하고자 for 루프를 사용해 모든 시뮬레이션된 포트폴리오를 반복했다.

 for 루프 구현이 실제로 동등한 벡터화된 행렬에 계산 np.diag(np.sqrt (np.dot (weights, np.dot (cov_mat, weights.T))))보다 더 빠르다. 그 이유는 관심 지표와는 관계없는 비대각(off-diagonal) 요소의 계산량이 빠르게 증가하기 때문이다. 벡터화 계산 방법은 비교적 적은 수의 시뮬레이션(~100)에 대해서만 for 루프보다 빠르다.

이 예에서는 무위험 금리를 0%로 가정했으므로 포트폴리오의 샤프 비율도 포트폴리오 수익률/포트폴리오 변동성으로 계산할 수 있다. 또 다른 가능한 방법은 2018년 동안의 평균 연간 무위험 금리를 계산하고 비율을 계산할 때 포트폴리오 초과 수익을 사용하는 것이다.

마지막 세 단계로 결과를 시각화했다. 첫째, 모든 관련 측정 항목을 pandas DataFrame에 넣었다. 둘째, 샘플에서 기대 수익률 배열을 만들었다. 이를 위해 계산된 포트폴리오 수익률의 최소값, 최대값과 함께 np.linspace를 사용했다. 계산을 더 매끄럽게 하고자 숫자를 소수점 이하 두 자리로 반올림했다. 각각의 예상 수익에 대해 관측 가능한 최소 변동성을 발견했다. 매치가 없다면(선형 공간에서 동일하게 퍼진 점들에서 발생할 수 있다) 해당 점을 건너뛴다.

마지막 단계에서 시뮬레이션된 포트폴리오, 개별 자산과 대략적인 효율적 경계선을 하나의 그림으로 나타냈다. 경계선 모양은 약간 들쭉날쭉하며, 이러한 모양은 일부 극한 지역에서 빈도가 낮은 시뮬레이션 값만 사용할 때 예상할 수 있는 일이다. 또한 시뮬레이션된 포트폴리오를 나타내는 점을 샤프 비율 값으로 채색했다.

 사용할 수 있는 컬러 맵은 https://matplotlib.org/examples/color/colormaps_reference.html에서 찾을 수 있다. 문제에 따라 다른 컬러 맵이 더 적합할 수 있다(순차, 발산, 정성 등).

추가 사항

10만 개의 랜덤 포트폴리오를 시뮬레이션한 후 샤프 비율이 가장 높은 것(단위 위험당 최대 기대 수익률. 탄젠시^{Tangency} 포트폴리오라고도 한다) 또는 최소 변동성을 갖는 것을 조사할 수 있다. 시뮬레이션된 포트폴리오 중에서 이러한 포트폴리오를 찾으려면 np.argmin과 np.argmax를 사용하면 배열에서 최소값/최대값의 인덱스를 반환한다.

코드는 다음과 같다.

```
max_sharpe_ind = np.argmax(portf_results_df.sharpe_ratio)
max_sharpe_portf = portf_results_df.loc[max_sharpe_ind]
```

```
min_vol_ind = np.argmin(portf_results_df.volatility)
min_vol_portf = portf_results_df.loc[min_vol_ind]
```

또한 이 포트폴리오의 구성 요소를 살펴볼 수 있다.

```
print('Maximum Sharpe ratio portfolio ----')
print('Performance')
for index, value in max_sharpe_portf.items():
    print(f'{index}: {100 * value:.2f}% ', end="", flush=True)
print('\nWeights')
for x, y in zip(RISKY_ASSETS, weights[np.argmax(portf_results_df.sharpe_ratio)]):
    print(f'{x}: {100*y:.2f}% ', end="", flush=True)
```

최대 샤프 비율 포트폴리오는 대부분의 자원(~75%)을 마이크로소프트에 배분하고 사실 상 페이스북에는 배분하지 않는다. 이는 2018년 페이스북의 연간 평균 수익률이 마이너 스이기 때문이다.

```
Maximum Sharpe Ratio portfolio ----
Performance
returns: 23.42% volatility: 29.77% sharpe_ratio: 78.67%
Weights
FB: 0.01% MSFT: 75.18% TSLA: 5.80% TWTR: 19.00%
```

최소 변동성 포트폴리오는 마이크로 소프트에 ~79% 가중치를 할당했다. 이 주식이 변 동성이 가장 낮기 때문이다(이는 공분산 행렬을 조사해 보면 알 수 있다).

```
Minimum Volatility portfolio ----
Performance
returns: 13.45% volatility: 27.56% sharpe_ratio: 48.79%
Weights
FB: 17.80% MSFT: 78.75% TSLA: 2.94% TWTR: 0.50%
```

마지막으로 이 두 가지 포트폴리오를 효율적 경계선 그림에 표시한다. 이를 위해 2개의 산점도를 추가하는데 각각에는 선택된 포트폴리오에 해당하는 하나의 점이 있다. 그런 다음 marker 인수로 마커 모양을 정의하고 s 인수로 마커 크기를 정의한다. 마커의 크기를 늘려 포트폴리오를 더 잘 보이게 한다.

코드는 다음과 같다.

```
fig, ax = plt.subplots()
portf_results_df.plot(kind='scatter', x='volatility',
                      y='returns', c='sharpe_ratio',
                      cmap='RdYlGn', edgecolors='black',
                      ax=ax)
ax.scatter(x=max_sharpe_portf.volatility,
           y=max_sharpe_portf.returns,
           c='black', marker='*',
           s=200, label='Max Sharpe Ratio')
ax.scatter(x=min_vol_portf.volatility,
           y=min_vol_portf.returns,
           c='black', marker='P',
           s=200, label='Minimum Volatility')
ax.set(xlabel='Volatility', ylabel='Expected Returns',
       title='Efficient Frontier')
ax.legend()
```

코드를 실행하면 다음 그림이 생성된다.

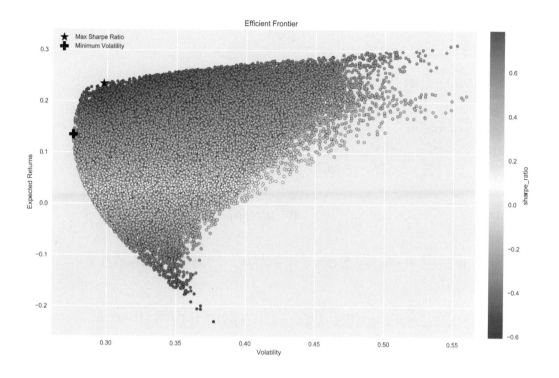

여기서는 너무 복잡해지지 않도록 개별 자산과 효율적 경계선 라인을 도식화하지 않았다.

▌ scipy 최적화로 효율적 경계선 찾기

이전 레시피에서는 무차별 대입 몬테카를로 시뮬레이션을 사용해 효율적 경계선을 시각화했다. 이 레시피에서는 더 세련된 방법을 사용해 경계선을 결정한다. 그 정의로부터 효율적 경계선은 특정 변동성에 대해 가장 높은 예상 포트폴리오 수익률을 제공하거나 특정 수준 예상 수익에 대해 가장 낮은 위험(변동성)을 제공하는 포트폴리오 집합으로 구성된다. 이 사실을 활용해 수치 최적화에 사용할 수 있다. 최적화의 목표는 목표 변수를 조정하고 목표 변수에 영향을 주는 일부 경계와 제약 조건을 고려해 목적 함수의 최고(최적)

값을 찾는 것이다. 이 경우 목적 함수는 포트폴리오 변동성을 반환하는 함수이고, 목표 변수는 포트폴리오 가중치다.

수학적으로 이 문제는 다음과 같이 나타낼 수 있다.

$$\min w^T \Sigma w$$

$$s.t. \quad w^T \mathbf{1} = 1$$
$$w \geq 0$$
$$w^T \mu = \mu_p$$

여기서 w는 가중치 벡터이고 Σ는 공분산 행렬, μ는 수익률의 벡터, μ_p는 기대 포트폴리오 수익률이다.

다양한 예상 포트폴리오 수익률에 대해 최적의 포트폴리오 가중치를 찾는 최적화 루틴을 반복하면 효율적 경계선이 된다.

이 레시피에서는 두 접근 방식으로 얻은 결과가 비슷하다는 것을 보여 주고자 이전과 동일한 데이터셋으로 작업한다.

준비하기

이 레시피는 몬테카를로 시뮬레이션 레시피를 사용해 효율적 경계선을 찾았던 레시피의 모든 코드를 실행해야 한다.

작동 방법

scipy와 함께 최적화를 사용해 효율적 경계선을 찾으려면 다음 단계를 실행한다.

1. 라이브러리를 임포트한다.

```python
import numpy as np
import scipy.optimize as sco
```

2. 포트폴리오 수익률과 변동성을 계산하는 함수를 정의한다.

```python
def get_portf_rtn(w, avg_rtns):
    return np.sum(avg_rtns * w)

def get_portf_vol(w, avg_rtns, cov_mat):
    return np.sqrt(np.dot(w.T, np.dot(cov_mat, w)))
```

3. 효율적 경계선을 계산하는 함수를 정의한다.

```python
def get_efficient_frontier(avg_rtns, cov_mat, rtns_range):
    efficient_portfolios = []
    n_assets = len(avg_returns)
    args = (avg_returns, cov_mat)
    bounds = tuple((0,1) for asset in range(n_assets))
    initial_guess = n_assets * [1. / n_assets, ]
    for ret in rtns_range:
        constraints = ({'type': 'eq',
                        'fun': lambda x: get_portf_rtn(x, avg_rtns)
                        - ret},
                       {'type': 'eq',
                        'fun': lambda x: np.sum(x) - 1})
        efficient_portfolio = sco.minimize(get_portf_vol,
                                           initial_guess,
                                           args=args,
                                           method='SLSQP',
                                           constraints=constraints,
                                           bounds=bounds)
        efficient_portfolios.append(efficient_portfolio)
    return efficient_portfolios
```

4. 고려한 수익률 구간을 정의한다.

```
rtns_range = np.linspace(-0.22, 0.32, 200)
```

5. 효율적 경계를 계산한다.

```
efficient_portfolios = get_efficient_frontier(avg_returns,
                                              cov_mat,
                                              rtns_range)
```

6. 효율적 포트폴리오의 변동성을 추출한다.

```
vols_range = [x['fun'] for x in efficient_portfolios]
```

7. 계산된 효율적 경계선을 시뮬레이션된 포트폴리오와 함께 도식화한다.

```
fig, ax = plt.subplots()
portf_results_df.plot(kind='scatter', x='volatility',
                      y='returns', c='sharpe_ratio',
                      cmap='RdYlGn', edgecolors='black',
                      ax=ax)
ax.plot(vols_range, rtns_range, 'b--', linewidth=3)
ax.set(xlabel='Volatility',
       ylabel='Expected Returns',
       title='Efficient Frontier')
```

다음 그림은 수치 최적화를 사용해 계산된 효율적 경계선 그래프다.

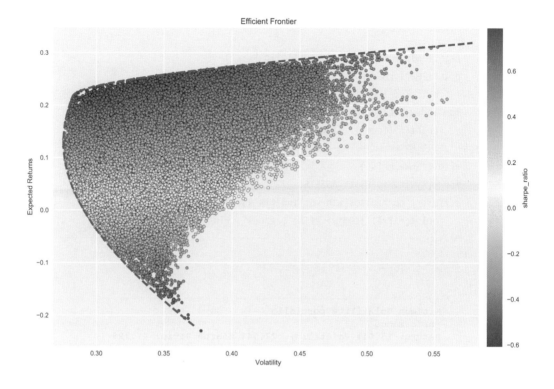

Efficient Frontier

효율적 경계선이 몬테카를로 시뮬레이션을 사용해 얻은 것과 매우 유사한 모양을 갖고 있음을 알 수 있다. 유일한 차이점은 선이 더 매끄럽다는 것이다.

8. 최소 변동성 포트폴리오를 알아낸다.

```
min_vol_ind = np.argmin(vols_range)
min_vol_portf_rtn = rtns_range[min_vol_ind]
min_vol_portf_vol = efficient_portfolios[min_vol_ind]['fun']

min_vol_portf = {'Return': min_vol_portf_rtn,
                 'Volatility': min_vol_portf_vol,
                 'Sharpe Ratio': (min_vol_portf_rtn /
                                  min_vol_portf_vol)}
```

9. 성능 요약을 출력한다.

```python
print('Minimum volatility portfolio ----')
print('Performance')

for index, value in min_vol_portf.items():
    print(f'{index}: {100 * value:.2f}% ', end="", flush=True)

print('\nWeights')
for x, y in zip(RISKY_ASSETS,
efficient_portfolios[min_vol_ind]['x']):
    print(f'{x}: {100*y:.2f}% ', end="", flush=True)
```

코드를 실행하면 다음 요약을 출력한다.

```
Minimum Volatility portfolio ----
Performance
Return: 13.01% Volatility: 27.54% Sharpe Ratio: 47.22%
Weights
FB: 18.65% MSFT: 77.34% TSLA: 4.01% TWTR: 0.00%
```

최소 변동성 포트폴리오는 트위터에 전혀 투자하지 않고 주로 마이크로소프트
와 페이스북에 투자함으로써 달성된다.

작동 원리

7장 도입부에 언급했듯이 이전 레시피의 예제를 계속 진행했다. 그렇기 때문에 필요한
모든 데이터를 얻고자 이전 레시피의 1단계부터 4단계까지 실행해야 했다(여기서는 별도로
나타내지 않았다). 추가적인 전제 조건으로 scipy에서 최적화 모듈을 임포트해야 했다.

2단계에서는 주어진 과거 데이터와 포트폴리오 가중치를 고려해 예상 포트폴리오 수익
률과 변동성을 반환하는 두 가지 함수를 정의했다. 지표를 직접 계산하는 대신 함수를 정
의해야만 되는데 최적화에서 사용하기 때문이다. 알고리즘은 반복적으로 다른 가중치를

시도하고 목표 변수(가중치)의 현재 값을 사용해 최적화하려는 지표를 도달해 간다.

3단계에서 get_efficient_frontier라는 함수를 정의했다. 목표는 주어진 과거 통계와 고려된 수익 범위에 대해 효율적인 포트폴리오가 포함된 목록을 반환하는 것이다. 이 부분은 레시피에서 가장 중요한 단계였으며 많은 뉘앙스가 포함돼 있다.

함수의 논리는 순차적으로 다음과 같이 기술할 수 있다.

- 함수의 개요는 각 예상 수익에 최적화된 절차를 고려된 범위 내에서 실행하고 결과로 나온 최적의 포트폴리오를 목록에 저장한다는 것이다.
- for 루프 외부에서는 최적기에 전달할 몇 가지 객체를 정의한다.
  - 목적 함수에 전달되는 인수다. 이 경우 과거 평균 수익률과 공분산 행렬이다. 최적화하려는 함수는 인수를 입력으로 받아야만 한다. 따라서 계산에 필요하지 않더라도 반환 값을 get_portfolio_volatility 함수에 전달한다.
  - 경계(내포된 튜플) – 각 목표 변수(무게)에 대한 경계 – 최소 및 최대 허용 값. 이 경우 값의 범위는 0에서 1까지다(MPT에 따른 음의 가중치 없음).
  - initial_guess는 목표 변수의 초기 추측이다. 초기 추측을 사용하는 목적은 최적화를 빠르고 효율적으로 실행하는 것이다. 이 경우 추측은 1/n 배분이다.
- for 루프 안에서 최적화에 사용된 마지막 요소인 제약 조건을 정의한다. 여기서는 두 가지 제약 조건을 정의한다.
  - 예상 포트폴리오 수익은 제공된 값과 같아야 한다.
  - 가중치의 합은 1이어야 한다.
- 첫 번째 제약 조건으로 인해 제약 조건의 튜플이 루프 내에서 정의됐다. 루프가 고려된 포트폴리오 수익 범위를 통과할 때 각 값에 대해 최적의 위험 수준을 찾는다.
- 일반적인 최소화 문제에 자주 사용되는 SLSQP^{Sequential Least-Squares Programming} 알고리즘으로 최적기를 실행한다. 최소화 함수로는 특별히 준비된 get_portfolio

_volatility 함수를 전달한다.

 최적기는 등식 (eq) 제약 조건을 0으로 설정한다. 따라서 의도된 제약 조건 np.sum (weights) == 1이 np.sum (weights) −1 == 0으로 표시된다.

4, 5단계에서는 이전 레시피에서 경험적으로 관찰한 범위를 기반으로 예상 포트폴리오 수익 범위를 정의하고 최적화 함수를 실행했다.

6단계에서 효율적인 포트폴리오 리스트를 반복하고 최적의 변동성을 추출했다. fun 요소에 접근해 scipy.optimize.OptimizeResult 객체에서 변동성을 추출했다. 이는 최적화된 목적 함수(이 경우 포트폴리오 변동성)를 나타낸다.

7단계에서는 이전 레시피를 사용한 도면 위에 계산된 효율적 경계선을 추가했다. 시뮬레이션된 모든 포트폴리오는 효율적 경계선 또는 그 아래에 있으며 이는 예상한 대로다.

8단계와 9단계에서 최소 변동성 포트폴리오를 식별하고 성능 지표를 출력한 다음 포트폴리오 가중치를 보여 줬다(효율적 경계선에서 추출).

이제 두 가지 최소 변동성 포트폴리오(몬테카를로 시뮬레이션을 사용해 얻은 포트폴리오와 최적화에서 얻은 포트폴리오)를 비교할 수 있다. 배분의 일반적인 패턴은 동일하다. 사용 가능한 대부분의 리소스를 페이스북과 마이크로소프트에 배분했다. 또한 최적화된 전략의 변동성이 약간 낮다는 것을 알 수 있다. 이는 10만 개의 포트폴리오 중에서 실제 최소 변동성 포트폴리오를 시뮬레이션하지 않았음을 의미한다.

추가 사항

또한 최적화 접근법을 사용해 예상 샤프 비율이 가장 높은 포트폴리오인 탄젠시 포트폴리오를 생성하는 가중치를 찾을 수 있다. 이를 위해서는 먼저 샤프 비율을 음수로 설정한

목적 함수를 정의해야 한다. 음수를 사용하는 이유는 최적화 알고리즘이 최소화 문제를 실행하기 때문이다. 목적 지표의 부호를 변경하면 최대화 문제에 쉽게 접근할 수 있다.

1. 목적 함수를 정의한다(음의 샤프 비율).

```python
def neg_sharpe_ratio(w, avg_rtns, cov_mat, rf_rate):
    portf_returns = np.sum(avg_rtns * w)
    portf_volatility = np.sqrt(np.dot(w.T, np.dot(cov_mat, w)))
    portf_sharpe_ratio = (portf_returns - rf_rate) /
                            portf_volatility
    return -portf_sharpe_ratio
```

두 번째 단계는 이전에 효율적 경계선으로 이미 수행한 것과 매우 유사하다. 이 번에는 하나의 가중치 집합만 검색하므로 for 루프가 없다. 인수에 무위험 금리를 포함시키고 (편의상 0%라고 가정하지만) 목표 변수의 합은 1이어야 한다.

2. 최적화 포트폴리오를 찾는다.

```python
n_assets = len(avg_returns)
RF_RATE = 0

args = (avg_returns, cov_mat, RF_RATE)
constraints = ({'type': 'eq',
                'fun': lambda x: np.sum(x) - 1})
bounds = tuple((0,1) for asset in range(n_assets))
initial_guess = n_assets * [1. / n_assets]

max_sharpe_portf = sco.minimize(neg_sharpe_ratio,
                                x0=initial_guess,
                                args=args,
                                method='SLSQP',
                                bounds=bounds,
                                constraints=constraints)
```

3. 최대 샤프 비율 포트폴리오에 대한 정보를 추출한다.

```python
max_sharpe_portf_w = max_sharpe_portf['x']
max_sharpe_portf = {'Return': get_portf_rtn(max_sharpe_portf_w,
                                            avg_returns),
                    'Volatility': get_portf_vol(max_sharpe_portf_w,
                                                avg_returns, cov_mat),
                    'Sharpe Ratio': -max_sharpe_portf['fun']}
```

4. 성능 요약을 출력한다.

```python
print('Maximum Sharpe Ratio portfolio ----')
print('Performance')

for index, value in max_sharpe_portf.items():
    print(f'{index}: {100 * value:.2f}% ', end="", flush=True)

print('\nWeights')
for x, y in zip(RISKY_ASSETS, max_sharpe_portf_w):
    print(f'{x}: {100*y:.2f}% ', end="", flush=True)
```

다음 그림은 샤프 비율을 최대화하는 포트폴리오의 요약을 보여 준다.

```
Maximum Sharpe Ratio portfolio ----
Performance
Return: 23.10% Volatility: 29.25% Sharpe Ratio: 78.96%
Weights
FB: 0.00% MSFT: 81.48% TSLA: 2.79% TWTR: 15.72%
```

최대 샤프 비율을 달성하려면 2018년에 페이스북의 평균 수익률이 마이너스였기 때문에 투자자는 페이스북에 0% 배분하고 주로 마이크로소프트와 트위터에 투자해야 한다.

cvxpy 컨벡스 최적화로 효율적 경계선 찾기

이전 레시피에서는 scipy 수치 최적화를 사용해 효율적 경계선을 찾았다. 거기서는 최소화하려는 지표로 포트폴리오 변동성을 사용했다. 그러나 동일한 문제를 조금 다르게 기술하고 컨벡스 최적화를 사용해 효율적 경계선을 찾을 수도 있다.

평균-분산 최적 문제를 위험-회피 프레임워크로 조금 수정해 투자자가 위험-조정된 수익률을 최대화하도록 할 수 있다.

$$\max \quad w^T \mu - \gamma w^T \Sigma w$$

$$s.t. \quad w^T \mathbf{1} = 1$$
$$w \geq 0$$

여기서 $\gamma \in [0, \infty)$는 위험 회피 매개 변수이며, 제약 조건은 가중치의 합이 1이어야 하고 공매도는 허용되지 않음을 지정한다. γ의 값이 높을수록 투자자는 위험을 더 회피할 수 있다.

이 레시피에서는 이전 두 레시피와 동일한 데이터를 사용해 결과를 비교하도록 하자.

준비하기

이 레시피를 위해서는 이전 레시피에서 사용한 모든 코드를 수행해야 한다.

- 몬테카를로 시뮬레이션으로 효율적 경계선을 찾을 때 사용했던 모든 코드
- scipy 최적화로 효율적 경계선을 찾을 때 사용했던 모든 코드

작동 방법

컨벡스 최적화를 사용해 효율적 경계선을 찾으려면 다음 단계를 실행한다.

1. 라이브러리를 임포트한다.

```
import cvxpy as cp
```

2. 연환산 평균 수익률과 공분산 행렬을 numpy 배열로 변환한다.

```
avg_returns = avg_returns.values
cov_mat = cov_mat.values
```

3. 최적화 문제를 설정한다.

```
weights = cp.Variable(n_assets)
gamma = cp.Parameter(nonneg=True)
portf_rtn_cvx = avg_returns * weights
portf_vol_cvx = cp.quad_form(weights, cov_mat)
objective_function = cp.Maximize(portf_rtn_cvx - gamma *portf_vol_cvx)
problem = cp.Problem(objective_function,
                     [cp.sum(weights) == 1, weights >= 0])
```

4. 효율적 경계선을 계산한다.

```
N_POINTS = 25
portf_rtn_cvx_ef = np.zeros(N_POINTS)
portf_vol_cvx_ef = np.zeros(N_POINTS)
weights_ef = []
gamma_range = np.logspace(-3, 3, num=N_POINTS)

for i in range(N_POINTS):
    gamma.value = gamma_range[i]
    problem.solve()
    portf_vol_cvx_ef[i] = cp.sqrt(portf_vol_cvx).value
    portf_rtn_cvx_ef[i] = portf_rtn_cvx.value
    weights_ef.append(weights.value)
```

5. 위험-회피의 서로 다른 매개 변수에 대해 배분을 도식화한다.

```
weights_df = pd.DataFrame(weights_ef,
                          columns=RISKY_ASSETS,
                          index=np.round(gamma_range, 3))
ax = weights_df.plot(kind='bar', stacked=True)
ax.set(title='Weights allocation per risk-aversion level',
       xlabel=r'$\gamma$',
       ylabel='weight')
ax.legend(bbox_to_anchor=(1,1))
```

다음 그림에서 고려한 위험-회피 매개 변수의 자산 배분을 볼 수 있다.

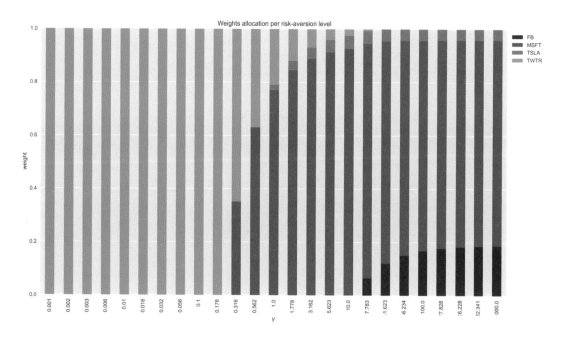

6. 효율적 경계선을 개별 자산과 함께 도식화한다.

```
fig, ax = plt.subplots()
ax.plot(portf_vol_cvx_ef, portf_rtn_cvx_ef, 'g-')
```

```
for asset_index in range(n_assets):
    plt.scatter(x=np.sqrt(cov_mat[asset_index, asset_index]),
                y=avg_returns[asset_index],
                marker=MARKS[asset_index],
                label=RISKY_ASSETS[asset_index],
                s=150)
ax.set(title='Efficient Frontier',
       xlabel='Volatility',
       ylabel='Expected Returns', )
ax.legend()
```

다음 그림은 컨벡스 최적화 문제를 해결해 생성된 효율적 경계선을 보여 준다.

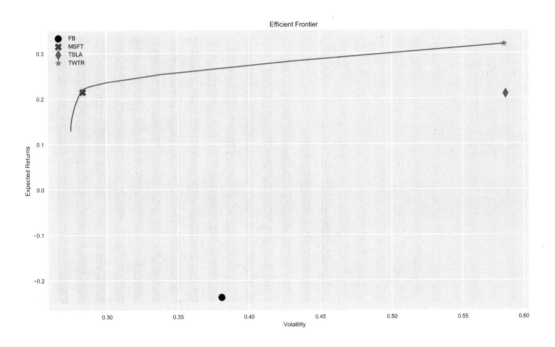

'추가 사항' 절에서 이전 레시피에서 얻은 것과 비교해 본다.

작동 원리

소개에서 언급했듯이 이전 두 가지 레시피에서 사용한 예제를 계속했다. 이 때문에 몬테카를로 시뮬레이션으로 효율적 경계선 찾기 레시피의 1~4단계를 실행해 필요한 모든 데이터를 확보해야 했다. 추가적 단계로서 cvxpy 컨벡스 최적화 라이브러리를 임포트해야 했다. 또한 과거 평균 수익률과 공분산 행렬을 numpy 배열로 변환했다.

5단계에서 최적화 문제를 설정했다. 먼저 목표 변수(가중치), 위험 회피 매개 변수 감마, 포트폴리오 수익률과 변동성(이전에 정의된 가중치 변수를 사용), 마지막으로 목적 함수(극대화하려는 위험 조정 수익률)를 정의하는 것으로 시작했다. 그런 다음 cp.Problem 객체를 만들고 목적 함수와 제약 조건 리스트를 인수로 전달했다.

 $w^T yw$을 얻고자 cp.quad_form (x, y)를 사용할 수도 있었다.

6단계에서 위험 회피 매개 변수의 여러 값에 대한 컨벡스 최적화 문제를 해결해 효율적 경계선을 찾았다. 값을 정의하고자 np.logspace 함수를 사용해 25개의 γ 값을 얻었다. 매개 변수의 각 값에 대해 problem.solve()를 실행해 최적 해를 찾았다. 관심 있는 값을 전용 배열이나 리스트에 저장했다.

 np.logspace는 np.linspace와 유사하다. 차이점은 전자는 선형 대신 로그 스케일로 숫자가 고르게 분포된다는 것이다.

7단계에서는 다양한 수준의 위험 회피에 따른 자산 배분을 도식화했다. 그림에서 매우 작은 γ 값에 대해서는 투자자가 자신의 자원 100%를 트위터에 배분한다는 것을 알 수 있었다. 위험 회피를 증가시키면 트위터에 대한 배분이 더 줄어들고 마이크로소프트와 기타 자산에 더 많은 가중치가 배분됐다. 고려된 매개 변수의 다른 쪽 끝 값에 대해서는 투자자가 트위터에 0%를 배분한다.

추가 사항

또한 비교를 위해 2개의 효율적 경계선을 구성할 수 있다. 하나는 예상 수익률당 변동성을 최소화해 계산하고, 다른 하나는 컨벡스 최적화를 사용하고 위험 조정 수익률을 최대화해 계산한 것이다.

코드는 다음과 같다.

```python
x_lim = [0.25, 0.6]
y_lim = [0.125, 0.325]

fig, ax = plt.subplots(1, 2)

ax[0].plot(vols_range, rtns_range, 'g-', linewidth=3)
ax[0].set(title='Efficient Frontier - Minimized Volatility',
        xlabel='Volatility',
        ylabel='Expected Returns',
        xlim=x_lim,
        ylim=y_lim)

ax[1].plot(portf_vol_cvx_ef, portf_rtn_cvx_ef, 'g-', linewidth=3)
ax[1].set(title='Efficient Frontier - Maximized Risk-Adjusted Return',
        xlabel='Volatility',
        ylabel='Expected Returns',
        xlim=x_lim,
        ylim=y_lim)
```

유일한 차이는 최소화 과정을 사용하면 경계선 사용에 더 많은 점을 사용하므로 더 부드러운 것을 볼 수 있다.

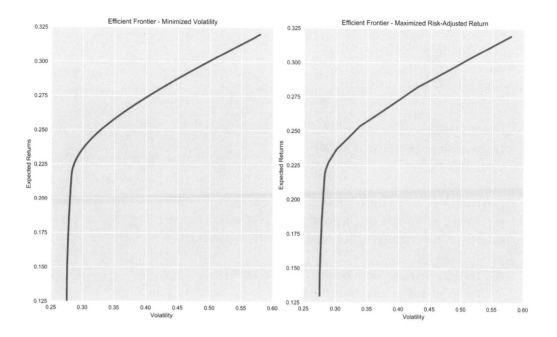

분석에 통합할 수 있는 또 다른 흥미로운 개념은 최대 허용 레버리지[leverage]다. 벡터의 놈[norm]을 사용해 가중치에 대한 '음수가 아님' 제약 조건을 최대 레버리지 제약 조건으로 바꾼다.

다음 코드는 이전 코드에 추가된 부분만 보여 준다.

```
max_leverage = cp.Parameter()
problem_with_leverage = cp.Problem(objective_function,
                         [cp.sum(weights) == 1,
                          cp.norm(weights, 1) <= max_leverage])
```

다음 코드 블록에서 코드를 수정한다. 이번에는 2개의 루프가 포함되는데 하나는 위험 회피 매개 변수의 잠재 값에 대한 것이고, 다른 하나는 최대 허용 레버리지에 대한 것이다. 최대 레버리지가 1(레버리지 없음)이면 이전 최적화 문제와 비슷한 경우가 된다(이번에만 '음수가 아님' 제약 조건이 없다).

또한 객체를 재정의해 결과를 더 큰 2D 행렬(np.ndarrays)이나 가중치의 경우 세 번째 차원을 포함하도록 저장한다.

코드는 다음과 같다.

```
LEVERAGE_RANGE = [1, 2, 5]
len_leverage = len(LEVERAGE_RANGE)
N_POINTS = 25

portf_vol_l_ef = np.zeros((N_POINTS, len_leverage))
portf_rtn_l_ef = np.zeros(( N_POINTS, len_leverage))
weights_ef = np.zeros((len_leverage, N_POINTS, n_assets))

for lev_ind, leverage in enumerate(LEVERAGE_RANGE):
    for gamma_ind in range(N_POINTS):
        max_leverage.value = leverage
        gamma.value = gamma_range[gamma_ind]
        problem_with_leverage.solve()
        portf_vol_l_ef[gamma_ind, lev_ind] = cp.sqrt(portf_vol_cvx).value
        portf_rtn_l_ef[gamma_ind, lev_ind] = portf_rtn_cvx.value
        weights_ef[lev_ind, gamma_ind, :] = weights.value
```

다음 코드 블록에서는 다양한 최대 레버리지에 대한 효율적 경계선을 도식화한다. 레버리지가 높을수록 수익이 증가하고 동시에 큰 변동성을 허용한다는 것을 분명히 볼 수 있다.

```
fig, ax = plt.subplots()

for leverage_index, leverage in enumerate(LEVERAGE_RANGE):
    plt.plot(portf_vol_l_ef[:, leverage_index],
            portf_rtn_l_ef[:, leverage_index],
            label=f'{leverage}')

ax.set(title='Efficient Frontier for different max leverage',
```

```
        xlabel='Volatility',
        ylabel='Expected Returns')
ax.legend(title='Max leverage');
```

이전 코드를 실행하면 다음 도면이 생성된다.

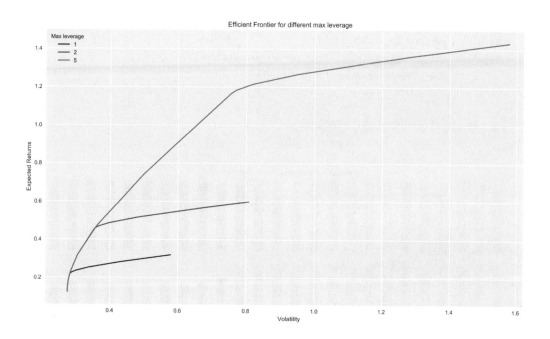

마지막으로 다양한 위험 회피 수준에 따른 가중치 배분을 보여 주는 도면을 재현한다. 최대 레버리지가 1이면 공매도가 없다.

코드는 다음과 같다.

```
fig, ax = plt.subplots(len_leverage, 1, sharex=True)

for ax_index in range(len_leverage):
    weights_df = pd.DataFrame(weights_ef[ax_index],
                              columns=RISKY_ASSETS,
                              index=np.round(gamma_range, 3))
```

```
weights_df.plot(kind='bar',
                stacked=True,
                ax=ax[ax_index],
                legend=None)
ax[ax_index].set(ylabel=(f'max_leverage = {LEVERAGE_RANGE[ax_index]}'
                         '\n weight'))

ax[len_leverage - 1].set(xlabel=r'$\gamma$')
ax[0].legend(bbox_to_anchor=(1,1))
ax[0].set_title('Weights allocation per risk-aversion level',
                fontsize=16)
```

코드를 실행하면 다음 그림이 생성된다.

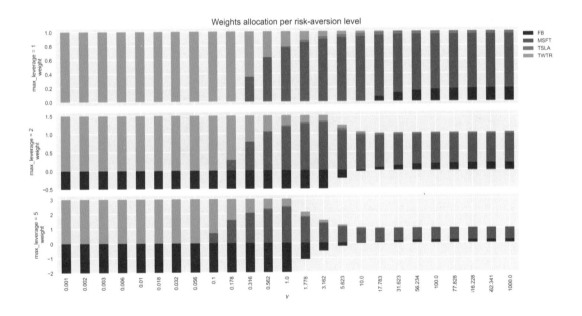

위험 회피가 증가함에 따라 투자자가 레버리지 사용을 완전히 중단하고 최대 허용 레버리지의 모든 수준에 대해 유사한 배분으로 수렴하는 패턴을 발견할 수 있다.

08

머신러닝으로 디폴트 찾기

최근 몇 년간 전통적인 비즈니스 문제를 해결하는 데 머신러닝이 점점 더 인기를 얻고 있다. 때때로 최신 알고리즘을 능가하는 또 다른 새로운 알고리즘이 등장한다. 모든 산업 분야에서 비즈니스 핵심 기능에 머신러닝의 놀라운 힘을 활용하고자 하는 것은 자연스러운 일이다.

디폴트default[1] 문제를 설명하기 전에 먼저 머신러닝 분야를 간략하게 소개한다. 머신러닝은 지도학습과 비지도학습의 두 가지 주요 영역으로 나눌 수 있다. 지도학습에는 목표 변수(레이블)가 있으며 가능한 한 정확하게 예측하려고 한다. 비지도학습에는 목표가 없으며 데이터에서 통찰력을 얻고자 다른 기술을 사용하려고 한다. 비지도학습의 예는 종종

---

1   채무 불이행 – 옮긴이

고객 세분화에 사용되는 군집화가 있다.

지도학습 문제는 다시 회귀 문제(대상 변수가 소득이나 주택 가격과 같은 연속적인 숫자)와 분류 문제(목표가 부류이며, 이진이나 다중 부류)로 세분화할 수 있다.

8장에서는 금융 산업에서의 이진 분류 문제를 해결해 본다. 여기서는 UCI 머신러닝 저장소(매우 인기 있는 데이터 저장소)의 데이터셋으로 작업한다.

8장에서 사용된 데이터셋은 2005년 10월 대만 은행에서 수집됐다. 이 연구는 그 당시 점점 더 많은 은행들이 기꺼이 고객들에게 현금(및 신용 카드) 신용을 공여하고 있다는 사실에서 비롯됐다. 또한 상환 능력에 관계없이 점점 더 많은 사람들이 상당한 양의 부채를 축적해 결국 디폴트를 초래했다.

당시 연구의 목표는 과거 상환 내역과 함께 고객에 대한 몇 가지 기본 정보(예: 성별, 연령, 교육 수준)를 사용해 디폴트 가능성이 높은 사람을 예측하는 것이었다. 설정은 다음과 같이 설명할 수 있다. 이전 6개월의 상환 내역(2005년 4~9월)을 사용해 고객이 2005년 10월에 디폴트를 할지 여부를 예측하려고 한다.

8장을 마치면 데이터 수집 및 정리에서 분류기 구축 및 조정에 이르기까지 머신러닝 작업의 실제 접근 방식에 익숙해질 것이다. 또 다른 배울 점은 머신러닝 프로젝트에 대한 일반적인 접근 방식을 이해하는 것이다. 이 접근 방식은 이웃의 새로운 부동산 가격을 예측하거나 예측하는 등 다양한 작업에 적용될 수 있다.

8장에서는 다음 레시피를 알아본다.

- 데이터를 로드하고 데이터 유형을 관리
- 탐색적 데이터 분석
- 데이터를 훈련과 테스트 집합으로 분리
- 결측치 다루기
- 범주형 변수 인코딩
- 결정 트리 분류기 적합화

- 사이킷런^{scikit-learn} 파이프라인 구현

- 사이킷런^{scikit-learn} 파이프라인 구현 그리드 검색과 교차—검증을 통한 초매개 변수 튜닝

▌ 데이터로드 및 데이터 유형 관리

이 레시피에서는 데이터셋을 파이썬에 로드하는 방법을 보여 준다. 지저분한 데이터 작업을 포함해 전체 파이프라인을 표시하고자 원래 데이터셋에 약간의 변환을 적용한다. 적용된 변경 사항의 자세한 내용은 함께 제공되는 깃허브 저장소를 참고하자.

작동 방법

다음 단계를 실행해 데이터셋을 파이썬에 로드한다.

1. 라이브러리를 임포트한다.

```
import pandas as pd
```

2. CSV 파일을 미리 살펴본다.

```
!head -n 5 credit_card_default.csv
```

출력은 다음과 같다.

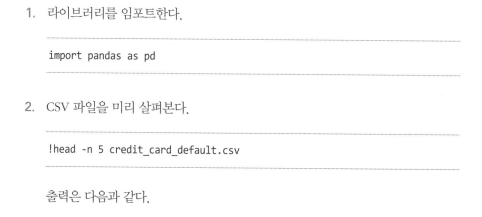

3. CSV 파일에서 데이터를 로드한다.

```
df = pd.read_csv('credit_card_default.csv', index_col=0,
                 na_values='')
```

DataFrame에는 3만 개 행과 24개 열이 있다.

4. 타깃으로부터 특징을 분리한다.

```
X = df.copy()
y = X.pop('default_payment_next_month')
```

이 코드 블록을 실행하고 나면 X에는 더이상 타깃 열이 들어 있지 않다.

작동 원리

1단계에서 pandas 라이브러리를 가져왔다. 그런 다음 bash 명령 헤드(추가 인수 -n 5)를 사용해 CSV 파일의 처음 다섯 행을 미리 본다. 이 방법은 잠재적으로 큰 텍스트 파일을 열지 않고도 처리할 데이터 종류를 결정하려는 경우에 유용할 수 있다.

데이터셋의 몇 개 행을 보면 다음과 같은 의문이 든다.

- 분리 문자separator가 무엇인가?
- 별도 처리해야 할 특수 문자가 있는가?
- 누락된 값이 있는가? 그렇다면 어떻게 처리하나(NA, 빈 문자열, nan 등)?
- 파일에 있는 변수 유형(float, integer, string)은 무엇인가? 이 정보를 바탕으로 파일을 로드하는 동안 메모리 사용을 최적화할 수 있다.

3단계에서 pd.read_csv 함수를 사용해 CSV 파일을 로드했다. 그렇게 할 때 첫 번째 열(인덱싱된)에 인덱스가 포함돼 있으며, 빈 문자열은 결측값으로 해석해야 한다는 것을 지정했다. 마지막 단계에서 pop 메서드를 사용해 특징을 타깃에서 분리했다. 이를 통해 소스 DataFrame에서 제거하면서 주어진 열을 새 변수에 지정했다.

다음은 변수에 대한 간단한 설명이다.

- limit_bal: 대출 총액(대만 달러)
- sex: 성별
- education: 학력
- marriage: 결혼 상태
- age: 나이
- payment_status_{month}: 이전 6개의 상환 현황
- bill_statement_{month}: 이전 6개의 청구 금액(대만 달러)
- previous_payment_{month}: 이전 6개월에서 직전 월 상환 현황(대만 달러)

목표 변수는 고객의 익월 상환에 대한 불이행 여부를 나타낸다.

추가 사항

일반적으로 pandas는 데이터를 효율적으로 로드하고 저장하려고 한다. pandas는 데이터 유형을 자동으로 할당한다(pandas DataFrame의 dtypes 메서드를 호출해 검사할 수 있다). 그러나 몇 가지 트릭을 쓰면 훨씬 더 나은 메모리 할당을 할 수 있다. 그로 인해 더 큰 테이블(수백 MB 또는 GB)을 쉽게 사용할 수 있다.

1. 먼저 DataFrame의 데이터 유형을 검사한다.

```
df.dtypes
```

편의상 전체 열 중 일부만 나열하면 다음과 같다.

```
limit_bal               int64
sex                     object
education               object
marriage                object
age                     float64
payment_status_sep      object
payment_status_aug      object
payment_status_jul      object
payment_status_jun      object
payment_status_may      object
payment_status_apr      object
bill_statement_sep      int64
bill_statement_aug      int64
```

앞의 이미지에는 부동 소수점(3.42와 같은 부동 소수점 숫자), 정수, 객체와 같은 몇 가지 고유한 데이터 유형이 있다. 마지막 것은 문자열 변수의 pandas 표현이다. float와 int 옆의 숫자는 이 유형이 특정 값을 나타내는 데 사용하는 비트 수를 나타낸다. 기본 유형은 64비트 메모리를 사용한다.

> 기본 int8 유형은 −128에서 127 사이의 정수를 나타낸다. uint8은 부호 없는 정수를 나타내며 동일한 총 범위를 포함하지만 음이 아닌 값(0~255)만 포함한다. 특정 데이터 유형에 포함되는 값의 범위를 알면('참고 문헌' 절의 링크 참조) 할당된 메모리를 최적화할 수 있다. 예를 들어, 구매 월(1~12 범위의 숫자로 표시)과 같은 기능의 경우 훨씬 작은 유형으로도 충분하므로 기본 int64를 사용할 필요가 없다.

또한 category라는 특수 유형을 활용할 수도 있다. 기본 아이디어는 문자열 변수가 정수로 인코딩되고 pandas는 특수 매핑 사전을 사용해 원래 형식으로 다시 디코딩한다는 것이다. 이는 제한된 수의 고유한 문자열 값(예: 특정 교육 수준, 원산지 등)을 처리할 때 특히 유용하다.

> categorical 데이터 유형을 사용하는 것이 실제로 메모리 관점에서 이익이 되는 시점을 알아야 한다. 경험적으로 볼 때 고유 관측값 개수가 전체 관측값 수의 50% 미만인 변수에 사용하는 것이 좋다.

2. DataFrame이 실제로 얼마나 메모리를 사용하는지 조사하는 함수를 정의한다.

```
def get_df_memory_usage(df, top_columns=5):
    print('Memory usage ----')
    memory_per_column = df.memory_usage(deep=True) / 1024 ** 2
    print(f'Top {top_columns} columns by memory (MB):')
    print(memory_per_column.sort_values(ascending=False) \
                            .head(top_columns))
    print(f'Total size: {memory_per_column.sum():.4f} MB')
```

3. 최초 DataFrame 크기를 조사한다(소스 CSV 파일을 로드할 때).

```
get_df_memory_usage(df)
```

결과는 다음과 같다.

```
Memory usage ----
Top 5 columns by memory (MB):
education 1.965001
payment_status_sep 1.954342
payment_status_aug 1.920288
payment_status_jul 1.916343
payment_status_jun 1.904229
dtype: float64
Total size: 20.7012 MB
```

전체적으로 DataFrame은 ~20.7MB의 메모리를 사용하며 object 데이터 유형의 열에서 사용되는 메모리의 ~82%다. 이것은 현재 기계의 성능 측면에서는 여전히 매우 작지만 여기에 표시되는 메모리 절약 원칙은 기가바이트로 측정된 DataFrame에도 적용된다.

여기서는 원본 DataFrame의 복사본을 만들고 object 열의 유형을 category로 변경한다. 먼저 select_dtypes 메서드를 사용해 object 유형의 변수가 있는 열

이름을 선택한 다음 astype 메서드를 사용해 범주 유형으로 변환한다.

 TIP 항목을 category로 변환하기 전에 열의 고유한 값 개수를 확인하는 것을 잊지 말자.

4. object 열을 범주형으로 변환한다.

```
df_cat = df.copy()
object_columns = df_cat.select_dtypes(include='object').columns
df_cat[object_columns] = df_cat[object_columns].astype('category')
```

5. DataFrame 크기를 조사한다.

```
get_df_memory_usage(df_cat)
```

결과는 다음과 같다.

```
Memory usage ----
Top 5 columns by memory (MB):
default_payment_next_month 0.228882
bill_statement_may         0.228882
limit_bal                  0.228882
age                        0.228882
previous_payment_apr       0.228882
dtype: float64
Total size: 3.9266 MB
```

이 간단한 변환으로 DataFrame의 크기(메모리 단위)를 ~80% 줄였다. 또한 정수
열(현재 int64 유형을 사용)을 훨씬 작은 메모리 단위로 하향할 수 있지만, 그전에
각 열의 최소값과 최대값을 검사하고 어떤 유형이 가장 적합한지 결정해야 한다.
여기서는 그 변환을 하지 않지만 astype을 사용하는 프로세스는 동일하다.

310

6. CSV 파일을 파이썬으로 로드하는 동안 변수 유형을 지정할 수도 있다. **pd.read _csv** 호출에서 딕셔너리(열 이름 쌍과 원하는 데이터 유형이 있는)를 **dtype** 인수에 전달하면 된다.

```
column_dtypes = {'education': 'category',
                 'marriage': 'category',
                 'sex': 'category',
                 'payment_status_sep': 'category',
                 'payment_status_aug': 'category',
                 'payment_status_jul': 'category',
                 'payment_status_jun': 'category',
                 'payment_status_may': 'category',
                 'payment_status_apr': 'category'}
df_cat2 = pd.read_csv('credit_card_default.csv', index_col=0,
                      na_values='', dtype=column_dtypes)
```

astype 메서드를 사용해 생성한 것과 동일한 DataFrame을 얻었다.

7. 두 DataFrames이 동일한 객체를 갖고 있는지 확인해 본다.

```
df_cat.equals(df_cat2)
# True
```

편의상 나머지 장에서는 범주형 변수에 대한 **object** 데이터 유형과 함께 기본 로딩 데이터 버전을 사용한다.

참고 문헌

- Dua, D. and Graff, C. (2019). UCI Machine Learning Repository [http://archive.ics.uci.edu/ml]. Irvine, CA: University of California, School of Information and Computer Science.

- Yeh, I. C., & Lien, C. H. (2009). The comparisons of data mining techniques for the predictive accuracy of probability of default of credit card clients. *Expert Systems with Applications*, 36(2), 2473-2480. – https://bradzzz.gitbooks.io/gadsi-seattle/content/dsi/dsi_05_classification_databases/2.1-lesson/assets/datasets/DefaultCreditCardClients_yeh_2009.pdf
- 파이썬에서 사용되는 다른 데이터 유형들: https://docs.scipy.org/doc/numpy-1.13.0/user/basics.types.html.

▌ 탐색적 데이터 분석

데이터를 로드한 후 두 번째 단계는 탐색적 데이터 분석[EDA, Exploratory Data Analysis]을 수행하는 것이다. 이를 통해 작업할 데이터를 알게 된다. 수집하려는 몇 가지 통찰력은 다음과 같다.

- 실제로 어떤 종류의 데이터를 갖고 있으며 다른 유형을 어떻게 다뤄야 하는가?
- 변수의 분포는 무엇인가?
  - 데이터에 특이값이 있는가? 어떻게 처리할 수 있는가?
  - 변환이 필요한가? 예를 들어, 일부 모델은 정규 분포 변수와 더 잘 작동하거나[또는 필요하므로] 로그 변환과 같은 기술을 사용할 수 있다.
  - 분포는 그룹마다 다른가?[예: 성별 또는 교육 수준].
- 데이터가 누락된 경우가 있는가? 얼마나 빈번하고 어떤 변수에 있는가?
- 일부 변수 간에 선형[상관] 관계가 있는가?
- 기존 변수 집합을 사용해 새 특징을 생성할 수 있는가? 타임 스탬프에서 시간/분, 날짜에서 요일 등을 예로 들 수 있다.

- 분석과 관련이 없기 때문에 제거할 수 있는 변수가 있는가? 무작위로 생성된 고객 식별자를 예로 들 수 있다.

EDA는 모든 데이터 과학 프로젝트에서 매우 중요하다. 분석가는 데이터에 대한 이해를 높이고 더 나은 질문을 할 수 있으며, 처리하는 데이터 유형에 적합한 모델링 방법을 쉽게 선택할 수 있기 때문이다.

실제 사례에서는 모든 관련 특징에 대해 일변량 분석(한 번에 하나의 특성)을 수행해 특성을 잘 이해한 다음 다변량 분식(그룹당 분포, 상관관계 비교 등)을 진행하는 깃이 좋다. 편의상 여기서는 선택된 특성에 대한 몇 가지 대중적인 접근 방식만 보여 주지만, 더 깊게 분석해 보기를 권장한다.

작동 방법

다음 단계를 통해 EDA를 수행한다.

1. 라이브러리를 임포트한다.

```
import pandas as pd
import seaborn as sns
import numpy as np
```

2. 수치 변수에 대한 요약 통계량을 구한다.

```
df.describe().transpose().round(2)
```

결과는 다음 표와 같다.

	count	mean	std	min	25%	50%	75%	max
limit_bal	30000.0	167484.32	129747.66	10000.0	50000.00	140000.0	240000.00	1000000.0
age	29850.0	35.49	9.22	21.0	28.00	34.0	41.00	79.0
bill_statement_sep	30000.0	51223.33	73635.86	-165580.0	3558.75	22381.5	67091.00	964511.0
bill_statement_aug	30000.0	49179.08	71173.77	-69777.0	2984.75	21200.0	64006.25	983931.0
bill_statement_jul	30000.0	47013.15	69349.39	-157264.0	2666.25	20088.5	60164.75	1664089.0
bill_statement_jun	30000.0	43262.95	64332.86	-170000.0	2326.75	19052.0	54506.00	891586.0
bill_statement_may	30000.0	40311.40	60797.16	-81334.0	1763.00	18104.5	50190.50	927171.0
bill_statement_apr	30000.0	38871.76	59554.11	-339603.0	1256.00	17071.0	49198.25	961664.0
previous_payment_sep	30000.0	5663.58	16563.28	0.0	1000.00	2100.0	5006.00	873552.0
previous_payment_aug	30000.0	5921.16	23040.87	0.0	833.00	2009.0	5000.00	1684259.0
previous_payment_jul	30000.0	5225.68	17606.96	0.0	390.00	1800.0	4505.00	896040.0
previous_payment_jun	30000.0	4826.08	15666.16	0.0	296.00	1500.0	4013.25	621000.0
previous_payment_may	30000.0	4799.39	15278.31	0.0	252.50	1500.0	4031.50	426529.0
previous_payment_apr	30000.0	5215.50	17777.47	0.0	117.75	1500.0	4000.00	528666.0
default_payment_next_month	30000.0	0.22	0.42	0.0	0.00	0.0	0.00	1.0

3. 범주형 변수에 대한 요약 통계량을 구한다.

```
df.describe(include='object').transpose()
```

결과는 다음 표와 같다.

	count	unique	top	freq
sex	29850	2	Female	18027
education	29850	4	University	13960
marriage	29850	3	Single	15891
payment_status_sep	30000	10	Unknown	17496
payment_status_aug	30000	10	Unknown	19512
payment_status_jul	30000	10	Unknown	19849
payment_status_jun	30000	10	Unknown	20803
payment_status_may	30000	9	Unknown	21493
payment_status_apr	30000	9	Unknown	21181

4. 나이 분포를 도식화하고 추가적으로 성별로 분할해 본다.

```python
fig, ax = plt.subplots()
sns.distplot(df.loc[df.sex=='Male', 'age'].dropna(),
             hist=False, color='green',
             kde_kws={"shade": True},
             ax=ax, label='Male')
sns.distplot(df.loc[df.sex=='Female', 'age'].dropna(),
             hist=False, color='blue',
             kde_kws={"shade": True},
             ax=ax, label='Female')
ax.set_title('Distribution of age')
ax.legend(title='Gender:')
```

코드를 실행하면 다음 결과를 얻는다.

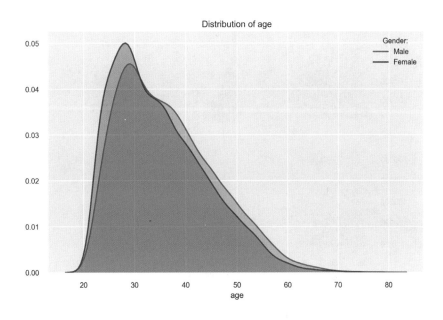

그림을 분석한 결과 성별 분포의 모양에 큰 차이가 없다는 것을 알 수 있다. 여성 샘플은 평균적으로 약간 더 젊다.

5. 선택된 변수에 대해 pairplot을 도식화한다.

```
pair_plot = sns.pairplot(df[['age', 'limit_bal',
                            'previous_payment_sep']])
pair_plot.fig.suptitle('Pairplot of selected variables', y=1.05)
```

코드를 실행하면 다음 그림을 얻는다.

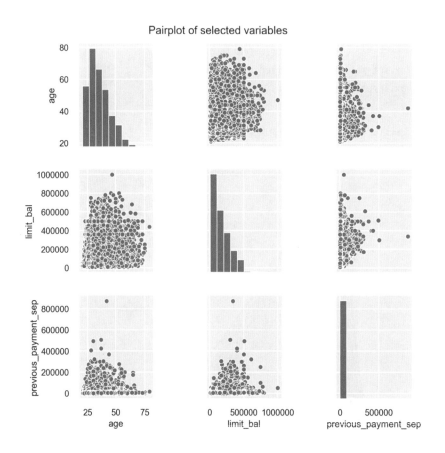

Pairplot of selected variables

6. 상관관계 히트맵heatmap을 그리는 함수를 정의하고 실행한다.

```
def plot_correlation_matrix(corr_mat):
    sns.set(style="white")
```

```
mask = np.zeros_like(corr_mat, dtype=np.bool)
mask[np.triu_indices_from(mask)] = True
fig, ax = plt.subplots()
cmap = sns.diverging_palette(240, 10, n=9, as_cmap=True)
sns.heatmap(corr_mat, mask=mask, cmap=cmap, vmax=.3, center=0,
            square=True, linewidths=.5,
            cbar_kws={"shrink": .5}, ax=ax)
ax.set_title('Correlation Matrix', fontsize=16)
sns.set(style="darkgrid")


corr_mat = df.select_dtypes(include='number').corr()
plot_correlation_matrix(corr_mat)
```

코드를 실행하면 다음 그림을 얻는다.

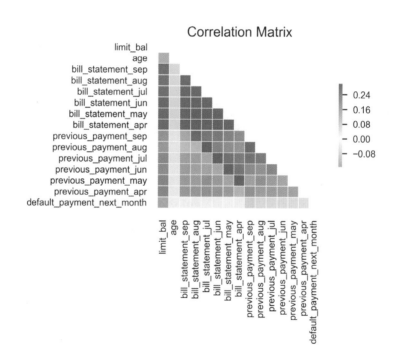

그림을 보면 나이는 다른 특징들과 관련이 없는 것처럼 보인다.

7. 각 성별과 교육 수준에 따른 잔고 한도 분포를 도식화한다.

```
ax = sns.violinplot(x='education', y='limit_bal',
                    hue='sex', split=True, data=df)
ax.set_title('Distribution of limit balance per education level',
             fontsize=16)
```

코드를 실행하면 다음 그림을 얻는다.

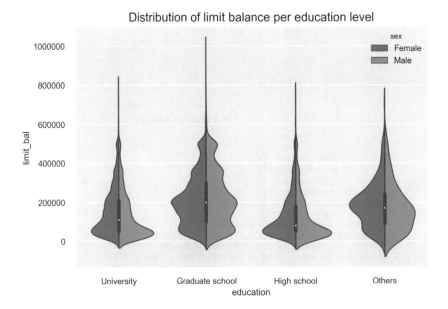

그림을 분석하면 다음의 패턴을 알 수 있다.

- 대학원의 교육 수준을 가진 그룹에서 가장 큰 잔고가 나타난다.
- 분포 형태는 교육 수준에 따라 다르다. 대학원 수준은 기타 범주와 비슷하지만 고등학교 수준은 대학 수준과 비슷하다.
- 일반적으로 성별 사이에는 차이가 거의 없다.

8. 성별 교육 수준별 목표 변수의 분포를 조사한다.

```
ax = sns.countplot('default_payment_next_month', hue='sex',
                data=df, orient='h')
ax.set_title('Distribution of the target variable', fontsize=16)
```

코드를 실행하면 다음의 그림을 얻는다.

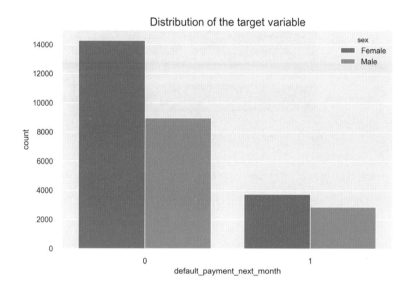

도면을 분석하면 남성 고객의 경우 디폴트 비율이 더 높다고 말할 수 있다.

9. 교육 수준별 디폴트를 조사해 보자.

```
ax = df.groupby("education")['default_payment_next_month'] \
        .value_counts(normalize=True) \
        .unstack() \
        .plot(kind='barh', stacked='True')
ax.set_title('Percentage of default per education level',
            fontsize=16)
ax.legend(title='Default', bbox_to_anchor=(1,1))
```

코드를 실행하면 다음의 그림을 얻는다.

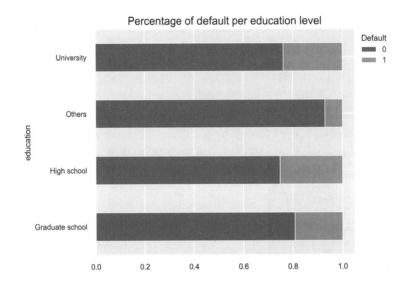

Percentage of default per education level

상대적으로 말하면 대부분의 디폴트는 고졸 고객들 사이에서 발생하는 반면, 가장 적은 디폴트는 기타 범주에서 발생한다.

작동 원리

여기서는 매우 간단하면서도 강력한 pandas DataFrame describe를 사용해 분석을 시작했다. describe는 DataFrame에 있는 모든 숫자 변수의 개수, 평균, 최소/최대 및 사분위수와 같은 요약 통계를 출력했다. 이러한 지표를 검사해 특정 특징의 값 범위 또는 분포가 왜곡됐는지 추정할 수 있다(평균값과 중앙값의 차이를 확인해). 또한 음수나 매우 작은 연령 등 가능한 범위를 벗어난 값을 쉽게 발견할 수 있었다.

 describe 메서드에 추가 인수인 percentiles = [.99]처럼 전달해 백분위 수를 추가할 수 있다. 이 경우 99번째 백분위 수를 추가했다.

개수 지표는 null이 아닌 관측값의 수를 나타내므로 결측값이 포함된 숫자 특징을 결정하는 방법이기도 한다. 결측값의 존재를 조사하는 다른 방법은 `df.isnull().sum()`을 실행하는 것이다. 결측값의 자세한 정보는 결측값 처리 레시피를 참고하자.

세 번째 단계에서는 `describe` 메서드에 `include = 'object'` 인수를 추가해 범주 특징을 개별적으로 검사했다. 결과는 수치 특징과 다르다. 개수, 고유 범주의 수, 가장 빈번한 범주와 데이터셋에서의 등장 횟수를 알 수 있다.

 `include = 'all'`을 사용해 모든 특징에 대한 요약 지표를 표시할 수 있다. 지정된 데이터 유형에 사용 가능한 지표만 제공된다. 나머지는 NA 값으로 채워진다.

4단계에서 변수의 분포(이 경우 고객의 연령)를 조사하는 방법을 보여 줬다. 이를 위해 매번 각기 다른 데이터 하위 집합(성별 연령 값에 해당)으로 `sns.distplot`을 두 번 호출했다. 또한 `dropna` 메서드를 사용해 기존 NA 값을 제거해야 했다.

히스토그램과 함께 이것은 단일 특징의 분포를 검사하는 가장 보편적인 방법 중 하나다. 히스토그램을 만들려면 `hist = True`라는 기본값으로 `sns.distplot`을 호출할 수 있다. 또는 `kind = 'hist'`를 지정하면서 pandas DataFrame의 `plot` 메서드를 사용할 수 있다.

pair-plot을 사용하면 이 분석을 확장할 수 있다. pair-plot은 도면의 행렬로서 대각선은 일변량 히스토그램을 나타내고, 비대각은 두 특징의 산점도를 나타낸다. 이 방법으로 두 특징 간에 관계가 있는지 확인할 수도 있다. 여기서는 3개의 특징만 도식화했다. 이는 30,000개의 관측값을 사용하면 하나의 행렬에 너무 많은 작은 도면이 있어 가독성을 잃는 것은 말할 것도 없고 모든 숫자 열에 대해 이를 렌더링하는 데 상당한 시간이 걸릴 수 있기 때문이다. pair-plot를 사용할 때 `hue` 인수를 지정해 범주(예: 성별 또는 교육 수준)에 대한 구분을 추가할 수도 있다.

6단계에서는 상관 행렬을 나타내는 히트맵을 도식화하기 위한 함수를 정의했다. 이 함수에서 상삼각upper triangular 행렬을 대각 행렬과 함께 마스킹하고자 몇 가지 연산을 사용했다(대각의 모든 상관관계는 1이다). 이런 식으로 출력을 해석하기가 더 쉬워졌다.

상관관계를 계산하고자 기본적으로 피어슨^{Pearson}의 상관 계수를 계산하는 DataFrame의 corr 메서드를 사용했다. 여기서는 수치 특징에 대해서만 이 작업을 수행했다. 범주형 특징의 상관관계를 계산하는 방법도 있지만 8장의 범위를 벗어난다. 상관관계를 검사하는 것은 특히 특징의 선형 독립성을 가정하는 머신러닝 알고리즘(예: 선형 회귀)을 사용할 때 매우 중요하다.

7단계에서 바이올린 도면을 사용해 교육과 성별 수준에 따른 잔고 한도 특징의 분포를 조사했다. 여기서는 sns.violinplot을 사용해 생성했다. 또한 교육 수준을 x 인수로 표시했다. 추가적으로 hue = 'sex' 및 split = True를 설정한다. 그렇게 함으로써 바이올린의 각각 반은 다른 성별을 나타냈다.

바이올린 도면에서 다음의 정보를 얻을 수 있다.

- 중앙값은 흰색 점으로 표시된다.
- 바이올린 중심에는 검은색 막대로 표시되는 **사분위수 범위**^{IQR, Interquartile Range}가 나타난다.
- 막대에서 뻗은 검은색 선으로 표시되는 인접 및 하한 값. 하부 인접 값은 제1사분위수 −1.5 IQR로 정의되고, 상부는 세 번째 사분위수 + 1.5 IQR로 정의된다.

> ℹ️ 인접 값은 간단한 이상치 탐지 기술(튜키의 펜스(Tukey's fence)라 부른다)에 사용할 수 있다. 이 아이디어는 펜스 외부에 있는 관측값(인접한 값으로 생성됨)을 특이값으로 처리하자는 것이다.

바이올린 도면은 상자 도면(sns.boxplot을 사용해 만들 수 있다)과 커널 밀도 추정 도면의 조합이다. 박스 도면에 비해 바이올린 도면의 확실한 장점은 바이올린 도면에서는 분포의 모양을 명확하게 볼 수 있다는 것이다. 이것은 대학원 교육 범주의 잔고 한도 바이올린과 같은 멀티모달^{multimodal} 분포(다중 피크^{multiple peak} 분포)를 다룰 때 특히 유용하다.

마지막 단계에서 성별과 교육 수준별 타깃 변수(기본값)의 분포를 조사했다. 첫 번째 경우 sns.countplot을 사용해 각 성별에 대해 가능한 두 결과의 발생 횟수를 표시했다. 두 번째 경우에는 다른 접근 방식을 선택했다. 그룹 간 백분율을 비교하는 것이 명목 값을 비교하는 것보다 쉬우므로 교육 수준별 기본값의 백분율을 도식화하려고 했다. 이를 위해 먼저 교육 수준별로 그룹화하고, 관심 변수를 선택한 다음, 그룹별 백분율(value_counts (normalize = True)을 사용해)을 계산하고, (다중 인덱스를 제거하고자)언스택unstack한 뒤 plot 메서드를 사용해 도식화했다.

추가 사항

이 레시피에서는 데이터를 조사할 수 있는 다양한 방법을 소개했다. 그러나 EDA를 수행할 때마다 많은 코드 줄이 필요하다. 고맙게도 프로세스를 단순화하는 파이썬 라이브러리가 있다. 이 라이브러리는 pandas_profiling이라고 하며, 단 한 줄의 코드로 HTML 보고서 형식으로 데이터셋에 대한 포괄적인 요약을 생성한다.

리포트를 생성하려면 다음을 실행한다.

```
import pandas_profiling
df.profile_report()
```

편의상 리포트의 일부분만 언급한다.

- DataFrame 크기에 대한 정보 개요(특징/행 개수, 결측치, 중복된 행, 메모리 크기, 데이터 형식별 나열)
- 경고 목록: 중복된 행, 0 비율이 높은 변수들, 상관관계가 높은 변수들(추가 리포트에서 자동으로 기각된다), 특징의 왜도 등
- 각 특징의 자세한 단변량 분석(리포트에서 Toggle details을 누르면 자세한 내용을 볼 수 있다).

- 여러 상관관계 지표들(피어슨, 스피어만, 켄달 등)
- 결측치에 대한 자세한 분석

▌ 훈련 및 테스트 집합으로 데이터 분할

EDA를 완료한 다음 단계는 데이터셋을 훈련과 테스트 집합으로 분할하는 것이다. 아이디어는 2개의 별도 데이터셋으로 나누는 것이다.

- 훈련 집합 – 이 부분의 데이터를 사용해 머신러닝 모델을 훈련한다.
- 테스트 집합 – 이 부분의 데이터는 모델 훈련에는 사용해서 안 되며 성능 평가에 이용된다.

데이터를 분할해 얻고자 하는 것은 과적합을 방지하는 것이다. 과적합은 모델이 훈련에 사용된 데이터에서 너무 많은 패턴을 찾아 특정 데이터에서만 잘 수행하는 현상이다. 즉 낯선 데이터에 대한 일반화가 되지 못한다.

이는 **데이터 유출**과 같은 방식으로 편향을 잘못 도입할 수 있으므로 분석에서 매우 중요한 단계다. 훈련 단계에서 모델이 접근해서는 안 되는 정보를 관찰할 때 데이터 유출이 발생할 수 있다. 예를 들어 설명하겠다. 일반적인 시나리오는 특징의 평균으로 결측값을 대치하는 것이다. 데이터를 분할하기 전에 이 작업을 수행했다면 테스트 집합의 데이터를 사용하고 평균을 계산해 데이터 유출을 초래했을 것이다. 그렇기 때문에 먼저 데이터를 훈련과 테스트 집합으로 분할한 후 훈련 집합에서 관찰된 데이터를 사용해 훈련을 수행해야 한다.

또한 이 접근 방식은 향후 낯선 데이터(모델이 점수를 매길 새로운 고객)가 테스트 집합의 데이터와 동일한 방식으로 처리되므로 일관성이 보장된다.

작동 방법

다음 단계를 실행해 데이터셋을 훈련과 테스트 집합으로 분할한다.

1. sklearn으로부터 함수를 임포트한다.

```
from sklearn.model_selection import train_test_split
```

2. 데이터를 훈련과 테스트 집합으로 분할한다.

```
X_train, X_test, y_train, y_test = train_test_split(X, y,
test_size=0.2, random_state=42)
```

3. 데이터를 섞지 말고 훈련과 테스트 집합으로 분할한다.

```
X_train, X_test, y_train, y_test = train_test_split(X, y,
test_size=0.2, shuffle=False)
```

4. 데이터를 층화시키지 않고 훈련과 테스트 집합으로 분할한다.

```
X_train, X_test, y_train, y_test = train_test_split(X, y,
test_size=0.2, stratify=y, random_state=42)
```

5. 타깃 비율이 유지됐는지 검증한다.

```
y_train.value_counts(normalize=True)
y_test.value_counts(normalize=True)
```

두 집합 모두에서 디폴트 비율은 ~22.12%이다.

작동 원리

먼저 scikit-learn의 `model_selection` 모듈에서 `train_test_split` 함수를 임포트했다. 두 번째 단계에서는 가장 기본적인 분할을 수행하는 방법을 보여 줬다. 여기서는 `train_test_split` 함수에 X와 y객체를 전달했다. 또한 전체 관측값의 일부를 테스트 집합의 크기로 지정했다. 재현성을 위해서 랜덤 상태도 지정했다. 또한 함수 출력을 4개의 새로운 객체에 할당해야 했다.

3단계에서는 다른 접근 방식을 취했다. `shuffle = False`를 지정해 데이터의 처음 80%를 훈련 집합에 할당하고, 나머지 20%를 테스트 집합에 할당했다. 이 방식은 관측 순서가 중요한 시계열을 다룰 때 유용할 수 있다.

마지막 단계에서 타깃 변수를 전달해 계층화 인수도 지정했다(stratify = y). 계층화로 데이터를 분할한다는 것은 훈련과 테스트 집합 모두 지정된 변수의 분포가 동일할 수 있음을 의미한다. 이 매개 변수는 사기 감지의 경우와 같이 불균형 데이터를 처리할 때 매우 중요하다. 데이터의 99%가 정규이고 사기성 사례를 1%만 다루는 경우 임의의 분할로 인해 훈련 집합에 사기 사례가 없을 수 있다. 따라서 불균형 데이터를 처리할 때는 데이터를 올바르게 분리하는 것이 중요하다.

8장의 나머지 부분에서는 층화된 분할로 구한 데이터를 사용할 것이다.

추가 사항

데이터를 훈련, 검증, 테스트의 세 가지 집합으로 나누는 것도 일반적이다. 검증 세트는 모델의 초매개 변수를 자주 평가하고 튜닝하는 데 사용된다. 의사결정 트리 분류기를 훈련시키고 트리의 최대 깊이를 결정하는 `max_depth` 초매개 변수의 최적 값을 찾고 싶다고 가정해 보자. 이를 위해 훈련 집합을 사용해 매번 다른 초매개 변수 값으로 모델을 훈련시킬 수도 있다. 그런 다음 검증 집합을 사용해 이러한 모든 모델의 성능을 평가할 수 있다. 여기서 가장 적합한 모델을 선택한 다음 테스트 집합에서 성능을 평가한다.

다음 코드는 **train_test_split** 함수를 사용해 훈련-검증-테스트 분할을 수행하는 예를 보여 준다.

```python
# 검증과 테스트 집합 크기 정의
VALID_SIZE = 0.1
TEST_SIZE = 0.2

# 초기 분할 - 훈련과 임시
X_train, X_temp, y_train, y_temp = train_test_split(X, y,
test_size=(VALID_SIZE + TEST_SIZE), stratify=y, random_state=42)

# 새로운 테스트 집합 계산
NEW_TEST_SIZE = np.around(TEST_SIZE / (VALID_SIZE + TEST_SIZE), 2)

# 검증과 테스트 집합 생성
X_valid, X_test, y_valid, y_test = train_test_split(X_temp, y_temp,
test_size=NEW_TEST_SIZE, stratify=y_temp, random_state=42)
```

기본적으로 **train_test_split**을 실행했다. 그러나 처음 정의된 비율(70-10-20)이 유지되도록 **test_size** 입력의 크기를 조정해야 했다.

일반적으로 관측값이 많지 않거나 데이터의 불균형이 심해 훈련 집합에서 귀중한 훈련 샘플을 제거하기 때문에 데이터를 세 세트로 나누기에 충분한 데이터가 없는 경우가 있다. 그러므로 실무자들은 종종 교차 검증이라는 방법을 사용한다. 이 검증은 그리드 검색과 교차 검증 레시피를 사용한 튜닝 초매개 변수 레시피에 설명돼 있다.

▌ 결측값 처리

대부분의 실제 사례에서는 깨끗하고 완전한 데이터로 작업하지는 않는다. 작업 중 겪을 수 있는 잠재적 문제 중 하나는 결측값이다. 결측값을 발생 원인별로 분류할 수 있다.

- **랜덤으로 완전 누락**^{MCAR, Missing Completely At Random}: 누락된 데이터의 이유는 나머지 데이터와 관련이 없다. 설문 조사에서 응답자가 실수로 질문을 놓친 예를 들 수 있다.
- **랜덤 결측**^{MAR, Missing At Random}: 다른 열(들)의 데이터로부터 누락된 데이터를 유추할 수 있다. 예를 들어, 특정 설문 조사 질문에 대한 응답 누락은 성별, 나이, 라이프스타일 등과 같은 다른 요인에 의해 조건부로 알아 낼 수 있다.
- **임의가 아닌 결측**^{MNAR, Missing Not At Random}: 결측값에 대한 근본적인 이유가 있는 경우. 예를 들어, 소득이 매우 높은 사람들은 그것의 공개를 주저하는 경향이 있다.
- **구조적으로 누락된 데이터**: 대개 MNAR의 하위 집합인 경우가 많으므로 논리적 이유로 데이터가 누락된다. 예를 들어, 배우자의 나이를 나타내는 변수가 없으면 배우자가 없는 것으로 추정할 수 있다.

일부 머신러닝 알고리즘은 결측 데이터를 고려하고 있지만(예를 들어, 의사결정 트리는 결측값을 별도의 고유한 값으로 처리할 수 있다) 많은 알고리즘은 이러한 기능을 사용할 수 없거나 널리 사용되는 구현에는 이러한 기능을 구현해 두지 않았다(예: scikit-learn).

 특징에 문제가 있는 것이지 타깃 변수에 문제가 있는 것은 아니다.

보편적인 해법은 다음과 같다.

- 하나 이상의 결측값으로 관측값 삭제: 이 방법이 가장 쉬운 방법이지만 특히 작은 데이터셋의 경우 항상 좋은 방법은 아니다. 특징당 결측값의 부분이 작더라도 동일한 관측값(행)에서 반드시 발생하는 것은 아니므로 제거할 실제 행의 수가 훨씬 더 많아질 수 있다. 또한 데이터가 무작위로 누락되지 않은 경우 분석에서 이러한 관측값을 제거하면 결과에 편향이 생길 수 있다.
- 결측값을 가능한 범위를 벗어난 값으로 바꾸면 의사결정 트리와 같은 알고리즘

은 이를 결측값을 나타내는 특수 값으로 별도 처리할 수 있다.

- 시계열을 처리하는 경우 순방향 채우기(누락된 것 직전의 마지막으로 알려진 관측값을 사용), 역방향 채우기(누락된 직후 처음으로 알려진 값을 취함) 또는 보간법(선형 또는 고급)을 사용할 수 있다.

- 결측값을 집계 지표로 대체한다. 연속 데이터의 경우 평균값(데이터에 명확한 이상 치가 없는 경우) 또는 중앙값(이상치가 있는 경우)을 사용할 수 있다. 범주형 변수의 경우 최빈값(집합에서 가장 일반적인 값)을 사용할 수 있다. 평균/중간 대치의 잠재 적 단점은 데이터셋의 분산 감소다.

- 결측값을 그룹별로 계산된 집계 지표로 대체: 예컨대 신체 관련 지표의 경우 결 측치를 정교하게 대체하려면 성별로 평균값이나 중앙값을 사용할 수 있다.

- ML-기반 방법: 특징을 타깃으로 간주하고 결측 관측값을 예측하고자 모델을 훈련시킬 수 있다.

작동 방법

다음 단계를 실행해 데이터셋의 결측값을 조사하고 처리한다.

1. 라이브러리를 임포트한다.

```
import pandas as pd
import missingno
from sklearn.impute import SimpleImputer
```

2. DataFrame에 대한 정보를 조사한다.

```
X.info()
```

코드를 실행하면 다음의 표를 얻는다.

```
Int64Index: 30000 entries, 0 to 29999
Data columns (total 23 columns):
limit_bal              30000 non-null int64
sex                    29850 non-null object
education              29850 non-null object
marriage               29850 non-null object
age                    29850 non-null float64
payment_status_sep     30000 non-null object
payment_status_aug     30000 non-null object
payment_status_jul     30000 non-null object
payment_status_jun     30000 non-null object
payment_status_may     30000 non-null object
payment_status_apr     30000 non-null object
bill_statement_sep     30000 non-null int64
bill_statement_aug     30000 non-null int64
bill_statement_jul     30000 non-null int64
bill_statement_jun     30000 non-null int64
bill_statement_may     30000 non-null int64
bill_statement_apr     30000 non-null int64
previous_payment_sep   30000 non-null int64
previous_payment_aug   30000 non-null int64
previous_payment_jul   30000 non-null int64
previous_payment_jun   30000 non-null int64
previous_payment_may   30000 non-null int64
previous_payment_apr   30000 non-null int64
dtypes: float64(1), int64(13), object(9)
memory usage: 5.5+ MB
```

3. DataFrame의 빈 값^{nullity}을 시각화한다.

```
missingno.matrix(X)
```

코드를 실행하면 다음 그림을 얻는다.

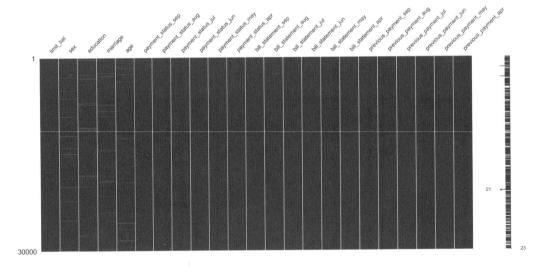

열에 표시되는 흰색 막대는 결측값을 나타낸다. 그림의 오른쪽에 있는 선은 데이터 완성도 형태를 나타낸다. 두 숫자는 데이터셋의 최대와 최소 null을 나타낸다(총 23개의 열이 있으며, 가장 누락된 값이 있는 행이 2개이므로 21개가 된다).

4. 데이터 유형별로 결측값이 있는 열을 정의한다.

```
NUM_FEATURES = ['age']
CAT_FEATURES = ['sex', 'education', 'marriage']
```

5. 수치 특징을 대치^{impute}한다.

```
for col in NUM_FEATURES:
    num_imputer = SimpleImputer(strategy='median')
    num_imputer.fit(X_train[[col]])
    X_train.loc[:, col] = num_imputer.transform(X_train[[col]])
    X_test.loc[:, col] = num_imputer.transform(X_test[[col]])
```

6. 범주 특징을 대치한다.

```
for col in CAT_FEATURES:
    cat_imputer = SimpleImputer(strategy='most_frequent')
    cat_imputer.fit(X_train[[col]])
    X_train.loc[:, col] = cat_imputer.transform(X_train[[col]])
    X_test.loc[:, col] = cat_imputer.transform(X_test[[col]])
```

7. 결측치가 없음을 검증한다.

```
X_train.info()
```

출력을 조사해서 X에 결측치가 없음을 확인할 수 있다.

작동 원리

1단계에서 필요한 라이브러리를 가져왔다. 그런 다음 pandas DataFrame의 info 메서드를 사용해 열 유형과 null이 아닌 관측값 수와 같은 열에 대한 정보를 살펴본다. 열별로 결측값 개수를 검사하는 또 다른 방법은 X.isnull().sum()을 실행하는 것이다.

 대치하는 대신 결측값이 포함된 관측값(또는 열)을 삭제할 수도 있다. 결측값이 포함된 모든 행을 삭제하려면 X_train.dropna(how='any', inplace=True)를 사용할 수 있다. 샘플 사례에서는 결측값의 수는 크지 않지만, 실제 데이터셋의 경우 분석가가 관측값을 제거할 수 없을 정도로 데이터셋이 너무 작을 수 있다.

3단계에서는 missingno 라이브러리를 사용해 DataFrame의 null을 시각화했다.

4단계에서는 대치하려는 특징이 담긴 리스트(데이터 유형 당 하나의 리스트)를 정의했다. 그 이유는 수치 특징이 범주 특징과 다른 전략을 사용해 대치되기 때문이다. 기본적인 대치를 위해 scikit-learn의 SimpleImputer 클래스를 사용했다.

5단계에서 수치 특징(이 경우에는 연령 특징만)을 반복하고 중앙값을 사용해 결측값을 대치했다. 루프 내에서 교정 전략(중간값)으로 imputer 객체를 정의하고, 이를 훈련 데이터의 주어진 열에 맞추고 훈련과 테스트 데이터를 모두 변환했다. 이런 식으로 훈련 데이터만 사용해 중앙값을 추정해 잠재적인 데이터 유출을 방지했다.

 이 레시피에서는 scikit-learn을 사용해 결측값의 대치를 처리했다. 그러나 수작업으로 처리할 수도 있다. 그렇게 하려면 결측값이 있는 각 열(훈련 또는 테스트 집합에서)에 대해 훈련 집합을 사용해 주어진 통계량(평균값/중앙값/최빈값)을 계산해야 한다(예: age_median = X_train.age.median()). 이후에 이 중앙값을 사용해 fillna 메서드로 연령 열(훈련과 테스트 집합 모두)의 결측값을 채워야 한다.

6단계는 5단계와 유사하며, 동일한 열을 사용해 범주열을 반복한다. 차이점은 선택한 전략에 있다. 주어진 열의 최빈값(most_frequent)을 사용했다. 이 전략은 범주와 수치 특징 모두에 사용할 수 있다. 후자의 경우 mode다.

추가 사항

이 레시피에서는 결측값을 대치하는 방법을 알아봤다. 결측값을 하나의 큰 값이나 평균값/중앙값/최빈값으로 바꾸는 것과 같은 접근 방식은 결측값을 하나의 특정 값으로 대체하므로 **단일 대치 방식**이라고 한다. 그러나 **다중 대치 방식**도 있으며 그중 하나는 **연쇄 방정식에 의한 다중 대치**^{MICE, Multiple Imputation by Chained Equation}다. 간단히 말해, 알고리즘은 다중 회귀 모델을 실행하며 각 결측값은 비결측 데이터 포인트를 기준으로 조건부로 결정된다. 머신러닝 기반 접근법을 사용해 대치할 때의 잠재적 이점은 단일 대치로 인한 편향의 감소다.

MICE 알고리즘은 `scikit-learn`에서 `IterativeImputer`라는 이름으로 `impute` 모듈에서 사용할 수 있다.

참고 문헌

- Azur, M. J., Stuart, E. A., Frangakis, C., and Leaf, P. J. (2011). Multiple imputation by chained equations: what is it and how does it work? *International Journal of Methods in Psychiatric Research*, 20(1), 40-49.—https://www.ncbi.nlm.nih.gov/pmc/articles/PMC3074241/.

- Buck, S. F. (1960). A method of estimation of missing values in multivariate data suitable for use with an electronic computer. *Journal of the Royal Statistical Society:Series B* (Methodological), 22(2), 302-306.—https://www.jstor.org/stable/2984099.

- van Buuren, S. and Groothuis-Oudshoorn, K. (2011). MICE: Multivariate Imputation by Chained Equations in R. *Journal of Statistical Software* 45 (3): 1–67.—https://ris.utwente.nl/ws/portalfiles/portal/6433591/Buuren11mice.pdf.

▌ 범주형 변수 인코딩

이전 레시피에서 일부 특징은 범주형 변수(원래는 object 또는 category 데이터 유형으로 표시됨)인 것으로 나타났다. 그러나 대부분의 머신러닝 알고리즘은 숫자 데이터로만 독점적으로 작동한다. 그렇기 때문에 범주형 특징을 모델과 호환되는 표현으로 인코딩encoding해야 한다.

이 레시피에서는 일반적인 인코딩 기법을 설명한다.

- 레이블label 인코딩
- 원-핫one-hot 인코딩

레이블 인코딩에서는 범주 값을 0과 부류 개수 −1 사이의 숫자 값으로 대체한다. 예를 들어, 3개의 개별 부류일 때는 {0, 1, 2}를 사용한다.

 이것은 이미 pandas의 category 클래스로 변환한 결과와 매우 유사하다. df_cat.education. cat.codes를 실행해 범주 코드에 액세스할 수 있다. 또한 dict (zip(df_cat.education.cat. codes, df_cat.education))을 실행해 매핑을 복구할 수 있다.

레이블 인코딩의 한 가지 잠재적인 문제는 대부분 범주 간에 어떤 종류의 관계도 없지만 레이블 인코딩은 관계를 생성한다는 것이다. 세 가지 부류 예제에서는 다음의 관계를 생성한다. 0 < 1 < 2. 예를 들어, 범주가 국가인 경우에 이러한 관계는 난센스가 된다. 그

러나 이는 나쁨–중간–좋음과 같은 척도로 얻은 서비스 등급과 같은 일종의 순서(정수 변수)를 나타내는 특징에는 사용할 수 있다.

이러한 문제를 극복하고자 **원–핫 인코딩**을 사용할 수 있다. 이 방법에서는 특징의 각 범주에 대해 이진 인코딩을 사용해 특정 행이 이 범주에 속하는지 여부를 나타내는 새 열(때때로 더미 변수라고 함)을 만든다. 이 방법의 잠재적 단점은 데이터셋의 차원이 크게 증가하는 것이다(차원의 저주 Curse of Dimensionality 참고).

 더미 변수를 만들면 데이터셋에 중복 형식이 도입된다. 실제로 특징에 3개의 범주가 있는 경우 2개의 더미 변수만 있으면 된다. 2개의 관측값 중 하나가 아닌 경우 세 번째 변수여야 하기 때문이다. 이를 더미 변수 트랩(dummy-variable trap)이라고도 하며, 이러한 인코딩에서 항상 하나의 열(참조라고 함)을 제거하는 것이 가장 좋다.

요약하자면 데이터에 잘못된 순서를 도입해 잘못된 결론을 초래할 수 있는 레이블 인코딩을 피해야 한다. 트리 기반 방법(의사결정 트리, 랜덤 포레스트 등)은 범주형 데이터와 레이블 인코딩과 할 수 있다. 그러나 선형 회귀와 같은 알고리즘의 경우 특징 간의 거리 척도를 계산하는 모델(k– 평균 군집화, k– 최근 접 이웃 등) 또는 **인공 신경망** ANN, Artificial Neural Network 등에서의 자연스러운 표현은 원 핫 인코딩이다.

작동 방법

다음 단계를 실행해 범주형 변수를 인코딩하라.

1. 라이브러리를 임포트한다.

```
import pandas as pd
from sklearn.preprocessing import LabelEncoder, OneHotEncoder
from sklearn.compose import ColumnTransformer
```

2. 레이블 인코더를 사용해 선택된 열을 인코딩한다.

```
COL = 'education'

X_train_copy = X_train.copy()
X_test_copy = X_test.copy()

label_enc = LabelEncoder()
label_enc.fit(X_train_copy[COL])
X_train_copy.loc[:, COL] = label_enc.transform(X_train_copy[COL])
X_test_copy.loc[:, COL] = label_enc.transform(X_test_copy[COL])
```

여기서는 LabelEncoder로 작업하는 방법을 보여 주고자 X_train과 X_test의 복사본을 만들었지만 DataFrames은 수정하지 않는다.

3. 원-핫 인코딩할 범주형 특징을 선택한다.

```
CAT_FEATURES = X_train.select_dtypes(include='object') \
                      .columns \
                      .to_list()
```

4. OneHotEncoder 객체를 인스턴스화한다.

```
one_hot_encoder = OneHotEncoder(sparse=False,
                                handle_unknown='error',
                                drop='first')
```

5. 원-핫 인코더를 사용해 열 변환기를 생성한다.

```
one_hot_transformer = ColumnTransformer(
    [("one_hot", one_hot_encoder, CAT_FEATURES)]
)
```

6. 변환기를 적합화한다.

```
one_hot_transformer.fit(X_train)
```

7. 변환기를 훈련과 테스트 집합 모두에 적용한다.

```
col_names = one_hot_transformer.get_feature_names()

X_train_cat = pd.DataFrame(one_hot_transformer.transform(X_train),
                           columns=col_names,
                           index=X_train.index)
X_train_ohe = pd.concat([X_train, X_train_cat], axis=1) \
              .drop(CAT_FEATURES, axis=1)

X_test_cat = pd.DataFrame(one_hot_transformer.transform(X_test),
                          columns=col_names,
                          index=X_test.index)
X_test_ohe = pd.concat([X_test, X_test_cat], axis=1) \
             .drop(CAT_FEATURES, axis=1)
```

앞의 코드에서 X_train_cat과 X_test_cat은 최종 DataFrame을 만드는 데 사용되는 헬퍼 객체로만 사용됐다.

작동 원리

먼저 필요한 라이브러리를 가져왔다. 두 번째 단계에서는 레이블 인코딩을 사용해 인코딩하려는 열을 선택하고 LabelEncoder를 인스턴스화하고 이를 훈련 데이터에 적합화한 다음 훈련과 테스트 데이터를 모두 변환했다. 여기서는 레이블 인코딩을 유지하고 싶지 않았기 때문에 DataFrame의 복제본으로 조작했다.

3단계에서는 select_dtypes를 사용하고 모든 범주형 특징의 리스트를 작성해 원-핫 인코딩 준비를 시작했다. 그런 다음 OneHotEncoder 인스턴스를 만들었다. 여기서는 희소 행렬(특별한 종류의 데이터 유형, 매우 높은 비율의 0으로 행렬을 저장하는 데 적합)로 작업하고 싶지 않다고 지정했으며, (더미 변수 트랩을 피하고자) 특징별로 첫 번째 열을 삭제했다. 그리고 변환을 적용하는 동안 인코더가 알 수 없는 값을 찾은 경우 수행할 작업(handle_unknown='error')을 지정했다.

5단계에서 ColumnTransformer를 정의했는데 이는 동일한 변환(이 경우 원-핫 인코더)을 여러 열에 적용하는 편리한 방법이다. 여기서는 각 단계가 튜플에 의해 정의된 단계 리스트를 전달했다. 예제의 경우 단계 이름, 적용할 변환, 변환을 적용하려는 특징이 포함된 단일 튜플이었다. ColumnTransformer를 만들 때 나머지 인수는 그대로 두고 지정된 열만 효과적으로 적합화하는 인수인 remainder='passthrough'를 지정할 수도 있다. remainder 기본값은 drop으로, 사용되지 않은 열이 삭제됐다.

ColumnTransformer는 numpy 배열을 반환했으며, 우리는 머신러닝 모델을 해석하고 이해하고자 특징의 이름을 복구하는 데 관심이 있다. 집필하고 있는 현재는 remainder='passthrough'를 지정한 다음 ColumnTransformer의 get_feature_names 메서드를 사용할 수는 없다.

6단계에서는 fit 메서드를 사용해 변환기를 적합화했다. 마지막으로 위에서 언급한 문제를 극복하고자 작은 트릭을 썼다. 먼저 get_feature_names 메서드를 사용해 특징 이름을 추출했다. 그런 다음 변환된 특징, 새 열 이름, 이전 인덱스(모든 것은 순서를 유지)를 사용해 pandas DataFrame을 만들었다. 그런 다음 새로 인코딩된 범주 특징(X_train_cat)과 원래 DataFrame(X_train)을 연결하고, 원래 범주 열(객체로 인코딩된다)은 삭제했다.

추가 사항

범주형 변수 인코딩과 관련해 몇 가지 더 언급하겠다.

원-핫 인코딩에 pandas.get_dummies 사용

pandas에는 원-핫 인코딩에 사용할 수 있는 매우 유용한 함수, 즉 pd.get_dummies가 포함돼 있다. 예제 구문은 다음과 같다.

```
X_train = pd.get_dummies(X_train, prefix_sep='_', drop_first=True)
```

OneHotEncoder에 가능한 범주 지정

ColumnTransformer를 만들 때 고려된 모든 특징에 대해 가능한 범주 목록을 추가로 제공할 수 있다. 간단한 예는 다음과 같다.

```
one_hot_encoder = OneHotEncoder(
    categories=[['Male', 'Female', 'Unknown']],
    sparse=False,
    handle_unknown='error',
    drop='first'
)

one_hot_transformer = ColumnTransformer(
    [("one_hot", one_hot_encoder, ['sex'])]
)

one_hot_transformer.fit(X_train)

one_hot_transformer.get_feature_names()
#['one_hot__x0_Female', 'one_hot__x0_Unknown']
```

각 특징에 대해 가능한 카테고리가 포함된 리스트(들)을 전달함으로써 특정 값이 훈련 집합에 나타나지 않지만 테스트 집합에는 나타날 수 있는 가능성을 고려한다. 이런 경우가 생기면 오류가 발생한다.

앞의 코드 블록에서 성별을 나타내는 열에 'Unknown'이라는 범주를 추가했다. 결과적으로 해당 카테고리에 대한 '더미'열이 추가된다.

Category Encoders 라이브러리

pandas와 scikit-learn을 사용하는 것 외에도 Category Encoders 다른 라이브러리를 사용할 수도 있다. 이 라이브러리는 scikit-learn과 호환되는 라이브러리 집합에 속하며, 유사한 fit-transform 접근법을 사용해 다양한 인코더를 제공한다. 따라서 ColumnTransformer 및 Pipeline과 함께 사용할 수도 있다.

여기서는 사용 가능한 두 가지 인코더를 보여 준다. 첫 번째는 원-핫 인코더의 대체 구현이다.

라이브러리를 임포트한다.

```
import category_encoders as ce
```

인코더 객체를 생성한다.

```
one_hot_encoder_ce = ce.OneHotEncoder(use_cat_names=True)
```

또한 drop_invariant라는 인수를 지정해 분산이 0인 열을 삭제하라고 지정할 수 있다. 이를 통해 특징 개수를 줄이는 데 도움이 될 수 있다.

인코더를 적합화하고 데이터를 변환한다.

```
one_hot_encoder_ce.fit(X_train)
X_train_ce = one_hot_encoder_ce.transform(X_train)
```

원-핫 인코더의 이러한 구현은 문자열을 포함하는 열만 자동으로 인코딩한다(리스트를 cols 인수에 전달해 범주 열의 하위 집합만 별도로 지정하지 않는 한). 기본 설정은 조정된 열 이름을 사용해 pandas DataFrame(scikit-learn 구현의 경우 numpy 배열)을 반환한다. 이 구현의 유일한 단점은 각 특징에 중복된 더미 열 하나를 삭제할 수 없다는 것이다.

Category Encoders 라이브러리에서 사용 가능한 범주형 기능을 인코딩하는 두 번째 흥미로운 방법은 타깃 인코딩이다. 이 방법은 분류 작업에 유용하며 종속 변수(타깃)의 평균을 사용해 범주를 대체한다. 평균 인코딩을 특징의 각 값에 조건화된 타깃 변수의 확률로 해석할 수도 있다. 성별과 부울 타깃을 가진 단순 변수의 경우 타깃 인코딩은 범주를 성별당 양수의 비율로 대체한다.

```
target_encoder = ce.TargetEncoder(smoothing=0)
target_encoder.fit(X_train.sex, y_train)
target_encoder.transform(X_train.sex).head()
```

코드를 실행하면 다음과 같은 표의 미리 보기를 생성한다.

⇕	sex ⇕
22788	0.206563
29006	0.206563
16950	0.243825
22280	0.206563
11346	0.206563

훈련 집합에서 여성의 ~20.7%와 남성의 ~24.4%가 디폴트인 것처럼 보인다. 정규화를 제거하고 순수한 평균값을 유지하고자 평활화 인수를 0으로 설정했다.

타깃 인코딩의 장점은 다음과 같다.

- 모델 성능 향상

- 타깃 인코딩은 타깃 부류를 함께 그룹화하는 반면 레이블 인코딩의 경우 타깃 분포는 매우 임의적이다.
- 열 수가 많은 원-핫 인코딩을 사용하는 대신 특징 수가 줄어든다. 이것은 그래디언트-부스트$^{gradient-boost}$된 트리에 특히 유용한데, 트리의 깊이가 제한돼 있기 때문에 높은 카디널리티^{cardinality} 범주 특징을 처리하는 데 문제가 있기 때문이다.

타깃 인코딩의 가장 큰 단점은 과적합을 유발할 수 있다는 것이다. 해결책으로 k-폴드 타깃 인코딩을 적용할 수 있다.

원-핫 인코딩과 결정 트리 기반 알고리즘에 대한 경고

회귀 기반 모델은 인코딩된 원-핫 특징의 OR 조건을 자연스럽게 처리할 수 있지만, 의사결정 트리 기반 알고리즘을 사용하는 것은 그리 간단하지 않다. 이론적으로 의사결정 트리는 인코딩 없이도 범주형 기능을 처리할 수 있다.

그러나 scikit-learn에서 널리 사용되는 구현에는 여전히 모든 특징이 숫자여야 한다. 자세히 설명하지는 않겠지만, 이러한 접근법은 원-핫 인코딩된 더미보다 연속적인 수치 특징을 선호한다. 단일 더미는 전체 특징 정보의 일부만 모델로 가져올 수 있기 때문이다. 가능한 해결책은 다른 종류의 인코딩(레이블/타깃 인코딩)을 사용하거나 h2o 라이브러리의 랜덤 포레스트$^{Random Forest}$와 같은 범주형 특징을 처리하는 구현을 사용하는 것이다.

참고 문헌

라이브러리 문헌은 다음과 같다.

- http://contrib.scikit-learn.org/categorical-encoding
- http://docs.h2o.ai/h2o/latest-stable/h2o-docs/data-science/drf.html

의사결정 트리 분류기 적합화

결정 트리 분류기는 회귀나 분류 문제 모두에서 비교적 간단하지만 매우 중요한 머신러닝 알고리즘이다. 결정 트리라는 이름은 모델이 규칙 집합을 작성한다는 사실에서 비롯됐다(예: x_1> 50이고 x_2 <10이면 y = 'default'). 이를 함께 모으면 트리 형태로 시각화할 수 있다. 의사결정 트리는 특징을 특정 값으로 반복해서 분할함으로써 특징 공간을 여러 개의 작은 영역으로 분할한다. 이를 위해 그리디^{greedy} 알고리즘(일부 휴리스틱과 함께)을 사용해 하위 노드의 결합된 불순물을 최소화하는 분할을 찾는다(지니^{Gini} 불순도 또는 엔트로피를 사용해 측정한다).

이진 분류 문제의 경우 알고리즘은 한 부류에서 가능한 많은 관측값을 포함하는 노드를 얻으려고 시도해 불순도를 최소화한다. 단말 노드(잎)에서의 예측은 분류의 경우 최빈값에 기초하며 회귀 문제는 평균을 사용한다.

 의사결정 트리는 Random Forest, Gradient Boosted Trees, XG부스트, LightGBM, CatBoost 등과 같은 많은 복잡한 알고리즘의 기반이다.

결정 트리의 장점은 다음과 같다.

- 트리 형태로 쉽게 시각화할 수 있다. – 높은 해석력
- 훈련이 빠르고 단계를 예측할 수 있다.
- 튜닝할 초매개 변수가 적다.
- 수치와 범주 특징을 모두 지원한다.
- 비선형성 데이터를 처리한다.
- 명시적 필요는 없지만 특징 가공 등을 통해 더 개선할 수 있다.
- 특징의 크기 조정이나 정규화가 필요 없다.
- 샘플을 분할할 특징을 선택함으로써 맞춤형 특징 선택 버전을 구현할 수 있다.
- 비모수적 모델이다. – 특징/타깃의 분포에 대한 가정이 없다.

결정 트리의 단점은 다음과 같다.

- **불안정성**: 트리는 입력 데이터의 노이즈에 매우 민감하다. 데이터가 조금만 변경되면 모델이 크게 바뀔 수 있다.
- **과적합**: 최대값이나 정지 기준을 제공하지 않으면 나무는 매우 깊게 자라며 일반화되지 않는다.
- 트리는 보간할 수는 있지만 외삽할 수는 없다. 훈련 데이터의 특징 공간에 설정된 경계 영역을 벗어난 관측값에 대해서도 지속적으로 예측한다.
- 기본 그리디 알고리즘은 전체적으로 최적의 의사결정 트리 선택을 보장하지 않는다.
- 부류 불균형은 편향된 나무로 이어질 수 있다.
- 범주형 변수가 있는 의사결정 트리에서 정보 이득(엔트로피 감소)으로 인해 범주수가 많은 특징에 대해 편향된 결과가 발생한다.

작동 방법

의사결정 트리 분류기에 적합화하고자 다음 단계를 실행한다.

1. 라이브러리를 임포트한다.

```python
from sklearn.tree import DecisionTreeClassifier, export_graphviz
from sklearn import metrics

from chapter_8_utils import performance_evaluation_report

from io import StringIO
import seaborn as sns
from ipywidgets import Image
import pydotplus
```

2. 모델의 인스턴스를 생성하고 훈련 데이터에 적합화하며 예측을 생성한다.

```
tree_classifier = DecisionTreeClassifier()
tree_classifier.fit(X_train_ohe, y_train)
y_pred = tree_classifier.predict(X_test_ohe)
```

3. 결과를 평가한다.

```
LABELS = ['No Default', 'Default']
tree_perf = performance_evaluation_report(tree_classifier,
                                          X_test_ohe,
                                          y_test, labels=LABELS,
                                          show_plot=True)
```

코드를 실행하면 다음의 결과를 얻는다.

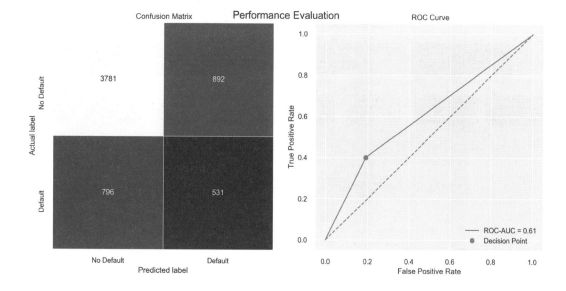

4. 단순화된 결정 트리를 도식화한다.

```
small_tree = DecisionTreeClassifier(max_depth=3)
small_tree.fit(X_train_ohe, y_train)

tree_dot = StringIO()
export_graphviz(small_tree, feature_names=X_train_ohe.columns,
                class_names=LABELS, rounded=True,
                out_file=tree_dot,
                proportion=False, precision=2, filled=True)
tree_graph = pydotplus.graph_from_dot_data(tree_dot.getvalue())
Image(value=tree_graph.create_png())
```

코드를 실행하면 다음의 도면을 얻는다.

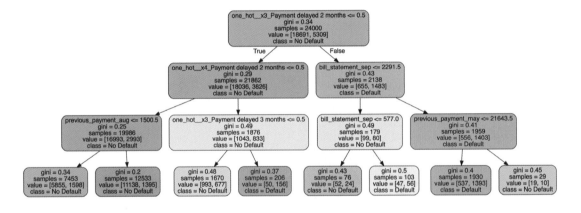

각 노드에 대해 분할 기준(단말 노드가 아닌 경우), 지니Gini 불순도 기준값, 관측 수, 부류당 관측 수를 포함하는 목록과 다수 부류를 볼 수 있다.

작동 원리

2단계에서는 일반적인 scikit-learn 방식을 사용해 머신러닝 모델을 학습했다. 먼저 DecisionTreeClassifier 클래스의 객체를 만들었다(모든 기본 설정 사용). 그런 다음 fit 메서드를 사용해 모델을 훈련 데이터에 적합화했다(특징과 타깃을 모두 전달해야 한다). 마지막으로 predict 메서드를 사용해 예측을 얻었다.

 predict 메서드를 사용하면 예측된 부류 배열(이 경우 0 또는 1)이 생성된다. 그러나 할당된 확률에 관심이 있는 경우가 있다. 이를 구하려면 predict_proba 메서드를 사용해 n_test_observations x n_classes 배열을 얻을 수 있다. 여기서 각 행에는 가능한 모든 부류의 확률이 들어 있다 (총합은 1). 이진 분류의 경우 predict 메서드는 해당 확률이 >50%일 때 자동으로 양수 부류를 할당한다.

3단계에서 모델의 성능을 평가했다. 모든 결과를 표시하고자 사용자 정의 함수를 사용했다. 세부 사항을 더 자세히 설명하지는 않겠다. 꽤 표준적이고 scikit-learn의 metrics 모듈에 있는 함수를 사용해 만들었기 때문이다. 함수에 대한 자세한 설명은 함께 제공되는 깃허브 저장소를 참고하자.

혼동 행렬confusion matrix은 실제 타깃과 반대로 예측된 값의 모든 가능한 조합을 요약한다. 다음과 같은 구조를 갖고 있다.

```
TN | FP
-------
FN | TP
```

값들은 다음과 같다.

- **참 긍정**TP, True Positive: 모델은 디폴트를 예측했고, 해당 사람은 디폴트를 했다.
- **거짓 긍정**FP, False Positive: 모델은 디폴트를 예측했지만, 해당 사람은 디폴트를 하지 않았다.
- **참 부정**TN, True Negative: 모델은 디폴트가 아니라고 예측했고, 해당 사람은 디폴트를 하지 않았다.
- **거짓 부정**FN, False Negative: 모델은 디폴트가 아니라고 예측했지만, 해당 사람은 디폴트를 했다.

이 값을 사용하면 여러 평가 척도를 구축할 수 있다.

- 정확도^{accuracy}((TP + TN) / (TP + FP + TN + FN)) — 모델의 전체 관측 능력을 정확하게 예측할 수 있는 능력을 측정한다.

- 정밀도^{precision}(TP / (TP + FP)) — 양의 클래스(이 경우 기본값)에 대한 모든 예측 중에서 실제로 얼마나 많은 관측값이 디폴트됐는가?

- 재현율^{recall}(TP / (TP + FN)) — 모든 긍정 사례 중 몇 개가 올바르게 예측됐는가? 이는 **민감도**^{sensitivity} 또는 **참 긍정 비율**이라고도 한다.

- F–1 점수 — 정밀도와 재현율의 조화 평균값. 표준 평균 대신 조화 평균을 쓰는 이유는 정밀도 = 1, 리콜 = 0, 혹은 그 반대의 결과에 벌점을 주기 위해서다.

- 특이성^{specificity}(TN / (TN + FP)) — 부정 사례(채무불이행을 하지 않은 고객)가 실제로 디폴트하지 않은 비율을 측정한다.

모델의 성능을 올바르게 평가하려면 이러한 측정 항목의 미묘한 차이를 이해하는 것이 매우 중요하다. 부류 불균형의 경우 정확도가 크게 오도될 수 있다. 99%의 데이터가 사기가 아니며 1%만이 사기인 경우를 상상해 보자. 이 경우 모든 관측값을 무조건 비사기로 분류하는 단순 모델은 99%의 정확도를 달성하지만 실제로는 가치가 없다. 그렇기 때문에 그러한 경우에 정밀도나 재현율을 참조해야 한다. 가능한 한 높은 정밀도를 얻으려고 하면 거짓 부정은 줄어들지만 반대로 거짓 긍정은 더 많아진다. 최적화하려는 지표는 사용례에 맞게 선택해야 한다.

두 번째 도면에는 ROC^{Receiver Operating Characteristic} 곡선이 들어 있다. ROC 곡선은 서로 다른 확률 임계값에 대해 참 긍정 비율과 거짓 긍정 비율 간의 절충점을 나타낸다. 확률 임계값은 예측이 긍정 부류에 속한다고 결정하는 예측 확률을 결정한다(기본적으로 50%다). 이상적인 점은 (0, 1)이며, 숙련된 모델의 곡선은 가능한 한 이 값에 가깝다. 반면 그렇지 않은 모델은 대각선(45도)에 가까운 선을 갖게 된다.

대각선 아래에 곡선이 있는 모델은 실제로는 '무숙련' 모델보다는 낫다. 더 나은 성능을 얻으려면 간단히 예측을 반전시키면 되기 때문이다.

하나의 숫자로 모델의 성능을 요약하고자 ROC 곡선 아래 영역AUC, Area Under the ROC curve을 살펴볼 수 있다. 이 값은 0.5(기술 없음)와 1(이상적인 모델) 사이의 값을 가진 지표다. 이를 통해 확률적으로 AUC를 해석할 수 있다. 75%의 AUC는 예측에서 무작위로 2개의 관측값을 취하면 75%의 확률로 올바른 방식으로 정렬됨을 의미한다. 또한 랜덤 모델은 50% 확률로 올바르게 정렬될 수 있으므로 최소 AUC는 0.5다.

마지막으로 ROC 곡선을 사용해 거짓 긍정과 거짓 부정 간의 적절한 균형을 이루는 임계값을 선택할 수 있다.

4단계에서 의사결정 트리를 시각화했다. 이번에는 최대 깊이 3의 트리를 재훈련하는 것으로 시작했다. 이러한 방식으로 이미지의 가독성을 보장했다. export_graphviz 함수를 사용해 시각화된 트리를 포함하는 점 파일을 만들고, StringIO를 사용해 이를 캡처했다. 이런 방식으로 파일 사본을 HDD에 저장하지 않았다. 그런 다음 getvalue 메서드를 사용해 파일을 복구하고 주피터 노트북 내에 그래프를 작성했다.

추가 사항

ROC 곡선은 부류 불균형을 처리할 경우에는 모델의 성능 평가 시 신뢰성을 잃어 버린다. 그렇기 때문에 또 다른 곡선인 정밀도–재현율 곡선을 사용해야 한다. 이는 정밀도와 재현율 계산 시 참 부정을 사용하지 않고 소수 부류(긍정 부류)의 정확한 예측만을 고려하기 때문이다.

서로 다른 임계치에 대한 정밀도와 재현율을 계산한다.

```
y_pred_prob = tree_classifier.predict_proba(X_test_ohe)[:, 1]
precision, recall, thresholds = metrics.precision_recall_curve(y_test,
                                                               y_pred_prob)
```

필요 요소를 계산했으면 곡선을 도식화할 수 있다.

```
ax = plt.subplot()
ax.plot(recall, precision,
        label=f'PR-AUC = {metrics.auc(recall, precision):.2f}')
ax.set(title='Precision-Recall Curve',
       xlabel='Recall',
       ylabel='Precision')
ax.legend()
```

코드를 실행하면 다음의 결과를 얻는다.

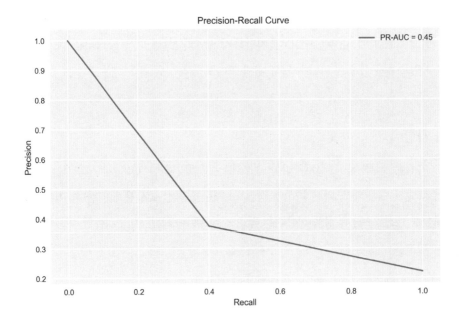

요약 지표로서 `metrics.auc(recall, precision)`를 호출해 정밀도-재현율 곡선 아래의 면적을 근사할 수 있다. ROC-AUC와 달리 PR-AUC는 0에서 1까지이며, 1은 완벽한 모델을 나타낸다. PR-AUC가 1인 모델은 모든 긍정 관측값(완전한 재현)을 식별할 수 있지만, 단일 부정 관측값을 긍정적으로 잘못 표시하지는 않는다(완전한 정밀도). (1, 1) 지점을 향해 내려가는 모델은 숙련된 것으로 간주할 수 있다.

참고 문헌

성능 평가 척도로 ROC-AUC를 사용할 때의 위험성은 다음 문헌을 참고하자.

- Lobo, J. M., Jimenezé-Valverde, A., & Real, R. (2008). AUC: a misleading measure of the performance of predictive distribution models. *Global Ecology and Biogeography*, 17(2), 145-151. — http://www2.unil.ch/biomapper/Download/Lobo-GloEcoBioGeo-2007.pdf
- Sokolova, M., & Lapalme, G. (2009). A systematic analysis of performance measures for classification tasks. *Information Processing and Management*, 45(4), 427-437. — http://rali.iro.umontreal.

결정 트리에 대한 추가 참고 문헌은 다음과 같다.

- Breiman, L., Friedman, J., Olshen, R. and Stone, C. (1984) Classification and Regression Trees. Chapman and Hall, Wadsworth, New York.
- Breiman, L. (2017). Classification and regression trees. Routledge.

▌ scikit-learn의 파이프라인 구현

이전 레시피에서는 데이터로드 시작, 훈련, 테스트 집합으로 분할, 결측값 대치, 범주 특징 인코딩 및 마지막으로 머신러닝 모델 구축에 필요한 모든 단계를 보여 줬으며, 의사결정 트리 분류기에 적합하다.

프로세스는 특정 순서로 여러 단계를 실행해야 하며, 작업 중 파이프라인을 많이 수정하면 까다로워질 수 있다. 이것이 scikit-learn이 파이프라인을 도입한 이유다. 파이프라인을 사용해 데이터에 변환 목록을 순차적으로 적용한 다음 지정된 추정기(모델)를 학습할 수 있다.

알아야 할 한 가지 중요한 점은 파이프라인의 중간 단계에 fit와 transform 메서드가 있어야 한다는 것이다(최종 추정기는 fit 메서드만 필요하다).

파이프라인을 사용하면 몇 가지 이점이 있다.

- 흐름을 쉽게 읽고 이해할 수 있다. 주어진 열에 대해 실행할 연산의 체인이 명확하다.
- 단계의 순서가 파이프라인에 의해 강제화된다.
- 재현하기가 쉽다.

이 레시피에서는 데이터로드에서 분류기 훈련에 이르기까지 전체 프로젝트 파이프라인을 만드는 방법을 보여 준다.

작동 방법

다음 단계를 실행해 프로젝트 파이프라인을 구축한다.

1. 라이브러리를 임포트한다.

```
import pandas as pd
from sklearn.model_selection import train_test_split
from sklearn.impute import SimpleImputer
from sklearn.preprocessing import OneHotEncoder
from sklearn.compose import ColumnTransformer
```

```
from sklearn.tree import DecisionTreeClassifier
from sklearn.pipeline import Pipeline
from chapter_8_utils import performance_evaluation_report
```

2. 데이터를 로드하고 타깃을 분리한 다음 층화된 훈련-테스트 분할을 생성한다.

```
df = pd.read_csv('credit_card_default.csv', index_col=0,
                 na_values='')

X = df.copy()
y = X.pop('default_payment_next_month')

X_train, X_test, y_train, y_test = train_test_split(X, y,
                                                    test_size=0.2,
                                                    stratify=y)
```

3. 수치/범주 특징의 리스트를 저장한다.

```
num_features = X_train.select_dtypes(include='number') \
                      .columns \
                      .to_list()
cat_features = X_train.select_dtypes(include='object') \
                      .columns \
                      .to_list()
```

4. 수치 파이프라인을 정의한다.

```
num_pipeline = Pipeline(steps=[
    ('imputer', SimpleImputer(strategy='median'))
])
```

5. 범주 파이프라인을 정의한다.

```
cat_list = [list(X_train[col].dropna().unique()) for col in
cat_features]

cat_pipeline = Pipeline(steps=[
    ('imputer', SimpleImputer(strategy='most_frequent')),
    ('onehot', OneHotEncoder(categories=cat_list, sparse=False,
                             handle_unknown='error', drop='first'))
])
```

6. 열 변환자 객체를 정의한다.

```
preprocessor = ColumnTransformer(transformers=[
    ('numerical', num_pipeline, num_features),
    ('categorical', cat_pipeline, cat_features)],
    remainder='drop')
```

7. 결합 파이프라인을 생성한다.

```
dec_tree = DecisionTreeClassifier(random_state=42)

tree_pipeline = Pipeline(steps=[('preprocessor', preprocessor),
                                ('classifier', dec_tree)])
```

8. 파이프라인을 데이터에 적합화한다.

```
tree_pipeline.fit(X_train, y_train)
```

9. 전체 파이프라인의 성능을 평가한다.

```
LABELS = ['No Default', 'Default']
tree_perf = performance_evaluation_report(tree_pipeline, X_test,
```

```
                                    y_test, labels=LABELS,
                                    show_plot=True)
```

코드를 실행하면 다음의 도면을 얻는다.

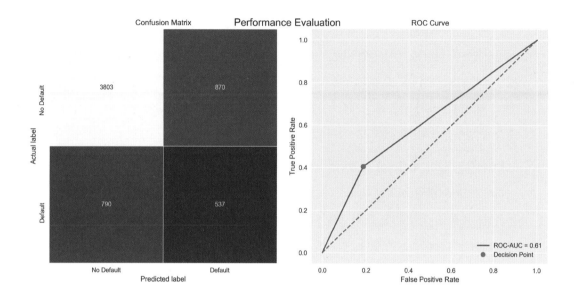

모델의 성능은 모든 단계를 개별적으로 수행함으로써 달성한 것과 매우 유사하다는 것을 알 수 있다. 이것이 바로 우리가 기대한 것이다.

작동 원리

1단계에서 필요한 라이브러리를 가져왔다. 이 리스트는 다소 어려워 보일 수 있는데, 이전 레시피에서 사용된 여러 함수/클래스를 결합해야 하기 때문이다.

2단계에서는 CSV 파일에서 데이터를 로드하고 타깃 변수를 분리하고 계층화된 훈련-테스트 분할을 생성했다. 다음으로 숫자/범주형 특징의 이름을 포함하는 2개의 리스트를 만들었다. 여기서는 특징의 유형에 따라 다른 변환을 적용할 것이다. 적절한 열을 선택하고자 select_dtypes 메서드를 사용했다.

4단계에서 별도의 파이프라인 준비를 시작했다. 숫자의 경우 열 중앙값을 사용해 특징의 결측값을 대치하고자 한다. `Pipeline`의 경우 단계를 포함하는 튜플 리스트, 단계 이름(쉽게 식별할 수 있도록)과 사용하려는 부류가 포함된 각 튜플(이 경우 `SimpleImputer`)을 제공한다.

5단계에서 범주 특징에 대해 유사한 파이프라인을 준비했다. 그러나 이번에는 두 연산을 체인시켰는데 하나는 대치 작업(최빈값 사용)이고, 다른 하나는 원-핫 인코더다. 인코더의 경우 `cat_list`라는 리스트를 지정했으며, `X_train`을 기반으로 가능한 모든 범주를 나열했다. 여기서는 교차 검증을 소개하는 다음 레시피를 위해 대부분 그렇게 했으며, 무작위 추출 중 일부가 모든 범주를 포함하지 않을 수 있다.

6단계에서는 열의 데이터를 조작하는 데 사용된 `ColumnTransformer` 객체를 정의했다. 여기서도 또 이전에 정의한 파이프라인 중 하나와 변환을 적용할 열 리스트를 포함하는 튜플 목록을 전달했다. 또한 변환이 적용되지 않은 추가 열을 삭제하고자 나머지 `remainder='drop'`을 지정했다. 이 경우 변환이 모든 특징에 적용됐으므로 열이 삭제되지 않았다.

 ColumnTransformer는 pandas DataFrames 대신 numpy 배열을 반환한다는 것을 기억하자.

7단계에서 파이프라인을 사용해 전 처리기(이전에 정의된 `ColumnTransformer` 객체)를 의사결정 트리 분류기와 연결한다(비교를 위해 랜덤 상태를 42로 설정). 마지막 두 단계는 전체 파이프라인을 데이터에 맞추고 사용자 정의 기능을 사용해 모델의 성능을 측정하는 것이다. `performance_evaluation_report` 함수는 예측을 작성하는 데 사용되는 `predict`와 `predict_proba` 메서드가 있는 추정기나 파이프라인에서 작동하는 방식으로 구축됐다.

추가 사항

이 레시피에서는 데이터 과학 프로젝트의 전체 파이프라인을 작성하는 방법을 보여 줬다. 그러나 전처리 단계에서 데이터에 적용할 수 있는 다른 많은 변환이 있다. 그중 일부는 다음과 같다.

- **수치 특징의 스케일링**scaling: 다시 말해서 상이한 특징은 서로 다른 척도로 측정된다는 사실로 인해 특징의 범위를 변경하는 것이다. 이것은 모델에 편향을 유발할 수 있다. 특징 간의 거리를 계산하는 모델(예: K-Nearest Neighbors)을 처리할 때 특징 스케일링에 주로 관심을 가져야 한다. 일반적으로 의사결정 트리를 기반으로 하는 방법에는 스케일링이 필요하지 않다. `scikit-learn`의 인기 있는 옵션에는 `StandardScaler`와 `MinMaxScaler`가 있다.

- **연속 변수의 이산화**: 연속 변수(연령 등)를 유한 개수의 빈bin(예: 25 이하, 25와 50 사이, 50 이상)으로 변환할 수 있다. 특정 빈을 만들려면 `pd.cut` 함수를 사용할 수 있지만, `pd.qcut`은 Quantile을 기준으로 분할하는 데 사용된다.

- **특이값 변환/제거**: EDA 중에는 종종 극단적인 값이 측정되는데 일종의 오류(예: 연령에 자리수가 추가된다)로 인해 발생할 수 있고, 혹은 단순히 나머지와 호환되지 않는(예: 중산층 시민의 샘플 중 억만장자가 포함된다) 경우가 있다. 이러한 특이값은 모형의 결과를 왜곡시킬 수 있으므로 어떻게든 처리하는 것이 좋다. 한 가지 해결책은 그것들을 제거하는 것이지만, 이것은 모델의 일반화 능력에 영향을 줄 수 있다. 한편 그것들을 정규값에 더 가깝게 만들 수도 있다.

> ⓘ 파이프라인 내에 새로운 (또는 변형된) 특징을 생성할 수도 있다. 새 열을 명시적으로 추가하려면 먼저 적절한 변환기/파이프라인을 생성한 다음 FeatureUnion을 사용해 파이프라인 내에 추가해야 한다.

이 예에서는 특이값을 감지하고 수정하고자 사용자 정의 변환기를 작성하는 방법을 보여 준다. 여기서는 3σ 규칙을 적용한다. 즉 평균 +/− 3 표준 편차 위/아래의 값을 제한한다. 이 작업을 위해 전용 변환기를 만들므로 이전에 설정된 파이프라인에 이상치 처리를 통합할 수 있다.

1. 기저 추정기와 변환기를 sklearn에서 임포트한다.

```
from sklearn.base import BaseEstimator, TransformerMixin
```

scikit-learn의 파이프라인과 호환되는 맞춤형 변환기를 만들고자 한다. 이를 위해 fit, transform, fit_transform, get_params, set_params와 같은 메서드가 제공돼야 한다. 이 모든 것을 수동으로 작성할 수도 있지만, 프로세스를 쉽게 하고자 파이썬의 클래스 상속을 사용하는 것이 훨씬 더 매력적인 접근법이다. 그래서 여기서는 scikit-learn에서 BaseEstimator와 TransformerMixin을 임포트했다. TransformerMixin에서 상속하면 fit_transform 메서드를 지정할 필요가 없지만, BaseEstimator에서 상속하면 get_params와 set_params 메서드가 자동으로 제공된다.

2. OutlierRemover 클래스를 정의한다.

```
class OutlierRemover(BaseEstimator, TransformerMixin):
    def __init__(self, n_std=3):
        self.n_std = n_std
    def fit(self, X, y = None):
        if np.isnan(X).any(axis=None):
            raise ValueError('''There are missing values in the
                    array! Please remove them.''')

        mean_vec = np.mean(X, axis=0)
        std_vec = np.std(X, axis=0)
        self.upper_band_ = mean_vec + self.n_std * std_vec
```

```
            self.lower_band_ = mean_vec - self.n_std * std_vec
            self.n_features_ = len(self.upper_band_)
            return self
     def transform(self, X, y = None):
            X_copy = pd.DataFrame(X.copy())
            upper_band = np.repeat(
                self.upper_band_.reshape(self.n_features_, -1),
                len(X_copy),
                axis=1).transpose()
            lower_band = np.repeat(
                self.lower_band_.reshape(self.n_features_, -1),
                len(X_copy),
                axis=1).transpose()

            X_copy[X_copy >= upper_band] = upper_band
            X_copy[X_copy <= lower_band] = lower_band
            return X_copy.values
```

여기서는 클래스를 scikit-learn의 클래스와 유사하게 디자인했다. 즉 훈련 집합에서 훈련하고 테스트 집합에서만 변환을 사용한다.

__init__ 메서드에서는 관측값이 특이값으로 취급되는지 여부를 결정하는 표준편차 수를 저장했다(기본값은 3). fit 메서드에서는 특이값으로 간주되는 상한과 하한 임계값과 일반적인 특징 개수를 저장했다. transform 메서드에서는 3σ 기호 규칙에 따라 모든 값을 제한했다.

이 클래스의 한 가지 알려진 제약은 결측값을 처리하지 않는다는 것이다. 따라서 결측값이 있을 때 ValueError가 발생한다. 파이프라인에서는 이 문제를 피하고자 대치 후 OutlierRemover를 사용한다. 물론 변환기에서 결측값을 고려할 수도 있지만 이로 인해 코드가 길고 읽기 어려워진다. 변환기를 구축하는 동안 결측값을 마스킹하는 방법에 대한 예제는 scikit-learn에서 SimpleImputer의 정의를 참고하자.

3. 수치적 파이프라인에 OutlierRemover를 추가한다.

```
num_pipeline = Pipeline(steps=[
    ('imputer', SimpleImputer(strategy='median')),
    ('outliers', OutlierRemover())
])
```

4. 파이프라인의 나머지 부분을 실행하고 결과를 비교한다.

```
preprocessor = ColumnTransformer(transformers=[
    ('numerical', num_pipeline, num_features),
    ('categorical', cat_pipeline, cat_features)],
    remainder='drop')

dec_tree = DecisionTreeClassifier(random_state=42)

tree_pipeline = Pipeline(steps=[('preprocessor', preprocessor),
                                ('classifier', dec_tree)])

tree_pipeline.fit(X_train, y_train)

tree_perf = performance_evaluation_report(tree_pipeline, X_test,
                                          y_test, labels=LABELS,
                                          show_plot=True)
```

코드를 실행하면 다음의 그림을 얻는다.

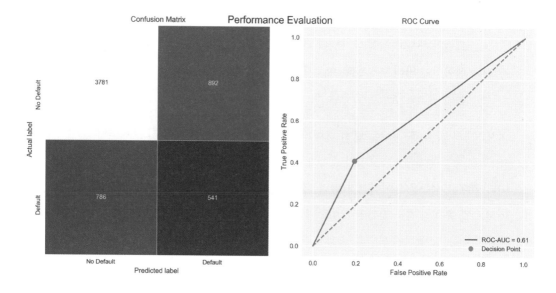

특이값을 제한하는 변환을 포함해도 전체 파이프라인의 성능에는 큰 변화가 없었다.

▌ 그리드 검색 및 교차 검증을 사용해 초매개 변수 조정

그리드 검색과 함께 교차 검증은 일반적으로 성능을 향상시키고자 모델의 초매개 변수를 조정하는 데 사용된다. 초매개 변수와 매개 변수의 차이점을 간략히 설명하면 다음과 같다.

초매개 변수:

- 모델의 외부 특성을 나타낸다.
- 데이터에 기반해 추정되지 않는다.
- 모델의 설정으로 간주할 수 있다.
- 훈련 단계 이전에 설정한다.
- 조정을 통해 더 나은 성능을 얻을 수 있다.

매개 변수:

- 모델의 내부 속성을 나타낸다.
- 데이터에 의해 추정된다. 예컨대 선형 회귀의 계수가 있다.
- 훈련 과정을 통해 학습한다.

머신러닝의 과제 중 하나는 낯선 데이터에 잘 일반화할 수 있는 훈련 모델이다(과적합과 과소적합, 편향–분산 균형). 모델의 초매개 변수를 튜닝하는 동안 훈련에 사용되지 않은 데이터에 대한 성능을 평가하고자 한다. 훈련과 테스트 집합으로 데이터를 분할한 레시피에서 추가 유효성 검증 집합을 작성할 수 있다고 언급했었다. 검증 집합은 테스트 집합을 사용한 최종 평가 전에 모델의 초매개 변수를 명시적으로 조정하는 데 사용된다. 그러나 검증 집합을 만들려면 비용이 소요된다. 훈련과 테스트에 사용할 데이터가 희생되므로 소규모 데이터셋을 처리할 때는 특히 해로울 수 있다. 이것이 바로 **교차 검증**cross-validation 이라는 기술이 인기를 얻은 이유다. 교차 검증을 통해 모델의 일반화 오류에 대한 신뢰할 수 있는 추정치를 얻을 수 있다. 예를 들어, k–폴드 교차 검증을 수행할 때 훈련 데이터를 k–폴드로 무작위로 분할한다. 그런 다음 k-1 폴드를 사용해 모델을 훈련시키고 k–폴드에 대해 성능을 평가한다. 이 과정을 k번 반복하고 결과 점수를 평균한다. 교차 검증의 잠재적 단점은 계산 비용이며, 특히 초매개 변수 튜닝을 위한 그리드 검색과 함께 사용될 때 계산 비용이 문제가 될 수 있다.

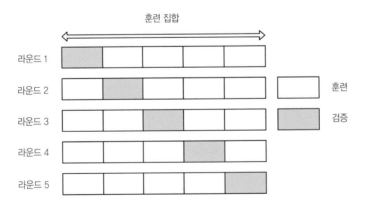

초매개 변수 튜닝에 사용되는 기술로 **그리드 검색**^{grid search}은 이미 언급한 바 있다. 아이디어는 가능한 모든 초매개 변수 조합의 그리드를 생성하고 각각을 사용해 모델을 학습시키는 것이다. 완전 검색 덕분에 그리드 검색은 그리드 내에서 최적의 매개 변수를 찾도록 보장한다. 단점은 그리드의 크기가 더 많은 매개 변수나 더 많은 고려된 값을 추가함에 따라 기하급수적으로 증가한다는 것이다. 교차 검증을 사용하는 경우 필요한 모형 적합 및 예측 수가 크게 증가한다.

그리드 검색에서 발생하는 문제에 대한 해결책으로 **랜덤 검색**^{random search}(랜덤화된 그리드 검색이라고도 한다)을 사용할 수도 있다. 이 방법에서는 무작위 초매개 변수 세트를 선택하고 모델을 학습(교차 유효성^{cross-validation} 검사를 사용)하고 점수를 반환하며, 사전 정의된 반복 횟수나 계산 시간 제한에 도달할 때까지 전체 프로세스를 반복한다. 매우 큰 그리드를 처리할 때는 그리드 검색보다 랜덤 검색이 선호된다. 랜덤 검색은 더 넓은 초매개 변수 공간을 탐색할 수 있고, 훨씬 짧은 시간에 최적(전체 그리드 검색에서 얻은)과 매우 유사한 초매개 변수 집합을 찾을 수 있기 때문이다. 유일한 문제는 좋은 솔루션을 찾기에 충분한 반복 횟수가 얼마인가를 찾는 것이다. 이에 대한 간단한 대답은 없다. 대부분의 경우 가용한 자원으로 표시된다.

준비하기

이 레시피에는 scikit-learn의 파이프라인 구현 레시피에서 생성된 의사결정 트리 파이프라인을 사용한다.

작동 방법

scikit-learn의 파이프라인 구현 레시피에서 작성한 의사결정 트리 파이프라인에서 그리드 검색과 랜덤 검색을 모두 실행하려면 다음 단계를 실행한다.

1. 라이브러리를 임포트한다.

```
from sklearn.model_selection import (GridSearchCV, cross_val_score,
                                     RandomizedSearchCV,
                                     cross_validate,
                                     StratifiedKFold)
```

2. 교차 검증 계획을 정의한다.

```
k_fold = StratifiedKFold(5, shuffle=True, random_state=42)
```

3. 교차 검증을 사용해 파이프라인을 평가한다.

```
cross_val_score(tree_pipeline, X_train, y_train, cv=k_fold)
```

이 결과는 추정기의 디폴트 점수(정확도)를 가진 배열을 생성한다.

```
array([0.73193085, 0.735625, 0.71458333, 0.72395833, 0.72619296])
```

4. 교차 검증에 척도를 추가한다.

```
cross_validate(tree_pipeline, X_train, y_train, cv=k_fold,
               scoring=['accuracy', 'precision', 'recall',
                        'roc_auc'])
```

이는 다음과 같은 배열을 생성한다.

```
{'fit_time': array([1.51690102, 1.7562921 , 1.51606917, 1.33704495,
1.19413209]),
 'score_time': array([0.18366694, 0.16472888, 0.20106912,
0.13241482, 0.14992499]),
```

```
'test_accuracy': array([0.73193085, 0.735625  , 0.71458333,
0.72395833, 0.72619296]),
'test_precision': array([0.39515377, 0.40832595, 0.36200717,
0.37902484, 0.3825441 ]),
'test_recall': array([0.3992467 , 0.43408663, 0.38041431,
0.38794727, 0.38831291]),
'test_roc_auc': array([0.61259443, 0.6278503 , 0.59531745,
0.6034391 , 0.60667299])}
```

5. 매개 변수 그리드를 정의한다.

```
param_grid = {'classifier__criterion': ['entropy', 'gini'],
              'classifier__max_depth': range(3, 11),
              'classifier__min_samples_leaf': range(2, 11),
              'preprocessor__numerical__outliers__n_std': [3, 4]}
```

6. 그리드 검색을 실행한다.

```
classifier_gs = GridSearchCV(tree_pipeline, param_grid,
                             scoring='recall',
                             cv=k_fold, n_jobs=-1, verbose=1)
classifier_gs.fit(X_train, y_train)

print(f'Best parameters: {classifier_gs.best_params_}')
print(f'Recall (Training set): {classifier_gs.best_score_:.4f}')
print(f'Recall (Test set): {metrics.recall_score(y_test,
classifier_gs.predict(X_test)):.4f}')
```

최적 모델은 다음과 같다.

```
Best parameters: {'classifier__criterion': 'gini',
'classifier__max_depth': 10,
'classifier__min_samples_leaf': 3,
'preprocessor__numerical__outliers__n_std': 3}
```

```
Recall (Training set): 0.3905

Recall (Test set): 0.3828
```

7. 그리드 검색의 성능을 평가한다.

```
LABELS = ['No Default', 'Default']
tree_gs_perf = performance_evaluation_report(classifier_gs, X_test,
                                             y_test, labels=LABELS,
                                             show_plot=True)
```

코드를 실행하면 다음 그림을 얻는다.

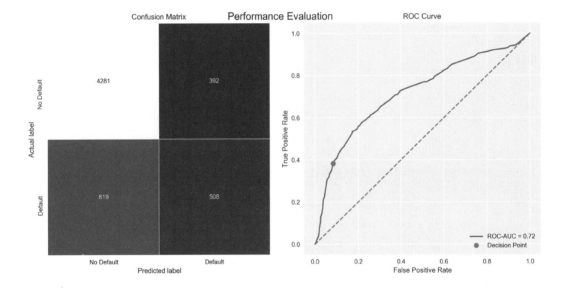

8. 랜덤화된 그리드 검색을 실행한다.

```
classifier_rs = RandomizedSearchCV(tree_pipeline, param_grid,
                                   scoring='recall',
                                   cv=k_fold, n_jobs=-1, verbose=1,
                                   n_iter=100, random_state=42)
```

```
print(f'Best parameters: {classifier_rs.best_params_}')
print(f'Recall (Training set): {classifier_rs.best_score_:.4f}')
print(f'Recall (Test set): {metrics.recall_score(y_test,
classifier_rs.predict(X_test)):.4f}')
```

최적 모델은 다음과 같다.

```
Best parameters: {'preprocessor__numerical__outliers__n_std': 4,
'classifier__min_samples_leaf': 5,
'classifier__max_depth': 10, 'classifier__criterion': 'gini'}

Recall (Training set): 0.3905

Recall (Test set): 0.3723
```

랜덤 검색에서 모든 가능성의 ~1/3에 해당하는 100개의 무작위 초매개 변수 집합을 조사했다. 전체 그리드 검색으로 표시된 최상의 모델은 검색하지 못했다. 훈련 집합의 재현율은 동일하지만(소수점 최대 4자리) 테스트 집합의 동일 지표는 더 나쁘다.

작동 원리

2단계에서 교차 검증 체계를 정의했다. 데이터에 고유한 순서가 없으므로 섞어서 사용하고 재현성을 위해 랜덤 상태를 지정했다. 층화는 각 폴드가 타깃 변수에서 유사한 비율의 부류를 받도록 보장했다.

3단계에서 cross_val_score를 사용해 scikit-learn의 파이프라인 구현 레시피에서 작성된 파이프라인을 평가했다. 함수에 대한 인수로 추정기(전체 파이프라인), 훈련 데이터와 교차 유효성 검사 체계를 전달했다. 또한 cv 인수에 숫자를 제공할 수도 있다(기본값은 5다). 분류 문제였다면 층화 k-폴드 교차 검증을 자동으로 적용했을 것이다. 그러나 사용자 지정 체계를 제공해 랜덤 상태를 정의하고 결과를 재현할 수 있도록 했다.

4단계에서는 대개 동일한 교차 유효성 검사를 실행했지만 cross_validate를 사용했다. 이 함수는 여러 평가 기준(정확도, 정밀도, 재현율 사용)을 사용할 수 있는 방식에서 더욱 유연하다. 또한 훈련과 추론 단계에서 소요된 시간을 기록한다.

5단계에서는 그리드 검색에 사용할 매개 변수 그리드를 정의했다. 여기서 기억해야 할 중요한 점은 파이프라인 작업 시의 명명 규칙이다. 그리드 딕셔너리의 키는 이중 밑줄을 사용해 초매개 변수 이름과 연결된 단계/모델의 이름으로 작성한다. 이 예에서는 의사결정 트리 분류기의 3개의 초매개 변수 위에 작성된 공간을 검색했다.

- criterion: 엔트로피나 지니Gini 중요도 등의 분할 결정에 사용되는 척도
- max_depth: 트리의 최대 깊이
- min_samples_leaf: 잎에서의 최소 개수. 이는 트리에서 매우 적은 관측값을 가진 잎이 생성되는 것을 막아 준다.

또한 평균에서 3 또는 4개의 표준 편차를 사용해 관측값이 특이값인지 여부를 나타내는 특이값 변환기를 실험했다. 이름 구성에 주의를 기울여야 한다. 여기서는 단계(전 처리기), 파이프라인(수치)과 그 단계(이상치), 마지막으로 초매개 변수 이름을 표시했다.

 추정기(모델)만 튜닝할 때는 초매개 변수 이름을 직접 사용해야 한다.

여기서는 재현율(모델에 의해 올바르게 식별된 모든 기본값의 백분율)을 기반으로 가장 우수한 의사결정 트리 모델을 선택하기로 결정했다. 이 평가 지표는 디폴트 탐지 문제뿐만 아니라 사기 탐지에도 적합하다. 이러한 문제의 대상 부류는 종종 불균형이다. 이것은 클래스 불균형을 설명할 수 있는 방법이 없다면 최적화를 어렵게 만들 수 있다(불균형 데이터 처리에 대한 다양한 접근 방법을 조사하는 레시피에서 자세히 설명한다). 실제로는 거짓 부정(실제로 디

폴트였지만 채무 이행으로 예측)와 거짓 긍정(우량 고객을 디폴트로 예측)의 경우 다른 비용이 발생한다. 디폴트를 예측하고자 거짓 부정(놓친 디폴트)을 줄인 대가로 더 많은 거짓 긍정을 수용할 때의 비용을 감수하기로 결정했다.

6단계에서 그리드 검색 클래스의 인스턴스를 생성했다. 파이프라인과 매개 변수 그리드를 제공하고 재현율을 최상의 모델을 선택하는 데 사용할 척도로 지정했다(여기서는 다른 척도를 사용할 수 있다). 또한 맞춤형 CV 방식을 사용했으며 사용 가능한 모든 코어를 사용해 계산 속도를 높이고 싶다고 지정했다(n_jobs = -1). 그런 다음 scikit-learn의 다른 추정기와 마찬가지로 그리드 검색 개체를 적합화했다. 결과에서 그리드에는 288개의 서로다른 초매개 변수 조합이 포함돼 있으며 각각에 대해 5개의 모델(5배 교차 검증)을 적합화했다.

 GridSearchCV의 기본 설정(refit = True)은 전체 그리드 검색 후 최상의 모델이 이번에는 전체 훈련 집합에 다시 자동으로 적합화됨을 의미한다. 그런 다음 classifier_gs.predict(X_test)를 실행해 추론에 해당 추정기(표시된 기준으로 지정)를 직접 사용할 수 있다.

8단계에서 랜덤 그리드 검색 인스턴스를 생성했다. 최대 반복 횟수가 지정됐다는 점을 제외하면 일반 그리드 검색과 유사하다. 이 경우 매개 변수 그리드에서 100개의 서로 다른 조합을 테스트했는데 이는 모든 가능한 조합의 1/3이었다.

추가 사항

여러 분류기를 포함하는 그리드를 만들 수도 있다. 이를 위해 먼저 로지스틱 회귀 분류기인 scikit-learn에서 다른 분류기를 가져온다.

```
from sklearn.linear_model import LogisticRegression
```

이번에도 매개 변수 그리드를 정의해야 한다. 이번에는 분류기당 하나의 딕셔너리인 여러 딕셔너리를 포함하는 리스트다. 의사결정 트리의 초매개 변수는 이전과 동일하며 로지스틱 회귀의 초매개 변수의 의미를 탐색하지는 않는다. 한 가지 언급할 것은 파이프라인에서 다른 초매개 변수를 조정하려면 리스트의 각 딕셔너리에 이를 지정해야 한다는 것이다. 이 때문에 'preprocessor__numerical__outliers__n_std'가 두 번 포함됐다.

```python
param_grid = [{'classifier': [LogisticRegression()],
               'classifier__penalty': ['l1', 'l2'],
               'classifier__C': np.logspace(0, 3, 10, 2),
               'preprocessor__numerical__outliers__n_std': [3, 4]},
              {'classifier': [DecisionTreeClassifier(random_state=42)],
               'classifier__criterion': ['entropy', 'gini'],
               'classifier__max_depth': range(3,11),
               'classifier__min_samples_leaf': range(2, 11),
               'preprocessor__numerical__outliers__n_std': [3, 4]}]
```

나머지 프로세스는 동일하다.

```python
classifier_gs_2 = GridSearchCV(tree_pipeline, param_grid, scoring='recall',
                               cv=k_fold, n_jobs=-1, verbose=1)

classifier_gs_2.fit(X_train, y_train)

print(f'Best parameters: {classifier_gs_2.best_params_}')
print(f'Recall (Training set): {classifier_gs_2.best_score_:.4f}')
print(f'Recall (Test set): {metrics.recall_score(y_test,
classifier_gs_2.predict(X_test)):.4f}')
```

코드를 실행하면 다음의 결과를 얻는다.

```
Best parameters: {'classifier': DecisionTreeClassifier(...),
'classifier__criterion': 'gini', 'classifier__max_depth': 10,
```

```
'classifier__min_samples_leaf': 3,
'preprocessor__numerical__outliers__n_std': 3}
Recall (Training set): 0.3905
Recall (Test set): 0.3828
```

최적의 모델은 최초 그리드 검색에서 찾은 것이다.

참고 문헌

- Bergstra, J., & Bengio, Y. (2012). Random search for hyper-parameter optimization. *Journal of Machine Learning Research*, 13(Feb), 281–305.— http://www.jmlr.org/papers/volume13/bergstra12a/bergstra12a.pdf

09

금융에서의 고급 머신러닝 모델

8장에서 머신러닝을 사용해 실제 문제를 해결하는 워크플로^{workflow}를 소개했다. 데이터 정리에서부터 모델 훈련(예제의 경우 분류기) 그리고 그 성능 평가에 이르기까지 전체 파이프라인을 살펴봤다. 그러나 그것이 프로젝트의 전부는 아니다. 그때는 간단한 의사결정 트리 분류기를 사용했으며, 대부분의 경우 벤치마크나 **최소 기능 제품**^{MVP, Minimum Viable Product} 정도로 사용할 수 있다. 이제 몇 가지 고급 주제를 다뤄 볼 것이다.

먼저 9장에서는 고급 분류기를 사용하는 방법(이 또한 결정 트리를 기반으로 함)을 제시한다. 그중 일부(예: XG부스트 또는 LightGBM)는 머신러닝 대회에서 승리하고자 자주 사용된다 (예: Kaggle). 또한 여러 머신러닝 모델을 쌓아 올려 예측 성능을 더욱 향상시키는 개념을 소개한다.

금융업에서 모델 예측의 논리를 이해하는 것은 매우 중요하다(물론 금융업만 그런 것은 아니지만). 예를 들어, 은행은 신용 요청을 거절할 실질적인 이유가 있거나 대출에 대한 채무 불이행 가능성이 높은 고객을 예측해 손실을 제한하려고 할 수 있다. 그렇기 때문에 특징 중요도를 조사하는 몇 가지 방법을 소개한다. 이 중 일부는 모델에 구애받지 않는다.

또 다른 일반적인 실생활 문제는 불균형 데이터를 처리하는 것과 관련이 있다. 즉 한 부류(예: 채무 불이행 또는 사기)가 실제로 거의 관찰되지 않아서 모델이 소수 부류 관찰을 정확하게 포착하도록 훈련하기가 어렵다. 여기서는 부류 불균형을 처리하는 몇 가지 일반적인 접근 방식을 소개하고 신용 카드 사기 데이터셋에서 성능을 비교한다.

마지막으로 8장에서 설명한 초매개 변수 튜닝을 확장한다. 거기서는 완전 그리드 검색이나 무작위 검색을 사용했는데 둘 다 정보를 갖고 있지 않다. 이 방법들은 다음에 조사할 초매개 변수 집합을 선택할 때 기본적인 논리가 없음을 의미한다. 이번에는 베이즈 최적화를 도입해 과거 시도가 다음 집합을 선택하는 데 사용된다. 이 접근 방식은 프로젝트의 튜닝 단계를 크게 단축시킬 수 있다.

9장에서는 다음 레시피를 다룬다.

- 고급 분류기 조사
- 개선된 성능을 위한 스태킹의 사용
- 특징 중요도 조사
- 비균형 데이터를 다루는 기법들
- 베이즈 초매개 변수 최적화

▌ 고급 분류기 조사

8장에서 고객의 채무 불이행 예측, 즉 채무 상환 불가능을 예측하고자 전체 파이프라인을 구축하는 방법을 배웠다. 머신러닝 부분에는 기본 알고리즘 중 하나인 의사결정 트리 분류기를 사용했다.

모델의 성능을 개선하는 방법이 몇 가지 있는데 그중 일부만 나열하면 다음과 같다.

- 더 많은 관측값 수집
- 추가적인 특징 도입 – 추가적인 데이터를 수집하거나 특징 가공을 통해
- 고급 모델을 사용
- 초매개 변수 튜닝

데이터 과학자들은 실제 모델링에는 20%만 소비하고 데이터를 수집하고 정리하는 프로젝트에 80%의 시간을 소비한다는 일반적인 규칙이 있다. 이에 따라 더 많은 데이터를 추가하면 특히 분류 문제에서 불균형 부류를 처리할 때 모델 성능이 크게 향상될 수 있다. 그러나 새로운 데이터를 찾는 것이 항상 가능한 것은 아니며, 너무 복잡할 수도 있다. 그렇다면 다른 해법은 더 고급 모델을 사용하거나 초매개 변수를 조정해 추가 성능을 짜내는 것이다.

8장에서 작업한 기본 예측 모델에서는 추가 데이터를 수집할 수 없었다. 또한 새로운 특징을 수동으로 생성하고자 최선을 다했다고 가정할 수 있다. 이 레시피에서는(의사결정 트리를 기반으로) 고급 분류기를 사용하는 데 중점을 둔다.

준비하기

이 레시피에서는 데이터로드에서 분류기 학습에 이르기까지 기본 예측 파이프라인을 생성한 8장의 scikit-learn의 파이프라인 구현 레시피에서 이미 설정한 내용을 기반으로 한다. 여기서는 이상치 제거 절차 없이 변형을 사용한다('추가 사항' 절의 레시피). 이 레시피에서는 마지막 단계(추정기)를 다른 고급 단계로 대체한다. 또한 의사결정 트리 파이프라인을 데이터에 적합화해 성능 비교를 위한 기준 모델을 구한다. 독자 여러분의 편의를 위해 9장과 함께 동반된 노트북에서 필요한 모든 단계를 반복한다.

작동 방법

고급 분류기를 훈련시키려면 다음 단계를 실행한다.

1. 라이브러리를 임포트한다.

```
from sklearn.ensemble import (RandomForestClassifier,
                              GradientBoostingClassifier)
from xgboost.sklearn import XGBClassifier
from lightgbm import LGBMClassifier
```

2. 랜덤 포레스트 파이프라인을 정의하고 적합화한다.

```
rf = RandomForestClassifier(random_state=42)
rf_pipeline = Pipeline(steps=[('preprocessor', preprocessor),
                              ('classifier', rf)
                              ])

rf_pipeline.fit(X_train, y_train)
rf_perf = performance_evaluation_report(rf_pipeline, X_test,
                                        y_test, labels=LABELS,
                                        show_plot=True,
                                        show_pr_curve=True)
```

랜덤 포레스트의 성능은 다음 그림에 정리돼 있다.

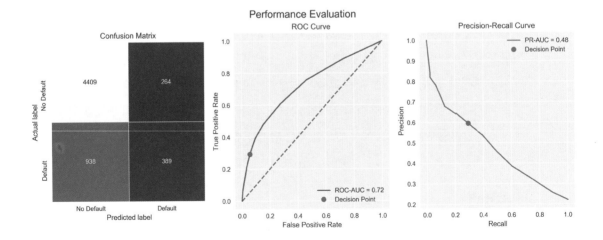

3. 그래디언트 부스트 트리[Gradient Boost Tree] 파이프라인을 정의하고 적합화한다.

```
gbt = GradientBoostingClassifier(random_state=42)
gbt_pipeline = Pipeline(steps=[('preprocessor', preprocessor),
                               ('classifier', gbt)
                               ])

gbt_pipeline.fit(X_train, y_train)
gbt_perf = performance_evaluation_report(gbt_pipeline, X_test,
                                         y_test, labels=LABELS,
                                         show_plot=True,
                                         show_pr_curve=True)
```

그래디언트 부스트 트리의 성능은 다음 그림에 정리돼 있다.

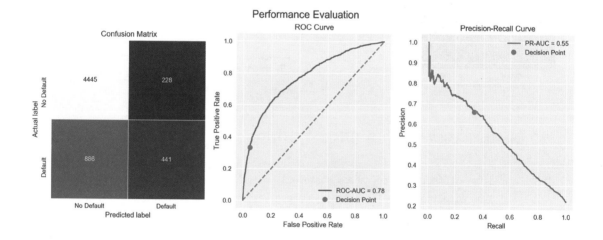

4. XG부스트 파이프라인을 정의하고 적합화한다.

```
xgb = XGBClassifier(random_state=42)
xgb_pipeline = Pipeline(steps=[('preprocessor', preprocessor),
                               ('classifier', xgb)
                               ])
```

```
xgb_pipeline.fit(X_train, y_train) xgb_perf =
performance_evaluation_report(xgb_pipeline, X_test,
                              y_test, labels=LABELS,
                              show_plot=True,
                              show_pr_curve=True)
```

XG부스트의 성능은 다음 그림에 정리돼 있다.

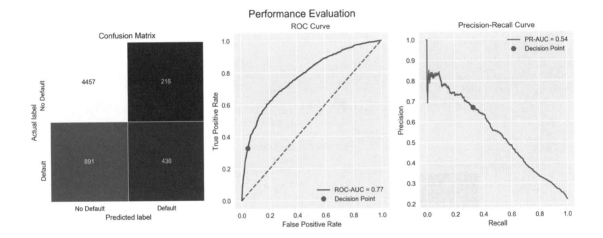

5. LightGBM 파이프라인을 정의하고 적합화한다.

```
lgbm = LGBMClassifier(random_state=42)
lgbm_pipeline = Pipeline(steps=[('preprocessor', preprocessor),
                                ('classifier', lgbm)
                               ])

lgbm_pipeline.fit(X_train, y_train)
lgbm_perf = performance_evaluation_report(lgbm_pipeline, X_test,
                                          y_test, labels=LABELS,
                                          show_plot=True,
                                          show_pr_curve=True)
```

LightGBM의 성능은 다음 그림에 정리돼 있다.

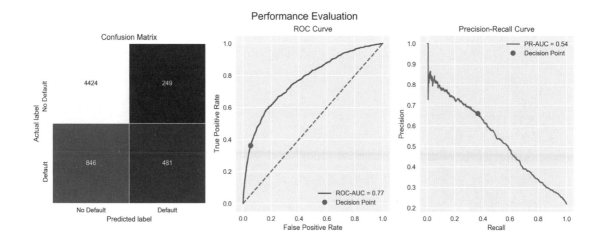

이 리포트로부터 ROC 곡선의 모양과 정밀도-재현율 곡선이 모든 모델에 대해
비슷하다는 것을 알 수 있다.

작동 원리

이 레시피는 기본 설정을 그대로 사용하면 다른 분류기를 사용하는 것이 얼마나 쉬운지
보여 준다. 첫 번째 단계에서는 해당 라이브러리에서 분류기를 가져왔다.

2~5단계에서 각 분류기에 대한 특수 파이프라인을 만들었다. 여기서는 이미 구축된
ColumnTransformer 전처리기를 해당 분류기와 결합했다. 그런 다음 각 파이프라인을 훈
련 데이터에 맞추고 성능 평가 보고서를 보여 줬다.

XG부스트와 LightGBM과 같은 분류기는 훈련 모델에 대한 그 자체의 고유한 접근 방식
을 제공한다. 먼저 pandas DataFrame을 허용 가능한 데이터 형식(XG부스트의 경우 xgb.
DMatrix, LightGBM의 경우 lightgbm.Dataset)으로 변환한 다음 train과 cv 함수를 사용해
실제로 모델을 학습해야 한다. 그러나 scikit-learn은 파이썬의 머신러닝 모델 교육을

위한 최고의 라이브러리이므로 두 라이브러리 모두 **scikit-learn** 호환 API를 제공하며 여기의 레시피에서 사용했다. XG부스트와 LightGBM 모두 기본 접근 방식을 사용하면 LightGBM에 의한 범주형 변수 자동 처리나 조기 중단(유효성 평가 점수가 유의미하게 향상되지 않을 때 모델의 훈련 중지)과 같은 기능 사용과 관련해 추가적인 이점을 얻을 수 있다.

추가 사항

이 레시피에서는 고급 분류기를 사용해 더 나은 결과를 얻는 방법을 보여 줬다. 더 흥미로운 것은 이 모델에는 튜닝할 여러 초매개 변수가 있어 성능을 크게 높이거나 낮출 수 있다는 것이다.

 편의상 이 모델의 초매개 변수 튜닝에 대해서는 다루지 않는다. 랜덤화 그리드 검색을 사용해 이러한 모델을 튜닝하는 방법에 대한 간략한 소개는 깃허브 저장소의 노트북을 참고하자. 여기에서는 기본 설정 및 조정된 제품의 성능과 모델의 성능을 비교해 결과만 제시한다.

결과를 설명하기 전에 고려한 분류기의 상세 사항을 간략히 살펴보자.

랜덤 포레스트: 랜덤 포레스트는 이 레시피에서 고려한 첫 번째 모델이며, 모델 앙상블의 예다. 이 모델은 일련의 더 작은 모델(결정 트리)을 학습하고, 이를 사용해 예측을 만든다. 회귀 문제의 경우 모든 기저 트리의 평균값을 사용한다. 분류를 위해서는 다수결 투표를 사용한다. 랜덤 포레스트가 뛰어나게 하는 몇 가지 측면이 있다.

- **배깅**bagging(부트 스트랩 집계)을 사용한다. 각 트리는 사용 가능한 모든 관측값의 하위 집합으로 훈련된다(복원을 동반한 추출이며, 따라서 달리 명시되지 않는 한). 각 트리에 사용된 총 관측값 수는 훈련 집합의 총계와 동일하다. 단일 트리가 특정 데이터셋(배깅으로 인해)과 관련해 높은 분산을 가질 수 있지만, 포레스트는 편향을 증가시키지 않으면서 전체적으로 분산을 더 낮춘다. 또한 이상치가 있더라도 모든

트리에서 사용되지는 않을 것이므로 특이값의 영향을 줄일 수도 있다.

- 또한 각 트리는 분할을 만들고자 모든 특징의 부분 집합만 고려한다.
- 위의 두 가지 메커니즘으로 포레스트의 트리는 서로 상관되지 않으며, 독립적으로 구축된다.

랜덤 포레스트는 복잡성과 성능 사이의 균형을 잘 유지하므로 알아 두면 좋은 알고리즘이다. 튜닝 없이도 종종 의사결정 트리나 선형/로지스틱 회귀와 같은 간단한 알고리즘을 사용할 때 훨씬 더 나은 성능을 얻을 수 있다. 이 때문에 랜덤 포레스트는 (유연성으로 인해) 편향이 낮고 (여러 모델의 예측을 집계해) 분산이 감소한다.

그래디언트 부스트 트리: 그래디언트 부스트 트리는 또 다른 유형의 앙상블 모델이다. 아이디어는 여러 약한 학습자(의사결정 트리/스텀프stump)를 훈련시키고 결합해 강력한 학습자를 얻자는 것이다. 랜덤 포레스트와 달리 그래디언트 부스트 트리는 순차적/반복 알고리즘이다. 여기서는 첫 번째 약한 학습자부터 시작해 이후의 각 학습자에 대해 이전 학습자의 실수로부터 학습하도록 한다. 이는 이전 모델의 잔차(오차항)에 적합화하며 이 작업을 수행한다.

그래디언트gradient라는 용어는 트리가 **그래디언트 하강**gradient descent이라는 최적화 알고리즘을 사용해 구축됐다는 사실에서 비롯됐다. 아주 자세하게 설명하지는 않겠지만 그래디언트 하강은 손실 함수의 그래디언트(기울기)를 사용해 전체 손실을 최소화하고 최상의 성능을 얻는다. 손실 함수는 실제 값과 예측된 값의 차이를 나타낸다. 실제로 그래디언트 부스트 트리에서 그래디언트 하강 절차를 수행하고자 손실 함수의 값을 줄이는(즉 그래디언트를 따르는) 트리를 모델에 추가한다.

 강한 학습자 대신에 약한 학습자의 앙상블을 만드는 이유는 강한 학습자의 경우 오차/잘못된 레이블 데이터 포인트는 데이터의 노이즈일 가능성이 높으므로 전체 모델이 훈련 데이터에 과적합될 수 있기 때문이다.

익스트림 그래디언트 부스팅^{XGBoost, Extreme Gradient Boosting}: XG부스트는 그래디언트 부스트 트리^{Gradient Boosted Trees}에 일련의 개선을 통해 기능을 통합해 우수한 성능을 제공한다(평가 기준 및 시간 측면에서). 발표된 이후 이 알고리즘은 많은 데이터 과학 시합에서 사용돼 승리를 거뒀다. 이 레시피에서는 뚜렷한 특징에 대한 상위 수준의 개요만 설명한다. 자세한 개요는 원 논문이나 문서를 참고하자. XG부스트의 핵심 개념은 다음과 같다.

- XG부스트는 기 분류된 알고리즘과 히스토그램 기반 알고리즘을 결합해 최상의 분할을 계산한다. 이 방법은 그래디언트 부스트 트리의 비효율성 문제, 즉 새로운 가지를 만들 때 가능한 모든 분할(특히 수백 또는 수천 가지 특징을 고려할 때 중요)에 대한 잠재적 손실을 고려하는 문제를 해결한다.
- 이 알고리즘은 (그래디언트 하강 대신) 부스팅을 위해 뉴턴-랩슨^{Newton-Raphson} 방법을 사용한다. 이 방법은 손실 함수가 최소가 되는 직접 경로를 제공한다.
- XG부스트는 트리 간의 상관관계를 줄이기 위한 추가적인 랜덤화 매개 변수를 갖고 있다.
- XG부스트는 Lasso(L1)와 Ridge(L2) 정규화를 결합해 과적합을 방지한다.
- 트리 가지 치기에 대해 다른(더 효율적인) 접근 방식을 제공한다.
- XG부스트에는 단조 제약 조건(LightGBM과 같은 다른 모델에는 없는 기능)이라는 특징을 갖고 있다. 이 알고리즘은 정확도를 어느 정도 희생하고 모델 해석성을 향상시키고자 훈련 시간을 늘린다.
- XG부스트는 범주형 특징을 입력으로 사용하지 않는다. 일종의 인코딩을 사용해야 한다.
- 이 알고리즘은 데이터에서 결측값을 처리할 수 있다.

LightGBM: 마이크로소프트에서 출시한 LightGBM은 여러 대회에서 수상한 경력이 있는 그래디언트 부스트 트리의 또 다른 구현이다. 약간의 개선으로 인해 LightGBM의 성능은 XG부스트와 비슷하지만 훈련 시간이 더 빠르다. 일부 핵심 기능은 다음과 같다.

- 속도의 차이는 트리가 자라는 방법이 달라서 발생한다. 일반적으로 알고리즘(예: XG부스트)은 레벨(수평)별 방식을 사용한다. 반면에 LightBGM은 트리가 잎-방향 leaf-wise(수직)으로 자란다. 잎-방향 알고리즘은 손실 함수가 최대로 감소된 잎을 선택한다. 이 함수는 나중에 XG부스트에도 추가됐다(grow_policy = 'lossguide').

- LightGBM은 **그래디언트-기반 원-사이드 샘플링**GOSS, Gradient-based One-Side Sampling이라는 기술을 사용해 최상의 분할값을 찾고자 데이터 인스턴스를 필터링한다. 직관적으로 작은 그래디언트를 가진 관측값은 이미 잘 훈련돼 있으며, 큰 그래디언트를 가진 관측값은 개선의 여지가 더 많을 것이다. GOSS는 그래디언트가 큰 인스턴스는 유지하고 그래디언트가 작은 관측값에서 랜덤으로 샘플링한다.

- LightGBM은 **EFB**Exclusive Feature Bundling를 사용해 희소 데이터셋을 활용하고 상호 배타적인 특징(둘은 동시에 0값을 가질 수 없다)을 함께 묶는다. 이는 특징 공간의 복잡도(차원)를 감소시킨다.

- 이 모델은 소규모 데이터셋에는 쉽게 과적합할 수 있다.

모델을 설명했으니 이제 기본 설정의 결과와 튜닝한 분류기의 결과를 비교해 보자.

	accuracy	precision	recall	specificity	f1_score	cohens_kappa	roc_auc	pr_auc
decision_tree_baseline	0.723333	0.381663	0.404672	0.813824	0.392831	0.213880	0.609528	0.458925
random_forest	0.799667	0.595712	0.293142	0.943505	0.392929	0.289244	0.717612	0.478045
random_forest_rs	0.810833	0.621212	0.370761	0.935801	0.464370	0.358276	0.750332	0.510628
gradient_boosted_trees	0.814333	0.659193	0.332329	0.951209	0.441884	0.344736	0.775486	0.547474
gradient_boosted_trees_rs	0.816500	0.651070	0.366993	0.944147	0.469398	0.368741	0.771308	0.538203
xgboost	0.815500	0.668712	0.328561	0.953777	0.440627	0.345202	0.774324	0.544790
xgboost_rs	0.800167	0.575472	0.367747	0.922962	0.448736	0.333852	0.745122	0.503757
light_gbm	0.817500	0.658904	0.362472	0.946715	0.467671	0.368547	0.773868	0.543574
light_gbm_rs	0.815667	0.651994	0.357197	0.945859	0.461538	0.361588	0.775173	0.551186

랜덤 검색(이름에 rs가 있는 것)을 사용해 보정된 모델의 경우 100개의 랜덤 초매개 변수 집합을 사용했다. 고려된 문제는 불균형 데이터(소수 부류가 ~20%)를 다루므로 성능 평가는 재현율을 살펴본다. 기본 의사결정 트리는 테스트 집합에서 최고의 재현율 점수를 달성

했지만 고급 모델에 비해 정밀도가 훨씬 낮다. 이 때문에 의사결정 트리의 F1 점수(정밀도와 재현율의 조화 평균)가 가장 낮다. 이 결과는 그러나 결코 고급 모델이 더 못하다는 것을 의미하지는 않는다. 단순히 더 많은 튜닝이나 다른 초매개 변수 집합이 필요할 수 있다. 예를 들어, 고급 모델은 트리의 최대 깊이를 제한했지만 의사결정 트리에는 그러한 제한이 없었다(깊이 37에 도달했다). 모델의 수준이 높을수록 '올바른 결과'를 얻으려면 더 많은 노력이 필요하다.

LightGBM 모델의 교육이 훨씬 빠르다는 점도 언급할 필요가 있다. 그러나 이 또한 초매개 변수의 랜덤 추출에 종속될 수 있으므로 이것만으로 알고리즘 속도에 대한 결정적인 논거로 사용해서는 안 된다.

실험해 볼 수 있는 많은 분류기가 있다. 그중 일부를 나열하면 다음과 같다.

- 로지스틱 회귀Logistic regression — 기준점으로 삼기 위한 좋은 시작이 된다.
- **서포트 벡터 머신**SVM, Support vector machine
- 나이브 베이즈 분류기Naive Bayes classifier
- 엑스트라 트리 분류기ExtraTrees classifier(극단적 랜덤 트리ERT, Extremely Randomized Trees로도 알려짐)
- 에이다부스트AdaBoost — 최초의 부스팅 알고리즘
- 캣부스트CatBoost — 최근 알고리즘, 범주형 특징에 특화돼 개발
- 인공신경망

참고 문헌

추가적인 참고 문헌은 다음과 같다.

- Breiman, L. (2001). Random Forests. *Machine Learning*, 45(1), 5–32.
- Chen, T., & Guestrin, C. (2016, August). Xgboost: A scalable tree boosting system. In *Proceedings of the 22nd international conference on*

knowledge discovery and data mining (pp. 785-794). ACM.

- Freund, Y., & Schapire, R. E. (1996, July). Experiments with a new boosting algorithm. In *Icml* (Vol. 96, pp. 148-156).

- Freund, Y., & Schapire, R. E. (1997). A decision-theoretic generalization of on-line learning and an application to boosting. *Journal of computer and system sciences*, 55(1), 119-139.

- Ke, G., Meng, Q., Finley, T., Wang, T., Chen, W., Ma, W., ... & Liu, T. Y. (2017). Lightgbm: A highly efficient gradient boosting decision tree. In *Advances in Neural Information Processing Systems* (pp. 3146-3154).

▌ 성능 향상을 위한 스태킹 사용

이전 레시피에서 앙상블 모델의 몇 가지 예를 소개했다. 거기서는 나은 모델을 만들고자 여러 의사결정 트리(각 모델마다 약간 다른 방식)를 사용했다. 당시의 목표는 전체적인 편향 및/또는 분산을 줄이는 것이었다. 마찬가지로 스태킹^{stacking}은 여러 추정기를 결합한 기술이다. 스태킹은 많은 시합에서 사용되는 매우 강력하고 인기 있는 기술이다.

특징을 개념적으로 설명하면 다음과 같다.

- 기본 학습자로 사용된 모델은 동질일 필요는 없으며, 다양한 추정기의 조합을 사용할 수 있다. 예를 들어, 의사결정 트리, 최근접 이웃 분류기, 로지스틱 회귀를 사용할 수 있다.
- 스태킹은 메타 학습자(모델)를 사용해 기본 학습자의 예측을 결합하고 최종 예측을 만든다.
- 스태킹은 여러 수준으로 확장할 수 있다.

다음 그림은 1-레벨 스택 앙상블을 보여 준다.

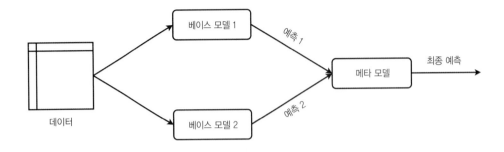

스태킹에는 여러 변형이 있다. 변형들마다 데이터 분할 방법과 잠재적 과적합과 데이터 유출을 처리하는 방법이 다르다. 이 레시피에서는 신용 카드 사기 데이터셋을 사용하고 scikit-learn 라이브러리에 사용된 접근 방식을 따른다.

작동 방법

스택 앙상블을 만들려면 다음 단계를 실행한다.

1. 라이브러리를 임포트한다.

```python
import pandas as pd
from sklearn.model_selection import (train_test_split,
                                      StratifiedKFold)
from sklearn import metrics
from sklearn.preprocessing import StandardScaler

from sklearn.naive_bayes import GaussianNB
from sklearn.neighbors import KNeighborsClassifier
from sklearn.tree import DecisionTreeClassifier
from sklearn.ensemble import StackingClassifier
from sklearn.linear_model import LogisticRegression
```

2. 데이터를 로드하고 준비한다.

```
RANDOM_STATE = 42
k_fold = StratifiedKFold(5, shuffle=True, random_state=42)

df = pd.read_csv('credit_card_fraud.csv')

X = df.copy()
y = X.pop('Class')

X_train, X_test, y_train, y_test = train_test_split(X, y,
                                                    test_size=0.2,
                                                    stratify=y)

scaler = StandardScaler()
X_train = scaler.fit_transform(X_train)
X_test = scaler.transform(X_test)
```

3. 고려할 분류기 목록을 정의한다.

```
clf_list = [('dec_tree', DecisionTreeClassifier()),
            ('log_reg', LogisticRegression()),
            ('knn', KNeighborsClassifier()),
            ('naive_bayes', GaussianNB())]
```

4. 선택된 모델을 반복하며 데이터에 적합화하고 테스트 집합을 사용해 재현율을 계산한다.

```
for model_tuple in clf_list:
    model = model_tuple[1]
    if 'random_state' in model.get_params().keys():
        model.set_params(random_state=RANDOM_STATE)
    model.fit(X_train, y_train)
    y_pred = model.predict(X_test)
    recall = metrics.recall_score(y_pred, y_test)
    print(f"{model_tuple[0]}'s recall score: {recall:.4f}")
```

코드를 실행하면 다음의 출력을 얻는다.

```
dec_tree's recall score: 0.7526
log_reg's recall score: 0.8312
knn's recall score: 0.9186
naive_bayes's recall score: 0.0588
```

5. 스태킹 분류기를 정의하고 적합화한다.

```
lr = LogisticRegression()
stack_clf = StackingClassifier(clf_list,
                               final_estimator=lr,
                               cv=k_fold,
                               n_jobs=-1)
stack_clf.fit(X_train, y_train)
```

6. 예측을 하고 스택된 앙상블을 평가한다.

```
y_pred = stacking_clf.predict(X_test)
recall = metrics.recall_score(y_pred, y_test)
print(f"The stacked ensemble's recall score: {recall:.4f}")
```

스택된 앙상블의 재현 점수는 0.9398이다.

작동 원리

1단계에서 필요한 라이브러리를 임포트했다. StackingClassifier는 버전 0.22의 scikit-learn에서 사용할 수 있다. 2단계에서 신용 카드 사기 데이터셋에서 타깃을 특징에서 분리하고 데이터를 훈련과 테스트 집합으로 나누고, 마지막으로 StandardScaler를 사용해 평균이 0이고 단위 분산을 가진 특징이 되도록 크기 조정한 다음 파이썬에 로드했다(데이터셋의 자세한 내용은 불균형 데이터 레시피 처리에 대한 다양한 접근 방법을 참고하자).

트리 기반 모델에는 이러한 변환이 필요하지 않지만 나중에 다른 분류기를 사용한다. 편의상 정규성 같은 기능의 다른 특징은 조사하지 않았다. 또한 이 단계에서는 나중에 사용하고자 5-폴드 교차 검증 체계를 정의했다.

3단계에서는 누적 앙상블에 대한 기본 학습자 목록을 정의했다. 여기서는 의사결정 트리, 나이브 베이즈, k-NN 및 로지스틱 회귀와 같은 몇 가지 간단한 분류기를 사용하기로 결정했다(편의상 선택된 분류기의 특성은 여기서 설명하지 않는다).

4단계에서 분류기 목록을 반복하고 각 모델(기본 설정 사용)을 훈련 데이터에 적합화하고 테스트 집합을 사용해 재현율 점수를 계산했다. 또한 추정기에 `random_state` 매개 변수가 있는 경우 재현을 위해 이 값을 42로 설정한다. 이 단계의 목표는 개별 모델의 성능을 조사해 누적 앙상블과 비교할 수 있도록 하는 것이다.

5단계에서는 분류기 목록을 인수 중 하나로 제공해 `StackingClassifier`를 정의했다. 또한 로지스틱 회귀를 메타 학습자로 지정하고 교차 검증 체계를 선택했다. `scikit-learn` 스태킹 구현에서 기본 학습자는 전체 훈련 집합을 사용해 적합화하고 메타 추정기만 기본 학습자의 교차 검증된 예측을 사용해 훈련된다(이 경우 `cross_val_predict`를 사용한다).

 이 접근법의 단점은 메타 학습자에게만 교차 유효성 검사를 적용하면 기본 학습자의 과적합으로 인해 과적합을 초래할 수 있다는 것이다. 다른 라이브러리('추가 사항' 절 참고)들은 스택된 앙상블의 교차 검증에서 다른 접근 방식을 사용한다.

마지막 단계에서 스택 앙상블을 사용해 예측하고 재현율 점수를 평가했다. 스택된 모델은 값이 0.9398로서 각 개별 학습자보다 성능이 우수하다.

추가 사항

여기서는 스태킹의 매우 기본적인 예를 제시했다. 다음과 같은 확장도 가능하다.

- 스태킹 앙상블에 더 많은 계층 도입
- 다른 메타 학습기 실험
- 다양한 모델 사용(예: SVM)
- 기본 분류기의 초 매개 변수 튜닝

> ⓘ scikit-learn의 앙상블 모듈에는 여러 분류기의 예측을 집계할 수 있는 VotingClassifier도 포함돼 있다. VotingClassifier는 사용 가능한 두 가지 투표 방식 중 하나를 사용한다. 첫 번째는 hard인데 단순히 다수결이다. soft 투표 방식은 예측된 확률합의 argmax를 사용해 분류 레이블을 예측한다.

스태킹 기능을 제공하는 다른 라이브러리도 있다. 그들 중 일부는 다음과 같다.

- vecstack
- mlxtend
- h2o

이 라이브러리들은 스태킹하는 방식도 다르다. 자세한 내용은 해당 설명서를 참고하자.

참고 문헌

- Igor Ivanov, Vecstack (2016), GitHub
- Raschka, Sebastian (2018) MLxtend: Providing machine learning and data science utilities and extensions to Python's scientific computing stack. *J Open Source Softw* 3(24).
- Wolpert, D. H. (1992). Stacked generalization. *Neural networks*, 5(2), 241–259.

특징 중요도 조사

여기서는 이미 전체 파이프라인을 만들고 더 나은 성능을 달성하고자 모델을 조정하는데 꽤 많은 시간을 썼다. 그러나 그만큼 혹은 더 중요한 것은 모델의 해석 가능성이다. 따라서 정확한 예측뿐만 아니라 그 이유를 설명할 수 있어야 한다. 고객 이탈의 경우 정확한 모델이 중요하다. 하지만 고객을 떠나는 실제 예측 변수가 무엇인지 알 수 있다면 전체 서비스를 개선하고 잠재적으로 고객이 더 오래 머무르게 하는 데 도움이 될 수 있을 것이다. 금융 환경에서 은행은 종종 고객의 대출 상환 능력을 예측하고자 머신러닝을 사용한다. 그리고 많은 경우에 대출 신청을 거절할 경우를 대비해 왜 해당 고객의 신청이 정확히 승인되지 않았는지 그 이유를 합리화해야 한다. 매우 복잡한 모델의 경우 이러한 작업은 어렵거나 불가능할 수 있다.

특징 중요도를 알게 되면 다음과 같은 여러 이점을 얻을 수 있다.

- 모델의 논리를 이해함으로써 이론적으로 정확성을 확인하는 것은 물론(어떤 특징이 좋은 예측 변수인지 확인) 중요한 변수에만 초점을 맞춰 모델을 개선해 볼 수 있다.
- 특징 중요도를 사용하면 x개의 중요 특징(전체 중요도에 지정된 비율 기여)을 유지함으로써 성능을 향상시킬 뿐만 아니라 훈련 시간을 단축할 수 있다.
- 특정 실사례에서는 해석을 위해 정확도(또는 다른 성능 지표)를 희생하는 것이 합리적일 경우가 있다.

 모델의 정확도가 올라갈수록 (지정된 성능 척도 측면에서) 특징의 중요성이 더 확실해진다는 점을 알고 있어야 한다. 이 때문에 모델을 튜닝한 후 특징의 중요성을 조사한다.

이 레시피에서는 랜덤 포레스트 분류기의 예제에서 특징 중요도를 계산하는 방법을 보여준다. 그러나 대부분의 경우 모델에 구애받지 않는다. 다른 경우에는 종종 동등한 접근 방식이 있다(예: XG부스트나 LightGBM의 경우). 여기서는 특징 중요도를 계산하는 세 가지 방법을 간략하게 소개한다.

scikit-learn의 특징 중요도: 랜덤 포레스트에서 사용되는 기본 특징 중요도는 평균 불순도 감소다. 주지하듯이 의사결정 트리는 불순도 척도를 사용해 성장하면서 최상의 분할을 만든다. 의사결정 트리를 훈련시킬 때 각 특징이 가중 불순도 감소에 얼마나 기여했는지 계산할 수 있다. 전체 트리의 중요도를 계산하고자 알고리즘은 전체 트리에 대해 불순도 감소를 평균화한다.

이 방법의 정점은 다음과 같다.

- 빠른 계산
- 쉬운 추출

이 방법의 단점은 다음과 같다.

- 편향 — 연속(숫자) 특징이나 높은 카디널리티^{cardinality} 범주형 변수의 중요도를 부풀리는 경향이 있다. 이로 인해 때로는 불합리한 경우가 생길 수 있으며, 이 때문에 추가 확률 변수(현재 문제와 무관)가 특징 중요도 순위에서 높은 점수를 얻을 수 있다.
- 불순도 기반 중요도는 훈련 집합을 기반으로 계산되며, 낯선 데이터로의 일반화 할 수 있는 모델의 능력을 반영하지 않는다.

순열 특징 중요도: 이 방법은 특징 중요도를 직접 측정한다. 이 방법은 각 예측 변수를 랜덤하게 섞으면서 모델의 성능에 어떤 영향을 미치는지 관찰한다. 또한 섞을 때는 변수의 분포를 유지한다.

알고리즘의 단계는 다음과 같다.

1. 기준 모델을 학습하고 관심 점수를 기록한다(모델의 일반화 능력에 대한 통찰을 얻고 자 훈련 집합이나 검증 집합에서 수행할 수 있다).

2. 특징 중 하나의 값을 임의로 순열(다시 섞기)하고, 전체 데이터셋(하나로 다시 섞인 특징)을 사용해 예측을 구하고 점수를 기록한다. 특징 중요도는 기준 점수와 순열된 데이터셋의 점수 간의 차이다.

3. 모든 특징에 대해 2단계를 반복한다.

이 방법에 장점은 다음과 같다.

- 모델에 구애받지 않는다.
- 상당히 효과적이다. – 매 단계에서 모델을 유지할 필요가 없다.

이 방법의 단점은 다음과 같다.

- 기본 특징 중요도에 비해 계산량이 더 많다.
- 상관된 예측 변수의 중요도를 과평가한다.

특징 중요도 열 제거: 이 접근법의 기본 개념은 매우 간단하다. 모든 특징이 포함된 모델을, 특징 중 하나를 제거한 것으로 훈련과 추론한 모델과 비교한다. 모든 특징에 대해 이 과정을 반복한다.

이 기법의 장점은 다음과 같다.

- 가장 정확/신뢰할 수 있는 특징 중요도다.

이 기법의 단점은 다음과 같다.

- 데이터셋의 각 변형 모델을 유지하고자 잠재적으로 계산 비용이 높아진다.

준비하기

이 레시피에는 고급 분류기 탐색 레시피의 적합화된 랜덤 포레스트 파이프라인(`rf_pipeline`)을 사용한다.

작동 방법

랜덤 포레스트 모델의 특징 중요도를 평가하려면 다음 단계를 실행한다.

1. 라이브러리를 임포트한다.

```
from sklearn.base import clone
from eli5.sklearn import PermutationImportance
```

2. 파이프라인에서 분류기와 전처리기를 추출한다.

```
rf_classifier = rf_pipeline.named_steps['classifier']
preprocessor = rf_pipeline.named_steps['preprocessor']
```

3. 전처리 변환기에서 특징 이름을 되찾고 훈련 데이터를 변환한다.

```
feat_names = preprocessor.named_transformers_['categorical'] \
                        .named_steps['onehot'] \
                        .get_feature_names(
    input_features=cat_features
)
feat_names = np.r_[num_features, feat_names]

X_train_preprocessed = pd.DataFrame(
    preprocessor.transform(X_train),
    columns=feat_names
)
```

4. 기본 특징 중요도를 추출하고 누적 중요도를 계산한다.

```
rf_feat_imp = pd.DataFrame(rf_classifier.feature_importances_,
                           index=feat_names,
                           columns=['mdi'])
```

```
rf_feat_imp = rf_feat_imp.sort_values('mdi', ascending=False)
rf_feat_imp['cumul_importance_mdi'] = np.cumsum(rf_feat_imp.mdi)
```

5. 상위 x개 특징을 그 중요도에 따라 도식화하는 함수를 정의한다.

```
def plot_most_important_features(feat_imp, method='MDI',
                                 n_features=10, bottom=False):
    if bottom:
        indicator = 'Bottom'
        feat_imp = feat_imp.sort_values(ascending=True)
    else:
        indicator = 'Top'
        feat_imp = feat_imp.sort_values(ascending=False)
    ax = feat_imp.head(n_features).plot.barh()
    ax.invert_yaxis()
    ax.set(title=('Feature importance - '
                  f'{method} ({indicator} {n_features})'),
           xlabel='Importance',
           ylabel='Feature')
    return ax
```

다음과 같이 함수를 호출한다.

```
plot_most_important_features(rf_feat_imp.mdi, method='MDI')
```

코드를 실행하면 다음의 결과를 얻는다.

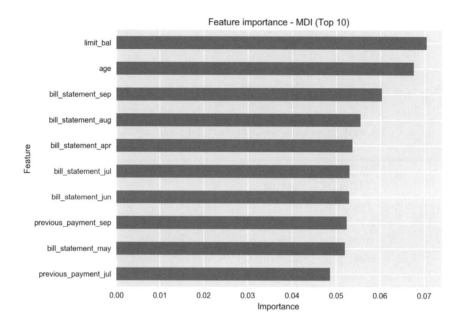

Feature importance - MDI (Top 10)

최상위 특징들은 limit_bal, age, 이전 달의 다양한 청구서 등의 수치 데이터로
구성된다.

6. 특징의 누적 중요도를 도식화한다.

```
x_values = range(len(feat_names))

fig, ax = plt.subplots()

ax.plot(x_values, rf_feat_imp.cumulative_importance_mdi, 'b-')
ax.hlines(y = 0.95, xmin=0, xmax=len(x_values),
          color = 'g', linestyles = 'dashed')
ax.set(title='Cumulative Importances',
       xlabel='Variable',
       ylabel='Importance')
```

코드를 실행하면 다음의 결과를 얻는다.

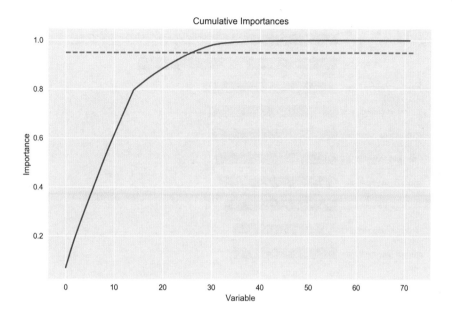

Cumulative Importances

상위 10개 특징이 전체 중요도의 56.61%를 차지한다. 상위 26개 특징은 전체 중요도의 95%를 차지한다.

7. 순열 중요도를 계산하고 도식화한다.

```
perm = PermutationImportance(rf_classifier, n_iter = 25,
                             random_state=42)
perm.fit(X_train_preprocessed, y_train)
rf_feat_imp['permutation'] = perm.feature_importances_
```

사용자 정의 함수를 써서 결과를 도식화한다.

```
plot_most_important_features(rf_feat_imp.permutation,
                             method='Permutation')
```

코드를 실행하면 다음의 결과를 얻는다.

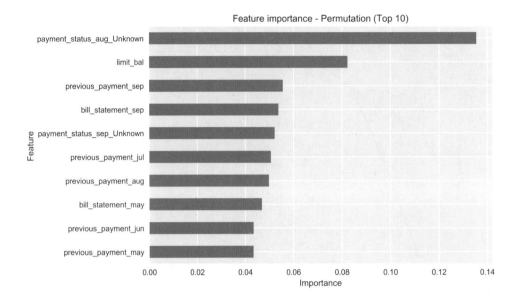

Feature importance - Permutation (Top 10)

가장 중요한 특징 집합이 기본 설정과 비교해 다시 섞인 것을 볼 수 있다. limit
_bal는 여전히 매우 중요하다. 그러나 가장 중요한 것은 payment_status_aug
범주 기능에서 정의되지 않은 레이블(원본에서 명확한 의미가 할당되지 않은)인 pay
ment_status_aug_Unknown이다. 많은 bill_statement 특징도 previous_
payment 변수로 대체됐다.

8. '열 특징 중요도 삭제'를 계산하는 함수를 정의한다.

```
def drop_col_feat_imp(model, X_train, y_train, random_state = 42):
    model_clone = clone(model)
    model_clone.random_state = random_state
    model_clone.fit(X, y)
    benchmark_score = model_clone.score(X, y)
    importances = []
    for col in X.columns:
        model_clone = clone(model)
        model_clone.random_state = random_state
        model_clone.fit(X.drop(col, axis = 1), y)
        drop_col_score = model_clone.score(X.drop(col, axis = 1), y)
```

```
        importances.append(benchmark_score - drop_col_score)

    return importances
```

9. '열 특징 중요도 삭제'를 계산하고 도식화한다.

```
rf_feat_imp['drop_column'] = drop_col_feat_imp(
    rf_classifier,
    X_train_preprocessed,
    y_train,
    random_state = 42
)
```

먼저 최상위 10개 결과를 도식화한다.

```
plot_most_important_features(rf_feat_imp.drop_column,
                        method='Drop column')
```

코드를 실행하면 다음의 결과를 얻는다.

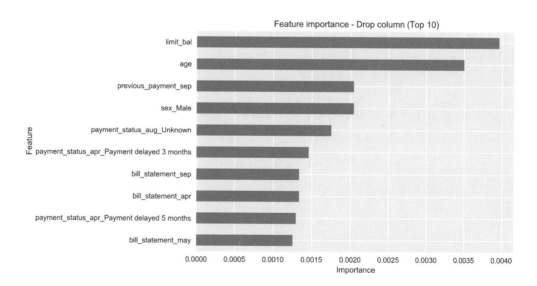

이번에도 limit_bal과 age 수치 특징이 다시 가장 중요하다. 상단 선택에 나타난 또 다른 특징은 성별(남성)을 나타내는 부울 변수다.

그다음 최하위 10개의 변수 중요도를 도식화한다.

```
plot_most_important_features(rf_feat_imp.drop_column,
                             method='Drop column',
                             bottom=True)
```

코드를 실행하면 다음의 결과를 얻는다.

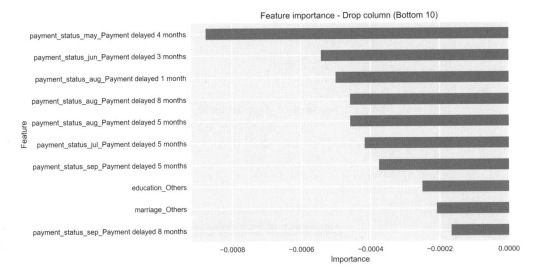

'열 특징 중요도 삭제'의 경우 음의 중요도란 모델에서 그 특징을 제거하면 실제로 성능이 향상됨을 나타낸다(기본 점수 척도 측면에서). 이러한 결과를 사용해 음의 중요도를 가진 특징을 제거함으로써 잠재적으로 모델의 성능을 향상시키거나 훈련 시간을 줄일 수 있다.

작동 원리

첫 번째 단계에서 필요한 라이브러리를 가져왔다. 그런 다음 파이프라인에서 분류기와 ColumnTransformer 전처리기를 추출했다. 이 레시피에서는 초매개 변수 조정 없이 바닐라 랜덤 포레스트 분류기로 작업했다. 그 이유는 적절한 성능을 제공하면서도 튜닝된 것(더 많은 수의 추정기 등)과 비교할 때 계산 시간이 훨씬 적기 때문이다.

 적합화된 그리드 검색에서 최상의 파이프라인을 추출하는 방법이나 최상의 초매개 변수 값을 수동으로 할당하는 방법을 보려면 책의 깃허브 저장소에서 함께 제공되는 노트북을 참고하자.

3단계에서는 ColumnTransformer 전처리기에서 열 이름을 추출했다. 이들을 올바른 순서, 즉 ColumnTransformer에 지정된 순서대로 연결하는 것이 중요하다(np.r_ 사용). 먼저 수치형을 변환한 다음 범주형 특징을 변환했다. 또한 전처리 단계를 X_train DataFrame에 적용했다.

4단계에서는 적합화된 분류기의 feature_importances_ 메서드를 사용해 기본 특징 중요도(평균 불순도 감소를 사용해 계산)를 추출했다. 값은 그 합이 1이 되도록 정규화됐다. 또한 누적 특징 중요도를 계산했다.

5단계에서 가장 중요하지 않은 주요 특징을 도식화하는 함수를 정의하고 평균 불순도 감소$^{MDI, Mean Decrease in Impurity}$를 사용해 가장 중요한 열 가지 주요 특징을 표시했다.

6단계에서는 모든 특징의 누적 중요성을 표시했다. 이 그림을 사용해 전체 중요도의 특정 비율을 설명하고자 모델의 특징 수를 줄일 것인지 결정할 수 있으며, 이를 통해 모델의 훈련 시간이 단축될 수 있다.

다음 단계에서는 eli5 라이브러리의 PermutationImportance를 사용해 순열 특징 중요도를 계산했다.

> 9장을 작성할 당시에는 순열 중요도 기능을 scikit-learn의 검사 모듈에 추가할 계획이 있었다. 그러나 개발 버전이므로 여기에서는 다루지 않는다. 또한 순열 중요도의 구현은 rfpimp 라이브러리에서 찾을 수 있다.

PermutationImportance를 호출할 때는 cv 인수의 기본값('prefit')을 사용했는데 이는 기존 추정기의 중요도를 계산하는 데 가장 유용하며, 따라서 모델을 다시 적합화할 필요가 없다. cv = 'prefit'을 사용해 훈련 데이터와 검증 집합(일반화의 중요도를 알고자 하는 경우)을 PermutationImportance의 fit 메서드에 전달할 수 있다. n_iter 인수를 25로 설정해 알고리즘이 각 특징을 25번 다시 섞으며 결과 점수는 이들의 평균이다. 또한 추정기의 기본 점수 방법과 다른 점수 체계를 설정할 수도 있다(자세한 내용은 각 해당 문서를 참고하자).

8단계에서는 열 특징 중요도 삭제를 계산하는 함수를 정의했다. 여기서는 scikit-learn의 clone 함수를 사용해 기준과 정확히 동일한 사양의 모델 사본을 작성했다. 그런 다음 하나의 특징을 제거한 데이터 집합에서 모델을 반복적으로 학습하고 기본 점수 방법을 사용해 성능을 비교했다. 이 방법 대신 사용자 지정 점수 척도(예: 재현율 또는 불균형 데이터에 적합한 다른 척도)를 사용해 확장할 수도 있다.

마지막 단계에서는 열 특징 중요도 삭제 함수를 적용하고, 가장 중요한 특징과 가장 중요하지 않은 특징 모두에 대한 결과를 도식화했다.

추가 사항

특징 중요도를 평가하는 데 널리 사용되는 다른 방법이 많이 있다. 그중 일부는 다음과 같다.

- treeinterpreter: 아이디어는 랜덤 포레스트의 기저 트리를 사용해 각 특징이 최종 결과에 어떻게 기여하는지 설명하는 것이다. 이는 관측값 수준의 척도다.

앞의 경우 은행의 특정 고객에 해당하는 선택된 행에 대한 설명이 제공된다.

- LIME^{Local Interpretable Model-agnostic Explanations}: 해석 가능하고 충실한 방식으로 모든 모델의 예측을 설명하는 데 사용되는 또 다른 관찰 수준 기술이다. 설명을 얻고 자 LIME은 선택된 모델을 해석 가능한 모델(예: 정규화 또는 의사결정 트리가 있는 선형 모델)에 지역적으로 근사한다. 해석 가능한 모델은 원래 관측값의 작은 변동(추가 노이즈 포함)에 대해 학습된다.

- 부분 의존도^{PDP, Partial Dependence Plots}: 이 도면은 예측의 변경 사항이 특정 특징에 국한되도록 한다.

- SHAP^{SHapley Additive exPlanations}: 게임 이론과 로컬 설명의 조합을 사용해 모든 머신 러닝 모델의 예측(즉 모델과 무관)을 설명하기 위한 프레임워크다.

제시된 모델 설명 방법의 자세한 내용은 참고 문헌을 참고하자.

참고 문헌

- ELI5's documentation: https://eli5.readthedocs.io/en/latest/index.html

- Lundberg, S. M., & Lee, S. I. (2017). A unified approach to interpreting model predictions. In *Advances in Neural Information Processing Systems* (pp. 4765-4774).

- Ribeiro, Marco Tulio, Singh, Sameer, and Guestrin, Carlos. "Why should I trust you?: Explaining the predictions of any classifier." Proceedings of the *22nd ACM SIGKDD International Conference on Knowledge Discovery and Data Mining*. ACM, 2016.

- Saabas, Ando. Interpreting random forests. http://blog.datadive.net/interpreting-random-forests/

- Strobl, C., Boulesteix, A. L., Kneib, T., Augustin, T., & Zeileis, A. (2008). Conditional variable importance for random forests. *BMC Bioinformatics*, 9(1), 307.

- The `treeinterpreter` library: https://github.com/andosa/treeinterpreter

불균형 데이터 처리에 대한 다양한 접근 방식

조사 분류 작업을 수행할 때 가장 일반적인 문제는 부류 불균형 문제다. 즉 한 부류가 두 번째 부류와 비교해 숫자가 너무 많을 때다(여러 부류로 확장될 수도 있다). 일반적으로 두 부류의 비율이 1:1이 아닌 경우 불균형이라고 한다. 경우에 따라 미묘한 불균형은 그다지 큰 문제는 아니지만 100:1, 1000:1 또는 더 나쁜 비율을 경험할 수 있는 산업/문제에 부닥칠 때가 있다.

이 레시피에서는 사기 부류가 전체 샘플의 0.17%에 불과한 신용 카드 사기 문제의 예를 보여 준다. 이러한 경우 더 많은 데이터(특히 사기 클래스)를 수집하는 것은 불가능할 수 있으므로 **정확도의 역설**accuracy paradox을 이해하고 피하는 데 도움이 되는 몇 가지 기술을 사용해야만 한다.

 정확도의 역설이란 정확도 검사를 평가 측도로 할 때 매우 우수한 분류기(90% 또는 99.9%)라는 인상을 주는 모델이 실제로는 단순히 부류의 분포만 반영하고 있는 경우를 말한다. 따라서 클래스 불균형의 경우 정밀도/재현율, F1 점수 또는 코헨의 카파(Cohen's kappa)와 같은 평가 지표를 사용하는 것이 좋다.

이 레시피에서는 불균형 클래스로 분류 문제를 해결하는 데 일반적으로 사용되는 몇 가지 메서드를 고려한다. 기술의 자세한 설명은 '추가 사항' 절을 참고하자.

작동 방법

다음 단계를 실행해 부류 불균형을 처리하는 다양한 방법을 조사한다.

1. 라이브러리를 임포트한다.

```
import pandas as pd
import seaborn as sns
from imblearn.over_sampling import RandomOverSampler, SMOTE, ADASYN
from imblearn.under_sampling import RandomUnderSampler
from sklearn.model_selection import train_test_split
from sklearn.ensemble import RandomForestClassifier
from collections import Counter
from chapter_9_utils import performance_evaluation_report
```

2. 준비된 데이터를 로드한다.

```
df = pd.read_csv('credit_card_fraud.csv')

X = df.copy()
y = X.pop('Class')

RANDOM_STATE = 42

X_train, X_test, y_train, y_test = train_test_split(X, y,
                                                    test_size=0.2,
                                                    stratify=y)
```

3. 기본 모델을 훈련한다.

```
rf = RandomForestClassifier(random_state=RANDOM_STATE)
rf.fit(X_train, y_train)
```

여기에 코드를 보여 주지는 않지만 각 모델을 적합화한 후 performance_
evaluation_report 함수를 사용해 계산한 테스트 집합의 성능 평가 지표를
저장한다. 그런 다음 이 측정 항목을 사용해 '추가 사항' 절에서 요약표를 생성
한다.

4. 데이터를 과소 표본 추출한 다음 랜덤 포레스트 분류기를 훈련한다.

```
rus = RandomUnderSampler(random_state=RANDOM_STATE)
X_rus, y_rus = rus.fit_resample(X_train, y_train)
rf.fit(X_rus, y_rus)
```

과소 표본 추출 후 새로운 부류 비율(훈련 집합에서)은 다음과 같다.

```
{0: 394, 1: 394}
```

5. 데이터를 과표본 추출하고 랜덤 포레스트 분류기를 훈련한다.

```
ros = RandomOverSampler(random_state=RANDOM_STATE)
X_ros, y_ros = ros.fit_resample(X_train, y_train)
rf.fit(X_ros, y_ros)
```

과표본 추출 후 새로운 부류 비율(훈련 집합에서)은 다음과 같다.

```
{0: 227451, 1: 227451}
```

6. 합성 소구 과표본 기술^{SMOTE, Synthetic Minority Over-sampling Technique}을 사용해 과표본 추출한다.

```
X_smote, y_smote =
SMOTE(random_state=RANDOM_STATE).fit_resample(X_train, y_train)
rf.fit(X_smote, y_smote)
```

SMOTE를 사용한 다음 새로운 부류 비율(훈련 집합에서)은 다음과 같다.

```
{0: 227451, 1: 227451}
```

7. 적응 합성 샘플링ADASYN, Adaptive Synthetic Sampling을 사용해 과표본 추출한다.

```
X_adasyn, y_adasyn =
ADASYN(random_state=RANDOM_STATE).fit_resample(X_train, y_train)
rf.fit(X_adasyn, y_adasyn)
```

ADASYN을 사용한 다음 새로운 부류 비율(훈련 집합에서)은 다음과 같다.

```
{0: 227451, 1: 227346}
```

8. 랜덤 포레스트 분류기에 샘플 가중치를 사용한다.

```
rf_cw = RandomForestClassifier(random_state=RANDOM_STATE,
                               class_weight='balanced')
rf_cw.fit(X_train, y_train)
```

모델의 성능 비교는 '추가 사항' 절에서 알아본다.

작동 원리

1단계에서 필요한 라이브러리를 로드했다. 그런 다음 **pd.read_csv** 함수를 사용해 Kaggle (https://www.kaggle.com/mlg-ulb/creditcardfrau에서 다운로드 가능)에서 다운로드한 CSV 데이터를 파이썬에 로드했다.

이 실습에서 선택한 데이터셋에는 2013년 9월 유럽 카드 소지자의 신용 카드 거래 정보 가 들어 있다. 거래는 2일 이내에 이뤄졌다. 이름이 **V**로 시작하는 모든 숫자 변수는 원래 데이터셋에서 PCA를 실행해 얻은 주성분이다(보안상 원래 특징은 포함되지 않는다). 명확한 해석이 가능한 유일한 두 가지 특징은 **Time**(데이터 집합의 각 트랜잭션과 첫 번째 트랜잭션 사 이에 경과된 시간(초))과 **Amount**(거래량)다.

또한 pop 메서드를 사용해 타깃과 특징을 분리하고 계층화를 통해 80-20으로 훈련-테스트 분할(불균형 데이터를 처리할 때 특히 중요하다)을 생성했으며, 마지막으로 긍정(사기) 관찰이 실제로 전체 샘플의 0.17%만이라는 것을 확인한다.

이 레시피에서는 불균형 데이터 작업에만 집중했다. 그렇기 때문에 EDA, 특징 공학, 불필요한 특징 삭제 등은 다루지 않았다. 또한 모든 특징이 수치화돼 전처리의 복잡도를 줄였다(범주형 인코딩은 없다).

3단계에서는 다양한 접근 방식의 결과를 비교할 때 기준점으로 사용할 바닐라 랜덤 포레스트 모델을 적합화했다(성능 요약표는 '추가 사항' 절을 참고하자).

4단계에서 소수 샘플의 크기를 맞추고자 `imblearn` 라이브러리의 `RandomUnderSampler` 클래스를 사용해 다수 부류를 무작위로 과소 표본 추출했다. `imblearn`의 클래스는 `scikit-learn`의 API 스타일을 따른다. 그렇기 때문에 먼저 인수로 클래스를 정의해야 했다(여기서는 random_state만 설정한다). 그런 다음 `fit_resample` 메서드를 적용해 과소 표본 추출된 데이터를 얻는다. 여기서는 랜덤 포레스트 객체를 재사용해 과소 표본 추출된 데이터에 대한 모델을 학습하고 나중에 비교할 수 있도록 결과를 저장했다.

5단계는 4단계와 유사하지만 다수 부류의 크기에 맞추고자 `RandomOverSampler`를 사용해 소수 부류를 무작위로 과표본 추출^{oversampling}하는 차이가 있다.

6단계와 7단계에서는 과표본 추출의 SMOTE 및 ADASYN 변형을 적용했다. `imblearn` API를 사용하면 다양한 샘플링 방법을 매우 쉽게 적용할 수 있으므로 프로세스 설명은 자세히 다루지 않는다. SMOTE를 사용하면 부류 간에 1:1 비율이 발생하는 반면 ADASYN은 실제로 대다수 부류의 크기보다 소수(사기) 부류에서 더 많은 관측값을 반환했다.

 언급된 모든 리샘플링 메서드에서 실제로 float_samples_strategy 인수에 부류 간 원하는 비율을 지정할 수 있다. 숫자는 다수 부류의 관측값 수 대비 소수 부류의 관측값 수에 대한 원하는 비율을 나타낸다.

마지막 단계에서는 RandomForestClassifier의 class_weight 초매개 변수를 사용했다. 'balanced'를 전달하면 알고리즘이 훈련 데이터의 부류 빈도에 반비례하는 가중치로 자동 할당한다.

 class_weight 초매개 변수를 사용하는 방법에는 여러 가지가 있다. 'balanced_subsample'을 전달하면 'balanced'와 유사한 가중치 할당이 발생하지만, 가중치는 모든 트리의 부트스트랩 샘플을 기반으로 계산된다. 원하는 가중치를 포함하는 딕셔너리를 추가로 전달할 수 있다. 가중치를 결정하는 한 가지 방법은 sklearn.utils.class_weight의 compute_class_weight 함수다.

추가 사항

먼저 이 레시피에 사용된 기술을 설명하겠다.

과소 표본 추출^{undersampling}: 부류 불균형을 처리하는 매우 간단한 방법은 다수 부류를 과소 표본 추출하는 것이다. 다수 부류에서 랜덤 샘플을 추출해 1:1 또는 타깃 부류 사이의 다른 원하는 비율을 얻는다. 이 방법을 사용하면 과소 표본 추출된 데이터로 훈련된 모델의 정확도가 떨어질 수 있다(대부분의 훈련 집합을 버림으로써 발생하는 정보 손실로 인해). 또 다른 영향으로는 훈련과 테스트 집합의 분포가 리샘플링 후 동일하지 않기 때문에 가능한 다른 거짓 긍정의 수가 증가한다. 이로 인해 편향된 분류기가 생성된다.

과표본 추출: 이 방법에서는 원하는 비율에 도달할 때까지 소수 부류를 대체해 여러 번 샘플링한다. 이 방법은 데이터 삭제로 인한 정보 손실이 없으므로 종종 과소 표본 추출보다 성능이 뛰어나다. 그러나 소수 부류의 관측값 복제로 인해 과적합의 위험이 있다.

SMOTE^{Synthetic Minority Over-sampling Technique}: SMOTE는 소수 부류에서 새로운 합성 관측값을 생성하는 고급 과표본 추출 알고리즘이다. 이렇게 하면 앞서 언급한 과적합화 문제를 극복할 수 있다.

합성 샘플을 생성하고자 이 알고리즘은 소수 부류의 관측값을 보고 유클리드 거리 등의 척도를 사용하는 k-NN 알고리즘을 사용해 k-최근접 이웃을 식별하고 그 연결선에 보간되는 새로운 합성 관측값을 만든다.

 숫자형과 범주형 특징을 모두 포함하는 데이터셋에 적합한 SMOTE-NC(Synthetic Minority Over-sampling Technique for Nominal and Continuous)와 같이 imblearn 라이브러리에서 사용할 수 있는 알고리즘의 변형이 많다.

과적합 문제를 줄이는 것 외에도 SMOTE는 다수 부류 관측을 버리지 않기 때문에 정보 손실을 유발하지 않는다. 그러나 SMOTE는 뜻하지 않게 데이터에 더 많은 노이즈를 발생시킬 수 있다(또 부류가 겹칠 수 있다). 이는 새로운 합성 관측값을 생성하는 동안 다수 부류의 관측값을 고려하지 않기 때문이다. 또한 이 알고리즘은 차원의 저주로 인해 고차원 데이터에는 그다지 효과적이지 않는다.

적응 합성 샘플링 ADASYN, Adaptive Synthetic Sampling : 이 알고리즘은 SMOTE 알고리즘의 수정 버전이다. 이 방법은 생성할 합성 관측의 수를 선택하는 방법과 수행 방법이 다르다. ADASYN에서는 특정점에 대해 생성되는 관측값 수가 SMOTE에서와 같이 모든 점에 대해 균일한 가중치가 아니라 밀도 분포에 의해 결정된다. 이것이 바로 ADASYN의 적응적 특성으로 인해 학습이 어려운 이웃에서 온 관측값을 위해 더 많은 샘플을 생성할 수 있는 방법이다. 언급할 만한 두 가지 추가 요소가 있다.

- 합성 점은 두 점 사이의 선형 보간에 국한되지 않고 3개 이상의 관측값에 의해 생성된 평면에 놓일 수도 있다.
- 합성 관측값을 생성한 후 알고리즘은 작은 랜덤 노이즈를 추가해 분산을 증가시키고(즉 산포를 증가시킴) 샘플을 더 사실적으로 만든다.

ADASYN의 잠재적인 단점은 소수 관측값이 희소하게 분포된 경우(이웃이 1개 또는 매우 적은 수의 점을 포함할 경우)에 따른 적응성 및 어려움으로 알고리즘의 정밀도가 저하될 수 있다는 점이다.

머신러닝 모델의 부류 가중치: 많은 머신러닝 모델(특히 scikit-learn 모델에서 그렇지만 다른 모델도 마찬가지다)에는 class_weights라는 초매개 변수가 있다. 이 초매개 변수를 사용해 부류에 대한 특정 가중치를 전달할 수 있으므로 소수 부류에 더 많은 가중치를 부여할 수 있다. 백그라운드에서 부류 가중치는 손실 함수 계산에 통합된다. 실제로 소수 관측값을 잘못 분류하면 대다수 부류의 관측에서보다 손실 함수의 값이 더 크게 증가한다.

또한 imblearn 라이브러리에는 인기 있는 분류기의 일부 수정된 버전도 있다. 여기서는 수정된 랜덤 포레스트의 예로 BalancedRandomForestClassifier를 살펴본다. API는 scikitlearn 구현(튜닝 가능한 초매개 변수 포함)과 거의 동일하다. 차이점은 균형 잡힌 랜덤 포레스트에서는 알고리즘이 각 부트스트래핑된 샘플을 무작위로 과소 표본 추출해 부류의 균형을 맞추는 것이다.

균형된 랜덤포레스트 분류기를 추정하려면 다음 단계를 수행한다.

1. 라이브러리를 임포트한다.

```
from imblearn.ensemble import BalancedRandomForestClassifier
```

2. 균형된 랜덤 포레스트 분류기를 훈련한다.

```
balanced_rf = BalancedRandomForestClassifier(
    random_state=RANDOM_STATE
)

balanced_rf.fit(X_train, y_train)

balanced_rf_cw = BalancedRandomForestClassifier(
    random_state=RANDOM_STATE,
    class_weight='balanced'
```

```
)

balanced_rf_cw.fit(X_train, y_train)
```

3. 성능 결과를 DataFrame에 그룹화한다.

```
performance_results = {'random_forest': rf_perf,
                       'undersampled rf': rf_rus_perf,
                       'oversampled_rf': rf_ros_perf,
                       'smote': rf_smote_perf,
                       'adasyn': rf_adasyn_perf,
                        'random_forest_cw': rf_cw_perf,
                       'balanced_random_forest': balanced_rf_perf,
                       'balanced_random_forest_cw':
                       balanced_rf_cw_perf}
pd.DataFrame(performance_results).T
```

코드를 실행하면 모델의 성능(테스트 집합에 대해 평가)을 요약해 주는 다음의 표를 얻는다.

	accuracy	precision	recall	specificity	f1_score	cohens_kappa	roc_auc	pr_auc
random_forest	0.999561	0.939759	0.795918	0.999912	0.861878	0.861660	0.948704	0.872314
undersampled rf	0.963730	0.041045	0.897959	0.963844	0.078501	0.075459	0.971604	0.558042
oversampled_rf	0.999544	0.950000	0.775510	0.999930	0.853933	0.853706	0.938390	0.852197
smote	0.999386	0.831579	0.806122	0.999719	0.818653	0.818345	0.957807	0.848832
adasyn	0.999438	0.851064	0.816327	0.999754	0.833333	0.833052	0.952673	0.868672
random_forest_cw	0.999403	0.944444	0.693878	0.999930	0.800000	0.799708	0.943584	0.855246
balanced_random_forest	0.977740	0.066024	0.908163	0.977859	0.123098	0.120276	0.976066	0.761308
balanced_random_forest_cw	0.978038	0.065561	0.887755	0.978194	0.122105	0.119283	0.979947	0.702930

여기서는 고도의 불균형 문제(긍정 부류가 전체 관측값의 0.17%를 차지한다)를 다뤘으므로 재현율을 사용해 모델의 성능을 비교한다. 즉 테스트 샘플의 모든 사기에 대해 올바르게 예

측된 사기의 수를 살펴본다. 가장 성능이 우수한 모델은 균형 잡힌 랜덤 포레스트 분류기이며, 최악의 모델은 부류 가중치가 있는 랜덤 포레스트다. 또한 초매개 변수 튜닝이 수행되지 않아 잠재적으로 성능이 향상될 수 있음을 언급해 두는 것이 좋겠다.

또한 많은 모델의 정확도가 ~99.99%인 정확도 역설의 사례를 관찰할 수 있지만, 여기서 가장 중요한 요소인 사기 사례를 감지하지는 못한다.

비균형 부류를 다룰 때 사용할 수 있는 일반적 사항은 다음과 같다.

- 테스트 집합에 언더/과표본 추출을 적용하지 마라.
- 불균형 데이터의 문제를 평가하려면 정밀도/재현율/F1 점수/코헨의 카파/PR-AUC와 같이 불균형을 고려하는 척도를 사용하라.
- 범주형 특징이 포함된 데이터셋을 처리할 때는 SMOTE-NC(수정된 SMOTE 버전)를 사용하라. 원래의 SMOTE는 원-핫 인코딩 변수에 대한 비논리적인 값을 생성할 수 있다.
- 교차 유효성 검사를 위해 폴드를 만들 때 층화를 사용하라.
- 교차 검증 (이전에 하지 말고) 도중에 과소 표본 추출/과표본 추출을 도입하라. 교차 검증 이전에 그렇게 하면 모델의 성능을 과대 평가하게 된다.
- 잠재적으로 성능을 조정하려면 기본 설정값인 50%가 아닌 다른 확률 임계값을 선택해 실험하라.

참고 문헌

추가적인 자료는 다음과 같다.

- Chawla, N. V., Bowyer, K. W., Hall, L. O., and Kegelmeyer, W. P. (2002). SMOTE: synthetic minority oversampling technique. *Journal of artificial intelligence research*, 16: 321 – 357.

- Chen, Chao, Andy Liaw, and Leo Breiman. "Using random forest to learn imbalanced data." University of California, Berkeley 110 (2004): 1-12.
- Wilson, D. L. (1972). Asymptotic properties of nearest neighbor rules using edited data. *IEEE Transactions on Systems, Man, and Cybernetics*, (3): 408-421.
- Pozzolo, et al., Calibrating Probability with Undersampling for Unbalanced Classification (2015), *2015 IEEE Symposium Series on Computational Intelligence*.

▌ 베이즈 초매개 변수 최적화

8장에서 그리드 검색과 교차 검증 레시피에서 그리드 검색과 무작위 검색을 사용해 모델에 가장 적합한 초매개 변수 집합을 찾는 방법을 설명했다. 이 레시피에서는 베이즈 방법론을 기반으로 최적의 초매개 변수 집합을 찾는 또 다른 방법을 소개한다. 베이즈 접근 방식의 주된 동기는 그리드 검색과 무작위 검색이 모든 조합에 대한 완전 검색 또는 임의의 샘플을 통해 정보 없이 선택하는 것이다. 이런 식으로 (최적의 조합과는 다른) 나쁜 조합을 평가하는 데 많은 시간을 소비하므로 기본적으로 시간을 낭비한다. 따라서 베이즈 접근법은 평가할 다음 초매개 변수 집합을 정보 기반으로 선택해 최적의 집합을 찾는 데 소요되는 시간을 단축시킨다. 베이즈 방법은 최적화할 초매개 변수를 선택하는 데 더 많은 시간을 소비함으로써 목적 함수를 평가하는 데 소요되는 시간을 줄이는 것이라 말할 수 있으며, 결과적으로 계산 비용이 저렴하다.

베이즈 접근법을 공식화한 것은 **SMBO**Sequential Model-Based Optimization이며, 종종 **TPE**Tree-structured Parzen Estimator 알고리즘과 결합된다. 이 레시피에서는 방법론의 개괄적인 개요를 소개하며, 자세한 설명은 참고 문헌을 참고하기 바란다.

참목적 함수는 훈련된 머신러닝 모델의 (교차) 유효성 검사 오류차다. 이는 계산적으로 매우 비싸고 연산하는 데 몇 시간(또는 며칠)이 걸릴 수 있다. 이 때문에 SMBO에서는 대리surrogate 모델(응답 표면이라고도 함)을 생성하는데 이는 과거 평가에 기반한 목적 함수의 확률 모델이다. 이 방법은 입력값(초매개 변수)을 실제 목적 함수의 점수 확률에 매핑한다. 대체 모델은 실제 목표 함수보다 최적화하기가 쉽고 저렴하다. 여기서의 접근 방식(hyperopt 라이브러리에서 사용되는 방식)에서는 대리 모델이 TPE를 사용해 만들어지지만 가우스 프로세스나 임의 포레스트 회귀 등을 사용할 수도 있다.

그런 다음 알고리즘은 대리 모델에 기준(예상 개선 등)을 적용해 평가할 다음 초매개 변수 집합을 선택한다. 이 모델은 과거 평가 기록을 사용해 다음 반복에 가장 적합한 선택을 한다. 과거에 잘 수행한 값에 가까운 값은 과거에 성능이 좋지 않은 값보다 전체 성능을 향상시킬 가능성이 높다.

베이지 최적화의 단순화한 단계는 다음과 같다.

1. 참목적 함수의 대리 모델을 만든다.

2. 대리 모델에서 최상의 성능을 발휘하는 일련의 초매개 변수를 찾는다.

3. 이 집합을 사용해 참목적 함수를 평가한다.

4. 실제 목표를 평가한 결과를 사용해 대리 모델을 갱신한다.

5. 중단 기준(지정된 최대 반복 횟수 또는 시간)에 도달할 때까지 2~4단계를 반복한다.

이 단계에서 알고리즘이 오래 실행될수록 대리 함수가 참목적 함수에 가까워지는 것을 알 수 있다. 이는 반복 때마다 참목적 함수의 평가를 기반으로 갱신되기 때문에 각 실행마다 '덜 잘못'되게 갱신된다.

초매개 변수 튜닝에 베이즈 기법을 사용할 때의 장점은 다음과 같다.

- 목적 함수를 최적화하는 초매개 변수 집합을 찾는다.

- 최적 매개 변수 집합을 찾을 때, 특히 매개 변수가 많고 참 목적 함수의 계산량

이 매우 많을 때 검색 시간을 줄여 준다.

한편 단점은 다음과 같다.

- 알고리즘이 과거 결과를 기반으로 초매개 변수 집합을 선택하므로 최적화를 병렬로 실행할 수 없다.
- 초매개 변수에 대한 적절한 분포/척도를 선택하는 것은 까다로울 수 있다.
- 탐색 대 착취 편향 — 알고리즘이 로컬 최소값을 찾으면 검색 공간에서 멀리 떨어진 잠재적 새 값을 탐색하는 대신 로컬 최소값 주위의 초매개 변수 값에 집중할 수 있다. 무작위 검색에서는 값에 집중하지 않으므로 이 문제로 인해 어려움을 겪지 않는다.
- 초매개 변수의 값은 독립적으로 선택된다. 예를 들어, 그래디언트 부스트 트리에서 과적합을 피하고 계산 시간을 줄이려면 학습 속도와 추정기 개수를 함께 고려하는 것이 좋다. TPE는 이 관계를 발견할 수 없다. 이 관계에 대해 알고 있는 경우 다른 선택을 사용해 검색 공간을 정의해 이 문제를 극복할 수 있다.

이 레시피에서는 베이즈 초매개 변수 최적화를 사용해 LightGBM 모델을 튜닝한다. 여기서는 성과와 훈련 시간 사이의 균형이 잘 잡아 주므로 이 모델을 선택했다.

작동 방법

LightGBM 모델의 베이즈 초매개 변수 최적화를 실행하려면 다음 단계를 실행한다.

1. 라이브러리를 임포트한다.

```
import pandas as pd
from sklearn.model_selection import train_test_split
from hyperopt import hp, fmin, tpe, STATUS_OK, Trials
from sklearn.model_selection import (cross_val_score,
                                     StratifiedKFold)
```

```python
from lightgbm import LGBMClassifier
from chapter_9_utils import performance_evaluation_report
```

2. 나중에 사용할 매개 변수를 정의한다.

```python
N_FOLDS = 5
MAX_EVALS = 200
```

3. 데이터를 로드하고 준비한다.

```python
df = pd.read_csv('credit_card_fraud.csv')

X = df.copy()
y = X.pop('Class')

X_train, X_test, y_train, y_test = train_test_split(X, y,
                                                    test_size=0.2,
                                                    stratify=y)
```

4. 목적 함수를 정의한다.

```python
def objective(params, n_folds = N_FOLDS, random_state=42):
    model = LGBMClassifier(**params)
    model.set_params(random_state=random_state)
    k_fold = StratifiedKFold(n_folds, shuffle=True,
                             random_state=random_state)
    metrics = cross_val_score(model, X_train, y_train,
                              cv=k_fold, scoring='recall')
    loss = -1 * metrics.mean()
    return {'loss': loss, 'params': params, 'status': STATUS_OK}
```

5. 탐색 공간을 정의한다.

```
lgbm_param_grid = {
    'boosting_type': hp.choice('boosting_type', ['gbdt', 'dart',
                                                'goss']),
    'max_depth': hp.choice('max_depth', [-1, 2, 3, 4, 5, 6, 7, 8,
                                        9, 10]),
    'n_estimators': hp.choice('n_estimators', [10, 50, 100,
                                            300, 750, 1000]),
    'is_unbalance': hp.choice('is_unbalance', [True, False]),
    'colsample_bytree': hp.uniform('colsample_bytree', 0.3, 1),
    'learning_rate': hp.uniform ('learning_rate', 0.05, 0.3),
}
```

6. 베이즈 최적기를 실행한다.

```
trials = Trials()
best_set = fmin(fn= objective,
                space= lgbm_param_grid,
                algo= tpe.suggest,
                max_evals = MAX_EVALS,
                trials= trials)
```

best_set을 살펴보면 다음 요약을 얻는다.

```
{'boosting_type': 1,
 'colsample_bytree': 0.8861225641638096,
 'is_unbalance': 0,
 'learning_rate': 0.193440600772047,
 'max_depth': 6,
 'n_estimators': 0}
```

그리드에서 hp.choice를 사용해 정의된 초매개 변수는 인코딩된 정수로 표시된다. 다음 단계에서는 원래 값을 복구하는 방법을 보여 준다.

7. 결과를 초매개 변수 값에 매핑하는 딕셔너리를 정의한다.

```
boosting_type = {0: 'gbdt', 1: 'dart', 2: 'goss'}
max_depth = {0: -1, 1: 2, 2: 3, 3: 4, 4: 5, 5: 6,
             6: 7, 7: 8, 8: 9, 9: 10}
n_estimators = {0: 10, 1: 50, 2: 100, 3: 300, 4: 750, 5: 1000}
is_unbalance = {0: True, 1: False}
```

8. 최적 초매개 변수를 사용해 모델을 적합화한다.

```
best_lgbm = LGBMClassifier(
    boosting_type = boosting_type[best_set['boosting_type']],
    max_depth = max_depth[best_set['max_depth']],
    n_estimators = n_estimators[best_set['n_estimators']],
    is_unbalance = is_unbalance[best_set['is_unbalance']],
    colsample_bytree = best_set['colsample_bytree'],
    learning_rate = best_set['learning_rate']
)
best_lgbm.fit(X_train, y_train)
```

9. 테스트 집합에서 최적 모델의 성능을 평가한다.

```
_ = performance_evaluation_report(best_lgbm, X_test, y_test,
                                  show_plot=True,
                                  show_pr_curve=True)
```

코드를 실행하면 다음의 그림을 얻는다.

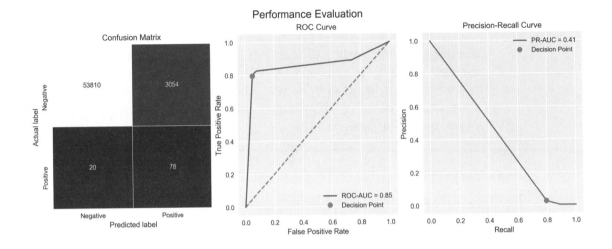

그림에는 사용자 정의 `performance_evaluation_report` 함수에서 얻은 일부 성능 평가 지표가 포함된다.

작동 원리

2단계에서 이 레시피에서 사용하는 매개 변수 집합(교차 검증을 위한 폴드 수, 최적화 절차의 최대 반복 횟수)을 정의했다. 그런 다음 데이터셋을 가져와서 훈련과 테스트 집합을 생성했다. 이전 레시피와 동일한 데이터셋을 사용했으므로 그 설명을 참고하자.

4단계에서 참목표 함수(베이즈 최적화가 대리를 생성하는 함수)를 정의했다. 이 함수는 일련의 초매개 변수를 입력으로 취하고, 계층화된 5-폴드 교차 검증을 사용해 최소화할 손실값을 계산한다. 사기 탐지의 경우 더 많은 거짓 긍정을 생성하더라도 가능한 한 많은 사기를 탐지하려고 한다. 그렇기 때문에 여기서는 재현율을 최적화의 척도로 선택했다. 최적기가 함수를 최소화하므로 최대화 문제로 만들고자 −1을 곱했다. 함수는 단일값 또는 최소한 2개의 키−값 쌍을 갖는 딕셔너리를 반환해야 한다.

- `loss`: 참목적 함수의 값
- `status`: 손실값이 올바르게 계산됐음을 나타내는 표시기다. 이 값은 STATUS_OK

또는 STATUS_FAIL이다.

또한 목적 함수를 평가하는 데 사용된 초매개 변수 집합을 반환했다.

5단계에서 검색을 수행할 초매개 변수 그리드를 정의했다. 검색 공간은 딕셔너리로 정의되지만 GridSearchCV에 정의된 공간과 비교해 다음과 같은 hyperopt의 내장 함수를 사용했다.

- hp.choice(label, list): 지정한 옵션 중 하나를 반환
- hp.uniform(label, lower_value, upper_value): 두 값 사이의 유니폼 분포
- hp.randint(label, upper_value): 범위 [0, upper_value) 사이의 랜덤 정수 반환
- hp.normal(label, mu, sigma): 평균이 mu이고 표준 편차가 sigma인 정규 분포 값을 반환

이 설정에서는 초매개 변수의 이름(레이블)을 두 번 정의해야 한다는 점을 기억하자.

 TIP hp.choice를 사용해 일부 초매개 변수의 값이 다른 초매개 변수의 값에 의존하는 조건부 중첩 공간을 정의할 수 있다. 가능한 사용례는 여러 분류기와 해당 초매개 변수를 고려한 공간을 정의하는 것이다.

6단계에서 베이즈 최적화를 실행했다. 먼저 검색 기록을 저장하는 데 사용되는 **Trials** 객체를 정의했다. 이 객체를 사용하면 검색을 재개하거나 이미 완료된 검색을 확장하는데, 즉 이미 저장된 기록을 사용해 반복 횟수를 늘릴 수도 있다. 둘째, 목적 함수, 검색 공간, 알고리즘(TPE 알고리즘 조정에 대한 자세한 내용은 hyperopt의 문서를 참고하자), 최대 반복 횟수와 기록 저장 시도를 전달해 최적화를 실행했다.

7단계에서 정수값을 5단계에서 정의한 검색 공간의 값에 매핑해 여러 딕셔너리를 작성했다. hp.choice 함수를 사용해 정의된 초매개 변수의 경우 최적화 결과가 정수로 인코

딩된 값(검색 공간에 정의된 순서대로 인코딩된다)으로 반환되므로 이를 수행했다. 그런 다음이 딕셔너리를 사용해 전체 훈련 집합에서 최상의 초매개 변수 집합으로 LightGBM 분류기를 훈련했다.

마지막 단계에서는 custom performance_evaluation_report 함수를 사용해 모델의 결과를 평가했다.

추가 사항

또한 시행 객체의 내용을 검사해 알고리즘의 작동 방식을 확인할 수 있다.

1. 라이브러리를 임포트한다.

```
from pandas.io.json import json_normalize
from hyperopt.pyll.stochastic import sample
```

2. trials.results에서 정보를 추출한다.

```
results_df = pd.DataFrame(trials.results)
params_df = json_normalize(results_df['params'])

results_df = pd.concat([results_df.drop('params', axis=1),
                        params_df],
                        axis=1)
results_df['iteration'] = np.arange(len(results_df)) + 1
```

각 반복마다 필요한 정보(초매개 변수와 손실 함수 값)를 포함하는 DataFrame을 준비해야 했다. 여기서는 trials.results에서 정보를 추출할 수 있다(이 또한 목적 함수를 정의하면서 params 객체를 결과 딕셔너리에 전달한 이유이기도 하다). 초매개 변수는 하나의 열에 딕셔너리로 저장된다. 이러한 이유로 json_normalize를 사용

해 이 열에서 DataFrame을 만든 다음 나중에 원래 DataFrame으로 다시 연결
했다.

3. colsample_bytree 초매개 변수가 지정된 분포로부터 관측값을 샘플링한다.

```
colsample_bytree_dist = []

for _ in range(10000):
    x = sample(lgbm_param_grid['colsample_bytree'])
    colsample_bytree_dist.append(x)
```

colsample_bytree 초매개 변수를 조사해 결과를 조사하기 시작했다. 먼저 검색
공간 객체(hp.uniform ('colsample_bytree', 0.3, 1))를 생성하는 동안 정의한 초
매개 변수 분포에서 임의로 샘플링하고자 hyperopt의 샘플 함수를 사용했다.

4. colsample_bytree 초매개 변수의 분포를 도식화한다.

```
fig, ax = plt.subplots(1, 2, figsize = (16, 8))

sns.kdeplot(colsample_bytree_dist,
            label='Sampling Distribution',
            ax=ax[0])
sns.kdeplot(results_df['colsample_bytree'],
            label='Bayesian Optimization',
            ax=ax[0])
ax[0].set(title='Distribution of colsample_bytree',
          xlabel='Value',
          ylabel='Density')
ax[0].legend()

sns.regplot('iteration', 'colsample_bytree',
            data=results_df, ax=ax[1])
ax[1].set(title='colsample_bytree over Iterations',
          xlabel='Iteration',
          ylabel='Value')
```

코드를 실행하면 다음의 그림을 얻는다.

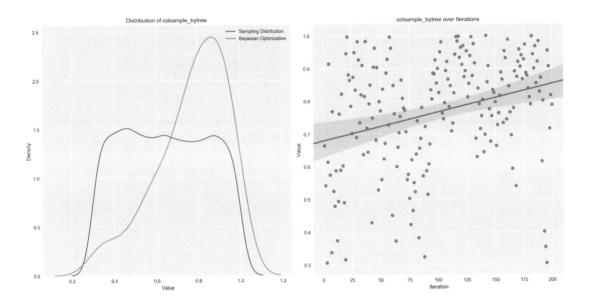

여기서는 2개의 분포, 즉 샘플링한 분포와 베이즈 최적화 동안 사용된 분포를 도식화했다. 또한 반복에 대한 초매개 변수의 진화를 도식화하고 변화 방향을 나타내는 회귀선을 추가했다. `colsample_bytree`의 사후 분포가 오른쪽으로 집중돼 고려되는 값의 범위가 더 높음을 알 수 있다. 반복을 통해 값이 증가하는 추세를 보였다.

5. n_estimators(hp.choice 함수를 사용해 정의한 초매개 변수)의 실현을 보여 주는 막대 차트를 도식화한다.

```
results_df['n_estimators'].value_counts() \
                    .plot \
                    .bar(title=('# of Estimators'
                                ' Distribution'))
```

코드를 실행하면 다음의 그림을 얻는다.

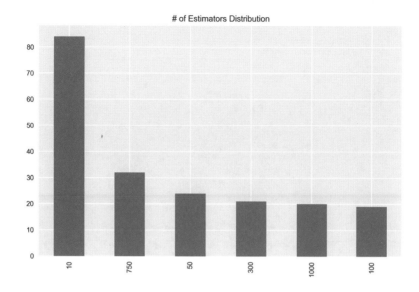

# of Estimators Distribution

이 그림에서 알고리즘은 가장 적은 수의 추정량을 가장 많이 선택했음을 알 수 있다.

6. 반복에 따른 관측값 손실의 변화를 도식화한다.

```
fig, ax = plt.subplots()
ax.plot(results_df.iteration, results_df.loss, 'o')
ax.set(title='TPE Sequence of Losses',
       xlabel='Iteration',
       ylabel='Loss')
```

코드를 실행하면 다음의 그림을 얻는다.

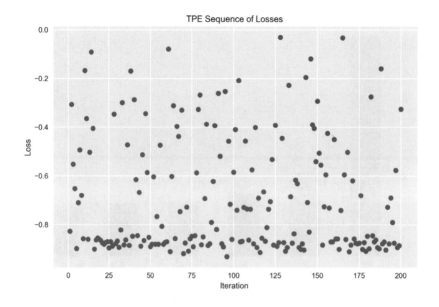

TPE Sequence of Losses

손실은 평균 재현율 점수(훈련 집합에서 5-폴드 교차 검증)의 음수를 나타낸다. 96 번째 반복에서 -0.93의 가장 낮은 손실(최대 재현율)이 발생했다.

참고 문헌

추가적인 참고 문헌은 다음과 같다.

- Bergstra, J. S., Bardenet, R., Bengio, Y., and Kegl, B. (2011). *Algorithms for hyperparameter optimization. In Advances in neural information processing systems* (pp. 2546-2554).

- Bergstra, J., Yamins, D., and Cox, D. D. (2013, June). *Hyperopt: A Python library for optimizing the hyperparameters of machine learning algorithms. In Proceedings of the 12th Python in science conference* (pp. 13-20).

- Bergstra, J., Yamins, D., Cox, D. D. (2013) *Making a Science of Model*

Search: Hyperparameter Optimization in Hundreds of Dimensions for Vision Architectures. Proc. of the 30th International Conference on Machine Learning (ICML 2013).

- Shahriari, B., Swersky, K., Wang, Z., Adams, R. P., and De Freitas, N. (2015). *Taking the human out of the loop: A review of Bayesian optimization.* Proceedings of the IEEE, 104(1), 148–175.

10

금융에서의 딥러닝

최근에는 딥러닝 기술이 많은 성공을 거뒀다. 심층 신경망은 전통적인 머신러닝 알고리즘이 성공하지 못한 작업, 예컨대 대규모 이미지 분류, 자율 주행이나 바둑이나 고전 비디오 게임을 할 때의 초인간적인 분야에서 성공적으로 적용됐다. 거의 매년, 여기서는 **최신**^{SOTA, State-Of-The-Art} 결과를 달성하고 어떤 종류의 성능 기록을 깨뜨리는 새로운 유형의 신경망 도입을 관찰할 수 있다.

상용 **그래픽 처리 장치**^{GPU, Graphics Processing Units}의 지속적인 개선, CPU/GPU(Google Colab, Kaggle 등)와 관련된 무료 처리 특징의 출현과 다양한 프레임워크의 빠른 개발로 딥러닝은 비즈니스 사례에 적용하려는 연구자와 실무자 사이에서 갈수록 더 많은 관심을 얻고 있다.

10장에서는 금융 영역에서 신용 카드 디폴트 예측과 시계열 예측이라는 두 가지 가능한 딥러닝 사용례를 보여 준다. 첫 번째 예에서는 딥러닝을 사용한 테이블 형식 데이터의 분류 작업 방법을 설명한다. 그런 다음 시계열 예측을 위한 몇 가지 신경망 아키텍처를 소개하는 데 중점을 둔다. 딥러닝은 음성, 오디오, 비디오와 같은 순차적 데이터에서 훌륭한 결과를 제공하는 것이 입증됐다. 그렇기 때문에 일변량과 다변량 모두에서 시계열과 같은 순차 데이터 작업에 자연스럽게 들어맞는다. 금융 시계열은 불규칙하고 복잡한 것으로 알려져 있기 때문에 이를 모델링하는 것이 매우 어렵다. 딥러닝 접근법은 기본 데이터의 분포에 대한 가정을 하지 않고 노이즈에 대해 매우 강할 수 있기 때문에 이러한 작업에 특히 적합하다.

여기서는 페이스북이 개발한 딥러닝 프레임워크인 파이토치^{PyTorch}를 사용해 신경망을 학습한다. 다른 프레임워크(예: 텐서플로^{TensorFlow})보다 이 프레임워크를 선택한 몇 가지 이유가 있다. 첫째, 파이토치는 매우 파이썬 친화적이므로 프레임워크별 지식과 구문에 깊이 들어가지 않고도 전체 워크플로^{workflow}를 빠르게 이해하는 것이 상대적으로 쉽다. 파이토치는 코딩 복잡성 측면에서 케라스^{Keras}와 텐서플로 중간 쯤에 있다. 케라스보다 유연성이 훨씬 높지만 순수한 텐서플로에서와 같이 낮은 수준의 프로그래밍 작업이 필요하지 않다. 또한 파이토치는 numpy와 pdb(디버깅 용)와 같은 많은 파이썬 라이브러리와 호환된다. 파이토치의 일반적인 특징 중 일부는 데이터 병렬 처리, 동적 계산 그래프 지원, ONNX$^{Open Neural Network Exchange}$ 등이 있다. 마지막으로 파이토치 주변의 커뮤니티는 매우 활동적이고 파이토치 주변에는 많은 래퍼가 있으며, 이는 인기 있는 fastai와 같이 많은 독창적 특징을 제공한다.

 10장에 제시된 시계열 예측에 딥러닝을 사용하는 모든 예는 지나치게 단순화됐다는 점을 기억하자. 이러한 바닐라 신경망 아키텍처를 사용하는 것만으로는 주가를 정확하게 예측하기에 충분하지 않다. 10장의 목표는 시계열의 미래 관측을 예측하고자 그러한 기법을 어떻게 사용할 수 있는지 보여 주는 것이다.

10장에서는 다음의 레시피를 살펴본다.

- 테이블 데이터를 사용한 딥러닝
- 시계열 예측을 위한 다계층 퍼셉트론^{multilayer perceptron}
- 시계열 예측을 위한 컨볼루션 신경망^{convolutional neural network}
- 시계열 예측을 위한 재현 신경망^{recurrent neural network}

각 노트북의 시작 부분(책의 깃허브 저장소에서 사용 가능)에서 **matplotlib**로 도면을 가져오고 설정하는 몇 개의 셀^{cell}을 실행한다. 이 절차는 반복하기 때문에 나중에 언급하지 않으므로 언제든지 **matplotlib**를 가져왔다고 가정하라.

첫 번째 셀에서 먼저 **matplotlib**을 inline 그리고 backend로 설정한다.

```
%matplotlib inline
%config InlineBackend.figure_format = 'retina'
```

이렇게 하면 도식화된 각 그림이 이를 생성한 셀 아래에 나타나고, 다른 형식(예: PDF 또는 HTML)으로 내보내면 해당 노트도 노트북에도 표시된다. 두 번째 줄은 맥북^{MacBook}에 사용되며 레티나^{Retina} 디스플레이의 도면을 더 높은 해상도로 표시한다.

두 번째 셀은 다음과 같다.

```
import matplotlib.pyplot as plt
import warnings

plt.style.use('seaborn')
plt.rcParams['figure.figsize'] = [16, 9]
plt.rcParams['figure.dpi'] = 300
warnings.simplefilter(action='ignore', category=FutureWarning)
```

이 셀에서 **matplotlib**와 **warnings**를 임포트해서 도면 스타일을 **'seaborn'**(개인 선호)으

로 설정하고, 그림 크기와 해상도와 같은 기본 도식화를 설정한다. 또한 일부 경고를 비활성화(무시)한다. 일부 장에서는 그림의 가독성을 높이고자 (특히 흑백인 경우) 이러한 설정을 수정할 수 있다.

테이블 데이터를 사용한 딥러닝

딥러닝은 테이블 데이터와는 잘 사용되지 않는다. 이러한 데이터는 잠재적 문제점을 갖고 있기 때문이다.

- 신경망이 특징을 이해할 수 있도록 어떻게 나타낼 것인가? 테이블 데이터에서는 대개 수치와 범주형 특징을 다루므로 이 두 입력 형식을 제대로 나타내야 한다.
- 특징 간의 상호작용을 어떻게 사용할 것인가(특징들 자체와 타깃)?
- 데이터를 어떻게 효과적으로 샘플링할 것인가? 테이블 데이터셋은 컴퓨터 비전이나 NLP 문제를 해결하기 위한 일반적 데이터보다 훨씬 적다. 이미지에 있어서의 랜덤 크로핑cropping이나 회전 등의 보강augmentation을 하는 것이 쉽지 않다. 또한 **전이학습**transfer learning을 적용할 수 있는 보편적 성질을 가진 일반적 대규모 데이터셋 같은 것이 없다.
- 신경망의 결정을 어떻게 해석할 것인가?

그렇기 때문에 실무자들은 테이블 데이터에는 전통적인 머신러닝 접근법을 사용하는 경향이 있다(종종 그래디언트 부스트 트리를 기반으로 한다). 이 레시피에서는 테이블 형식 데이터에 딥러닝을 성공적으로 사용하는 방법을 설명한다. 이를 위해 파이토치 위에 구축된 인기 있는 fastai 라이브러리를 사용한다.

fastai 라이브러리를 사용할 때의 이점은 다음과 같다.

- 데이터 로드 및 배치에서부터 모델 훈련에 이르기까지 **인공신경망**ANN, Artificial Neural Network을 사용한 작업을 크게 단순화하는 다양한 API를 제공한다.

- 이미지 분류, NLP, 테이블 형식 데이터(분류와 회귀 문제 모두)와 같은 다양한 작업에 딥러닝을 사용하는 최상의 방법이 포함돼 있다.
- 데이터 전처리를 자동으로 처리한다. 적용할 작업을 정의하기만 하면 된다.

딥러닝 접근 방식의 또 다른 이점은 특징 공학과 도메인 지식이 훨씬 적게 필요하다는 것이다.

fastai를 두드러지게 하는 것은 범주형 데이터에 **임베딩 계층**Entity Embedding을 사용하는 것이다. 이를 사용해 모델은 범주형 특징의 관측값 간에 잠재적으로 의미 있는 관계를 학습할 수 있다. 임베딩을 잠재적 특징으로 생각할 수 있다. 각 범주형 열에는 학습 가능한 임베딩 행렬이 있으며, 각 고유값에는 지정된 벡터가 매핑돼 있다. 고맙게도 fastai는 우리를 위해 모든 것을 해준다.

이 레시피에서는 신용 카드 디폴트 데이터 집합을 기반으로 분류 문제에 딥러닝을 적용한다. 이 데이터셋은 이미 8장에서 사용했었다.

작동 방법

fastai를 사용해 신경망을 테이블 형식 데이터셋에 맞추려면 다음 단계를 실행한다.

1. 라이브러리를 임포트한다.

```
from fastai import *
from fastai.tabular import *
import pandas as pd
from chapter_10_utils import performance_evaluation_report
```

2. CSV 파일에서 데이터셋을 로드한다.

```
df = pd.read_csv('credit_card_default.csv', index_col=0,
                 na_values='')
```

3. 종속 변수(타깃)와 수치/범주 특징을 식별한다.

```
DER_VAR = 'default_payment_next_month'

num_features = list(df.select_dtypes('number').columns)
num_features.remove(DEP_VAR)
cat_features = list(df.select_dtypes('object').columns)

preprocessing = [FillMissing, Categorify, Normalize]
```

4. DataFrame에서 TabularDataBunch를 생성한다.

```
data = (TabularList.from_df(df,
                            cat_names=cat_features,
                            cont_names=num_features,
                            procs=preprocessing)
                .split_by_rand_pct(valid_pct=0.2, seed=42)
                .label_from_df(cols=DEP_VAR)
                .databunch())
```

다음 명령을 사용하면 DataBunch에서 추가적으로 몇 개의 행을 조사할 수 있다.

```
data.show_batch(rows=5)
```

5. Learner 객체를 정의한다.

```
learn = tabular_learner(data, layers=[1000,500],
                        ps=[0.001,0.01],
                        emb_drop=0.04,
                        metrics=[Recall(),
                                FBeta(beta=1),
                                FBeta(beta=5)])
```

6. 모델의 아키텍처를 조사한다.

```
learn.model
```

코드를 실행하면 다음 결과를 얻는다.

```
TabularModel(
  (embeds): ModuleList(
    (0): Embedding(3, 3)
    (1): Embedding(5, 4)
    (2): Embedding(4, 3)
    (3): Embedding(11, 6)
    (4): Embedding(11, 6)
    (5): Embedding(11, 6)
    (6): Embedding(11, 6)
    (7): Embedding(10, 6)
    (8): Embedding(10, 6)
    (9): Embedding(3, 3)
  )
  (emb_drop): Dropout(p=0.04, inplace=False)
  (bn_cont): BatchNorm1d(14, eps=1e-05, momentum=0.1, affine=True, track_running_stats=True)
  (layers): Sequential(
    (0): Linear(in_features=63, out_features=1000, bias=True)
    (1): ReLU(inplace=True)
    (2): BatchNorm1d(1000, eps=1e-05, momentum=0.1, affine=True, track_running_stats=True)
    (3): Dropout(p=0.001, inplace=False)
    (4): Linear(in_features=1000, out_features=500, bias=True)
    (5): ReLU(inplace=True)
    (6): BatchNorm1d(500, eps=1e-05, momentum=0.1, affine=True, track_running_stats=True)
    (7): Dropout(p=0.01, inplace=False)
    (8): Linear(in_features=500, out_features=2, bias=True)
  )
)
```

Embedding(11, 6)은 11개의 입력값과 6개의 출력 잠재적 특징으로부터 범주형 임베딩이 생성됐음을 의미한다.

7. 제시된 학습률을 찾는다.

```
learn.lr_find()
learn.recorder.plot(suggestion=True)
```

코드를 실행하면 다음의 결과를 얻는다.

```
Min numerical gradient: 9.12E-07
Min loss divided by 10: 3.31E-03
```

또한 다음의 그림도 생성된다.

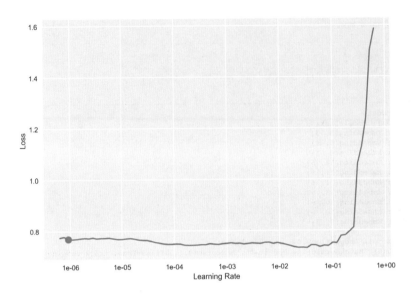

점은 학습률의 가능한 값을 나타낸다. 이 경우 **1e-06**을 사용한다.

8. 신경망을 훈련한다.

```
learn.fit(epochs=25, lr=1e-6, wd=0.2)
```

첫 다섯 번 에폭epoch의 결과는 다음과 같다.

epoch ⬍	train_loss ⬍	valid_loss ⬍	recall ⬍	f_beta ⬍	f_beta ⬍	time ⬍
0	0.715293	0.711141	0.750190	0.397658	0.702298	00:12
1	0.692178	0.682831	0.716679	0.404296	0.676473	00:11
2	0.695443	0.677552	0.724295	0.414831	0.684988	00:10
3	0.687314	0.657006	0.635948	0.407118	0.609592	00:11
4	0.680303	0.661530	0.678599	0.416161	0.647203	00:10
5	0.677046	0.653647	0.645088	0.417859	0.619187	00:10

처음 다섯 번의 에폭에서 손실은 여전히 불규칙하고 증가/감소한다. 평가 지표도 마찬가지다.

9. 손실을 도식화한다.

```
learn.recorder.plot_losses()
```

코드를 실행하면 다음의 그림을 얻는다.

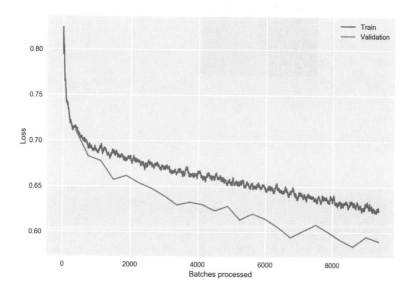

훈련과 검증 손실은 여전히 감소하고 있음을 알기 때문에 더 많은 에폭으로 망을 훈련시킬 수 있다.

10. 검증 집합에서 예측을 추출한다.

```
preds_valid, _ = learn.get_preds(ds_type=DatasetType.Valid)
pred_valid = preds_valid.argmax(dim=-1)
```

11. 검증 집합에서 성능을 검사한다(혼동 행렬).

```
interp = ClassificationInterpretation.from_learner(learn)
interp.plot_confusion_matrix()
```

코드를 실행하면 다음 그림을 얻는다.

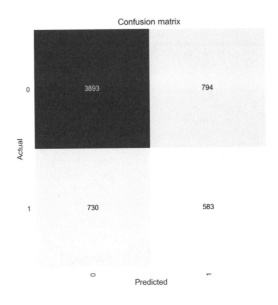

혼동 행렬은 유효성 검증 집합의 성능을 나타낸다. 총계는 6,000개의 관측값이 며 전체 데이터 집합의 20%다.

12. 성능 평가 척도를 조사한다.

```
performance_evaluation_report(learn)
```

코드를 실행하면 다음의 결과를 얻는다.

```
{'accuracy': 0.746,
 'precision': 0.4233841684822077,
 'recall': 0.44402132520944404,
 'specificity': 0.8305952634947728,
```

```
   'f1_score': 0.433457249070632,
   'cohens_kappa': 0.2698817102973029,
   'roc_auc': 0.7060126931437297,
   'pr_auc': 0.40368381260070746}
```

결과를 통해 전체 정확도가 약 75%인 반면 모델이 긍정인 사례(디폴트한 고객)의 ~44%를 정확하게 감지할 수 있음을 알 수 있다.

작동 원리

2단계에서 read_csv 함수를 사용해 데이터셋을 파이썬에 로드했다. 여기서는 인덱스가 포함된 열과 누락된 값을 나타내는 기호만 지정했다.

3단계에서 수치와 범주 특징뿐만 아니라 종속 변수(타깃)도 식별했다. 이를 위해 select_dtypes 메서드를 사용해 추출하려는 데이터 유형을 표시했다. 특징을 리스트에 저장했다. 또한 숫자형 특징을 포함하는 리스트에서 종속 변수를 제거해야 했다. 마지막으로 데이터에 적용할 모든 변환이 포함된 리스트를 생성했다. 여기서는 다음을 선택했다.

- FillMissing: 결측값은 특징값의 중앙값을 사용해 채워진다. 범주형 변수의 경우 결측값은 별도의 범주가 된다.
- Categorify: 범주형 특징을 범주로 변환한다.
- Normalise: 특징값의 평균이 0이고 단위 분산을 갖도록 변환된다. 이를 통해 신경망 훈련이 쉬워진다.

훈련과 검증 집합 모두에 동일한 변환이 적용된다는 점에 유의해야 한다. 또한 데이터 유출을 방지하고자 변환은 훈련 집합에만 기반한다.

4단계에서 입력 데이터의 모든 사전 처리, 분할, 배치를 처리하는 TabularDataBunch를 작성했다. 이를 위해 TabularList의 여러 메서드를 체인시켰다. 첫째, from_df 메서드를 사용해 pandas DataFrame에서 데이터를 로드했다. 그렇게 하는 동안 소스

DataFrame, 숫자/범주 특징과 수행하고자 하는 전처리 단계를 전달했다. 둘째, 데이터를 훈련 및 검증 집합으로 분할한다. 이 경우 `split_by_rand_pct` 메서드를 사용하고 검증 집합에 대한 모든 관측값의 백분율을 표시한 후 시드seed를 설정했다(재현을 위해). 부류 불균형이 심한 경우는 '추가 사항' 절의 팁을 참고하자. 셋째, `label_from_df` 메서드를 사용해 레이블을 표시했다. 마지막으로 `databunch` 메서드를 사용해 DataBunch를 만들었다. 기본적으로 64개의 관측값이 포함된 배치가 생성된다.

5단계에서 `tabular_learner`를 사용해 학습자를 정의했다. 이곳이 망의 아키텍처를 정의한 곳이다. 여기서는 각각 1,000개와 500개의 뉴런을 가진 2개의 은닉층이 있는 망을 사용하기로 결정했다. 망 아키텍처를 선택하는 것은 종종 예술로 간주될 수 있으며, 많은 양의 시행 착오가 필요할 수 있다. 또 다른 대중적인 접근 방식은 다른 사람에게 이전에 작동했던 아키텍처를 사용하는 것이다.

머신러닝의 경우에는 신경망에 과적합하는 것을 방지하는 것이 중요하다. 망이 새로운 데이터로 일반화될 수 있기를 바란다. 과적합을 막는 데 사용되는 인기 있는 기술들 중 일부는 다음과 같다.

- **가중치 감소**: 가중치가 갱신될 때마다 1보다 작은 계수로 곱한다(일반적으로 0.01과 0.1 사이의 값을 사용한다).
- **드롭아웃**dropout: NN을 훈련하는 동안 일부 미니 배치에 대해 일부 활성화(ps 초매개 변수로 표시된 부분)가 임의로 삭제된다. 드롭 아웃은 범주형 특징(emb_drop 초매개 변수를 통해 제어)의 연결된 임베딩 벡터에도 사용할 수 있다.
- **배치 정규화**: 이 기술은 적은 수의 이상치 입력이 훈련된 망에 너무 많은 영향을 미치지 않도록 해 과적합을 줄인다.

학습자를 정의하는 동안 제거할 뉴런의 백분율을 지정했다. 또한 검사하려는 다양한 척도를 제공했다. 여기서는 재현율, F1-점수(`FBeta(beta = 1)`), F-베타 점수(`FBeta(beta=5)`)를 선택했다.

F1-점수는 정밀도와 재현율 조화 평균이지만 F-베타 점수는 동일한 척도의 가중 조화 평균이다. 베타 매개 변수는 총 점수에서 재현율 가중치를 결정한다. 베타값이 1보다 낮으면 정밀도가 더 중요해지고 베타 > 1은 재현율에 더 많은 가중치를 준다. F-베타 점수의 가장 좋은 값은 1이고 가장 나쁜 값은 0이다.

6단계에서 모델의 아키텍처를 검사했다. 출력에서 먼저 범주형 임베딩과 해당 드롭아웃을 확인했다. 그런 다음 (계층) 면에서 입력 계층(63개의 입력, 1,000개의 출력 특징)과 ReLU^{Rectified Linear Unit} 활성화 함수, 배치 정규화 및 드롭아웃을 확인했다. 두 번째 은닉층에 대해 동일한 단계를 반복한 다음 마지막 선형 계층에서 분류 확률을 생성했다.

7단계에서 '좋은' 학습률을 결정하려고 했다. `fastai`는 프로세스를 용이하게 하는 편의^{convenience} 메서드인 `lr_find`를 제공한다. 이 메서드는 학습 속도를 높이면서 망 훈련을 시작한다. 매우 낮은 수준에서 시작해 매우 큰 수준으로 증가한다. 그런 다음 `learn.recorder.plot (suggestion = True)`를 실행해 제안된 값과 함께 학습률에 대한 손실을 표시한다. 최소값 이전이지만 손실이 여전히 개선되는 (감소하는) 값을 목표로 해야 한다.

8단계에서는 학습자의 `fit` 메서드를 사용해 신경망을 학습했다. 여기서는 훈련 알고리즘을 간단히 설명한다. 전체 훈련 집합은 **배치**^{batch}(기본 크기 64)로 나뉜다. 각 배치에 대해 망은 예측을 수행하는 데 사용되며, 타깃값과 비교되고 오차를 계산하는 데 사용된다. 그런 다음이 오차는 망에서 가중치를 갱신하는 데 사용된다. **에폭**이란 모든 배치, 즉 훈련을 위해 전체 데이터셋을 한 번 완전히 실행한 단위다.

간략히 설명하자면 fastai는 기본적으로 교차 엔트로피 손실 함수(분류 작업)와 Adam(Adaptive Moment Estimation)을 최적기로 사용한다. 보고된 훈련과 검증 손실은 손실 함수에서 비롯되며, 평가 척도(예: 재현율)는 훈련 절차에 사용되지 않는다.

여기서는 25에폭을 위해 망을 훈련시켰다. 또한 학습 속도와 가중치 감소를 추가로 지정했다. 그런 다음 배치에 대한 훈련과 검증 손실을 도식화했다.

10단계에서 get_preds 메서드를 사용해 검증 집합 예측(preds_valid)을 구했다. preds_valid에서 예측을 얻으려면 argmax 메서드를 사용해야 했다.

 검증 집합에 대한 예측을 추출하고자 get_preds 메서드에서 ds_type 인수로 DatasetType. Valid를 전달했다. 이 접근법을 사용해 훈련 집합(DatasetType.Train)과 테스트 집합(이전에 지정된 DatasetType.Test를 전달해)에 대한 예측을 추출할 수도 있다.

11단계에서 훈련된 망에서 성능 평가 지표를 추출하고자 ClassificationInterpretation 클래스를 사용했다. 여기서는 plot_confusion_matrix 메서드를 사용해 혼동 행렬을 도식화했다. 생성된 객체를 사용하면 손실이 가장 큰 관측값을 볼 수도 있다(plot_tab_top_losses 메서드).

마지막 단계에서 약간 수정된 performance_evaluation_report 함수(8장에서 정의된 편의 함수)를 사용해 정밀도 및 재현율과 같은 평가 지표를 복구했다.

추가 사항

표 형식 데이터셋에 대한 fastai의 주목할 만한 특징은 다음과 같다.

- 신경망 훈련 중 콜백 사용 콜백은 다른 시간(begin_epoch, after_step, begin_fit 등)에서 일부 사용자 정의 코드/논리를 훈련 루프에 삽입하는 데 사용된다. 이들은 콜백 모듈에 저장되며 tabular_learner의 callback_fns 인수를 통해 리스트로 추가할 수 있다. 흥미로운 콜백으로는 ShowGraph(모델을 학습하는 동안 손실을 표시), OverSamplingCallback(부류 불균형의 경우 과표본 추출에 사용) 및 SaveModelCallback(중단 후 훈련을 재개하는 데 사용) 등이 있다.

- 훈련 및 검증 집합에 사용자 지정 인덱스 사용 이 특징은 분류 불균형을 처리할 때 유용하며, 훈련 집합과 검증 집합 모두 비슷한 비율의 클래스를 포함하려고 한다. split_by_idxs 메서드를 scikitlearn의 StratifiedKFold와 함께 사용할 수 있다. 다음 코드를 실행해 사용자 지정 훈련/검증 분할을 사용해 Tabular DataBunch를 만든다.

```python
from sklearn.model_selection import StratifiedKFold

X = df.copy()
y = X.pop(DEP_VAR)

train_ind, test_ind = next(StratifiedKFold(n_splits=5).split(X, y))

data = (TabularList.from_df(df,
                            cat_names=cat_features,
                            cont_names=num_features,
                            procs=preprocessing)
                .split_by_idxs(train_idx=list(train_ind),
                            valid_idx=list(test_ind))
                .label_from_df(cols=DEP_VAR)
                .databunch())
```

- add_test 메서드를 통해 DataBunch에 테스트 집합 추가 테스트 집합은 동일한 범주형/연속 특징 이름과 전처리 단계를 가진 TabularLis여야 한다. 이 메서드는 databunch 메서드 전에 호출해야 한다.
- TabularList의 from_df 메서드에서 경로 인수를 지정하면 모델이 저장될 위치를 나타낸다.
- fastai는 날짜가 포함된 열(예: 구매 날짜)에서 다양한 특징을 추출하는 편의 함수 add_datepart를 제공한다. 추출된 특징 중 일부에는 요일, 일, 월/분기/년의 시작/끝에 대한 부울이 포함될 수 있다.

- 훈련된 학습자의 `predict` 메서드를 사용해 소스 DataFrame의 행에서 직접 부류를 예측할 수 있다.
- `fit` 메서드 대신 `fit_one_cycle` 메서드를 사용할 수도 있다. 이것은 **슈퍼 컨버전스**super-convergence 정책을 사용한다. 아이디어는 다양한 학습 속도로 망을 훈련시키는 것이다. 낮은 값에서 시작해 지정된 최대값으로 증가한 후 다시 낮은 값으로 돌아간다. 이 방법은 단일 학습 속도를 선택하는 것보다 더 효과적이라고 간주된다.

참고 문헌

추가적인 참고 문헌은 다음과 같다.

- Guo, C., and Berkhahn, F. (2016). *Entity embeddings of categorical variables.* arXiv preprint arXiv:1604.06737.
- Smith, L. N. (2018). *A disciplined approach to neural network hyper parameters: Part 1 – learning rate, batch size, momentum, and weight decay.* arXiv preprint arXiv:1803.09820. – https://arxiv.org/pdf/1803.09820.Pdf
- Smith, L. N., and Topin, N. (2019, May). *Super-convergence: Very fast training of neural networks using large learning rates.* In *Artificial intelligence and machine learning for multi-domain operations applications* (Vol. 11006, p. 1100612). International Society for Optics and Photonics: https://arxiv.org/pdf/1708.07120.pdf
- Srivastava, N., Hinton, G., Krizhevsky, A., Sutskever, I., and Salakhutdinov, R. (2014). *Dropout: a simple way to prevent neural networks from overfitting. The journal of machine learning research,* 15(1), 1929-1958: http://www.jmlr.org/papers/volume15/srivastava14a/

srivastava14a.pdf

- Krogh, A., and Hertz, J. A. (1992). *A simple weight decay can improve generalization. In Advances in neural information processing systems* (pp. 950–957): https://papers.nips.cc/paper/563–a–simple–weight–decay–can–improvegeneralization.Pdf
- Ioffe, S., and Szegedy, C. (2015). *Batch normalization: Accelerating deep network training by reducing internal covariate shift*. arXiv preprint arXiv:1502.03167: https://arxiv.org/pdf/1502.03167.pdf

▌시계열 예측을 위한 다층 퍼셉트론

다층 퍼셉트론^{MLP, Multilayer Perceptron}은 신경망의 기본 아키텍처 중 하나다. 개략적으로 MLP 는 세 가지 구성 요소로 이뤄진다.

- **입력 계층**: 특징의 벡터다.
- **은닉층**: 각 은닉층은 N개의 뉴런으로 구성된다.
- **출력 계층**: 망의 출력. 과제에 따라 다르다(회귀/분류).

각 은닉층의 입력은 먼저 선형으로 (가중으로 곱하고 편향 항을 추가) 변환된 다음 비선형으로 (ReLU와 같은 활성화 함수를 적용해) 변환된다. 비선형 활성화 함수 덕분에 망은 특징과 타깃 간의 복잡한 비선형 관계를 모델링할 수 있다.

다층 퍼셉트론은 서로 겹쳐져 있는 여러 개의 은닉층(밀집 계층 또는 완전 연결 계층이라고도 함) 을 포함한다. 다음 다이어그램은 단일 은닉층이 있는 망과 2개의 계층이 있는 MLP를 나타낸다.

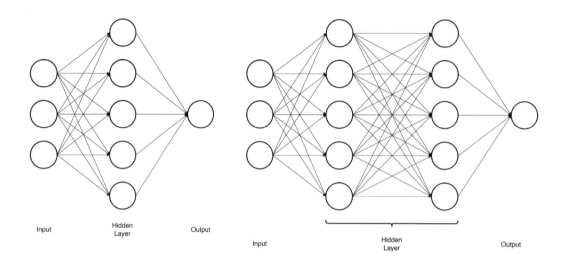

시계열 모델링에 딥러닝 접근법을 사용할 때의 잠재적 이점은 기저 데이터를 가정하지 않는다는 것이다. 3장에서 소개한 ARIMA 클래스 모델과 달리 계열이 정상성^{stationary}을 가질 필요가 없다.

이 레시피에서는 파이토치를 사용해 재무 시계열 예측을 위한 다층 퍼셉트론을 추정하는 방법을 보여 준다.

작동 방법

파이토치에서 다층 퍼셉트론을 훈련시키려면 다음 단계를 실행한다.

1. 라이브러리를 임포트한다.

```
import yfinance as yf
import numpy as np

import torch
import torch.optim as optim
import torch.nn as nn
```

```
import torch.nn.functional as F
from torch.utils.data import (Dataset, TensorDataset,
                              DataLoader, Subset)

from sklearn.metrics import mean_squared_error

device = 'cuda' if torch.cuda.is_available() else 'cpu'
```

2. 매개 변수를 정의한다.

```
# 데이터
TICKER = 'ANF'
START_DATE = '2010-01-02'
END_DATE = '2019-12-31'
N_LAGS = 3

# 신경망
VALID_SIZE = 12
BATCH_SIZE = 5
N_EPOCHS = 1000
```

3. 아베크롬비 앤드 피치Abercrombie and Fitch 사의 주가를 다운로드하고 데이터를 처리한다.

```
df = yf.download(TICKER,
                 start=START_DATE,
                 end=END_DATE,
                 progress=False)

df = df.resample("M").last()
prices = df['Adj Close'].values
```

4. 시계열을 MLP용 데이터셋으로 변환하는 함수를 정의한다.

```
def create_input_data(series, n_lags=1):
    X, y = [], []
    for step in range(len(series) - n_lags):
        end_step = step + n_lags
        X.append(series[step:end_step])
        y.append(series[end_step])
    return np.array(X), np.array(y)
```

5. 고려 중인 시계열을 MLP 입력으로 변환한다.

```
X, y = create_input_data(prices, N_LAGS)

X_tensor = torch.from_numpy(X).float()
y_tensor = torch.from_numpy(y).float().unsqueeze(dim=1)
```

6. 훈련과 검증 집합을 생성한다.

```
valid_ind = len(X) - VALID_SIZE

dataset = TensorDataset(X_tensor, y_tensor)

train_dataset = Subset(dataset, list(range(valid_ind)))
valid_dataset = Subset(dataset, list(range(valid_ind, len(X))))

train_loader = DataLoader(dataset=train_dataset,
                          batch_size=BATCH_SIZE)
valid_loader = DataLoader(dataset=valid_dataset,
                          batch_size=BATCH_SIZE)
```

첫 배치에서 특징을 조사한다.

```
next(iter(train_loader))[0]
```

코드를 실행하면 다음의 출력을 얻는다.

```
tensor([[23.1900, 26.9100, 33.7300],
        [26.9100, 33.7300, 32.3100],
        [33.7300, 32.3100, 26.6100],
        [32.3100, 26.6100, 22.7900],
        [26.6100, 22.7900, 27.4300]])
```

타깃을 조사하려면 next(iter(train_loader))[1]을 사용해야 한다.

7. 나이브 예상^{naive forecast}을 벤치마크로 사용하고 성능을 평가한다.

```
naive_pred = prices[len(prices) - VALID_SIZE - 1:-1]
y_valid = prices[len(prices) - VALID_SIZE:]

naive_mse = mean_squared_error(y_valid, naive_pred)
naive_rmse = np.sqrt(naive_mse)
print(f"Naive forecast - MSE: {naive_mse:.2f}, RMSE:
{naive_rmse:.2f}")
```

코드를 실행하면 다음 줄이 출력된다.

```
Naive forecast - MSE: 17.87, RMSE: 4.23
```

8. 망의 아키텍처를 정의한다.

```
class MLP(nn.Module):
    def __init__(self, input_size):
        super(MLP, self).__init__()
        self.linear1 = nn.Linear(input_size, 8)
        self.linear2 = nn.Linear(8, 4)
        self.linear3 = nn.Linear(4, 1)
        self.dropout = nn.Dropout(p=0.2)
    def forward(self, x):
```

```
        x = self.linear1(x)
        x = F.relu(x)
        x = self.dropout(x)
        x = self.linear2(x)
        x = F.relu(x)
        x = self.dropout(x)
        x = self.linear3(x)
        return x
```

9. 모델, 손실 함수, 최적기를 인스턴스화한다.

```
# 재현을 위해 시드 설정
torch.manual_seed(42)

model = MLP(N_LAGS).to(device)
loss_fn = nn.MSELoss()
optimizer = optim.Adam(model.parameters(), lr=0.001)
```

model 객체를 조사해 보면 다음 결과를 얻는다.

```
MLP(
    (linear1): Linear(in_features=3, out_features=8, bias=True)
    (linear2): Linear(in_features=8, out_features=4, bias=True)
    (linear3): Linear(in_features=4, out_features=1, bias=True)
    (dropout): Dropout(p=0.2, inplace=False)
)
```

10. 망을 훈련시킨다.

```
PRINT_EVERY = 50
train_losses, valid_losses = [], []

for epoch in range(N_EPOCHS):
    running_loss_train = 0
```

```
        running_loss_valid = 0

    model.train()
    for x_batch, y_batch in train_loader:
        optimizer.zero_grad()
        x_batch = x_batch.to(device)
        y_batch = y_batch.to(device)
        y_hat = model(x_batch)
        loss = loss_fn(y_batch, y_hat)
        loss.backward()
        optimizer.step()
        running_loss_train += loss.item() * x_batch.size(0)
    epoch_loss_train = running_loss_train /
len(train_loader.dataset)
    train_losses.append(epoch_loss_train)

    with torch.no_grad():
        model.eval()
        for x_val, y_val in valid_loader:
            x_val = x_val.to(device)
            y_val = y_val.to(device)
            y_hat = model(x_val)
            loss = loss_fn(y_val, y_hat)
            running_loss_valid += loss.item() * x_val.size(0)
        epoch_loss_valid = running_loss_valid /
len(valid_loader.dataset)
        if epoch > 0 and epoch_loss_valid < min(valid_losses):
            best_epoch = epoch
            torch.save(model.state_dict(), './mlp_checkpoint.pth')
        valid_losses.append(epoch_loss_valid)

    if epoch % PRINT_EVERY == 0:
        print(f"<{epoch}> - Train. loss: {epoch_loss_train:.2f} \t
Valid. loss: {epoch_loss_valid:.2f}")
print(f'Lowest loss recorded in epoch: {best_epoch}')
```

코드를 실행하면 다음의 결과를 얻는다.

```
Lowest loss recorded in epoch: 961
```

11. 에폭에 대한 손실을 도식화한다.

```
train_losses = np.array(train_losses)
valid_losses = np.array(valid_losses)

fig, ax = plt.subplots()

ax.plot(train_losses, color='blue', label='Training loss')
ax.plot(valid_losses, color='red', label='Validation loss')

ax.set(title="Loss over epochs",
       xlabel='Epoch',
       ylabel='Loss')
ax.legend()
```

코드를 실행하면 다음의 결과를 얻는다.

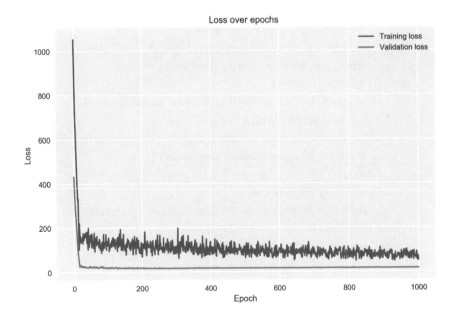

그림에서 (랜덤으로 초기화된 가중치로 인해) 최초로 드롭된 이후에 훈련 손실은 에폭에 대해 눈에 띄게 감소했지만 검증 손실에 대해서는 반드시 그렇다고 볼 수도 없다. 훨씬 작기 때문이다.

12. 최고의 모델을 로드한다(가장 작은 검증 손실).

```python
state_dict = torch.load('mlp_checkpoint.pth')
model.load_state_dict(state_dict)
```

13. 예측을 수행한다.

```python
y_pred, y_valid= [], []

with torch.no_grad():

    model.eval()
    for x_val, y_val in valid_loader:
        x_val = x_val.to(device)
        y_pred.append(model(x_val))
        y_valid.append(y_val)
y_pred = torch.cat(y_pred).numpy().flatten()
y_valid = torch.cat(y_valid).numpy().flatten()
```

14. 예측을 평가한다.

```python
mlp_mse = mean_squared_error(y_test, y_pred)
mlp_rmse = np.sqrt(mlp_mse)
print(f"MLP's forecast - MSE: {mlp_mse:.2f}, RMSE: {mlp_rmse:.2f}")

fig, ax = plt.subplots()

ax.plot(y_test, color='blue', label='true')
ax.plot(y_pred, color='red', label='prediction')
```

```
ax.set(title="Multilayer Perceptron's Forecasts",
       xlabel='Time',
       ylabel='Price ($)')
ax.legend()
```

코드를 실행하면 다음의 결과를 얻는다.

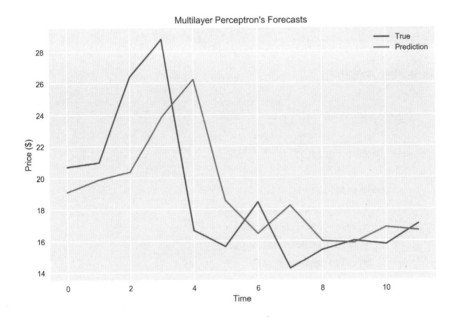

망이 시간에 맞춰 패턴을 선택할 수 없으므로 예측된 선이 실제 패턴의 오른쪽으로 이동해 있음을 볼 수 있다.

평가는 다음과 같다.

```
MLP's forecast - MSE: 15.47, RMSE: 3.93
```

다층 퍼셉트론을 사용하면 나이브 예상보다 좋은 결과를 얻는다.

작동 원리

첫 번째 단계에서 필요한 라이브러리를 가져왔다. 또한 device라는 플래그 변수를 만들었다. 이 변수는 망이 CPU 또는 GPU를 사용해 훈련되는지 여부를 나타낸다. 가능하다면 GPU를 사용하고 그렇지 않으면 CPU를 사용하는 방식으로 코드를 구성했다. 이러한 방식으로 코드를 구성하면 사용되는 하드웨어 측면에서 유연성 있게 쓸 수 있다. 데이터와 모델은 모두 동일한 장치에 저장해야 한다.

그런 다음 데이터 다운로드와 신경망 모델 설정에 대한 다양한 매개 변수를 정의했다.

3단계에서는 2010~2019년 동안 아베크롬비(의류/라이프스타일 회사)의 주가를 다운로드한 후 매월 종가를 가져와 월별 빈도로 리샘플링했다.

4단계에서 시계열을 다층 퍼셉트론이 인식하는 데이터셋으로 변환하는 데 사용되는 헬퍼 함수 create_input_data를 정의했다. 여기서는 n_lags로 함수를 매개 변수화했는데 이는 특징으로 사용할 지연된 관측의 수를 나타낸다. 예를 들어, n_lags = 1인 경우 시간 t의 주가를 사용해 시간 t + 1의 값을 예측한다. 이 함수는 특징과 타깃, 2개의 numpy 배열을 반환한다.

> 일반적으로 입력 특징을 크기 조정(및 잠재적으로 표준화)해 그 값이 활성화 함수에 따라 [0, 1] 또는 [−1, 1] 간격에 놓이도록 하는 것이 좋다. 이렇게 하면 최적화 절차가 더 수렴하기 쉬워지므로 훈련 속도가 빨라진다. 다른 방법으로는 주가를 수익률로 변환할 수도 있다.

5단계에서 create_input_data 함수를 사용해 시계열 주가에서 모델의 입력 값을 얻었다. 여기서는 3−지연 값을 특징으로 사용했다.

한편 신경망은 자기회귀(AR 모델)와 유사한 문제를 해결하려고 시도하는데 여기서는 미래의 값을 예측하고자 변수의 과거 실현 가격을 사용한다. 그렇기 때문에 이러한 모델을 NNETAR(Neural NETwork AutoRegression) 모델(https://otexts.com/fpp2/nnetar.html)이라고도 한다.

또한 `torch.from_numpy`를 사용해 numpy 배열을 torch 텐서로 변환했다. 또한 `float` 메서드를 사용해 `float` 텐서로 표시했다. 타깃 변수의 경우 1 x n 텐서를 n x 1 텐서로 변환하고자 unsqueeze 방법을 사용해야 했다.

torch 텐서의 유형을 검사하고자 type() 함수나 torch 텐서의 type() 메서드를 사용할 수 있다. 후자의 장점은 텐서의 위치(CPU 또는 GPU)를 추가로 알려 주는 것이다. 예를 들어, 생성된 텐서가 GPU에 저장된 경우 type() 메서드를 사용하면 torch.cuda.FloatTensor가 된다.

6단계에서 TensorDataset을 사용해 데이터셋을 생성했다. 그런 다음 Subset을 사용해 데이터 집합을 훈련과 검증 집합으로 나눴다. 이를 위해 두 집합 모두에 대한 인덱스 리스트를 제공했다. 시계열 문제이므로 2010~2018년의 데이터를 사용해 망을 훈련하고 2019년을 검증 집합으로 사용하기로 결정했다. 데이터 순서가 중요하지 않은 경우라면 random_split을 사용해 임의의 훈련/검증 분할을 만들 수 있다. 마지막으로 이전에 만든 데이터셋과 원하는 배치 크기(이 경우에는 작은 데이터셋으로 작업할 때 5)를 전달해 DataLoader 객체를 만들었다. 이 특정 문제에 대해 기본 설정 shuffle = False으로 만족했다. 망 훈련과 평가를 위해 DataLoader 객체를 반복한다. next(iter (train_loader)) [0]을 사용해 첫 번째 배치 특징을 검사할 수 있다. 훈련 집합에는 105개의 관측값가 포함되고 검증 집합에는 12개의 관측값만 포함된다(작년의 월별 관측값에 해당).

456

이전 레시피에서 배치 및 에폭과 같은 용어를 설명했다. 그러나 여기서 배치 크기가 망 훈련에 사용될 그래디언트 하강 유형에 영향을 미친다는 점을 언급하는 것이 좋겠다. 배치 크기가 훈련 표본 크기와 같거나 크다면 배치 그래디언트 하강(batch gradient descent)을 사용할 것이다. 가중치는 각 에폭 후에 한 번만 갱신된다. 더 작은 배치 크기를 사용하면 가중치가 에폭당 여러 번 갱신되는 미니 배치 그래디언트 하강(mini-batch gradient descent)이라는 접근 방식을 사용하고 있음을 나타낸다. 마지막으로 배치 크기가 1인 극단적인 경우 확률적 그래디언트 하강(SGD, Stochastic Gradient Descent)을 나타낸다. 파이토치에는 optim.SGD()라는 동일한 이름으로 최적기도 있다. 전체 데이터 배치를 사용해 망을 학습하는 경우 최적기가 다르게 호출되더라도 배치 그래디언트 하강을 계속 수행한다.

7단계에서 나이브 예상을 계산했다. 마지막 알려진 관측값을 다음 기간의 예측으로 사용했다. 여기서는 MLP가 벤치마크를 앞지를 때 능숙하다고 간주한다(일부 경우 상당히 어려울 수 있다). 평균 제곱 오차$^{\text{MSE, Mean Squared Error}}$와 평균 제곱근 오차$^{\text{RMSE, Root Mean Squared Error}}$를 사용해 벤치마크를 평가했다. 후자의 이점은 측정값과 동일한 단위(이 경우 아베크롬비의 주가)로 제공된다는 것이다.

8단계에서 망 아키텍처를 정의했다. 파이토치에서 망을 정의하는 방법에는 두 가지가 있으며, '작동 원리' 절에서는 nn.Module에서 상속되는 클래스 정의를 기반으로 한 방법을 사용한다. 상속한다는 의미는 자동으로 일련의 필수 메서드를 갖게 되고 선택된 몇 가지 메서드만 정의하면 된다는 것이다(필요한 경우 기본 메서드를 덮어쓸 수도 있다). 여기서는 두 가지 메서드를 정의했다. 첫 번째 방법은 수행하려는 모든 작업을 저장한 __init__ 메서드다(이 메서드에서는 실행 순서가 중요치 않다). 일반적으로 훈련 가능한 모든 작업(예: 파이토치에서 Linear라고 하는 완전히 연결된 계층)을 저장해야 하지만, 드롭아웃 계층을 확률로 할당할 수도 있다. 또한 이 메서드는 정의된 MLP의 입력 크기 설정처럼 클래스의 인스턴스를 생성하는 동안 제공하는 매개 변수를 취한다. 둘째, forward 메서드를 정의했다. 이 메서드는 특징의 텐서를 상징하는 x를 사용하고 모든 연산 동안 순서대로 전달한다. 이 메서드에서는 ReLU, tanh, sigmoid와 같은 활성화 함수를 사용할 수 있다. 여기서는 2개의 은닉층(각각 8개와 4개의 뉴런)으로 망을 정의했다. 또한 몇 가지 다른 사양을 실험하고 가장 좋은 성능으로 선택했다. 모범 사용례는 실험하거나 또는 다른 사람이 잘 사용한 아키텍처를 선택하거나 가능하면 전이학습을 사용하는 것이다.

9단계에서는 재현성을 위해 시드를 설정한 후 모델을 인스턴스화했다. 그렇게 하는 동안 여기서는 세 가지 특징을 사용하고 있으며, `to` 메서드(GPU를 사용할 수 없는 경우 CPU)를 사용해 모델을 적절한 장치로 전달했다. 이 단계에서는 손실 함수(회귀 문제를 처리할 때 평균 제곱 오차)와 최적기도 정의했다. 망을 위해 아담^{Adam} 최적화 프로그램을 선택했다. 또한 갱신하고자 하는 매개 변수와 학습 속도의 값을 지정해야 했다.

10단계에서 망을 훈련했다. 파이토치의 신경망 훈련은 중첩 루프 내에서 발생한다. 외부 루프는 에폭에 따라 수행된다(1,000을 지정했지만 이를 조정하거나 손실이 줄어들 때 조기 중지를 사용할 수 있다). 여기서는 `model.train()`을 실행해 훈련 단계에 있음을 나타내면서 각 에폭을 시작했다. 이는 훈련/평가 단계에서 다른 작동을 하는 `nn.Dropout`과 같은 계층에 중요하다. 즉 훈련 동안 드롭아웃 층은 무작위로 뉴런의 비율을 떨어뜨린다. 드롭아웃은 평가 단계에서는 발생하지 않는다. 평가 단계 동안 훈련 중에 누락된 뉴런을 설명하고자 은닉층의 모든 출력을 p(뉴런이 떨어질 가능성)만큼 크기 조정한다. 영향을 받는 계층의 다른 예로는 배치 정규화(`nn.BatchNorm1d` 등)가 있다.

그런 다음 훈련 데이터가 포함된 `DataLoader` 객체를 반복했다. 그렇게 함으로써 여기서는 매번 훈련 데이터셋에서 단일 배치를 받았다. 각 반복에서 `optimizer.zero_grad()`를 실행해 그래디언트를 제로화했다. 기본적으로 파이토치는 그래디언트를 누적한다. 그렇기 때문에 각 반복이 시작될 때 그래디언트를 0으로 설정해야 했지만 그래디언트를 사용해 가중치를 갱신한 후에 0으로 설정했다(최적기의 step 메서드). 이후에 특징과 타깃을 적절한 장치(CPU / GPU)로 보냈다. `model(x_batch)`를 실행해 망 예측을 얻었다. 예측과 타깃값을 손실 함수에 연결하고, 손실 함수의 `backward` 메서드를 사용해 역전파에 사용된 그래디언트를 계산했다. 역전파 알고리즘의 세부 사항은 다루지 않는다. 자세한 내용은 참고 문헌을 참고하자. 다음으로 여기서는 `optimizer.step()`을 실행해 지정된 학습 속도를 사용해 최적화 루틴의 한 단계를 수행했다. 또한 훈련 단계의 실행 손실을 저장했다. 이를 위해 `running_loss_train += loss.item() * x_batch.size(0)`을 사용했다. 손실 객체의 기본 동작은 배치 평균을 계산하는 것이다. 그러나 배치의 크기가 동일하지 않을 수 있다(종종 마지막 배치에서 발생한다). 그렇기 때문에 손실을 배치 크기와 곱해 값을 전체 손실 합계로 변환한 다음 나중에 모든 배치를 반복한 후 훈련 데이터셋의 관측값 수로 나눈다. 이것으로 훈련 단계의 반복이 한번 끝났다. 각 에폭에 대해 배치의 평균 손실을 훈련 손실로 저장했다. 모델의 `state_dict()` 메서드를 사용해 망의 가중치 및 매개 변수에 액세스할 수 있다.

훈련 단계 후 여기서는 과소 적합과 과적합을 모니터링하고자 검증 집합에서 망의 성능을 평가했다. 이 단계에서 가중치를 갱신하지 않고자 `torch.no_grad()`를 사용해 오토그래드^{Autograd} 엔진을 일시적으로 해제했다. 오토그래드는 파이토치의 자동 미분 패키지다. 이 기능을 끄면 역전파 알고리즘을 실행할 수 없으며(검증에 필요하지 않다) 동시에 메모리 사용량이 줄어들고 계산 속도가 빨라진다. 평가 루프는 훈련의 단순화된 버전이다. 여기서는 유효성 검증 `DataLoader`를 반복하고, 모델을 사용해 예측을 얻었으며, 손실 함수의 값을 계산했다. 그리고 훈련과 동일한 방식으로 검증 손실을 저장했다. 또한 최고 성능의 모델을 저장하는 옵션이 추가됐다. 각 검증 단계 후 에폭의 검증 손실이 현재까지 가장 낮은 손실보다 낮은지 확인하고, 그렇다면 `torch.save`를 사용해 모델을 저장했다. 모델의 `state_dict`(망의 훈련 가능한 매개 변수를 포함하는 OrdedDict)과 정보를 저장하는 경로(통상 .pt 또는 .pth 확장자)를 전달했다. 파이토치의 모델을 저장/로드하는 이 방법은 추론에만 관심이 있을 때 더 선호된다(예측하기). 마지막 에폭부터 훈련을 재개할 수 있는 모델을 저장하려면 공식 문서(참고 문헌에 제공된 링크)를 참고하자.

11단계에서는 훈련과 검증의 시간에 대한 변화를 도식화했다.

12단계에서 검증 손실이 가장 적은 망의 상태 딕셔너리를 로드했다. 이를 위해 먼저 `torch.load`를 사용해 저장된 상태 딕셔너리를 로드한 다음 모델의 `load_state_dict` 메서드를 사용해 정의된 모델로 전달했다. 만약 훈련을 재개하고 싶다면 접근 방식이 약간 더 복잡해질 것이다. 그러나 사용례에서는 로드된 모델만 추론에 사용했다.

13단계에서는 검증 집합에 대해 단순화된 루프(평가 단계에서 오토그래드를 끄고 모델링한 상태)를 사용해 예측을 얻고 실제 관찰과 비교했다. `torch.cat` 함수를 사용해 텐서 리스트를 연결하고 `numpy` 메서드를 사용해 텐서를 `numpy` 배열로 쉽게 변환하고, 마지막으로 `flatten` 메서드를 사용해 1차원 배열을 얻었다.

 torch 텐서의 numpy 메서드는 텐서가 CPU에 있는 경우에만 작동한다. 그렇지 않은 경우 cpu 메서드를 사용해 쉽게 이동할 수 있다. 하강을 완료하고자 cuda 메서드를 사용해 텐서를 GPU로 옮길 수 있다.

마지막 단계에서 MPL 예측의 MSE, RMSE를 계산하고 실제값과 예측값을 도식화했다.

망의 성능을 향상시킬 수 있는 몇 가지 잠재적인 단계를 나열하면 다음과 같다.

- 다른 배치 크기/에폭 수/학습률을 실험해 보라.
- 다른 은닉층/뉴런/활성 함수를 실험해 보라.
- 배치의 관측치를 섞은 것과 그렇지 않은 것의 성능을 비교해 보라.
- 지연 값을 특징으로 사용하고 그 값을 변경해 보라.
- 데이터를 크기 조정/표준화/정규화해 보라.

추가 사항

'추가 사항' 절에서는 MLP와 관련된 몇 가지 추가적이지만 흥미로운 것들을 살펴본다.

다변량 설정: 다변량 설정에서 다계층 퍼셉트론을 사용할 수 있다. 가능한 두 가지 유형의 사례는 다음과 같다.

- **다중 입력 계열**: 다중 시계열은 단일 시계열의 미래 가치를 예측하는 데 사용된다.

- **다중 병렬 계열**: 다중 시계열은 다중 시계열의 미래 가치를 동시에 예측하는 데 사용된다.

망 아키텍처 정의에 대한 순차적 접근 방식: nn.Sequential을 사용해 망 아키텍처를 정의할 수도 있다. 이는 이전에 케라스^{Keras}를 사용해 본 사람들은 유사하게 느낄 것이다. 아이디어는 입력 텐서가 지정된 계층을 통해 순차적으로 전달된다는 것이다.

다음에서 이 레시피에서 이미 사용한 것과 같은 망을 정의한다.

```
model = nn.Sequential(
    nn.Linear(3, 8),
    nn.ReLU(),
    nn.Dropout(0.2),
    nn.Linear(8, 4),
    nn.ReLU(),
    nn.Dropout(0.2),
    nn.Linear(4, 1)
)

model
```

코드를 실행하면 다음 아키텍처를 출력한다.

```
Sequential(
    (0): Linear(in_features=3, out_features=8, bias=True)
    (1): ReLU()
    (2): Dropout(p=0.2, inplace=False)
    (3): Linear(in_features=8, out_features=4, bias=True)
    (4): ReLU()
    (5): Dropout(p=0.2, inplace=False)
    (6): Linear(in_features=4, out_features=1, bias=True)
)
```

계층의 순서는 순차적 정수로 표시된다. 다른 방법으로는 OrderedDict를 nn.Sequential에 전달할 수 있다. 이 방법은 순차적으로 계층의 사용자 지정 이름을 제공한다. 딕셔너리에서 키는 고유해야 하므로 각 작업에 대해 고유한 이름을 제공해야 한다.

scikit-learn을 사용한 신경망 추정: MLPClassifier 및 MLPRegressor 덕분에 scikit-learn을 사용해 다층 퍼셉트론을 학습할 수도 있다. 이 방법은 파이토치(또는 다른 딥러닝 프레임워크)를 사용해 훈련된 것만큼 복잡하지는 않지만 사용자 정의를 할 수 없다. 그러나 친숙한 scikit-learn API를 따르므로 시작하기 쉽고 구현하기도 쉽다. 여기서는 이 레시피에서 사용한 것과 유사한 간단한 망을 정의하는 코드를 보여 준다. 이러한 망을 훈련시키는 방법의 간단한 예는 함께 제공되는 깃허브 저장소의 10장 노트북을 참고하자.

MLP 모델은 다음과 같이 정의할 수 있다.

```
mlp = MLPRegressor(hidden_layer_sizes=(8, 4,),
                   learning_rate='constant',
                   batch_size=5,
                   max_iter=1000)
```

다중 기간 예측: 마지막으로 다중 계층 퍼셉트론을 사용해 두 단계 이상의 예측을 할 수도 있다. 그렇게 하려면 입력 데이터를 적절히 준비하고 망 아키텍처를 약간 수정해 둘 이상의 출력을 처리해야 한다. 여기서는 전체 코드를 제시하지 않고 수정된 부분만 제시한다. 망 훈련을 포함한 전체 코드는 깃허브에서 제공되는 노트북을 참고하자.

다음 코드는 시계열을 MLP가 허용하는 데이터셋으로 변환하는 수정된 함수의 코드다.

```
def create_input_data(series, n_lags=1, n_leads=1):
    X, y = [], []
    for step in range(len(series) - n_lags - n_leads + 1):
        end_step = step + n_lags
        forward_end = end_step + n_leads
```

```
        X.append(series[step:end_step])
        y.append(series[end_step:forward_end])
    return np.array(X), np.array(y)
```

수정된 망 아키텍처는 다음과 같다.

```python
class MLP(nn.Module):

    def __init__(self, input_size, output_size):
        super(MLP, self).__init__()
        self.linear1 = nn.Linear(input_size, 16)
        self.linear2 = nn.Linear(16, 8)
        self.linear3 = nn.Linear(8, output_size)
        self.dropout = nn.Dropout(p=0.2)

    def forward(self, x):
        x = self.linear1(x)
        x = F.relu(x)
        x = self.dropout(x)
        x = self.linear2(x)
        x = F.relu(x)
        x = self.dropout(x)
        x = self.linear3(x)
        return x
```

마지막으로 도식화된 예측은 다음과 같다.

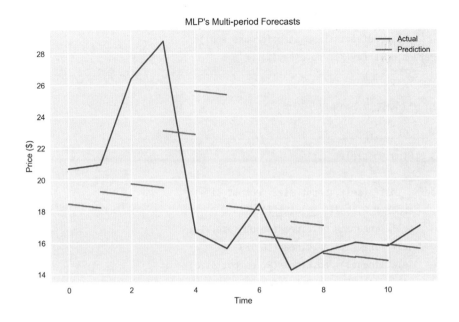

각 시점에 대해 시간 t+1과 t+2의 두 지점을 예측한다. 망의 두 번째 예측은 항상 첫 번째 예측과 매우 유사하다. 따라서 주가의 역학을 정확하게 포착하지 못한다.

참고 문헌

추가적인 참고 문헌은 다음과 같다.

- Ian Goodfellow, Yoshua Bengio, and Aaron Courville: Deep learning. The MIT Press, 2016: https://www.deeplearningbook.org/

- https://discuss.pytorch.org/

- https://github.com/hfawaz/dl-4-tsc/

- https://pytorch.org/tutorials/beginner/saving_loading_models.html

▌ 시계열 예측을 위한 컨볼루션 신경망

컨볼루션 신경망CNN, Convolutional Neural Network이 개발돼 이미지 분류 영역에서 매우 인기를 끌고 있다. 그러나 이 방법은 시퀀스의 다음 값 예측, 시계열 또는 문장의 다음 단어 등 1차원 문제에도 적용할 수 있다.

다음 그림은 1차원 CNN을 간략히 보여 준다.

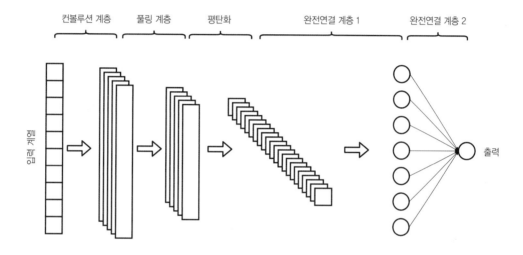

위 그림에 따라 일반적 CNN 아키텍처를 다음과 같이 설명할 수 있다.

- **컨볼루션 계층**: 이 계층의 목표는 컨볼루션 필터링을 적용해 잠재적인 특징을 추출하는 것이다.
- **풀링**pooling **계층**: 이 계층은 이미지 또는 계열의 크기를 줄이면서 컨볼루션 계층에 의해 식별된 중요한 특성을 유지한다.
- **완전 연결 계층**: 일반적으로 망 끝에, 특징을 추출된 부류나 값에 매핑하기 위한 몇 개의 완전연결 계층이 있다.

컨볼루션 계층은 입력(예: 1차원 시계열)을 읽고 (지정된 조정 가능한 길이의) 커널을 계열 위로 끈다. 커널은 계열에서 찾고자 하는 특징을 나타내며 시계열과 동일한 너비를 가지므로 시계열의 시작에서 끝까지 한 방향으로만 이동할 수 있다. 각 단계마다 입력값에 커널값을 곱한 다음 비선형 활성화 함수가 결과에 적용된다. 이렇게 하면 원래 입력 계열이 필터 맵이라는 입력의 해석으로 변환된다. CNN 아키텍처의 다음 단계는 풀링 계층(최대 또는 평균)을 적용해 계열의 크기를 줄이지만 동시에 식별된 특성을 유지하는 것이다.

컨볼루션 계층과 풀링 계층을 서로 겹쳐서 여러 계층의 추상화를 제공할 수 있다(AlexNet, VGG-16, Inception, ResNet50과 같은 널리 사용되는 CNN 아키텍처 참조). 다른 방법으로는 풀링 계층의 결과는 완전 연결(밀집) 계층으로 전달될 수 있다.

시계열 예측에 1차원 CNN을 사용할 때의 장점은 다음과 같다.

- 1차원 CNN은 전체 데이터셋의 고정 길이 세그먼트에서 특징을 발견하는 데 매우 효과적일 수 있다(예: 과거 n개의 관측값을 기반으로 다음 값 예측). 특히 세그먼트 내 특징의 위치가 별로 중요하지 않을 때 그렇다.
- CNN은 시간 구성 요소(이동 불변)와 무관한 유익한 특징을 추출할 수 있다. 망은 계열의 한 위치(예: 시작)에서 패턴을 식별한 다음 다른 위치(예: 시퀀스의 끝)에서 패턴을 찾고 이를 사용해 타깃을 예측할 수 있다. 모델이 1차원 이상의 입력에 대한 내부 표현을 학습하는 특징 학습 프로세스는 수동 특징 생성을 위한 도메인 지식이 필요 없다.
- 1차원(또는 고차원) 입력의 내부 표현을 학습하는 모델의 특징 학습 프로세스는 수작업으로 특징 생성을 해야 하는 도메인 지식의 필요성을 없애 준다.
- 1차원 망은 더 큰 필터 크기를 허용한다. 1차원 설정에서 크기 4인 필터는 4개의 특징 벡터를 포함하고, 2차원 설정에서 동일한 필터는 16개의 특징 벡터를 포함하며 훨씬 광범위한 선택이다.
- CNN은 잡음에 강한 것으로 간주된다.
- 1차원 CNN은 재현 신경망[RNN, Recurrent Neural Network]보다 계산 비용이 저렴하며 때로는 성능이 더 좋다.

이 레시피에서는 주가를 한 번에 예측할 수 있도록 CNN을 훈련시키는 방법을 배운다.

작동 방법

파이토치에서 1차원 CNN을 훈련시키려면 다음 단계를 수행한다.

1. 라이브러리를 임포트한다.

```
import yfinance as yf
import numpy as np
import os
import random

import torch
import torch.optim as optim
import torch.nn as nn
from torch.utils.data import (Dataset, TensorDataset,
                                DataLoader, Subset)
from collections import OrderedDict
from chapter_10_utils import create_input_data, custom_set_seed

from sklearn.metrics import mean_squared_error

device = 'cuda' if torch.cuda.is_available() else 'cpu'
```

2. 매개 변수를 정의한다.

```
# 데이터
TICKER = 'INTL'
START_DATE = '2015-01-02'
END_DATE = '2019-12-31'
VALID_START = '2019-07-01'
N_LAGS = 12
```

```
# 신경망
BATCH_SIZE = 5
N_EPOCHS = 2000
```

3. 데이터를 다운로드하고 준비한다.

```
df = yf.download(TICKER,
                 start=START_DATE,
                 end=END_DATE,
                 progress=False)

df = df.resample('W-MON').last()
valid_size = df.loc[VALID_START:END_DATE].shape[0]
prices = df['Adj Close'].values
```

4. 시계열을 CNN 입력으로 변환한다.

```
X, y = create_input_data(prices, N_LAGS)
```

5. 나이브 예상을 구한다.

```
naive_pred = prices[len(prices) - valid_size - 1:-1]
y_valid = prices[len(prices) - valid_size:]

naive_mse = mean_squared_error(y_valid, naive_pred)
naive_rmse = np.sqrt(naive_mse)
print(f"Naive forecast - MSE: {naive_mse:.2f}, RMSE:
{naive_rmse:.2f}")
```

코드를 실행하면 다음의 결과를 얻는다.

```
Naive forecast - MSE: 4.16, RMSE: 2.04
```

6. DataLoader 객체를 준비한다.

```
# 재현을 위해 시드 준비
custom_set_seed(42)

valid_ind = len(X) - valid_size

X_tensor = torch.from_numpy(X).float()
y_tensor = torch.from_numpy(y).float().unsqueeze(dim=1)

dataset = TensorDataset(X_tensor, y_tensor)

train_dataset = Subset(dataset, list(range(valid_ind)))
valid_dataset = Subset(dataset, list(range(valid_ind, len(X))))

train_loader = DataLoader(dataset=train_dataset,
                          batch_size=BATCH_SIZE)
valid_loader = DataLoader(dataset=valid_dataset,
                          batch_size=BATCH_SIZE)
```

7. CNN 망을 정의한다.

```
class Flatten(nn.Module):
    def forward(self, x):
        return x.view(x.size()[0], -1)

model = nn.Sequential(OrderedDict([
    ('conv_1', nn.Conv1d(1, 32, 3, padding=1)),
    ('max_pool_1', nn.MaxPool1d(2)),
    ('relu_1', nn.ReLU()),
    ('flatten', Flatten()),
    ('fc_1', nn.Linear(192, 50)),
    ('relu_2', nn.ReLU()),
    ('dropout_1', nn.Dropout(0.4)),
    ('fc_2', nn.Linear(50, 1))
```

```
]))

print(model)
```

코드를 실행하면 다음의 결과를 얻는다.

```
Sequential(
    (conv_1): Conv1d(1, 32, kernel_size=(3,), stride=(1,), padding=(1,))
    (max_pool_1): MaxPool1d(kernel_size=2, stride=2, padding=0,
dilation=1, ceil_mode=False)
    (relu_1): ReLU()
    (flatten): Flatten()
    (fc_1): Linear(in_features=192, out_features=50, bias=True)
    (relu_2): ReLU()
    (dropout_1): Dropout(p=0.4, inplace=False)
    (fc_2): Linear(in_features=50, out_features=1, bias=True)
)
```

8. 모델, 손실 함수, 최적기를 인스턴스화한다.

```
model = model.to(device)
loss_fn = nn.MSELoss()
optimizer = optim.Adam(model.parameters(), lr=0.001)
```

9. 망을 훈련한다.

```
PRINT_EVERY = 50
train_losses, valid_losses = [], []

for epoch in range(N_EPOCHS):
    running_loss_train = 0
    running_loss_valid = 0
    model.train()
    for x_batch, y_batch in train_loader:
```

```python
            optimizer.zero_grad()
            x_batch = x_batch.to(device)
            x_batch = x_batch.view(x_batch.shape[0], 1, N_LAGS)
            y_batch = y_batch.to(device)
            y_batch = y_batch.view(y_batch.shape[0], 1, 1)
            y_hat = model(x_batch).view(y_batch.shape[0], 1, 1)
            loss = torch.sqrt(loss_fn(y_batch, y_hat))
            loss.backward()
            optimizer.step()
            running_loss_train += loss.item() * x_batch.size(0)
        epoch_loss_train = running_loss_train /
len(train_loader.dataset)
        train_losses.append(epoch_loss_train)

        with torch.no_grad():
            model.eval()
            for x_val, y_val in valid_loader:
                x_val = x_val.to(device)
                x_val = x_val.view(x_val.shape[0], 1, N_LAGS)
                y_val = y_val.to(device)
                y_val = y_val.view(y_val.shape[0], 1, 1)
                y_hat = model(x_val).view(y_val.shape[0], 1, 1)
                loss = torch.sqrt(loss_fn(y_val, y_hat))
                running_loss_valid += loss.item() * x_val.size(0)
            epoch_loss_valid = running_loss_valid /
len(valid_loader.dataset)
            if epoch > 0 and epoch_loss_valid < min(valid_losses):
                best_epoch = epoch
                torch.save(model.state_dict(), './cnn_checkpoint.pth')
            valid_losses.append(epoch_loss_valid)

    if epoch % PRINT_EVERY == 0:
        print(f"<{epoch}> - Train. loss: {epoch_loss_train:.6f} \t
Valid. loss: {epoch_loss_valid:.6f}")
print(f'Lowest loss recorded in epoch: {best_epoch}')
```

10. 에폭에 따른 손실을 도식화한다.

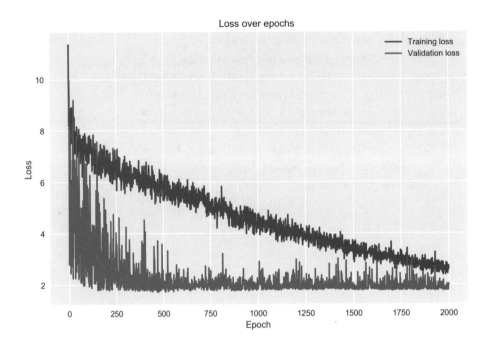

코드가 이전 레시피의 단계 11(시계열 예측을 위한 다층 퍼셉트론)의 코드와 동일하므로 결과 도면만 제시한다.

11. 최고 모델(가장 낮은 검증 손실)을 로드한다.

```
state_dict = torch.load('cnn_checkpoint.pth')
model.load_state_dict(state_dict)
```

12. 예측을 구한다.

```
y_pred, y_valid = [], []

with torch.no_grad():
    model.eval()
```

```
    for x_val, y_val in valid_loader:
        x_val = x_val.to(device)
        x_val = x_val.view(x_val.shape[0], 1, N_LAGS)
        y_pred.append(model(x_val))
        y_valid.append(y_val)
y_pred = torch.cat(y_pred).numpy().flatten()
y_valid = torch.cat(y_valid).numpy().flatten()
```

13. 예측을 평가한다.

```
cnn_mse = mean_squared_error(y_valid, y_pred)
cnn_rmse = np.sqrt(cnn_mse)
print(f"CNN's forecast - MSE: {cnn_mse:.2f}, RMSE: {cnn_rmse:.2f}")

fig, ax = plt.subplots()

ax.plot(y_valid, color='blue', label='Actual')
ax.plot(y_pred, color='red', label='Prediction')

ax.set(title="CNN's Forecasts",
        xlabel='Time',
        ylabel='Price ($)')
ax.legend()
```

코드를 실행하면 다음의 그림을 생성한다.

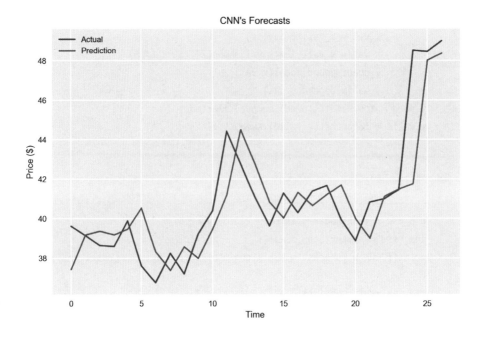

성능은 다음과 같이 요약할 수 있다.

```
CNN's forecast - MSE: 3.58, RMSE: 1.89
```

단수 CNN은 검증 집합에서 나이브 예상을 이겼다.

작동 원리

처음 두 단계에서 필요한 라이브러리를 가져와서 데이터를 로드하는 데 필요한 매개 변수와 배치 크기, 에폭 수 같은 신경망의 일부 설정을 정의했다.

3단계에서 데이터를 다운로드했다. 이 레시피에서는 각 기간의 마지막 관찰값을 취해 인텔의 조정 종가(2015~2019년)를 주간 빈도로 리샘플링했다. 리샘플링을 위해 'W-MON'인수를 원하는 빈도로 설정했다. 'W'를 사용하면 기간의 마지막 날부터 데이터 인덱스가 생성되기 때문이다. DataFrame 슬라이스를 사용해 검증 집합의 크기를 결정할 때 인덱스가 주의 첫 번째 날짜와 일치하는지 확인해야 했다(그렇지 않으면 지난 주의 값은 1월 어딘가의 날이 돼 날짜별로 잘못된 슬라이싱이 될 것이다). 허용 가능한 빈도의 전체 목록은 참고 문헌의 링크를 참고하자. 그런 다음 이전 레시피에서 소개된 사용자 정의 함수 `create_input_data`를 사용해 시계열을 CNN의 입력으로 변환했다. 여기서는 다음 주의 종가를 예측하고자 12개의 과거 관측값(약 3개월 분량의 데이터)을 사용했다.

5단계에서 다음 기간의 나이브 예상을 마지막으로 알려진 관측값으로 계산했다. 여기서는 벤치마크를 능가하는 CNN을 능숙하다고 간주한다. 이전 레시피와 유사하게 MSE와 RMSE를 사용해 벤치마크를 평가했다. 평가 기간으로는 2019년 하반기 27주를 택했다.

6단계에서는 훈련과 검증 `DataLoader` 객체를 준비했다. 이 단계의 자세한 내용은 이전 레시피의 '작동 원리' 절을 참고하자. 훈련 집합에는 222개의 관측값이 포함되고 검증 집합에는 27개(2019년 하반기에 대한 주별 관측값)가 있다. 또한 이 단계에서는 랜덤 시드를 정의하고자 사용자 정의 특징을 사용해 결과를 최대한 재현할 수 있게 했다.

7단계에서 CNN의 아키텍처를 정의했다. 이번에는 `OrderedDict` 객체와 함께 `nn.Sequential`을 사용해 망을 정의했다. 먼저 1D 컨볼루션 계층(nn.Conv1d)으로 시작했다. 입력으로 3D 텐서가 필요하다. 여기서 차원은 [배치 수, 채널 수, 계열 길이]에 해당한다. `nn.Conv1d`의 인수로 입력 채널 수, 출력 채널 수와 커널 크기를 제공했다. 또한 여기서는 `padding = 1`로 지정했다. 이로 인해 컨볼루션 계층은 입력 계열의 크기를 줄이지 않는다.

nn.Conv1d를 사용해 컨볼루션 계층을 정의하는 동안 패딩(padding) 인수를 지정할 수 있다. 패딩은 계열의 시작과 끝에 추가 요소(가장 일반적으로 0)를 더해 나중에 컨볼루션의 출력 계열 차원을 줄이지 않는다. 이 유형의 패딩을 '제로(zero)' 또는 '동일(same)' 패딩이라고 한다. 이미지의 경우 패딩은 이미지 주위에 추가 프레임을 더하고 이 인수를 지정해 프레임 너비를 픽셀 단위로 결정한다.

그런 다음 커널 크기가 2인 최대 풀링 계층을 적용했다. 다음 단계는 활성화 함수(이 경우 ReLU)를 적용하는 것이다.

아키텍처의 다음 요소는 Flatten이라는 사용자 정의 클래스다. nn.Module을 사용해 정의된 망으로 텐서의 view 메서드를 적용할 수 있었을 것이다. 그러나 nn.Sequential로 작업하는 동안 클래스를 사용해야 하므로 nn.Module에서 상속되는 사용자 정의 클래스를 정의했다. 다음은 완전히 밀집된 2개의 계층과 첫 번째 밀도 계층 다음의 드롭아웃 계층이다.

텐서의 연산을 이해하기가 까다로울 수 있으므로 모든 계층을 살펴보고 예제를 사용해 각 계층의 입력과 출력을 지정한다. 계층은 다음과 같다.

- conv_1 — 입력: [5, 1, 12], 출력: [5, 32, 12]
- max_pool_1 — 입력: [5, 32, 12], 출력: [5, 32, 6]
- relu_1 — 변화 없음
- flatten — 입력: [5, 32, 6], 출력: [5, 192]
- fc_1 — 입력: [5, 192], 출력: [5, 50]
- relu_2 — 변화 없음
- dropout_1 — 변화 없음
- fc_2 — 입력: [5, 50], 출력: [5, 1]

여기서 첫 번째 차원(5)이 배치 크기다.

 다른 계층의 출력을 계산하는 방법에 대한 팁은 파이토치의 설명서를 참고하자.

8단계에서 모델을 인스턴스화하고 MSE를 손실 함수로 선택한 다음 아담[Adam] 최적기를 설정했다.

9단계에서 망을 훈련했다. 훈련 루프의 일반적인 개요는 이전 레시피에서 사용된 것과 매우 유사하므로 새로운 것만 설명한다. 자세한 설명은 이전 레시피의 '작동 원리' 절을 참고하자. 훈련 루프 내에서 `DataLoader` 객체에서 오는 특징/타깃을 재구성해야 했다. `nn.Conv1d`는 [배치 수, 채널 수, 계열 길이]의 3차원 입력을 기대하기 때문이다. 또는 올바른 크기의 입력을 반환하는 사용자 지정 데이터 집합/데이터 로더를 정의할 수 있다. 이 레시피에서는 실제로 RMSE를 손실 함수로 사용했다. 이를 달성하고자 `torch.sqrt`를 사용해 손실 함수의 제곱근을 취했다.

10단계에서 훈련과 검증 손실을 도식화했다. 여기서는 손실, 특히 검증된 손실이 일반적으로 감소하는 것을 관찰했지만 매우 불규칙한 행동을 나타냈다. 이에 대한 몇 가지 잠재적 이유와 해결책이 있다.

- 검증 집합에 충분한 데이터 포인트가 없을 수 있다. 여기서는 딥러닝 표준에 의해 평가된 매우 작은 데이터셋으로 작업하고 있기 때문에 이 경우가 특히 그렇다.
- 학습 속도가 너무 높아 최적화 알고리즘이 로컬 최소값을 초과할 수 있다.
- 특징 크기 조정이 없거나 잘못 적용됐다. 편의상 입력 계열을 변환하지 않았으며 가격 계열의 도면을 분석(해당 노트북을 참고하자)해 수년 동안 값이 약 19달러에서 57달러의 범위에 있음을 알 수 있다.
- 망에서 정규화가 충분하지 않았다.

- 검증 집합이 평가를 위해 무작위로 샘플링되는 경우(여기 경우는 아니다)와 같이 임의 랜덤 집합은 손실 함수의 비정상적인 동작을 유발할 수 있다.

- 모델이 각 배치에서 보는 예에 따라 손실이 다르기 때문에 배치 크기가 너무 작다. 검증을 위해서만 배치를 크게 만들 수도 있다. 예를 들어, 훈련에 사용된 것의 두 배 크기로 할 수 있다.

- 망 아키텍처가 현재 문제에 비해 너무 복잡할 수 있다. 주가를 정확하게 예측하는 것은 불가능한 작업(적어도 장기적으로는 불가능)일 수 있지만, 선택한 시계열은 이미 과제의 단순화된 버전이며 훈련과 검증에 대한 데이터 포인트가 거의 없다.

- 마지막으로 아키텍처와 매개 변수를 실험해 볼 수도 있다(이전 레시피에 언급된 제안 참고하자).

끝으로 검증 손실이 가장 적은 최상의 모델을 로드하고 MSE와 RMSE를 사용해 CNN의 성능을 평가했다. 결과는 CNN이 검증 집합에서 더 나은 성능을 달성했음을 보여 준다. 그러나 이러한 평가에는 별도의 검증과 테스트 집합을 사용해야 한다는 점을 언급해 둬야 한다.

추가 사항

'추가 사항' 절에서는 CNN의 몇 가지 재미 있고 유용한 특성을 언급하고자 한다.

신경망 훈련의 확률적 측면: 신경망 훈련의 본질적인 측면은 **확률적 성질**이다. 즉 무작위적인 요소가 있다. 따라서 단일 평가를 통해서 모델의 유용성을 판단해서는 안 된다. 망이 여러 번 훈련될 수 있다고 가정하면 이를 수행하고 성능 평가 지표를 집계할 수 있다. 또는 랜덤 시드(10장의 레시피에서 했던 것처럼)를 설정해 동일한 망을 여러 번 훈련하면 동일한 가중치를 얻을 수 있다. 이전 레시피에서는 결과를 재현할 수 있도록 `torch.manual_seed(42)`를 사용했다. 더 많은 종속성을 가진 더 복잡한 망을 사용하는 경우 추가 예방 조치를 취하는 것이 더 안전하다. 그렇기 때문에 가능한 경우 결과를 재현할 수 있도록 사용자 함수를 정의했다.

함수는 다음과 같이 정의된다.

```
def custom_set_seed(seed):
    torch.manual_seed(seed)
    ttorch.cuda.manual_seed_all(seed)
    ttorch.backends.cudnn.deterministic = True
    ttorch.backends.cudnn.benchmark = False
    tnp.random.seed(seed)
    trandom.seed(seed)
    tos.environ['PYTHONHASHSEED'] = str(seed)
```

함수 내에서 여러 라이브러리를 사용해 시드를 설정하고 CUDA 관련 설정을 구성하는 등 일련의 작업을 실행한다. 그러나 이러한 예방 조치조차 도움이 되지 않는 경우가 있다. 파이토치 문서에 명시된 바와 같이 현재 일부 특징(특정 형태의 풀링, 패딩 또는 샘플링)에서 비결정성을 피하는 간단한 방법은 없다.

다중 헤드multi-head **모델**: 고급 CNN 훈련에 널리 사용되는 방법은 이른바 다중 헤드 모델을 학습하는 것이다. 기본 개념은 망의 컨볼루션 부분에 대해 서로 다른 사양을 학습하고 이를 평탄화 단계에서 연결하고 결합된 출력을 완전히 연결된 계층에 공급하는 것이다.

다중 헤드 모델을 사용하면 얻을 수 있는 주된 장점은 사례에 따라 성능이 향상될 수 있는 유연성이다. 예를 들어, 3-헤드 CNN 망을 훈련한다고 상상해 보자. 각 헤드는 동일한 입력 계열에 다른 수의 커널을 적용할 수 있다. 또한 커널 크기가 다를 수 있다. 이런 식으로 각 헤드는 입력 계열에서 약간 다른 특징을 추출한 다음 모든 특징을 사용해 궁극적으로 예측을 한다.

또는 일부 헤드는 수정된 버전의 입력 계열을 사용할 수 있다. 가능한 예는 휘발성 시계열에 일종의 평활화를 적용하는 것이다. 췌이 등(Cui et al. 2016)은 다중 헤드 모델의 잠재적 아키텍처를 제시한다.

다변량 입력: 이 레시피에서는 1D CNN을 일변량 시계열에 적용하는 방법을 보여 줬다. 당연히 다중 일변량 시계열이 주어진 계열의 다음 값을 예측하는 데 사용되는 다변량 사례로 아키텍처를 확장할 수 있다(여러 병렬 계열의 다음 값을 예측하는 것도 가능하지만 편의상 여기서는 그것을 자세히 설명하지 않는다).

CNN의 다변량 입력 사용에 대한 이해를 돕고자 CNN의 원래 응용프로그램인 2D 이미지부터 시작한다. **회색조**grayscale 이미지는 0~255 범위의 숫자 행렬로 표현할 수 있다. 여기서 0은 검은색을 나타내고 255는 흰색을 나타내며 그 사이의 모든 숫자는 회색 음영이다. 컬러 이미지의 일반적인 **RGB** 표현은 빨간색, 녹색, 파란색의 세 가지 구성 요소로 구성된다. 다시 말해 3개의 행렬(동일한 크기)을 사용해 이미지를 표현할 수 있다. 각 행렬은 서로 다른 RGB 색상의 강도를 나타낸다.

이것이 CNN이 다중 채널 입력을 받는 이유다. 회색조 이미지에는 1개의 채널이 있고 컬러 이미지에는 3개의 채널이 있다. 이 방법을 사용하면 채널을 사용해 특징으로 사용되는 다른 시계열을 저장할 수 있다. 여기서는 모두 같은 크기(동일한 수의 관측값)인지 확인해야 한다.

다중 출력 CNN: 이전 레시피에서 제시된 다층 퍼셉트론과 유사하게 CNN은 다중 단계 출력도 생성할 수 있다. 그렇게 하려면 마지막으로 완전 연결된 계층을 적절하게 정의해야 한다. 자세한 정보는 이전 레시피의 '추가 사항' 절을 참고하자.

CNN과 RNN의 결합: 다음 레시피에서는 시계열의 시간 구성 요소와 계열 내에서 특징의 위치를 설명하는 재현 신경망을 다룬다. 여기서는 이미 CNN이 위치 불변이라고 언급했다. 계열에서 특징이 어디에 있었는지 구별하지 않고 단지 그곳에 있다는 것만 구별한다. 이것이 CNN과 RNN이 자연스럽게 결합하는 이유다. CNN은 속도와 특징 추출 기능을 제공하는 반면 RNN은 시간 구성 요소에 대한 망의 민감도를 다룬다. 가능한 사용례는 RNN(수천 개의 관측값)을 사용해 처리하기에 너무 긴 계열을 고려하는 경우다. CNN을 사용해 상위 특징을 추출한 다음 RNN에 입력으로 공급해 계열을 다운 샘플링(축소)할 수 있다. 이 방법은 CNN 또는 RNN을 단독으로 사용하는 것보다 성능이 우수하다는 것이 문헌에서 입증됐다.

참고 문헌

추가적인 참고 문헌은 다음과 같다.

- Cui, Z., Chen, W., and Chen, Y. (2016). *Multi-scale convolutional neural networks for time series classification*. arXiv preprint arXiv:1603.06995: https://arxiv.org/pdf/1603.06995.pdf

- Krizhevsky, A., Sutskever, I., and Hinton, G. E. (2012). *Imagenet classification with deep convolutional neural networks. In Advances in neural information processing systems (pp. 1097–1105)*: http://papers.nips.cc/paper/4824-imagenetclassification-with-deep-convolutional-neural-networks.pdf

- LeCun, Y., Bottou, L., Bengio, Y., and Haffner, P. (1998). *Gradient-based learning applied to document recognition*. Proceedings of the IEEE, 86(11), 2278–2324: http://yann.lecun.com/exdb/publis/pdf/lecun-01a.pdf

- https://pandas.pydata.org/pandas-docs/stable/user_guide/timeseries.html#dateoffset-objects

▌ 시계열 예측을 위한 재현 신경망

재현 신경망[RNN]은 순차적 데이터를 처리하도록 설계된 특수한 신경망 유형이다. 시계열 예측, 기계 번역, 텍스트 생성, 음성 인식과 같은 NLP 문제를 해결하는 데 널리 사용된다. 현재 일부 최신 아키텍처의 일부인 LSTM^{Long-Short Term Memory} 망과 GRU^{Gated Recurrent} ^{Unit} 망과 같은 RNN의 다양한 확장이 있다. 그러나 원래 바닐라 RNN에 익숙해지는 것이 좋다. 다음 다이어그램은 일반적인 RNN 스키마를 보여 준다.

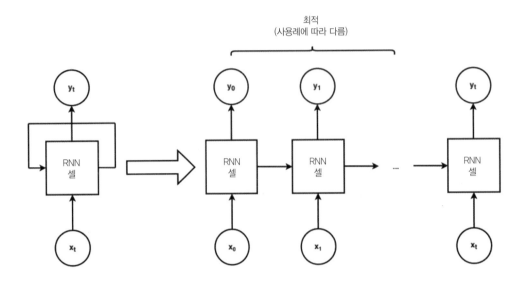

피드 포워드 망과 RNN의 주요 차이점 중 하나는 전자는 고정 크기 출력을 생성하고자 고정 크기 입력을 한 번에 가져간다는 것이다. 반면에 RNN은 모든 입력 데이터를 한 번에 가져가지 않고 하나씩 데이터를 순차적으로 수집한다. 각 단계에서 망은 일련의 계산을 적용해 은닉 상태라고도 하는 출력을 생성한다. 그런 다음 은닉 상태가 전달돼 다음 입력과 결합해 다음 출력을 만든다. 알고리즘은 입력 시퀀스의 끝에 도달할 때까지 계속된다. 은닉 상태는 시퀀스의 과거 입력의 콘텍스트^{context}를 포함하므로 RNN의 기억 장치로 설명할 수 있다. 요약하면 RNN은 미래의 관측값을 모델링하고자 과거 관측값을 순서대로 고려한다.

또 다른 차이점은 RNN은 시퀀스의 각 요소에 대해 모든 계산을 수행하는 동일한 RNN 셀이므로 모든 시간 단계에서 가중치/매개 변수를 공유한다는 것이다. 즉 입력과 은닉 상태만 각 시간 단계에서 고유하다. 훈련(손실 감소)을 위해 그들은 **시간에 대한 역전파**^{BPTT,}

Backpropagation Through Time라는 역전파 알고리즘의 변형을 사용한다. 각 시간 단계에서 오차의 그래디언트는 이전 단계에 따라 달라지므로 가중치를 갱신하는 동안 고려해야 한다. BPTT에서 망 구조는 반복되는 연결이 있는 뉴런의 사본을 작성해(위의 다이어그램에서와 같이) 펼쳐진다. 이렇게 함으로써 RNN의 순환 그래프를 비순환 그래프(예: MLP와 같은)로 변환하고 역전파 알고리즘을 사용할 수 있다.

이론적으로 RNN에는 무한한 메모리가 있다. 그러나 역전파 알고리즘으로 인해 장기적인 종속 학습이 거의 불가능한 문제가 있다. 그래디언트는 이전 단계에 의존하기 때문에 폭발이나 소멸 그래디언트를 경험할 수 있다. **폭발 그래디언트**^{exploding gradient}는 갱신 중 누적으로 인해 그래디언트 값이 매우 커질 때 발생한다. 이 경우 최적화 특징의 최소값에 도달하지 못하고 모델이 불안정해진다. 이 문제는 그래디언트 클리핑을 적용해(그래디언트 값을 사전 정의된 임계값으로 제한) 해결할 수 있다. **배니싱 그래디언트**^{vanishing gradient}는 그래디언트의 값이 0에 가까워지면 (축적으로 인해) 발생해 RNN의 롤링되지 않은 구조에서와 같이 초기 계층의 가중치가 갱신되지 않는다.

 쌍곡선 탄젠트(tanh)와 시그모이드(sigmoid) 활성화 함수의 미분은 양쪽 끝에 0의 평평한 선(포화 영역이라고 한다)에 접근한다. 이런 일이 발생하고 그래디언트 값이 0에 가까워지면 '추가' 계층의 그래디언트도 0으로 이동해 초기 계층 학습이 중단된다. 이 문제는 RNN에 국한되는 것이 아니라 긴 시퀀스를 처리할 때 자주 관찰된다.

그렇기 때문에 RNN은 입력 계열로부터 장기적인 종속성을 배우는 데 어려움을 겪고 있다. 일부 솔루션에는 탄젠트나 시그모이드 대신 ReLU 활성화 특징 사용이나 LSTM 또는 GRU 같은 고급 망 사용이 포함된다.

작동 방법

시계열 예측 문제에 대한 RNN을 훈련시키려면 다음 단계를 실행하라.

1. 라이브러리를 임포트한다.

```
import yfinance as yf
import numpy as np

import torch
import torch.optim as optim
import torch.nn as nn
from torch.utils.data import (Dataset, TensorDataset,
                              DataLoader, Subset)
from chapter_10_utils import create_input_data, custom_set_seed

from sklearn.metrics import mean_squared_error
from sklearn.preprocessing import MinMaxScaler

device = 'cuda' if torch.cuda.is_available() else 'cpu'
```

2. 매개 변수를 정의한다.

```
# 데이터
TICKER = 'INTL'
START_DATE = '2010-01-02'
END_DATE = '2019-12-31'
VALID_START = '2019-07-01'
N_LAGS = 12

# 신경망
BATCH_SIZE = 16
N_EPOCHS = 100
```

3. 데이터를 다운로드하고 준비한다.

```
df = yf.download(TICKER,
                 start=START_DATE,
```

```
                    end=END_DATE,
                    progress=False)

df = df.resample("W-MON").last()
valid_size = df.loc[VALID_START:END_DATE].shape[0]
prices = df['Adj Close'].values.reshape(-1, 1)
```

4. 주가 시계열을 크기 조정한다.

```
valid_ind = len(prices) - valid_size

minmax = MinMaxScaler(feature_range=(0, 1))

prices_train = prices[:valid_ind]
prices_valid = prices[valid_ind:]

minmax.fit(prices_train)

prices_train = minmax.transform(prices_train)

prices_valid = minmax.transform(prices_valid)

prices_scaled = np.concatenate((prices_train,
                                prices_valid)).flatten()
```

5. 시계열을 RNN 입력으로 변환한다.

```
X, y = create_input_data(prices_scaled, N_LAGS)
```

6. 나이브 예상을 구한다.

```
naive_pred = prices[len(prices)-valid_size-1:-1]
y_valid = prices[len(prices)-valid_size:]
```

```
naive_mse = mean_squared_error(y_valid, naive_pred)
naive_rmse = np.sqrt(naive_mse)
print(f"Naive forecast - MSE: {naive_mse:.4f}, RMSE:
{naive_rmse:.4f}")
```

나이브 예상 결과는 다음과 같다.

```
Naive forecast - MSE: 4.1568, RMSE: 2.0388
```

7. DataLoader 객체를 준비한다.

```
# 재현을 위한 시드 설정
custom_set_seed(42)

valid_ind = len(X) - valid_size

X_tensor = torch.from_numpy(X).float().reshape(X.shape[0],
                                                X.shape[1], 1)
y_tensor = torch.from_numpy(y).float().reshape(X.shape[0], 1)

dataset = TensorDataset(X_tensor, y_tensor)

train_dataset = Subset(dataset, list(range(valid_ind)))
valid_dataset = Subset(dataset, list(range(valid_ind, len(X))))

train_loader = DataLoader(dataset=train_dataset,
                          batch_size=BATCH_SIZE, shuffle=True)
valid_loader = DataLoader(dataset=valid_dataset,
                          batch_size=BATCH_SIZE)
```

8. 모델을 정의한다.

```
class RNN(nn.Module):
    def __init__(self, input_size, hidden_size, n_layers,
```

```
    output_size):
        super(RNN, self).__init__()
        self.rnn = nn.RNN(input_size, hidden_size,
                        n_layers, batch_first=True,
                        nonlinearity='relu')
        self.fc = nn.Linear(hidden_size, output_size)
    def forward(self, x):
        output, _ = self.rnn(x)
        output = self.fc(output[:,-1,:])
        return output
```

9. 모델, 손실 함수, 최적기를 인스턴스화한다.

```
model = RNN(input_size=1, hidden_size=6,
            n_layers=1, output_size=1).to(device)
loss_fn = nn.MSELoss()
optimizer = optim.Adam(model.parameters(), lr=0.001)
```

10. 망을 훈련한다.

```
PRINT_EVERY = 10
train_losses, valid_losses = [], []

for epoch in range(N_EPOCHS):
    running_loss_train = 0
    running_loss_valid = 0

    model.train()
    for x_batch, y_batch in train_loader:
        optimizer.zero_grad()
        x_batch = x_batch.to(device)
        y_batch = y_batch.to(device)
        y_hat = model(x_batch)
        loss = torch.sqrt(loss_fn(y_batch, y_hat))
        loss.backward()
```

```
        optimizer.step()
        running_loss_train += loss.item() * x_batch.size(0)
    epoch_loss_train = running_loss_train /
len(train_loader.dataset)
    train_losses.append(epoch_loss_train)

    with torch.no_grad():
        model.eval()
        for x_val, y_val in valid_loader:
            x_val = x_val.to(device)
            y_val = y_val.to(device)
            y_hat = model(x_val)
            loss = torch.sqrt(loss_fn(y_val, y_hat))
            running_loss_valid += loss.item() * x_val.size(0)
        epoch_loss_valid = running_loss_valid /
len(valid_loader.dataset)
        if epoch > 0 and epoch_loss_valid < min(valid_losses):
            best_epoch = epoch
            torch.save(model.state_dict(), './rnn_checkpoint.pth')
        valid_losses.append(epoch_loss_valid)

    if epoch % PRINT_EVERY == 0:
        print(f"<{epoch}> - Train. loss: {epoch_loss_train:.4f} \t
Valid. loss: {epoch_loss_valid:.4f}")
print(f'Lowest loss recorded in epoch: {best_epoch}')
```

11. 에폭에 따른 손실을 도식화한다. 이 단계는 이전 레시피의 해당 단계와 동일하므로 편의상 코드는 포함하지 않는다. 코드를 실행하면 다음 그림이 나타난다.

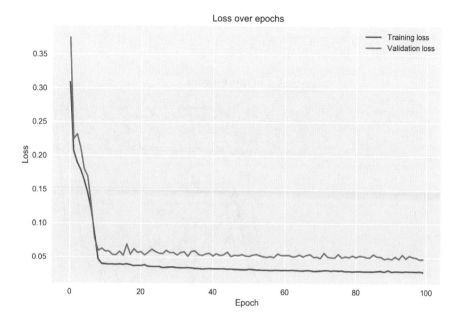

12. 베스트 모델을 로드한다(가장 낮은 검증 손실).

```
state_dict = torch.load('rnn_checkpoint.pth')
model.load_state_dict(state_dict)
```

13. 예측을 구한다.

```
y_pred = []

with torch.no_grad():
    model.eval()
    for x_val, y_val in valid_loader:
        x_val = x_val.to(device)
        y_hat = model(x_val)
        y_pred.append(y_hat)
y_pred = torch.cat(y_pred).numpy()
y_pred = minmax.inverse_transform(y_pred).flatten()
```

14. 예측을 평가한다. 이 단계는 이전 레시피의 해당 단계와 동일하므로 편의상 코드는 포함하지 않는다. 코드를 실행하면 다음 그림이 나타난다.

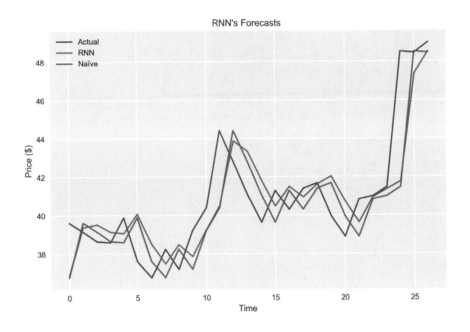

RNN은 검증 집합에서 다음의 성능을 보였다.

```
RNN's forecast - MSE: 4.0315, RMSE: 2.0079
```

고려된 성능 평가 지표 측면에서 벤치마크를 겨우 능가했다. 그러나 가장 가능성 있는 경우는 모델이 단순히 데이터에 과적합한 것이다. 더 나은 진단을 위해서는 테스트만을 위한 더 큰 다른 집합을 사용해야 한다.

작동 원리

이것이 파이토치를 사용해 신경망 훈련을 하는 세 번째 레시피이므로 이제 많은 개념이 이미 익숙해졌을 것이다. 그렇기 때문에 여기서는 새로운 것에만 초점을 맞추고 자세한 내용은 앞의 두 가지 레시피를 참고하자.

라이브러리를 로드한 후 RNN의 데이터와 훈련에 대한 여러 매개 변수를 정의했다. 3단계에서는 2010~2019년부터 인텔의 주가를 다운로드했다. 매주 마지막 조정 종가를 취해 주 단위로 리샘플링했다. 검증 집합에는 2019년 하반기를 사용한다. 선택한 날짜와 함께 인덱스 슬라이싱을 사용해 검증 집합의 크기(27주)를 계산했다.

4단계에서 scikit-learn의 MinMaxScaler를 사용해 [0,1] 범위에 맞게 데이터를 크기 조정했다. 훈련 데이터를 스칼라 값에 적합화하고 훈련과 검증 집합을 모두 변환했다. 마지막으로 두 집합을 하나의 배열로 다시 연결해 입력 데이터셋을 만드는 데 사용한다.

5단계에서는 이미 익숙한 사용자 정의 함수인 create_input_data를 사용해 입력과 타깃을 생성했다. 이 작업을 위해 12주 지연(~3개월의 데이터)을 사용해 다음주 종가를 예측한다.

6단계에서는 이미 익숙한 접근 방식을 사용해 나이브 예상을 계산했다. 나이브 접근법을 사용해 편향을 도입하지 않았으므로 계산을 위해 크기 조정되지 않은 데이터를 사용했다.

7단계에서 편리한 배치 생성에 사용되는 DataLoader 객체를 만들었다. 입력(특징)은 [관찰 횟수, 계열 길이, 특징 수]의 차원을 가진 3D 텐서로 저장된다. 미래 값을 예측하고자 일변량 시계열을 사용하므로 특징 개수는 1이다. 여기서는 시계열 작업을 처리하고 있지만 훈련 집합을 섞도록 허용했다. 그 이유는 RNN을 사용해 학습하려는 시퀀스 순서가 이미 지연된 특징 내에 캡처돼 있기 때문이다. 훈련 집합은 길이 12의 483개의 시퀀스를 갖고 있다.

8단계에서 RNN 모델을 정의했다. 이 접근 방식은 이전 레시피(nn.Module에서 상속되는 클래스 정의)에서 수행한 것과 매우 유사하다. 이번에는 클래스에 더 많은 인수를 지정했다.

- input_size: 기대 특징 개수
- hidden_size: 은닉 상태(와 RNN 출력)의 뉴런 개수
- n_layers: 스택된 RNN 계층 수(기본값은 1)

- **output_size**: 출력 크기(여기의 다 대 1의 경우는 1)

망의 RNN 부분을 정의하는 동안 **batch_first = True**를 표시했다. 이것은 망에 입력의 첫 번째 인수가 배치 크기(다음은 계열의 길이와 특징 수)가 될 것임을 알려 준다. 여기서는 또한 기본 tanh 대신 ReLU 활성화 함수를 사용하고자 했다(배니싱 그래디언트 문제에 대한 잠재적인 해결책. 그러나 이처럼 짧은 계열에서는 그렇지 않다). 이 아키텍처에서는 RNN 출력의 마지막 단계 값(은닉 상태인 추가 출력을 사용하지 않는다)을 완전 연결 계층으로 전달해 시퀀스의 다음 요소에 대한 예측값을 출력한다.

 아키텍처를 정의하는 동안 nn.RNNCell 대신 nn.RNN 모듈을 사용했다. 그 이유는 전자가 다수의 RNN 셀을 쌓는 등 쉬운 수정이 가능하기 때문이다. LSTM 및 GRU에도 동일한 원칙이 적용된다.

torch.zeros를 사용해 클래스에서 은닉 상태를 수동으로 초기화할 수 있다. 그러나 아무것도 하지 않으면 0으로 자동 초기화된다.

 배니싱 그래디언트 문제에 대한 또 다른 가능한 해결책은 시간에 따른 잘린 역전파다. 너무 자세하게 설명하지는 않겠지만, RNN 계층으로 전달하면서 은닉 상태를 detach 메서드를 사용해 분리할 수 있다.

9단계에서 모델(은닉 상태의 뉴런 6개, RNN 계층 1개, 특징 1개), 최적기 및 손실 함수^{MSE}를 인스턴스화했지만 실제로는 이전 레시피에서와 같이 RMSE를 사용했다. 10단계에서 망을 훈련했다.

나머지 단계는 이전 레시피의 단계와 유사하다. 언급해야 할 유일한 차이점은 모델을 사용해 얻은 예측이 주가와 다른 크기라는 것이다. 원래 크기로 변환하고자 이전에 정의된 **MinMaxScaler**의 **inverse_transform** 메서드를 사용해야 했다.

추가 사항

'추가 사항' 절에서는 RNN의 일부 특성과 확장을 간략하게 언급하고자 한다.

RNN은 다양한 작업에 사용될 수 있다. 다음은 제공하는 매핑 유형에 따라 정의된 모델 그룹을 보여 준다(사용례와 함께).

- **1 대 1**: 이진 이미지 분류
- **1 대 다**: 이미지 캡션 생성
- **다 대 1**: 문장의 감정 분류
- **다 대 다**: 기계 번역

수년에 걸친 연구에 따라 바닐라 RNN 모델의 많은 새로운 확장/변형이 있었으며, 각각은 원래의 단점을 극복했다.

양방향 RNN은 시간 t 출력이 시퀀스의 과거 관측값뿐만 아니라 미래 관측값에도 종속될 수 있다는 사실을 고려한다. 문장에서 빠진 단어를 식별하는 것이 예가 될 수 있다. 문맥을 올바르게 이해하고자 빠진 단어의 양쪽을 모두 살펴보고자 할 수 있다.

LSTM^{Long Short-Term Memory} 망은 이미 배니싱 그래디언트 문제에 대한 가능한 해법 중 하나로 언급됐다. LSTM의 핵심은 셀 상태와 다양한 게이트를 기반으로 한다. 셀 상태는 망의 메모리로 생각할 수 있는데 시퀀스의 초기 계층에서 최종 계층으로 정보를 전송할 수도 있다. 또한 계층을 따라 전달될 때 셀 상태에서 정보를 추가하고 제거하는 여러 게이트가 있다. 게이트의 목표는 어떤 종류의 정보를 유지할지 어떤 것을 잊을지의 정보를 학습하는 것이다.

LSTM은 다음과 같은 게이트를 갖고 있다.

- **포겟 게이트**^{forget gate}: 시그모이드 함수를 사용해 유지할 정보(1에 가까운 시그모이드 값) 또는 망각(0에 가까운 값) 정보를 결정한다. 이 함수는 현재의 입력과 이전 은닉 상태에 적용된다.

- **입력 게이트**: 과거 은닉 상태와 현재 입력 중 어떤 정보를 상태 셀에 저장할지 결정한다.
- **출력 게이트**: LSTM 셀이 다음 은닉 상태로 출력할 내용을 결정한다. 현재의 입력과 이전 은닉 상태를 사용하고 셀 상태를 필터링해 다음 은닉 상태를 만든다. 셀 상태에서 단기 그리고/또는 장기 메모리를 필터링할 수 있다.

포겟 게이트와 입력 게이트는 제거되는 것과 셀 상태에 추가되는 것을 결정한다. 각 LSTM 셀은 은닉 상태와 셀 상태를 출력한다.

GRU^{Gated Recurrent Unit}는 LSTM 망의 변형이다. LSTM과 비교해 GRU에는 2개의 게이트가 있다. 첫 번째는 LSTM의 포겟 게이트와 입력 게이트의 조합인 갱신 게이트^{update gate}다. 이 게이트는 은닉 상태에서 과거에 대해 유지할 정보의 양을 결정한다. 두 번째 게이트는 리셋 게이트^{reset gate}로, 망각할 정보의 양을 결정한다. 극단적인 경우 리셋 게이트의 모든 값을 1로 설정하고 갱신 게이트의 값을 0으로 설정하면 바닐라 RNN을 얻을 수 있다. 두 아키텍처 사이의 또 다른 차이점은 GRU에는 셀 상태가 없다는 사실이다. 모든 정보는 은닉 상태를 사용해 셀을 통해 저장되고 전달된다.

요약하면 GRU는 LSTM보다 간단하고 훈련 가능한 매개 변수가 적으므로 훈련 속도가 더 빠르다. 그렇다고 성능이 저하되는 것은 아니다.

파이토치 덕분에 LSTM/GRU 모델을 쉽게 정의할 수 있다. 이 레시피의 클래스 정의에서 `nn.RNN` 모듈은 `nn.LSTM` 또는 `nn.GRU`로 교체해야 한다. (RNN의 경우에만 정의할 수 있는 비선형성을 제외하고는) 모두 동일한 매개 변수를 공유한다.

RNN을 훈련할 때 유용한 추가적 개념은 일반적으로 언어 모델에서 사용되는 **티처 포싱** ^{teacher forcing}이다. 개략적으로 설명하자면 시간 t에서 훈련하는 동안 망은 망에 의해 예측된 출력(잠재적으로 부정확할 수 있다) 대신 실제 (또는 예상) 시간 t−1 출력을 입력으로 수신한다.

참고 문헌

추가적인 참고 문헌은 다음과 같다.

- Chen, G. (2016). *A gentle tutorial of recurrent neural network with error backpropagation*. arXiv preprint arXiv:1610.02583: https://arxiv.org/pdf/1610.02583.pdf

- Cho, K., Van Merrienboer, B., Gulcehre, C., Bahdanau, D., Bougares, F., Schwenk, H., and Bengio, Y. (2014). *Learning phrase representations using RNN encoder-decoder for statistical machine translation*. arXiv preprint arXiv:1406.1078: https://arxiv.org/pdf/1406.1078v3.Pdf

- Chung, J., Gulcehre, C., Cho, K., and Bengio, Y. (2014). *Empirical evaluation of gated recurrent neural networks on sequence modeling*. arXiv preprint arXiv:1412.3555: https://arxiv.org/pdf/1412.3555.pdf

- Hochreiter, S., and Schmidhuber, J. (1997). *Long short-term memory. Neural computation*, 9(8), 1735-1780: http://www.bioinf.jku.at/publications/older/2604.pdf

- Pascanu, R., Mikolov, T., and Bengio, Y. (2013, February). *On the difficulty of training recurrent neural networks*. In *International conference on machine learning* (pp. 1310-1318): https://arxiv.org/pdf/1211.5063v2.pdf

- http://karpathy.github.io/2015/05/21/rnn-effectiveness/

- http://colah.github.io/posts/2015-08-Understanding-LSTMs/

찾아보기

금융 파이썬 쿡북
금융 데이터 처리와 기술 분석부터 딥러닝 적용까지

발 행 | 2021년 2월 10일

지은이 | 에릭 르윈슨
옮긴이 | ㈜크라스랩

펴낸이 | 권 성 준
편집장 | 황 영 주
편 집 | 이 지 은
디자인 | 윤 서 빈

에이콘출판주식회사
서울특별시 양천구 국회대로 287 (목동)
전화 02-2653-7600, 팩스 02-2653-0433
www.acornpub.co.kr / editor@acornpub.co.kr

한국어판 © 에이콘출판주식회사, 2021, Printed in Korea.
ISBN 979-11-6175-050-7
http://www.acornpub.co.kr/book/python-finance

책값은 뒤표지에 있습니다.